集人文社科之思　刊专业学术之声

集 刊 名：东亚文明
主　　编：南京师范大学文物与博物馆学系

EAST ASIAN CIVILIZATION Vol.5

编辑委员会
学术顾问： 刘庆柱（中国社会科学院学部委员、考古研究所原所长，著名考古学家）

主任委员： 王志高（南京师范大学教授、博导，文博系主任）

委员：

徐　峰（南京师范大学教授、博导）

祁海宁（南京师范大学教授、博导）

韦　正（北京大学考古文博学院教授、博导）

王光尧（故宫博物院研究员）

李新伟（中国社会科学院考古研究所研究员）

李梅田（中国人民大学考古文博系教授、博导）

程　义（苏州考古研究所所长、研究员）

叶润清（安徽省文物考古研究所所长、研究员）

马　涛（南京市考古研究院研究员、副院长）

盐泽裕仁（日本法政大学教授）

赵胤宰（韩国高丽大学教授、博导）

吴桂兵（南京大学考古文物系教授、博导）

集刊编辑部
主　任： 王志高　徐　峰
成　员： 祁海宁　陈声波　韩　茗　彭　辉
　　　　　陈　曦　郭　卉　白　莉　刘可维（收稿编辑）
　　　　　曲　枫　孟诚磊　桑　栎

第5辑

集刊序列号：PIJ-2019-397
中国集刊网：www.jikan.com.cn/ 东亚文明
集刊投约稿平台：www.iedol.cn

东亚文明

EAST ASIAN CIVILIZATION

第5辑

南京师范大学文物与博物馆学系
主 编

社会科学文献出版社
SOCIAL SCIENCES ACADEMIC PRESS (CHINA)

目　录
CONTENTS

先秦考古

石峁与中国国家的兴起

——考古、历史编纂与神话

〔以色列〕哈克（Yitzchak Jaffe）　　〔美国〕江雨德（Roderick Campbell）

〔以色列〕吉迪（Gideon Shelach-Lavi）

（海法大学考古学系、纽约大学古代世界研究所、希伯来大学东亚研究系）

夏瑞奇　徐　峰　译

（南京师范大学文物与博物馆学系）

[摘要] 石峁遗址位于陕西省东北部，是当前中国考古学最引人注目的研究焦点之一。2012 年以来，石峁遗址多次入选中国考古学十大（或六大）重要发现，甚至被首届"世界考古·上海论坛"评选为世界十大考古发现之一。石峁遗址的独特性和出色的发掘工作本可以成为系统化田野调查和严谨模型构建的基础，然而，其发掘工作却被纳入支持线性史观的传统叙事中，并且聚焦于它与中原王朝国家形成之间的关系上。在此，本文提出另一种方法，是将石峁视为一个区域发展轨迹的核心，与中原地区的发展并行而非必定关联。

[关键词] 石峁遗址；线性史观；早期国家

我们对早期中国文化的看法，在一定程度上，不可避免的是后来的文化对其过去是什么或应该是什么的观念的产物。现在的价值观是由过去产生的，反映着过去；事实被视为价值，而价值反过来又影响人们对事实的看法。（吉德炜 Keightley）

一旦我们看清了重建的过去和期望的未来之间持续的相互渗透，一旦我们接受了浸润在我们研究中的神话之流，挑战就会随之扩大。（Fowles）

位于陕西省东北部的石峁遗址是当今中国考古学领域最令人兴奋的研究重点之一。2012 年以来，该遗址已多次入选中国考古学十大（或六大）重要发现。它甚至被首届"世界考古·上海论坛"评选为世界十大考古发现之一。

石峁遗址规模宏大、年代久远且位置独特，迅速成为一处研究中国早期国家形成的热门遗址。位于陕西省东北部高地的石峁，不仅让人对黄河流域作为中华文明摇篮的身份和早期复杂政体的位置发出疑问，还颠覆了当今中国考古学界关于公元前三千纪末中心和边缘的主流观点。尽管石峁的研究工作具有重要意义，然而，我们认为近来许多关于石峁的叙事实际上主要是为了强化线性历史，以便推动中央王朝在中原地区兴起的传统历史叙事。我们进一步认为，在急于将这个颠覆传统叙事的遗址与中国史前史假设相联系的过程中，该领域正在远离自 21 世纪初以来被日益采用的严谨、系统、科学的方法论。相反，我们看到一种向推测性文化历史解释方法回归的趋势，这种方法致力于加强和证实包含在传统史学叙事中的"事实"。我们和其他学者之前曾经指出，当研究东亚史前最早阶段的历史学家和考古学家通过从较为熟悉的历史时期向更遥远的过去投射来解读远古历史时，这种倾向性尤其成问题。这种对中国史前史线性的、不合时宜的解读反过来又制造了一种中国社会和文化发展的同质性和不间断连续性的错觉。因此，中国各个地区从距今约 8000 年的新石器时代开始直至周代（公元前 1050 年至公元前 221 年）繁荣发展的社会文化，并不是在它们各自的框架内被分析，而是被置于一种假定的固化的永恒民族观念之中被看待。

尽管更大的问题不限于石峁，也不仅针对中国考古学，但这样的问题在石峁那里暴露得格外明显。石峁遗址因其独特的性质、年代和地理位置，以及发掘者所做的模范工作，提升了人们对区域传统的系统探索和历史文化遗存的持续兴趣。它能在一个并非庞大单一的框架下提供重新思考中国史前史的基础。但实际上，石峁的发掘已经被一些学者纳入支持线性史观的传统叙事，并且聚焦于它与中原王朝国家（即中华文明发展的传统核心）出现的关系上。与之不同，我们在这里着重讨论的，是将石峁视为一个区域发展轨迹的核心，其发展轨迹与中原地区是平行的，但不一定是相互关联的。

一　石峁遗址

石峁位于鄂尔多斯地区东北部、黄河几字湾腹地。它坐落在黄河主要支流秃尾河河谷的上游。遗址的环境特征可以概述为：海拔 1000~1300 米的黄土山脊和丘陵，目前的年均降水量约为 400 毫米。与同期黄河流域及其以南的那些通常位于开阔地带的其他遗址不同，石峁分布在一系列被侵蚀的山梁上。

石峁的年代大体在公元前 2300 和前 1800 年之间，现有遗址陆续形成于这 500 年时间跨度内的不同阶段。这一年代测定基于对遗址表面收集和地下出土陶器及其他文物的分析。目前，所有东城门出土样本都支持 [14]C 测定的这一结果。根据最新估计，石峁的面积约为 400 公顷，若这属实，石峁便是中国最大的新石器时代遗址。稍早的陶寺和稍晚的二里头遗址的面积都在 300 公顷左右。直到比它晚了约 500 年的二里岗遗址才超过了它，后者占地面积约 1500 公顷。

石峁遗址分为内外两城。（1）内城位于秃尾河边的山峁上，由石墙包围，占地约 210

公顷。（2）外城与内城的东城墙相连，其余三面也以石墙相围，占地约 190 公顷。在这个大遗址中，目前只有一小部分经过发掘。其中最主要的是皇城台，通常被认为是一个宫殿中心。皇城台位于内城西部较高的山体上，台地的斜坡上平行分布着呈阶梯状的石墙。它的顶部是一片面积约为 8 公顷的平整地块，那里发现了大型建筑的遗迹，包括一处大型石城门和大量的夯土建筑基础。与遗址连通的狭小通道凸显了该建筑群的私密性质。用于建造这个平台的材料大部分是经过凿削的石块，但也有带有主题雕刻的装饰性石块镶嵌于墙中。另一个被称为外城东门的石城门在外城墙的东北角被发掘。那里布置了一个让人迷惑的入口和大量的角楼。这种建筑风格在中国很少见，最近一篇文章将该建筑群与古埃及和美索不达米亚的类似物进行了比较。据报道，在东门地基及其附近，发掘人员发现了一些头骨坑，坑中头骨的数量 1~24 颗不等。

在位于内城东城墙旁的一个名为"韩家圪旦"的区域，考古学家发掘了一些居住建筑。同一区域出土了 27 个灰坑和 41 座墓葬，以及 31 座半地下或地下房屋（或称"窑洞"）的遗迹。这些窑洞的面积相对较小，有的只有 8~10 平方米，但其中可能有几个窑洞相互连接，形成一个复杂的结构。目前只发掘和报道了少数几个建筑，因此，可供我们探讨社会分化问题的材料是有限的，但根据这些建筑的材料，例如其中一处建筑遗址中出土了鳄鱼骨，并且其他富人墓葬中也发现类似的骨头，有人认为该遗址的居民之间存在一定程度的不平等现象。虽然公开发表的石峁墓葬材料极少，但也存在揭示社会分化和丧葬习俗问题的可能性：一些墓葬是石板墓，另一些则是深浅不一的土坑墓，每个墓葬的建造都需要不同规模的劳动力，这可能与墓葬中埋葬的物品数量和质量的不同相匹配。

石峁曾是大规模的玉石器消费中心（目前，该遗址几乎没有实际生产玉器的证据）。据估计，在对石峁进行系统发掘之前，有数千件玉器是从石峁被收集的，其中许多落入私人收藏家手中或流向外国博物馆。2012 年以来，更多的玉器已经得到了科学发掘。最典型的器物是玉铲、玉刀等大型玉器，其中一些长度超过 20 厘米。有趣的是，虽然有些玉器是从墓葬中出土的，但大多数玉器都是在生活环境中被发现的。该遗址的一个独特之处是，一些玉器被放置在石墙的缝隙里。其他重要的发现包括小型青铜器和铜制品，如刀和镯。

二　从中国历史和神话的角度理解石峁遗址

石峁如今所享有的学术和大众声誉不是一夜之间就实现的。实际上，石峁并不是什么新的发现。早在 20 世纪 20 年代，一些石峁玉器就被发现和收集，随后流向德国。到 20 世纪 70 年代，石峁遗址就历经数次考察和初步调查，已经被认定为一处大型史前聚落遗址。不过，该遗址的年代最初存在争议，考古学界不认为其周围的大型石墙属于新石器时代遗迹。石峁的重要性之所以直到最近才被认识到，很可能是因为其独特的建筑风格和位置——处于中国传统文明的外围地区。随着 2011 年开始的对该遗址的重新调查以及 2012 年的发掘，该遗址逐渐在学术和公共领域获得目前的重要地位。因此，系统性工作表明，尽管石峁位于中国传统"历史"叙述中无关紧要的区域，但实际上它却是一个非常大且年代早的史前聚落。

自 2012 年开始的发掘工作之后，石峁被视为中华文明发展的核心组成部分，现在它经常作为重建中国早期历史的重要支撑而被提及。这些讨论可以分为两类：（1）将石峁与传说和半传说性质的人物（如黄帝）联系起来；（2）线性的中华文明史观，即将石峁视为中国历史上第一个都市中心或第一个国家。下面，我们将分析这两种思想流派的主要论点，并指出尽管它们在许多方面有所不同，但也有一些共同的基本假设和问题。

（一）石峁与中国神话中的英雄

石峁成名后不久，中国的学者们就开始将其与上古时代的人物联系起来。在这些早期文化英雄［很像《圣经》中的歌利亚（Goliath）或诺亚（Noah）］中，石峁最常与黄帝联系在一起。持此观点的研究论文越来越多，质量参差不齐；有些论文几乎逐字逐句地照搬了历史文献的记载，而其他论文则稍具批判性，并广泛使用了考古材料。然而，这些论文的基本方法是相同的：它们分析了公元前一千纪晚期的传世文献如《史记》、《尚书》、《国语》和《左传》中有关黄帝的记载，推测黄帝生活的年代和活动的区域，并认为这两者与石峁的时间跨度和地理位置非常吻合。如此一来，便能得出必然的结论：石峁乃黄帝的都城。沈长云做了一番更加精细的考证，他认为黄帝实际上是周人的文化英雄，当后来不同部族融合成中华民族（或华夏民族）时，他升级为华夏共祖。据此，沈长云将石峁与周人的发源地联系起来。另一种观点认为，石峁是一个名为"西夏"的模糊实体或部落的中心。这种观点基于同样松散的历史编纂方法，以及对晦涩的晚期《逸周书》文本中几句话的解释。

这些以及其他将石峁与神话人物或社会群体相关联的努力，当然不是纯粹的学术现象。近年来，这些神话人物在中国的声望正在复兴。一方面，他们被重新尊为非凡的宗教式人物，中国各地都设有供奉他们的祠庙；另一方面，在接受"中华五千年历史"信条的同时，许多学者和外行将这些公元前一千纪晚期文献中的文化英雄视为真实的历史人物。更重要的是，从我们的观点来看，将石峁这个位于中国历史外围地区的史前聚落中心与将遗址年代推后 1500 年的古代文献中的文化英雄联系起来，是将多缕的中国史前史纳入单一民族故事叙述的需要。

（二）石峁与中华文明的长期进程

一种更常见的研究石峁的方法是在重建中国社会从史前到历史时期的演化进程时，拒绝使用神话和传说。这种方法在中国和国外的考古学家中被广泛使用，它拒绝使用可疑的历史记录，并对后来的文本中讲述的关于遥远过去的故事持批判态度。尽管如此，这种方法依然或含蓄或明确地接受了那些史料中的基本观点，即中国人和中国文化的演变遵循着一条发展道路。

依据这种模式开展的研究表明，中国许多地区都对中华文明及其政治制度的形成做出了贡献，但在这个长期轨迹上的任何一个点上都只有一个主要中心。因此，在公元前三千纪晚期和公元前二千纪早期，石峁成为华北地区首屈一指的政治中心，这一理解进一步促使学者们将石峁视为中国最早的国家。

一些人描述了这一渐进的过程，石峁首先成为一个区域中心，随后在公元前 2000 年前后，扩张并最终控制了黄河流域中部的大部分地区——中国文明的摇篮。根据这一轨迹，大约公元前 1800 年，石峁衰落，政治中心转移到二里头，然后成为"中国"国家的新首都。一些人提出，石峁的衰落和政治中心南移到二里头（今洛阳附近）是由石峁地区的气候变化和生态条件恶化造成的，尽管还需要做更多的工作来证明气候变化、环境影响和人类反应之间的关系。社会重构通常不仅要考虑到最高政治中心从一个地方到另一个地方的移动，还要考虑到人员的实际移动。例如，罗森认为，根据玉器饰品的相似性，很有可能在公元前二千纪初，石峁精英在其中心消亡后向南迁移，并将新的技术和风格带到蓬勃发展的二里头中心。事实上，正如石峁的衰落与二里头的崛起相关——人们认为二里头的迁移人口建立了后一个遗址——近期的研究认为，陶寺亦经历了类似的发展过程。因此，一些人认为石峁的崛起可能是（部分）导致陶寺衰落和精英在内乱中从陶寺迁出的原因。

三　对传统范式的批判

正如我们在其他地方讨论过的，有关中国史前发展的线性史观是很有问题的。我们反对这一观点有以下几个事实依据：首先，与线性观点的主要意见相反，新石器时代晚期和青铜时代早期，华北不同地区存在数个同期大型遗址和复杂政治体。在公元前三千纪的下半叶，黄河中下游地区共存着 20 多个有城墙的遗址，其中一些规模很大。山西的陶寺是这些遗址中最令人印象深刻的，这里的城邑面积达到 280 公顷，一些大型公共建筑群和居住建筑已被发现。但其他地区同时期的中心聚落，如湖北的石家河遗址或山东的尧王城遗址，其规模同样很大。在包括长江上游、中下游流域在内的许多地区都出现了社会复杂化现象，包括大型防御工事建造的证据。同样，与人们普遍持有的观点相反，在公元前三千纪晚期和公元前二千纪初，数个大规模的区域中心与早期的石峁遗址和后来的二里头遗址共存。

其次，石峁军事扩张的重建和关于二里头军事扩张的类似论点是基于在不同地区发现的陶器的一些非常基本的相似性。这种相似风格陶器的分布被认为代表了政治同质性和特定区域的统一性。然而，我们认为，没有任何有力证据能表明这两个遗址控制了从其中心向外延伸 500 多公里的区域，更不用说它们拥有管理如此大面积领土所需的复杂官僚机构。

这些不同见解并没有降低石峁的重要性。我们同意许多人的看法，认为石峁是区域性统治中心。聚焦遗址的这一方面，便引出石峁的影响及其领土控制范围的重要问题。例如，孙周勇等人认为，石峁的权力有一个强制的基础，主要是因为他们认为需要大量的劳动力和资源来建造上文讨论的巨大的石城。在东门附近发现的头骨坑被视为使用暴力的有力证据。对在同一时期的朱开沟遗址墓葬中发现的头骨和骨骼遗骸在形态上的相似性的研究，使一些人认为这是朱开沟文化和朱开沟人与石峁政体有力融合的重要证据。一些研究人员认为，几个相邻遗址的衰落和最终的废弃表明了石峁逐步控制周边较小聚落的过程。

王晓毅等人认为石峁领导者具有宗教和经济双重角色（孙周勇和邵晶也提出了类似的观点）。他们注意到，与发现了大量玉器（有些夹置在石墙的缝隙中）相比，石峁遗址中发现的武器数量较少。此外，他们还认为，皇城台祭祀台与带有陪葬品和头骨坑的大型墓葬的结合反映了石峁统治者的宗教权力基础。最后，学者们也考虑到商品生产和分配的重要性，并沿着经济轴线来看待石峁的区域功能。在邻近的同时代遗址中发现了类似的玉器，尽管数量较少且质量较差，但这还是被用来证明石峁作为再分配中心，具有通过与相邻城邑进行物品贸易以获取认同或建立信仰共同体的功能。数千件手工制品、织物残片和半成品器物以及可能用于制作骨针的各种石器的发现表明石峁可能存在一个骨针生产作坊。由于较早出现以刀和饰品为主的青铜制品，以及处于黄河以北的位置，有人甚至提出，石峁是青铜技术进入作为中华文明传统中心的中原地区的入口。

这些融合了宗教、经济和军事的政治力量和支配权的模型，对于我们理解区域性社会政治轨迹具有重要意义。此外，我们认为那些用新进化论标准（如遗址规模、先进的手工艺生产、祭祀性建筑等）来评判国家起源的中国考古学家实际上应该将陶寺而非二里头视为中国最早的国家形态，因为基于当时对陶寺的了解，这些标准首先出现在陶寺。因此，我们得出结论，即便是那些希望将二里头遗址与夏朝（史书记载的第一个中国王朝）分离的人，历史叙述仍然具有很强的影响力。这种对公元前三千纪政治和社会复杂性发展的忽视，仍然在许多早期国家形成的重建过程中起着主导作用。

石峁与我们熟知的作为后来中国中心的中原地区的联系，不只局限于抽象地将它说成是中国的首个国家形态，而且还在于具体层面上诸多共享的文化特征。例如，自 20 世纪 20 年代末在殷墟的发掘以来，人祭就作为商代的特征而被熟知，而在石峁发现的人头骨则被认为是这两个传统之间存在紧密联系的证据。事实上，孙周勇等人明确指出："石峁头骨坑比商的人祭要早大约 1000 年。" 我们也可以从类似的角度看待在石峁发现的石雕：在石峁发现的这些石雕中，部分的纹饰风格至少在表面上与商代青铜艺术中的主题具有某种相似性。然而，我们在提出这种印象式的关联时需要非常谨慎，一是因为石峁与商代的文化艺术传统相距 500 多年；二是两者在规模、制作和表现方式、文化符号和特征的背景等方面存在明显差异。甲骨是另一个将石峁与黄河流域后来的传统相联系的典型例子。用于占卜的动物肩胛骨通常与黄河中游的"中国"文化尤其是商代晚期的政治体制联系在一起，后者的甲骨上通常还带有铭文。考古人员在石峁的韩家圪旦发现了一块带有明显占卜痕迹的肩胛骨，近来在皇城台又发现了更多的肩胛骨。

通过这些关于石峁权力和信仰的物质关联的推论，学者们含蓄地将石峁政体的社会经济制度的重建与商朝的社会经济制度的重建联系起来。然而，我们反对将石峁的发展视为一千年后安阳发展的前兆。石峁也不应该被视为这种政治框架的起源点——后来成为中国政治权力的标志（事实上，为商朝争论这一点同样有问题，但这是另一篇文章讨论的议题）。例如，在华北地区的鄂尔多斯和赤峰等地的遗址中就发现了与石峁同时代甚至更早的卜骨。人祭也见于其他遗址，它并非中原青铜时代政体的一贯习俗。即便我们发现后来的很多现象曾在更早的时期存在过，它们也不能就被认定为在中国历史上是一脉相承，从未间断过的。石面雕刻并不是一个有明显后世传承的传统，任何表面上与后来的青铜装饰在设计上的相似之处都需要与时间和空间的鸿沟调和，然后才能讨论"影响"，进而讨论视觉文化和表现方式。这并不是否认图案和形式可以跨越很长的距离和时间跨度传播的可能性。然而，我们在分析这种传承机制时必须更加谨慎，包括古代形式被重新发现和挪用的可能性，以及这种机制告诉我们的跨文化联系。同样，由于石峁的骨制品材料尚未完全公布，也没有系统的分析，那么与其他地点的骨制品进行比较还为时过早，而关于其经济影响的讨论仍是推测性的。

总而言之，即使石峁出色的考古工作有力地质疑和破坏了传统的黄河流域第一和中心模式，许多人仍然支持中国历史的每个时间点都有一个单一的中心——也就是说石峁是中心而非中心之一。例如，张莉等在 2018 年的论文中就体现了这一点："这项研究揭示了公元前 2000 年，黄土高原是一个代表了中国的政治和经济中心地带的复杂社会所在地。"事实上，有许多文章继续指出石峁对中华文明发展的贡献，并坚持单线演进模式和数千年不间断的连续的中国身份。因此，许多讨论石峁在中国文明发展中作用的论文都支持一种思想和技术创新发展和传播的扩散主义模式。也就是说，坚持中国在任何特定时期都有一个单一中心的观点，在一定程度上等同于一种独特的技术创新和文化发展观，之后它们被传播并融入中华文明成就的累积工具包中。例如，邵晶等在 2015 年讨论石峁壁画制作技术时认为，石峁壁画的出现表明这个区域是中国壁画艺术的发源地。类似的观点也存在于甲骨占卜的发展和前文讨论的其他特征，以及下面将要涉及的石城中。

四 讨论：区域（而非国家）背景下的石峁

相比强行将石峁纳入黄河中游中华文明发展源头的单一轨迹，我们发现在更直接的区域背景下分析它的发展更有成效。我们不否认长期互动和相互影响的可能性，但目前的证据表明，与石峁的政治互动和文化联系更为密切的地区主要是鄂尔多斯地区，以及位于其东部的内蒙古东南地区（主要为赤峰地区）的其他遗址。最近对该地区新石器时代晚期的考古工作提供了丰富的新材料。我们注意到，尽管许多研究继续倡导石峁具有重要国家性及其在周边环境中起到的核心作用，但这几乎完全是依据遗址的巨大规模。今后的工作应该将对这些论题的评估作为目标，石峁主要的石头建筑是最好的例证。与此同时，他们也过分强调了该遗址相对于周边考古学文化的独特性。例如，孙周勇和邵晶低估了同时期其他墙体的复杂程度，认为石头城墙的发展是石峁建筑技术的一大重要创新。石峁的石头防御工事被一些人视为对中国文明的重要贡献，甚至被当作后来汉、宋、明、清帝国防御工事传统的发端。

然而，对石峁城墙的仔细观察发现，其建筑技术与鄂尔多斯地区之前的文化相似，如老虎山文化，以及与之同时代的位于赤峰地区东部的夏家店下层文化（公元前 2200～前 1200 年）具有相似之处。我们可以列举的类似特征包括石墙、凿削营造景观、以石墙砌叠梯田式外立面以及建造突出的角楼。其他共同特征包括都发现类似韩家圪旦 M2 带有壁龛的深坑墓葬。这些墓葬形制在夏家店下层文化的大甸子墓地也十分常见。这样，它再次提醒我们不应该只关注某一特征从单一源头扩散，而应该更宽泛地考量区域性和跨区域互动过程，进而探寻这种互动方式的具体证据。

石峁城墙和夏家店遗址的城墙布局往往利用了城墙所处的自然坡度。因此，看似独立的城墙通常是在山体的一面上开凿成阶梯状，仅在外侧用石块覆盖。正如我们在其他文章中测算过的那样，建造这样的城墙所需付出的艰辛不可忽视，但它们可能并不应被看作劳动密集型工作。发掘者发现石峁石墙上有大量突出的马面。这些马面表明石峁城墙具备防御功能。马面间隔数十米分布，这可以让它们巧妙地围困敌人。保存最完好的是 1 号马面，它从城墙向东突出，长约 12 米，宽约 7 米，高约 3.5 米。这些马面令人印象深刻，它们的建筑风格又让人想起在夏家店下层文化时期的三座店石城遗址所发现的类似现象，那里内部是由一定层数的夯土构成，外立面包裹石头，周围还有石头城墙。

因此，石峁的石墙建造投入了多少工作量是一个重要的问题，它不仅涉及设计技术和墙体建筑技术，还关乎石峁精英的权力以及他们在该区域征召劳动力和资源的能力问题。发掘者对劳动力成本的初步计算表明，完成这些城墙的建造需耗费的劳动工作量约 100000 人/天。换句话说，200 人可以在不到两年（约 500 天）的时间内完成这项工程。尽管石峁的这些城墙十分宏伟，但这些城墙并非与许多研究者的说法一样，需要从石峁所统治的整个地区调集资源，实则只需依靠当地现有的劳动力来建造。这一结论与我们对建造三座店遗址所投入的劳动力的计算结果相似，虽然三座店遗址的城墙也很宏伟，但其建造工作主要由当地居民完成，或许还有附近社区的少量投入。因此，它们并不需要大规模地征集地区性劳动力和其他资源。

与试图为这一现象找到"唯一"起源地的做法相反，在黄河以北和以西地区，用石墙构筑防御工事的遗址是普遍存在且历史悠久的。最近在内蒙古中部地区以及陕西北部地区发现了大量令人惊叹的石城遗址。这种居住形态始于公元前 3000 年早期（庙底沟二期文化和阿善三期文化，公元前 3000～前 2500 年），到新石器时代晚期则有所增加。迄今为止，黄河两岸已发现（部分已发掘）几十处遗址，它们的建造模式大同小异：都位于河谷附近的高山台地上，墙体依自然地形而建，在主要的入口处，多有深沟作为天然屏障或第二防线。这些封闭性城址的平均面积约为 50 公顷，有些甚至达到 150 公顷。

寨峁梁遗址（公元前 2300~前 2000 年）就是一个突出的例子，在 2014~2015 年两季的发掘中，该遗址发现了 100 多座建筑、29 个窖穴和 30 米长的石砌城墙。这些石墙的建造方法与该地区其他同时代遗址的建造方法相似：它们依自然地形而建，并且具有一些基本的特征（多用红黏土和细沙搅拌物黏合），以防止石块崩落和坍塌。事实上，在邻近的许多地区，包括甘肃北部、宁夏和内蒙古的部分地区，都流行建造石头住宅，不只是城墙。追溯该地区住所建筑的发展历程，有助于清晰地了解石砌建筑的发展。

王晓毅和张光辉最近提出了一个有趣的观点，即这些建筑是从早期新石器时代更常见、分布更广的住所发展而来的，而早期新石器时代的住所实际上是对黄土地形加以修整建成的。在石峁和寨峁梁，黄土窑洞建筑形制一直延续到新石器时代晚期，尽管其间也有过显著的改进。在当地背景下，理解家庭建筑和墙体建筑的演变之间的关系，对于追溯石质建筑技术的起源和发展很有助力——它们的根源，无论是石峁还是别的地方，很可能与许多地区和传统有关，而不是从一个中心独立发展起来，再以某种方式扩散传播出去。

五　结论与对未来研究的建议

石峁无疑是近年来中国考古最重要的发现之一。我们认为，对这个遗址重要性最好的理解不是将它与中原地区中国国家的兴起相联系，而是对公元前三千纪晚期和公元前二千纪早期黄河西部和北部地区社会政治发展轨迹的全面分析。

值得注意的是，将石峁看作中国历史上最早的城市或最早的国家不是一个孤立的个案，而是代表了有关中国和其他地方历史的一种思维方式。例如，科林·伦福儒和刘斌在最近的一篇论文中指出，位于长江下游的良渚遗址（公元前 3300~前 2200 年）是中国最早国家的中心。当他们不同意石峁是最早国家的观点时，自己又复制了单线发展的同一套假设，即在任何一个点上只有一个国家中心，这些中心以单线模式相互取代。在一种类似于中国历代王朝兴衰的框架下，史前时期也被视为以政治权力单中心方式发展的，它们之间的进步和变化也是按时间顺序发生的。

具有讽刺意味的是，急于将石峁、良渚、陶寺、二里头等遗址纳入现成的宏大叙事——国家的形成、中华文明的起源或民族文化英雄复兴的神话景观的研究，刻意模糊了最初考察这些遗址的主要目标。这种叙事不仅将复杂多样的文化景观单一线性化，剥夺了过去的丰富性，而且从大型遗址到"城市"和"国家"的跳跃取代了对政体形式的考察，同时国家集中化的神话又过度决定了政治经济历史，并将这些重要遗址置于社会演进发展的"黑匣子"。正如传统的中国考古叙事妨碍了对石峁的真实本质的认识，直到系统的工作使得石峁无法再被忽视，我们也需对东亚地区早期城市化和特定政治经济机制进行系统研究。

这些发掘工作的有效方法是调查每件文物所处的生产、分配和消费网络，利用材料科学方法和对生产技术的严谨研究，从多种证据中建立模型。研究当地人工制品的使用以及对社会实践和制度的研究，可能更有益于开展古代社会的重建，而非远距离类比和连续的假设。与此同时，建立交换模型并测试不同模式下物质文化关联，将使我们能够超越假设的中心化的"国家"控制说或含糊的贸易说，而抓住若干细微之处。

既然石峁位于东亚季风区的西北缘，那么它作为一个控制着广大领域和稠密人口的复杂政治体，是如何在一个潜在不稳定的环境中繁荣发展的，将是另一个重要的学术议题。

区域性的古气候环境重建仍显不足，但对附近毛乌素沙漠的研究表明，距今 4600 年前开始出现干冷趋势，而在距今 4100~3700 年之间则相对温暖湿润。有人试图将石峁的衰落与距今 3700 年前干冷气候环境的回归联系起来，但除非对当地的具体环境进行深入研究，否则很难弄清其产生的实际影响。事实上，如果缺乏对石峁社会政治现实的清晰理解，就很难模拟出石峁统治者和平民为缓解气候变化而采取各种应对措施的类型和效果模型。

我们建议，要明确石峁更直接的区域重要性，就要启动系统的全覆盖调查（如 2011 年赤峰国际考古学合作研究项目）。近期对秃尾河的调查发现了数十个聚落规模与分布情况清楚的以前未知的遗址，但要讨论人口统计、经济和社会政治状况等问题，还需要系统的数据。

为进一步推动对石峁遗址和其他早期中国遗址的研究，很需要一个不仅基于陶器类型，同时基于系统收集碳测定数据样本的年代学。如上所述，目前仅公布了 3 个 ^{14}C 年代数据，对于这样一个庞大而复杂的遗址来说，这远远不够。更好的断代解决方案不仅可以更好地评估石峁遗址的发展，还可以更好地评估当地和其他邻近地区聚落的发展轨迹。石峁与近年频繁被提及的良渚、石家河、陶寺等大遗址的广泛调查已经开始。同时，它们出人意料地早熟，往往出现在中国后期王朝发展的中心地带以外的地区，这意味着这是中国考古学中一个异常激动人心的时期。如果急于书写新的宏大叙事，我们只是往旧瓶子里倒新酒，而没有认识到这些遗址所代表的从根本上加深和丰富我们对古代东亚的理解的令人难以置信的机会，那将是非常不幸的。

评　论

安赋诗（Francis Allard），美国宾夕法尼亚州印第安纳大学

这篇富有洞察力的文章再次提醒我们，根深蒂固的偏见是如何影响考古实践和解释的。作者们探讨了早期中国地区差异的证据如何继续支持对公元前二千纪中原文明兴起的

传统关注，随着新的空间和年代数据的出现，这项任务越来越具有挑战性。值得注意的是，早期考古学家关于中国区域多样性的论述强调的是文化元素凝聚成一个包罗万象的"中华文明"，而不是沿着一条通往中原的单线路径放置各个遗址。因此，张光直在其经典论述中提出，公元前七千年至公元前四千年的"中国相互作用圈"由互动的区域文化组成——他提炼了"最初的中国"这一概念——每个区域都遵循"类似的文化和社会变迁过程，到公元前三千纪末，走向一个足够复杂和有序的社会，足以被称为文明"。张光直描绘的图景是一种相互联系的区域系统，不可阻挡地融合成一个以中原为中心的席卷性的中华文明。

在严格遵循"最终达到一个包容性文明"这一概念的同时，中原以外的分层社会的发现使构建线性叙事的任务变得复杂，考古学家被迫将有限的、不确定的，甚至不符合的数据挤进轨迹中，这些轨迹总是指向公元前二千纪初的中原。对于良渚这样的早期政体来说，它与中原的第一个朝代相隔了一千多年和几千公里，研究者们的方法是识别文化和物质元素——如玉琮和面具一类的表现形式——通过某种过程从良渚跨越到商朝，从而正式承认前者对中原文明的贡献。对于其他前王朝的文化和政治，解释如"穿针引线"，更加棘手，正如作者对石峁的讨论所说明的那样，石峁与其他大致同时代的遗址共享文化标记、行为特征和复杂化证据。简言之，有证据表明，在中国不同地区的早期遗址中，与中原王朝早期中国有关的特征——卜骨术、冶金、人祭、用玉和夯土建筑——都存在，因此，我们不能认为这是一个线性的轨迹。

作者还明智地警告说，不要高估石峁的劳动力需求、空间范围和权力，从而进一步挑战起源于石峁的线性轨迹的想法。位于中原西部边缘的陶寺遗址被解释为一个较小的中心，最终被更强大的石峁政权所取代。虽然不能完全排除石峁征服了陶寺的可能性，但事实是，陶寺在时间上以及等级和功能复杂性方面都与石峁大致相当（公元前2300~前1900年与公元前2300~前1800年），空间上也相距不远（280公顷与400公顷），这表明陶寺的兴衰构成了一个与石峁平行的区域轨迹，而不应被视为中原早期文明生活的一个次要垫脚石角色。

对"核心—外围"模型的一个常见批评是，它错误地将后期的空间边缘直接应用到早期的地图上。本文反映的正是这种情况，因为文章中讨论的文化和遗址当然都不是中原尚未出现的"核心"的外围。至关重要的是，正如作者所认识到的，明确提及"外围"本身就会影响田野工作和解释，这可能会导致研究者在理解遗址与（未来）核心的关系时失去平衡。相反，我们被提醒，需要在各自的背景下研究早期的区域遗址，而不要过度提及后来中原地区的发展。这反映出该文章的作者们在人类学考古学方面的训练，他们鼓励依靠一系列的方法，包括系统地收集关于聚落之间和聚落内部模式的数据，以及"每件人工制品所嵌入的生产、分配和消费网络"。

尽管作者们明智地呼吁在"区域（而非国家）背景下"调查周边遗址，但对公元前二千纪中原地区所展现的显著发展，必须考虑广泛的区域间互动所发挥的作用。因此，最早的王朝吸收了来自周边地区的各种文化、艺术和行为元素。无论这些元素发挥了何种确切作用，有选择性地将非地方性特征转化和融入新兴国家结构的行为是一个值得研究的课题，也是一个需要关注超区域发展的主题。

奇怪的是，作者没有考虑区域轨迹的比较本身如何有助于理解中原地区的发展。正如中国新石器时代晚期的大多数复杂社会最终都经历了一个等级"退化"的过程，我们可能会问，为什么中国最早的王朝中心出现在黄河中游这个不以早期分层社会闻名的地区。虽然人们提出了一系列社会和环境因素来解释分层社会的"崩溃"，但我注意到，就像良渚政体的情况一样，石峁的发展见证了一个精英阶层的出现，他们的财富、高等级物品的获取、单独的墓葬和住所表明，他们在意识形态和物质上与社会其他部分明显分离。我以前曾提出，这种"错位"（与"整合"相反）的系统本质上是不稳定的。也许沿黄河中游的发展更为渐进和完整。评估这种方法（或任何其他方法）是否有助于解释中原内外分层制度的命运，就需要继续致力于"国家"层面的比较研究，尽管人们认识到试图绘制一条通往公元前 1800 年二里头的单一路径是徒劳的。

加里·费曼（Gary M. Feinman），美国自然历史田野博物馆尼戈尼综合研究中心

正如本文的作者们所认识到的，我们现在正处在一个令人兴奋的时代，无论是对数据的收集，还是对中国深层历史的分析研究。这些来自中国（及以外地区）的新考古视角，促使（我们）对长期持有的自维多利亚时代以来关于人类千禧年历程的（错误）观念进行更全面的重新思考。石峁遗址的发现既说明了中国及世界其他地区在田野考古的工作和分析中仍有许多基础信息待发现，也说明了广泛的、系统的、深思熟虑的考古实践在帮助解决问题的同时，通常也会提出许多（或更多）的新问题。对于中国乃至全球的考古学家来说，当我们津津乐道于过去三十年至六十年间（视地区而定）综合数据在质量和数量上的显著进步时，我们面临着一个日益严峻的挑战：我们的概念框架能否跟上更可靠的物质记录的节奏？

作者们准确地对石峁遗址的概念框架提出了深思熟虑的质疑，并且最重要的是，将讨论的重点放在这个关键聚落所引发的研究问题和新调查类型上。我们很容易同意他们的调查建议，即进行更多的 ^{14}C 测定，推动在石峁周围进行系统的考古调查，并详细研究和公布与现场生产、交换和家庭组织有关的数据。尽管我并非毫无偏见，但对石峁遗址周围进行系统的考古调查将增加一个重要的实证维度，因为它将为解释这样一个位于中国青铜时代边缘、拥有如此丰富的玉石，却毗邻沙漠地区的大型聚落提供一个更全面的背景。石峁人是如何养活自己的？

与此同时，该文提出了一个案例，即围绕石峁遗址的解释问题在很大程度上是宏观的，也就是说，目前的叙述强调的是该遗址如何融入国家或宏观叙事的变化序列，而非关注其更本地和直接的背景。显然，我同意将石峁遗址置于其直接的区域背景来观察是至关重要

的，但这并不是需要解释的核心问题。正如该文作者们自己所指出的，石峁遗址是更大的地区和宏观互动网络的一部分，这些关系同样需要在深入的实证研究时与对地方背景的分析相结合。

在我看来，关于石峁的解释问题源于一些并非中国考古学所特有的考古概念化倾向。考古学从其学科创立之初，就一直被两大理念所束缚，即文化史（通常依赖于直接的历史学方法）和线性的文化演进观。作者们批判性地引用了现存的两种对石峁的解释框架，这两种框架都反映了这两大理念：与神话历史主题相联系的框架坚持依赖后世文献的记载对中国文明进行线性追溯，而进化论视角则是随着时间的推移线性追溯中国文明的特征。这两种框架在全球许多地区的考古学研究中都显示出局限性。例如，不加批判地将不同时期的文化特征引导到漫长、连续、宏大的民族传统中，这当然不是中国独有的现象。

我也赞同对专制政治经济模型及治理模式的批评，尤其是将其普遍应用于所有中国政体的做法，以及对假设中央集权经济的机械依赖和对早期政体及其聚集体组织均质性的假设。然而，作者们的反驳如果能够承认并与更广泛的考古文献相结合，将会具有更大的相关性和影响力。这些文献中，关于19世纪理论框架与后续积累数据之间的解释争论已经展开。重构前现代世界复杂的非线性历史，以及在其中形成的经济和政治网络的时机已经到来，这不仅适用于中国，也适用于全球。

就石峁遗址而言，关键的组织问题与皇城台的功能有关，该平台已被证明位于聚落的顶端，出入明显受到限制。一些人推测这个土丘平台曾是宫殿式居址，但有什么证据可以证明这种高级住宅的作用？这座建筑是否具有政治或礼仪功能（而非居住功能）？从其他方面来看，石峁有规划的、阶梯式的聚落结构，住宅单元共用挡土墙，并不一定意味着自上而下的专制，而是可能反映了一定程度的自下而上的集体行动与合作，因为户主必须分担这些设施的维护工作。尽管紧凑的山顶阶梯式遗址在形式、规模或结构上各有不同，但这种模式与全球其他地区的大型密集阶梯式居住区是一致的，在这些地区，治理方式往往不那么专制，经济不平等也不像前现代背景下那些令人印象深刻的建造景观所反映的那般明显。在石峁遗址看似不起眼的居所获得外来贵重物品的现象，支持了一种假设，即石峁的经济不平等可能比想象的要小。

总之，无论是现存的研究团队对石峁遗址的发现和调查所做出的奉献，还是作者们针对该遗址在概念层面的改进和拓宽所做出的明确努力，都有许多值得欣喜的地方。同时，我们也必须要承认，对于考古学而言，本文在解释方面所面临的挑战实际上既是全球性的，也是深层次的历史性的。现在是时候超越"母文化"、文化原始主义、类型遗址、进步和单线变化途径等相当玄妙的概念和观念了，这些概念和观念缩小了考古知识的传播范围，限制了我们这个领域跨区域发现的影响。历史学家逐渐认识到："历史的发展并非'去往'，而是'来自'。"这意味着，我们已经知道的和可以通过考古学学到的东西，对于社会科学家和历史学家来说，都是更加相关和重要的。过去能在多大程度上为未来提供启示和指引，取决于我们自己。

傅罗文（Rowan Flad），哈佛大学人类学系

我由衷地支持这篇论文的核心观点。公元前三千纪晚期和公元前二千纪早期，东亚的政治、社会和文化集中化的景观是各种各样的，存在多个核心活动区和新兴的中心地带。石峁遗址无疑是一个重要的例子，要充分理解并深入探讨它的意义，就不能把在该遗址所做的严谨的实证工作塞进以中原为中心或单线的中华文明崛起的叙述中。

这篇文章同我和陈伯桢共同提出的关于长江中上游流域文化、经济、仪式和政治地形的论点相一致。该文也呼应了近期其他的区域性综合研究，这些研究强调了目前包括在中国境内的各个地区的区域发展轨迹。自苏秉琦和张光直的开创性著作问世以来，对"中华文明"的多元、多中心起源的强调，已成为关于早期东亚综合思维的重要进展。这两位学者及其追随者对以往主导中国起源综合研究的直截了当、单一线性的"史学取向"提出了持续的质疑。

哈克、江雨德和吉迪指出，这项研究远未完成。特别是，他们对李旻所描述的"多区域范式学者的核心问题"提出了质疑，即"多区域互动的社会政治转型为三代传统在历史上中原地区的崛起"。相应地，在李旻的书中，以及他与张莉、孙周勇和邵晶合著的文章中，都有对石峁的大量讨论。其间石峁与中原故事的联系明显被置于优先地位。"与中原地区政体的比较清楚地表明，在公元前 2000 年左右，黄土高原的'外围'实际上是公元前 2000 年左右的'中心'（the centre）"。这里的定冠词"the"相当重要。的确，这一框架似乎假设了中国走向国家和文明的轨迹或多或少是线性的、单一的，尽管在某种程度上不同于被多区域范式批评的中原核心文明的离心扩散模型。

这种假设是否如哈克、江雨德和吉迪（甚至李旻）断言的那样普遍存在？这里，我把时间往前推一点。一个被引用的例子是伦福儒和刘斌最近关于良渚的论文。这篇论文不仅不是关于良渚的定论，其主要是为了将良渚遗址置于比较视野中，而且似乎也没有提出一个强有力的线性轨迹论点。关于前一点，还有许多其他详尽的关于良渚的出版物强调了哈克、江雨德和吉迪所倡导的"社会政治发展的地方轨迹"。对于后一个问题，伦福儒和刘斌自己认为良渚是"一个"（a）国家社会，是商朝之前在中国不同地区出现的前商朝城市社会"之一"，"可能是东亚的第一个国家社会"。最后一点可能被认为是一种"亲国家者"（stateophile）针对那些研究石峁（或其他地方）的人提出的类似早期国家主张的攀附，但表面上似乎并不是对线性轨迹的明确主张，也许最重要的原因是使用了不定冠词"a"。

就石峁而言，哈克、江雨德、吉迪的合著论文以 2016 年在《考古与文物》期刊上发表的一系列论文为基础。其中，孙周勇的区域研究基于全国遗产调查的数据提出了四级聚落等级体系，并将石峁确定为"中国北方地区地缘政治的中心"，然而，仅就该文而言，"北方"与"中原"是区分且并列的，因此，这一特征可被解读为在讨论所涵盖地区的本地轨迹背景下关于地缘政治首要地位的声明。此外，对多个地方轨迹的关注仍须承认区域间互动的有趣证据。虽然哈克、江雨德和吉迪可能会认为，在所引用的文章、李旻的著作和其他近期出版物中，石峁与中原传统之间在物质文化方面的无数联系可能被过分强调了，但这不应该鼓励我们忽视或最小化这种联系。

最后，我希望这篇文章能进一步探讨引用自福尔斯未作解释的开篇引言时提到的"神话之流"（mythic current）。在考古学和历史编纂学之间的联系中，对神话主题表现形式的现有讨论的进一步参考和反思是必要的。与此相关的是，当作者认为石峁是"中国传统的'历史'叙事坚称应该没有任何重要性的地方"时，我想知道这种历史编纂中的沉默是否真的是"坚持"。正如米歇尔-罗尔夫·特鲁约（Michel-Rolph Trouillot）所解释的那样，沉默和抹除是历史生产的一种手段，在这一过程中权力得以维护。认识到这一点，"社会历史进程中物质痕迹所具有的启示性力量可以扰乱、推翻或改变记忆和历史叙事"。石峁就是一个可以扰乱叙事的地方。它进一步揭示了东亚早期发展的多个节点。哈克、江雨德和吉迪坚持认为，我们应该努力阐明这些节点的复杂历史和相互作用，而不是坚定认为它们属于单一的线性轨迹。

安可（Anke Hein），牛津大学考古学院

这篇文章着眼于近期对石峁遗址的重新评估和广泛的考古工作，为中国考古学乃至世界考古学更广阔的发展趋势提供了许多值得思考的东西。文章提出的主要观点是，对石峁遗址的研究——以及大部分中国考古学——一直延续以中原为中心的叙事，将新发现几乎完全框定在与中原的联系中，而不是试图以本地化的框架来理解这些材料。这个问题并不新鲜，也不局限于石峁。尽管自 20 世纪 80 年代末以来，考古研究组织中的区域主义有所增加，并强调了当地的发展轨迹，但发掘报告和更深入的研究仍继续将新发现与历史或神话故事联系起来。中国文明单一起源的概念可能早已被"中国相互作用圈"的概念所取代，这一概念强调了多个区域文化之间的交流网络最终形成了一个统一的王朝中国，同时保留了某些地方特色；然而，研究的重点仍然是创造或添加着一个个线性的叙事，以不可逆转之势通向一个统一的王朝中国。处于这种相互作用范围之外的地区要么被忽视，要么根据它们与新兴"中央"政权及其所产生的历史文献资料的关系而被定义。

20 世纪 90 年代和 21 世纪初，人们曾希望，在中原以外地区的考古工作的新发现和日益增加的自主性，能够引导人们形成一种"更加'多元化'，甚至更'民主'的历史观"。但这并没有实现。其中的原因是复杂的，包括研究机构和个人研究人员都需要获得（主要是政府的）资助、普遍认可和职业发展机会，同时也需要专注于理解中华文明的形成。此外，尤其是当希望在高级英文刊物上发表论文时，在英美人类学理论范围内构建考古解释存在一定的压力，其中文化进化论的线性叙事在中国语境中似乎特别容易被接受。

虽然国内外学者的期望和观点略有不同，但大多数观点对于中国学者和外国学者而言，基本都是适用的。例如，在对三星堆发现的报道中（包括 20 世纪 80 年代和 2021 年的报道），外国媒体倾向于谈论"失落的文明"，强调金器和神秘感以及与中原地区发展的独立性。而中国的新闻报道更侧重于其与历史文献中提到的蜀国的联系，并将这一发现

融入多元一体的中华文明起源叙事中。事实上,考古学家在三星堆考察和讨论新发现的活动被命名为"走近三星堆 读懂中华文明"。自然,学术性文献,无论是中文还是其他语言,都有更多的细微差别。不过,在有关中国考古学的学术刊物上,英文期刊还是倾向于接受轰动性的内容(包括中华文明的起源),而将较小的发现或被视为边缘地区的研究归入不太知名的"区域期刊"。因此,要想在高级期刊上发表文章,研究者们普遍感到(往往确实存在),须遵循这些宽泛叙事,尤其是许多期刊不会提供足够的版面来阐述更细致、更复杂的理解。这可能就是这篇关于石峁的文章所感叹的缺乏"严谨的模型构建"的部分原因。

然而,还有一个潜在的问题不仅存在于中国,也存在于英语世界的考古学,那就是对社会复杂性的关注,以及对社会进化论框架中术语的使用往往反思不足。虽然社会组织和社会变迁的研究是考古学的核心主题,但在使用"复杂性"或"国家"等具有重大理论影响的术语时,如果考虑不周,就会产生很大问题,更不用说"文明"了。同时,在美洲从事研究的学者往往避免使用"文明"一词,因为它带有殖民主义色彩。在关于中国考古学的讨论中,似乎很少有人意识到这些问题。这一点也见于从考古学或历史学角度讨论"中华文明起源"的中文论文和书籍之中。最近,袁靖和江雨德在一篇关于"中国文明起源项目"考古计量学结果的英文综述中,起先提出了文明的定义以及是否存在一个或多个中国文明的问题。随后,这些问题在文章中被意外地搁置了,文章重点转向总结并赞扬了的确令人印象深刻的多学科、多方法的系统工作,但遗憾的是,术语和基本理论问题却没有得到解决。

总的来说,有大量文献讨论了社会文化进化论的基本问题,特别是在其早期的单线版本和种族中心主义、殖民主义甚至种族主义的暗流中。因此,正如莫里斯所指出的,"许多(也许是大多数)考古学家只是把文化复杂性的概念视为理所当然",而其他人则完全无视它,认为它是帝国主义的、种族中心主义的,而且总体上存在问题。然而,也有人试图找到一种折中方案。在中国的背景下,江雨德建议关注网络和权力关系,而不是讨论某些政治结构是否符合国家的标准。哈克和吉迪虽然对线性进化模型持批评态度,但他们认为,一些新进化论范畴,如国家,"强调了社会结构中的重要因素",如果这些概念能够以细致和灵活的方式使用,那么它们是有价值的。他们指出,如果要用新进化论的标准来定义国家,那么陶寺而不是二里头将是中国最早的国家。目前,这一论点也被应用于石峁,称其为最早的国家,而其他人在讨论"中华文明"的起源时又指向良渚。在这些争论中,"文明"一词在很大程度上没有恰当的定义,也没有对潜在的理论概念进行讨论,即使在这篇措辞谨慎的有关石峁的文章中也是如此。

在最近出版的《文明重塑》(*Civilisation Recast*)一书中,王斯福和罗兰从对"文明"这一术语的反思开始,试图摒除文明辩论中欧洲中心偏见和殖民包袱。虽然他们成功地把焦点放在非洲和中国而非希腊罗马世界,但他们的方法具有道德焦点,无意中支持了民族中心主义的国家建设叙事。事实上,他们将文明定义为提供"人们赖以生存和向往的道德理想",是"通过克制自己和参照一种包罗万象的世界观进行自我塑造,这种世界观也界定了什么是人，什么是人做的事，什么是活生生的人的感官所能感知的，什么是不能感知的，将内在与外在区分开来"。以中国为例，这样一种文明的方法，结合了线性的、以中原为中心的、文本驱动的目的论叙事，使那些被认为处于边缘的人的声音沉寂，这些人不是所讨论的文明的一部分，因此在道德上处于劣势。另一本将中国与文明概念联系起来讨论的书是斯卡尔和费根的教科书《古代文明》（*Ancient Civilizations*），该书 1997 年首次出版，目前已是第四次修订版。作者决定在考古学中将文明定义为"城市化的国家级社会的简写"，对清单式方法提出批评，他强调可变性，但仍然在有限数量的地点呈现对权力的线性叙述。

因此，围绕石峁的争论所关注的"中华文明起源"的潜在问题，远比中国考古争论中仅仅坚持"中原的中心地位"要深刻得多。相反，世界范围内的考古工作所涉及的概念性问题，以及关注宏伟、耸人听闻、令人印象深刻和强大的持续趋势，重申了过去和现在的掌权者所讲述的故事，并进一步提升了他们的知名度和影响力。

在当今世界中，人们努力为边缘群体的声音和自主权留出空间，因此，有必要正视诸如"文明"、"国家"、"复杂性"或"起源"等词语的随意使用及其往往无意却极为真实的隐含意义，这些意义关涉"谁拥有过去"以及"谁塑造未来"的问题。

考虑到石峁的规模和令人印象深刻的程度，讨论石峁显然不是一个为边缘群体发声的案例，但它确实有助于丰富关于中国史前发展问题的辩论，增加叙述的多样性，并对抗以中原为中心的叙述，正如这篇发人深省的文章所做的那样。

柯睿思（Christian E. Peterson），夏威夷大学马诺阿分校人类学系

数十年的持续考古研究表明，现代中国的土地上曾存在许多晚期史前和早期原史复杂社会，它们各不相同，每一个都是独立的（但往往同时存在）社会文化发展轨迹的产物。当代学者强调这些区域的居民逐渐凝聚成一个统一的泛华夏民族，而中原地区则被视为文化交流和身份形成的历史枢纽。国家对"边缘"过去的占有通过将这些地区（及其当前居民）纳入一个同质化、单线式的民族起源故事，强化了中原（和汉族）主导地位的权宜观点。正如哈克、江雨德和吉迪所明确指出的那样，在"中华文明"这个概念下构建复合文化和国家身份，并不等同于研究通过多样化的区域社会、政治和经济变迁所形成的社会动态。这种民族主义的叙事方式常常让我们忽视从这些边缘地区学到的重要社会动态。这也妨碍了我们对复杂社会发展的不同轨迹进行比较，不仅是在中国内部，也包括这些地区与世界其他地区之间的比较。

尽管面临着这些挑战，中国的考古事业似乎依然兴盛繁荣。除了悠久而多样的人类社会发展记录之外，中国也是拥有世界上规模最大、资金最充足、专业化程度最高的考古基础设施的国家之一。中国经济发展的步伐势不可当，几乎每天都会产生令人瞩目的考古发现。曾经只是初步应用的科学数据恢复和分析方法，现在已成为常规手段。考古研究中的国际合作即使仍未普及，也已不再罕见。公众对该领域劳动成果的兴趣——至少在国内，也许从未如此高涨过。然而，如果认为大量涌入的新数据、新技术和新关注让我们对古代

社会动态有了更多的了解，那就大错特错了。在与社会科学几乎没有交叉融合的情况下，中国的后更新世考古学已经演变为另一种角色——文化遗产的保护与推广。社会科学研究和文化遗产研究并不相互排斥，尽管它们在各自的目的、目标和解释方法上的差异有时会使它们产生冲突。文化遗产庆祝活动往往试图培养人们对地方历史的自豪感和依恋感，如果不加以控制，这种自豪感和依恋感很容易走向偏执。没有社会科学的批判态度作为压舱石，中国考古学就会严重偏向一边。

然而，这种局面不能完全归咎于中国国内的考古学界——大多数关于中国古代的国际学术研究对纠正这种情况帮助甚微。当然，也有例外，但与哈克、江雨德和吉迪所抨击的以传统文化为束缚的框架和以意识形态为驱动的单线式方法来解释社会变迁相比，国际学者或合作团队的研究在大多数情况下并没有对古代社会动态产生更有意义的理解。大多数研究中国新石器时代和青铜时代的外国考古学家，与我们在中国接受教育的同行一样，接受的社会科学培训少得可怜。在中国之外，能够在中国考古学领域获得高等学位的学术项目寥寥无几。设在人类学系的专业更是少之又少。这些项目大多强调中国研究——中国及邻近地区的语言、文化、历史、艺术史和考古学，几乎排斥所有其他学科。对于比较社会科学的理论、模式和方法，考古论证的形式，考古研究的设计，以及世界其他地区的考古学术研究，这些课程通常都不重视。这种以中国为中心的考古学教育方法，与直觉相反，是改进对中国早期复杂社会发展理解的最大障碍之一。它们培养出的学者精通中国的一切细枝末节，但在制定和实施田野和实验室研究计划方面却准备不足，无法对古代社会动态进行令人信服的、以经验为基础的重建，从而对社会变迁的各种解释进行评估。

这种窘境与塞缪尔·贝克特（Samuel Beckett）的战后荒诞派悲喜剧《等待戈多》有几分相似，剧中的两个主角在舞台上无限期地徘徊，不知道目的，用无关紧要的机智和文字游戏来消磨时间，无法打破惯性的麻痹，继续从事更有成效的追求。戏剧评论家维维安-梅西埃（Vivian Mercier）对贝克特的戏剧有一个著名的描述："在这部剧中，什么都没有发生，却让观众死死坐在座位上。"几十年来，我们国际社会中的许多人同样坐在那里，被中国正在发生的一场潜在的考古实践危机惊呆了，我们为失去的机会而扼腕叹息，却一直忘记了我们自己无法做得更好。

哈克、江雨德和吉迪没有抽象地对他们的研究课题发表意见，这一点值得称赞。相反，他们运用并重新评估了最近在石峁遗址的研究成果，有效地展示了在地方、区域和比较背景下研究单个社会的一些方法，通过运用适当的人类学方法，为研究古代社会动态的变化提供了必要的原始材料。无论我们属于哪个考古实践团体，如果有更多的人效仿他们的做法，那么以中国漫长而多变的过去为范例来研究社会的变迁将会更有成效。

罗泰（Lothar von Falkenhausen），加利福尼亚大学艺术史系

作者采用了"高地"和"低地"之间的宏观地理区分，事实证明这种区分有助于界定史前和原史时期东亚大陆的社会政治和文化发展区域。据我所知，这一区分源自李旻的研究，他在一本关于新石器时代向青铜时代过渡的重要著作中巧妙地运用了这一区分，而本文的参考书目中却莫名其妙地缺少了这本书。李先生运用历史人类学的文化记忆形成理论，提出了一种可能被视为折中的观点，既批评了传统史学方法，也未完全忽视后来的文献记载。顺便提一句，我怀疑作者提出的传统主义观点是否能代表当今中国学术界关于石峁的广泛讨论；出于论战的目的，将这些边缘观点固化为所谓的"中方观点"至少显得不诚实。

令人费解的是，虽然作者不可能不知道，但文章却只字未提史前晚期中国考古学中众所周知的问题：龙山时代末期低地人口的暴跌。在大约公元前2000年或稍后的短时间内，低地人口至少减少了75%，聚落总规模至少减少了85%。只有二里头所在的洛阳盆地似乎没有受到这一趋势的影响。我们之所以能发现这一以前从未被认识到的现象，要归功于中国聚落考古学的兴起。张莉和史宝琳在尚未正式发表的论文中首次从不同角度对龙山时代晚期崩塌进行了全面讨论，尤其是张莉将其与中原地区材料记录中同时出现的"北方"文化元素联系起来，并恰如其分地强调了二里头及其附近居民在青铜时代早期的多元文化渊源。关于崩塌的原因仍有争议；张驰根据近期世界范围内的经验，认为崩溃是由欧亚大陆西部新引进的家畜动物物种引起的流行病造成的，但也有其他可能性。

无论如何，先前的学术研究显然夸大了从新石器时代到青铜时代的社会文化习俗的连续性。二里头虽然与之前的传统有一些有限的联系，但本质上是一个新的开端，其重要标志是向欧亚大陆更广阔的世界开放。石峁的崛起与李旻所称的"北亚互动圈"（North Asian Interaction Sphere）有着明显的联系，讨论石峁的崛起在带来这种影响方面可能扮演了什么角色似乎很重要。在这方面，将考古证据与后来的文字记载并置比较可能会有所裨益；分别采用最先进的物质文化相关研究方法和文献学研究方法对它们进行分析，可望更清晰地揭示记忆形成的不同层次、意识形态操控的手段和神话创造的过程。

张莉，郑州大学考古与文化遗产学院；孙周勇，陕西省考古研究院

在石峁进行的考古学研究揭示了青铜时代东亚和内亚的新图景。这要求我们重新思考世界上高地和低地区域的复杂社会。由于绝大多数与石峁相关的田野调查和研究（迄今为止约有150项）都只有中文版本，因此以非中文出版的石峁相关出版物尤其受欢迎。然而，哈克、江雨德和吉迪对以前的学术研究进行了有选择性的歪曲叙述。讽刺的是，他们声称的"新"方法与由发掘者和多领域学者构成的石峁团队在过去和现在的研究方法并无不同。本文简要评论了哈克、江雨德和吉迪论文中的关键错误及其忽略的重要内容。

哈克、江雨德和吉迪认为中国考古学陷入了"中国在任何特定时期都只有一个中心"的观念。然而，这种批评的论点建立在歪曲事实和断章取义的基础之上，甚至经不起粗略的推敲。例如，我们和其他人都明确指出，在石峁扩张之前，陶寺和石峁作为黄河中游流域两个强大的中心共存了数百年。此外，对于二里头时期政治格局的描绘，作者们所依赖的资料来源也存在问题。尽管低地社会已经崩溃，但石峁中心（约公元前2300～前1800

年）一直延续到二里头时期（约公元前1900~前1500年）。例如，石峁宫殿区中心顶部的夯土住宅（约公元前1900~前1800年）就证明了这一点。与此同时，新寨聚落——它可能是二里头政体低地竞争者的中心——也达到了鼎盛时期，长达一个世纪左右。陶器研究和最新的放射性年代测定确认了二里头和新寨之间的时间重叠关系。作者关于中国"同时代的大型遗址和复杂政体存在于不同地区"的说法重复了这一公认的事实，尤其是在公元前4000~前2000年低地崩溃的时期。

我们已经提供了大量证据来证明石峁的扩张。正如陶寺的防御工事、宫殿区和高层精英的墓葬所记录的那样，这种扩张伴随着冲突和暴力。与此同时，陶寺的葬俗、陶器组合和肉类消费偏好也从当地传统转变为石峁的传统。这些根本性变化与大量移民抵达陶寺同时发生，他们在陶寺人口中所占比例很高，同位素和DNA数据证实了这一点。在更远的南方，石峁的精英出现在花地嘴遗址，这里是通往洛阳盆地的北入口，遗址中也有一系列与石峁文化相关的特征，包括饮宴器皿、饮食偏好、宗教习俗、祭祀玉器和石器。石峁精英可能是花地嘴高级宴会和祭祀仪式的主要主人。哈克、江雨德和吉迪声称证据仅限于陶器的"基本相似性"，但他们忽略了文献中报道的大量证据。

作者还将一些石峁发掘者从未说过或者暗示过的说法安在他们身上，比如将石峁的经济政治制度"含蓄地"与商代的经济政治制度联系起来。例如，以下是有关石雕的报告摘要。与宫殿中心核心基址南立面有关的70件石雕已经被公布（图一）。石峁发掘者强调了这些雕刻的起源，尤其是圆形石雕（图二），反映了同兴隆洼文化到红山文化（公元前6000~前3000年）的东部草原雕像传统的关系。此外，石峁石刻的题材非常多样，与长江中游后石家河文化的玉器纹饰有相似之处，而石峁石雕上的蛇形象可能是二里头镶嵌绿松石蛇的模型。石峁石雕也可能与北亚的交往互动有关。

图一　石峁宫殿中心核心基址的南立面部分

此外，指导石峁团队工作的原则是在其区域背景下调查石峁，这包括榆林及邻近地区。在讨论石峁和黄土高原时，我们反对使用以中原为中心的术语"北方地区"和"长城地区"。而李旻则在东亚、中亚和北亚互动圈日益趋同的背景下分析了石峁的出现。令我们困惑的是，作者提出将"石峁中心视为与中原发展平行的……区域轨迹的核心"，仿佛这样的视角从未存在过。事实上，我们已经采用了这种方法。与作者的说法相反，石峁考古发掘者已经将石峁石墙与榆林地区的阿善和龙山早期石墙以及鄂尔多斯地区的石墙联系起来进行了讨论。此外，需要注意的是，夏家店下层文化的出现不早于公元前1800年，晚于石峁防御工事的建造，而不是像哈克、江雨德和吉迪所说的"同时代"。

最后，作者对未来石峁考古研究的建议，同样也是石峁团队正在进行的项目。这项研究的初步成果，包括 200 多个绝对年代，已在 2019 年的一次国际会议上公布。相关的重点研究还包括但不限于欧亚背景下的石峁口簧系统调查（图三）、经济与交换网络、环境研究、榆林长时段的家户与聚落考古等。我们希望《当代人类学》的读者能够关注石峁团队的出版物，并得出自己的结论。

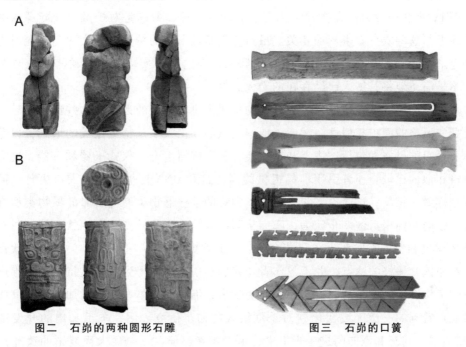

图二　石峁的两种圆形石雕　　　　　图三　石峁的口簧

答　复

我们感谢各位同仁抽出时间，为我们提供了这组评论。我们相信，他们富有洞察力的评论，无论支持还是批评，都将为读者提供关于中国考古学现状，特别是关于石峁的不同视角。

首先，我们要明确指出，我们并不是在批评石峁遗址的发掘者及其田野工作。我们在文章中指出，正是由于石峁遗址卓越的工作，我们才撰写了这篇文章。关于石峁遗址的出色而迅速的田野工作和出版物，与它们所适用的有问题的解释方法和元叙事形成了鲜明的对比。因此，我们的论点与其说是针对具体的事实（尽管我们确实掌握了一些事实），不如说是针对隐含的目的论和未经检验的文化-历史和政治-经济假设。尤其有问题的是线性叙事，这种叙事寻找特定时期最重要的地点，营造一种中国文明初生的火炬正在传递的感觉，有意无意地再现了传统的王朝史学结构。我们同意柯睿思的观点，即我们的论文所强调的基本问题并非中国考古学家所独有的，而是许多在中国工作或撰写关于中国文章的外国考古学家以及在世界其他地区工作的考古学家所共有的。

当然，博罗文也正确地指出，在这种元叙事的基础上，石峁的大量工作实际上都涉及了地区发展轨迹和地方具体问题（张莉和孙周勇在他们的评论中提供了一些）。然而，不可否认的是，尽管石峁遗址地处"边缘"并有令人惊奇的发现，但它却常常被毫不费力地归入中国古代发展的目的论模式（一些评论者提供了其他例子，我们没有将其纳入原论文）。我们对文化历史方法在物质文化变迁方面的批评，特别是对扩散论和起源探寻的批判，实际上与这些宏大叙事密切相关。虽然我们承认石峁的精英物质文化与其他时空相距较远的遗址之间确实存在许多引人注目的联系，但这些事实应该引发更多、更复杂的问题，而不是简单地将其纳入已经存在的宏大叙事中。

张莉和孙周勇表示，他们已经为石峁的扩张提供了充足的证据，这些证据超越了人工制品类型和风格的简单相似性。然而，他们提供的证据大多是精英用具的形式，以及被认为起源于石峁的风格，包括饮酒器和宴饮器、随葬陶器组合、仪式玉器和石器。这当然是基于风格相似的比较。作者引用邵晶提供的同位素和 DNA 证据来证明人口更替，但本文并没有这样做。相反，这篇论文深入研究了陶寺的某些器物类型与石峁的器物类型有何相似之处。张莉和孙周勇进一步认为，陶寺从猪向绵羊和山羊转变，表明饮食偏好与石峁相似（不考虑奥利特等人发现猪在石峁比绵羊和山羊更常见这一事实）。关于陶寺饮食变化反映了石峁饮食偏好的论点，并不像作者让我们相信的那样得到广泛支持。在陶寺进行的动物考古工作有限，博凯龄、何努和戴向明认为，绵羊和山羊放牧的增加是在周家庄等其他临时地点看到的广泛区域变化（对杀戮模式的初步研究表明，羊毛和肉的开发策略不同）。博凯龄、何努和戴向明进一步指出，由于陶寺遗址（一个庞大而复杂的遗址）的取样有限，目前的证据无法证明晚期猪肉消费的减少。事实上，张莉和孙周勇（以及罗泰）在他们的论述中表现出一种倾向，即把各种事情断言为事实，这些事情充其量是有争议的解释，有时源于我们在此批判的仓促的文化历史叙事构建。因此，举例来说，更准确的说法是，二里头文化和夏家店下层文化的年代仍然存在争议，中国考古学总体上需要公布更多的绝对年代。事实上，作者提到的数百个石峁[14]C 年代数据是朝着正确方向迈出的一大步，但这些数据是在一次国际会议上公布的，仍有待同行评审发表。

一些评论者提到了距今 4200/4000 年的事件以及据称与之相关的"新石器时代社会的崩溃"，罗泰甚至将其视为显而易见而又没人愿意讨论的问题。事实上，我们在之前的出版物中专门讨论过这个复杂的话题。无论人们如何看待公元前三千纪晚期的气候事件和人类的应对措施，这都是一个与我们讨论石峁遗址没有直接关系的问题，因此我们没有在这里再讨论它，但它确实与我们的论文所讨论的理论和方法问题密切相关。认为华北和华中（黄河和长江流域及其他相关地区）所有新石器时代社会都在公元前 2000 年前后崩溃衰落的观点，从一开始就与中国最早国家的兴起问题密切相关。认为所有新石器时代的中心都衰落了，只有一个遗址，即二里头，演变成了中国第一个国家的都城，这种观点与将国家级社会的开端定位于黄河流域中部地区的传统观点密切相关。根据这一模式，新石器时代的众多中心一旦崩溃，就只剩下一个中心，然后从二里头（在许多人看来代表夏朝）依次转移到商朝和西周的中心。正如我们在论文中所描述的，多年来，这种关于权力从一个中心向另一个中心过渡的线性描述被追溯到新石器时代晚期，这在张莉和孙周勇最近的评论中也有所反映。他们基本上描述了这样一个轨迹：陶寺中心的显赫地位在被石峁推翻之前曾与石峁共存过一段时间，而当石峁衰落、二里头占据显赫地位之后，同样的过程又会重演。这正是我们在论文中反驳的模式。

整个华北和华中地区新石器时代社会的大范围"衰落"被解释为公元前4200年前后气候急剧变化所引发的洪水或干旱等自然灾害的结果。对这一解释的一个略显极端的例子是将自然灾难事件与中国神话（如大洪水）联系起来，这与将石峁与黄帝等神话英雄联系起来的方式并无二致。但即使是对传统历史记载持怀疑态度的论文，也认为二里头是在新石器时代竞争中心衰落后的相对政治真空中发展起来的。后者甚至不准确地引用了我们自己的研究来支持这种说法！罗泰评论中提到的最近将崩溃归因于大流行病的说法，是又一次试图将广泛地理和人口层面的社会崩溃归因于推测的外部原因。这又给我们带来了方法论问题：罗泰认为，华北和华中地区的人口至少减少了75%，这种灾难式的人口暴跌是如何在考古记录中确认的呢？简言之，这种重建是基于《中国文物地图集》中的考古数据。使用这些数据是为了进行人口估计，而重建人口轨迹正迅速成为中国考古学最时髦的趋势之一。然而，正如我们已经证明的那样，这种估计所依据的数据是以一种非系统的方式收集的，而且它们的分辨率不适合这种重建。这种估计的结果不仅不可靠，而且有时可能与通过系统的全覆盖区域调查获得的重建和轨迹完全不一致。

鉴于这些问题，以及将考古发现与古气候事件相关联的问题（古气候事件本身具有难以理解且年代不准确的问题），我们再次主张将研究重点放在较小的地理尺度上，提高数据采集和分析的精度。正如我们在其他地方提出的，根据现有数据，在公元前三千纪和公元前二千纪早期，华中和华北地区的人口轨迹并不一致。在长江下游和山东沿海等地区，人口可能在公元前2000年之前出现急剧下降，而其他地区则保持稳定，甚至出现人口增长。我们对这一时期政治格局的理解或多或少符合阿拉德关于"内在不稳定"政体的定义，根据目前的证据，政治集权的兴衰过程无法与特定的生态（或大流行病）事件或外部政治和军事压力联系起来。

在这个问题上，石峁的研究成果并不那么明确。有些人认为石峁受到了所谓的4.2千年气候事件的巨大影响，而在其他地方，人们强调的是石峁持续和延续进入了公元前19世纪，如张莉和孙周勇在此的评论。张莉和孙周勇引用周南和戴向明来支持公元前2000年前后，中国某些地区社会衰退和崩溃的说法，并说明之前的研究已经注意到整个古代中国存在多个大规模中心。但周南和戴向明在比较北方赤峰与黄河流域运城盆地的论文中指出，公元前二千纪夏家店下层时期人口数量有所增加。事实上，他们发现，"其中一个影响是，内嵌的以单线进化先入为主的概念可能导致我们将注意力过于集中在黄河流域出现国家的时间点上，并过多地将核心问题框定在那里发生的而非北部和东部发生的"。重申这一点，我们从未说过我们是第一个提出这些主张的人。事实上，尽管过去有许多论文提出了这些论点，但单线进化模型依然存在，这更加令人惊讶。

一些评论者（安赋诗、费曼和傅罗文）指出，远程互动是公元前三、前二千纪社会变革的一个重要因素。我们当然同意这一观点，事实上，我们过去也曾就相关主题进行过大量研究。然而，我们认为，这种互动的证据，包括陶器或其他类型文物形状的相似性、青铜生产等特定技术的传播，甚至古人类 DNA 的分析，经常被滥用来"证明"人口迁移和人口更替的快速过程或单一政体征服遥远地区等模型。这种从"陶罐到人"的跳跃式解释在大约 50 年前的世界考古研究中还很常见，但如今已大为减少；研究人员现在强调的是更加渐进的区域间接触机制以及对其影响的细致理解。

我们同意一些评论的观点，他们敦促我们不要因为希望看到自下而上的叙事形成而忽视区域间的联系，我们中的两位在最近的一篇论文中研究了石峁与其邻近地区之间的长期互动和交流。我们也希望推进涉及大规模比较研究的议程（费曼和柯睿思），但我们认为，只有当我们从现有的过度决定性元叙事中解脱出来，才能实现这一目标。在重建制度、互动、区域重要性和大规模叙事方面，需要更加严格。借用更近的过去（例如，使用后来的、有更多文献记载的政府实例来重建文本中缺失的古代政体）可能会导致我们将数据强行套入现有的模型和框架中。

最后，我们同意同事们的观点，即我们目前正处于中国考古学界一个非常激动人心的时刻，这是一个进步迅速、新发现层出不穷的时代，但同时也是一个争论不休的时代。石峁是这些趋势的象征，我们期待着石峁考古队的更多出色工作，期待着我们对石峁遗址的了解不断深入。

译者附记： 2022 年 2 月，美国《当代人类学》（*Current Anthropology*）杂志刊发了哈克（Yitzchak Jaffe）、江雨德（Roderick Campbell）与吉迪（Gideon Shelach-Lavi）的论文《石峁与中国国家的兴起：考古、历史编纂与神话》（Shimao and the Rise of States in China：Archaeology，Historiography，and Myth）。该文从石峁遗址的发现及相关研究的讨论开始，对研究中将石峁和古史传说相关联以及以中原为中心或单线的中华文明崛起的叙事进行了批评。作者们简明的观点是：石峁是一处令人惊叹的遗址，它提供了一个重新审视理解过去的方式。文章提醒学界不要徒劳于试图将石峁融入中原崛起的叙事。刊物同期还发表了8 位海内外考古学者（以海外学者为主）的评论，既有赞同作者观点的，也有辩驳的。论文和评议共同呈现了石峁研究之热，以及石峁的发现对于构建中国早期国家兴起多元轨迹的重要性，同时对于讨论考古学与古史传统结合这样的老话题以及中心和边缘视角下的社会进程等议题，均具有良好的启发。

这篇论文和 8 篇或长或短的评论显然引起了广泛的学术影响。《当代人类学》于是在2023 年第 64 期上再次刊发了 4 篇评议文章（以中国学者为主）及作者们的回应。在第二轮辩论中，火药味较浓。一篇评论认为被评议的文章充满了事实错误、误导性解释和对他人论点的歪曲，且语气贬损，缺乏在学术讨论中保持健康辩论所需的尊重。相应地，三位作者在回复文字中为自己辩护，同样认为个别评论者言语尖刻，指责毫无根据。

学术之道，贵在争鸣。没有争鸣的考古学不是好的考古学。我们很乐意看到《当代人类学》上的这两组学术讨论。这样的辩论为研究者们提供了一面镜子，来审视固有的视角、方法和传统。进步、更新和创新就存在可能。

总体而言，这篇论文及评议是近些年中外考古学界围绕中国考古展开的不多的学术争鸣之一。上一次这样热烈的争鸣似乎还是巫鸿先生的专著《中国早期艺术和建筑中的"纪念碑性"》所引发的。李零先生曾作《学术"科索沃"——一场围绕巫鸿新作的讨论》，介绍了那场关于中国早期艺术与建筑研究大辩论的来龙去脉、视角立场和方法差异。

中西考古学界和早期中国研究领域还曾就"夏文化"的问题有过辩论。刘莉先生曾专门进行过调查统计，她对 75 名中国学者和 28 名海外学者就是否有"夏代"和这一判断是否与"政治"倾向有关等问题进行过全球调查。

然后便到了《当代人类学》上的这两轮讨论。有感于这篇论文及相关讨论对于石峁研究、中国早期国家形成、单线和多线进化观等问题颇有学术价值，我们感到很有必要将之译成中文介绍给学界同好。翻译的缘起是在 2023 年郑州召开的世界大河文明论坛上，午餐期间，中国社会科学院考古研究所陈星灿所长聊到这篇论文，陈所长建议可以译成中文。我表示可以安排研究生来从事这项翻译工作，并设想以我系刊物《东亚文明》为发表园地。为了发表的方便，我们将第二轮的评议和回复合为一篇。因篇幅限制，全文注释没有保留。由于英文水平有限，翻译中难免有各种各样的问题，还请读者见谅。

编辑：徐峰

对《石峁与中国国家的兴起》的评议及作者的回应

刘　莉　陈星灿 等

一　对石峁研究和中国考古学的误读

刘莉、陈星灿（斯坦福大学 中国社会科学院考古研究所）

孙宇洋 译　涂栋栋 校（南京师范大学 上海科技大学）

哈克、江雨德和吉迪在他们的文章中称，中国对石峁遗址的考古研究主要是为了加强线性历史观，以解释中原地区王朝的崛起。这篇文章充满了事实错误、误导性解释和对他人论点的歪曲。作为一篇关于石峁重要研究论文的通讯作者（刘莉），以及六篇论文被多次引用，但未被邀请为该文提供评论的共同作者，我们有义务在这里回复，尽管字数有限。

作者倾向性地选择了十篇出版物，将研究分为两种类型。第一类将石峁与黄帝等传说中的人物联系起来。实际上，这种研究方法并非石峁研究的主流。他们文中引用的大多数参考文献均不是考古学家所写。沈长云（作者对他的名字有三种不同拼法：Chen Chang-gyun、Shen Changyun 和 Shen Chengyun）对黄帝与石峁之间关系的推测，早在八年前就已经被石峁遗址的发掘者否定了。

第二种类型的研究也被认为是错误的，据说促进了中国文明单线进化的观点。作者们随意使用了这一说法，却没有提供这个概念的定义。事实上，20世纪80年代以来，大多数中国考古学家都支持多线进化论，且许多有影响力的文章中均探讨了这一模式，其中不乏对石峁的研究。作者完全忽视了这些文章。

他们指出："关于二里头军事扩张的论点是基于在不同地区发现的陶器中有一些非常初步的相似性。"在引用来自刘莉书中的三页文字中，并未出现"陶器相似性"一词，而是讨论了二里头及其周边地区的聚落模式和不同器物组合的分布等相关问题。该书提及的一篇论文认为，二里头遗址次生聚落的显著增加与该遗址的扩展息息相关，即以二里头居住点作为"前哨站"扩展到了一些遥远的地方，而这些地方是二里头统治者们渴望并可能获得关键资源以维持权力和地位的地方，这表明"二里头的扩张很可能是强制性的"。该文没有提到这些前哨站"拥有管理如此辽阔领土所需的复杂官僚机构"。我们还在其他地方讨论过陶器类型与人群的关系。作者选择忽略更广泛的背景，然后歪曲和错误地评价原论点。

作者们引用了我们的论文，声称我们持有单一中心"模式"。根据这种模式，"新石器时代的众多中心崩溃后，只有一个中心，然后依次从二里头转移到商和西周王朝的中心"。但我们的论文只讨论了龙山文化向二里头文化的过渡，没有提到商周。而在我们的书中，我们讨论了商代政治格局的变化，分别在商早期和中期从集权到分权，直到多个非商中心在商代晚期发展成为独立的区域政权，如三星堆和吴城。作者们虚构了一个我们从未提出或相信的"模型"。

他们批评我们将石峁的衰落与公元前1800~前1700年的寒冷、干旱时期联系起来，认为我们没有参考"当地的特定的环境条件"。但是孙周勇等人讨论的气候数据是专门针对当地的，取样自石峁附近的毛乌素沙漠。作者们还明显忽略了另一项关于该地区气候条件区域变化的详细研究。他们说，我们把石峁与所谓的"距今4200年气候事件"的影响相联系，事实并非如此。

这篇论文表现出不应有的偏见，背离了应有的学术礼仪规范。其贬损的语气缺乏在学术讨论中保持健康辩论所需的尊重，使在中国工作的考古学家及其研究陷入了不应有的严厉批评。该文发表在《当代人类学》上，不仅营造了一种对许多在中国工作的敬业的考古学家充满敌意的环境，而且还在非专业读者中传播了对中国考古学实践和成果的误读。

二 中国考古学：单线性或多线性？

戴向明（首都师范大学）

张树成 译 涂栋栋 校（南京师范大学 上海科技大学）

《石峁与中国国家的兴起》一文从石峁遗址的发现及其相关研究的讨论开始，聚焦于作者们认为中国考古学存在的两个主要问题，并进行了颇具讽刺意味的批评。然而，我认为该文作者们的批评充满了偏见、误解和扭曲，并且有选择性地忽略了事实。

文中批评的一个问题是（中国学者）将石峁与传说中的黄帝联系在一起。实际上，这只不过是个别历史学家的观点，很少有考古学家认可。由于篇幅有限，一些重大考古发现与中国古代传说中相关人物之间的关系过于复杂，故不在此讨论。

作者们批评的另一个问题是所谓的"单线进化"的观点，他们声称这种观点在中国考古学中普遍存在。根据这种观点，在长期的社会发展过程中，每个历史节点只有一个主要中心或国家中心，所有后续中心都被纳入一个单线的解释轨迹。他们的论点严重曲解了中国考古学的真相。首先，早在 20 世纪 80 年代，苏秉琦、张光直、严文明等著名考古学家就已经将史前中国划分为多个文化区域。从那时起，大多数中国考古学家都赞同某种多线进化模型。最近，许多学者讨论了中国史前和早期历史时期不同区域的社会文化发展的轨迹和过程。与哈克、江雨德和吉迪的指责相反，孙周勇、伦福儒和刘斌都没有将石峁或良渚纳入一个单线的早期国家或王朝的系统中。

其次，一些考古学家比较了中原与其他地区（如良渚和石峁）的文化相似性，以说明各种可能的联系。重点是，这些比较基于考古证据。它们并不意味着这些不同的地域文化及其中心应该被视为中原文明的分支。

再次，笔者认为，在青铜时代，中国文明确实经历了一个动态的政治格局发展过程，从多种地域文化及政权到日益集中的中原王朝与多种实力较弱的政权共存。虽然在这一过程中，各种地域文化传统仍继续存在，但中原文化作为最强大的文化和政治中心，无疑在将早期中国整合成一个越来越大的政治和文化共同体方面发挥了主导作用。

最后，很明显，他们在评论和批评中国考古学时，对证据的选择带有倾向性，而忽略了许多相关事实。例如，他们引用了同一期刊上（同期）的两篇文章，但并没有提到我在同一期上发表的文章，这篇文章明确讨论了中原和北方地区（石峁属于后者）两种不同的社会进化轨迹。在我后来的工作中，我还系统地分析和展示了史前中国早期国家的区域社会发展和形成的各种轨迹和模式。我的文章无疑提出了中国的多线性社会进化模式，这与哈克、江雨德和吉迪对中国考古学的指责正相反。他们似乎对与自己意见不同的观点选择性地视而不见。多线进化观点是当今中国考古学的主流认识，许多有影响力的学者都提出了这种观点，如上文曾提到过的学者。这篇文章的作者甚至没有注意到或评论与他们自己的偏好不同的事实。

简言之，本文证实了哈克、江雨德和吉迪对当今中国考古学学术主流的真实情况缺乏足够的了解。或许这使他们产生了一些偏见，以至于他们看不到中国考古学的重大变化和进步。

三 石峁与高地龙山社会的考古学

李 旻（美国加州大学洛杉矶分校）
魏培均 译 涂栋栋 校（南京师范大学 上海科技大学）

学术辩论的底线是诚信。哈克、江雨德和吉迪的论文歪曲其他学者的研究成果并误导读者，损害了《当代人类学》作为该学科领先期刊的声誉。首先，作者夸大了非专业知识对中国考古学的影响。文章引用沈长云的研究作为主要证据，认为中国对石峁的考古学研究因与神话和史学传统的不加批判的联系而受到了损害。作为一名研究先秦时期的历史学家，沈先生并不具备任何史前考古学资历，并且已经多次承认很少有中国考古学家接受他关于石峁为黄帝居邑的主张。熟悉这个领域的评论家会肯定地指出，沈的主张对中国考古学影响甚微。作者选择宣扬这种虚假叙述，破坏了中国和国际考古学界之间通过几十年的合作而建立起来的信任。

从文化层面上讲，传说叙事是传统知识的一部分，它们丰富了人类学研究，并赋予文化传承者群体自主的声音。在公元前一千纪末的演讲和辩论中，周代精英经常引用关于公元前三千纪晚期政局变化的传奇故事，将距今四千多年前视为三代王权初兴的时代。科学方法和文化历史方法之间严格的二分法既不可取也没有必要。

其次，作者们忽视或歪曲了石峁考古学的现有研究。他们认为，目前关于石峁的研究被一种偏袒中原的单线视角所扭曲。博罗文在评议中进一步指出，作者们对我的《问鼎：早期中国的国家起源与社会记忆》一书中关于石峁的大量论述提出了异议。然而，文章作者根本不能诚实地承认这本书的存在。

石峁发现于传统上认为是中国历史外围的鄂尔多斯地区，确实引发了关于青铜时代国家在（历史上被称为）中原及其以外地区崛起的问题。《问鼎》并没有特别强调中原的叙事，而是探讨了这个空间概念崛起即"成为中心"的过程，而洛阳盆地周围早期国家的崛起是在几千年来政治格局的千变万化之后发生的。为了从概念上摆脱以中原为基础的视角，我引入了"高地龙山社会"（Highland Longshan Society）的概念和基于地形的分类方案，并探究洛阳盆地如何从一个高地、低地之间的过渡地带转变为政治网络横跨高原盆地和低地平原的中心枢纽。

我认为石峁是从张光直的"史前中国相互作用圈"、格雷戈里·波塞尔的"中亚互动圈"以及我书中概述的"北亚互动圈"的日益融合中兴起的。在公元前三千纪后期，石峁和陶寺是欧亚技术、仪式知识和商品流动的通道，它们也是在日益扩大的互动和政治实验过程中产生新制度的融合场所。历史上被称为"中原"的地区，只是在石峁和陶寺作为高地龙山社会的中心衰落后，与洛阳盆地二里头的崛起（公元前1900~前1600年）有关。即使在郑州和安阳的崛起巩固了中原国家的地位之后，在遥远的地区（如四川盆地的三星堆和金沙），邻邦政权也在蓬勃发展，石峁的历史遗产也为当地玉器传统所继承。

我书中的一个中心主题便是讨论中原的兴起，因为与洛阳盆地相关的地缘政治传统在后来的政权中被多次复兴，它们试图利用这一政治遗产和战略位置，从而创造了中国历史上的一种霸权话语。相比之下，鄂尔多斯地区变成了一个有争议的边界，长城是由农业帝国建造的，用以对抗他们的牧区对手。采用长时段的考古学研究，我期望在以区域为基础的考古研究和多区域的政治进程调查之间取得平衡，这些政治进程导致了青铜时代国家在中原及其他地区的兴起。

最后，哈克、江雨德和吉迪让我们注意到学术界的结构性不平等。这些作者们没有去过石峁，也没有在该地区工作过。但他们的论文显示出对那些真正去过石峁的人缺乏尊重。从刘莉到张莉，该文批评的主要目标是在男性主导的领域取得成功的中国女性学者。

刘莉和她的研究生对石峁进行了深入的研究，但她并没有被邀请回复这篇文章。作为一名有独立观点的学者，张莉与石峁领队和我合作的文章并不是《问鼎》的替代品，她也不是任何人的传声筒。

四 评《石峁与中国国家的兴起》

〔美〕江伊莉（Elizabeth Childs-Johnson）（欧道明大学）

徐媞媞 译 徐 峰 校（南京师范大学）

哈克、江雨德和吉迪的文章对属于新石器时代晚期和较早的历史时期的陕西石峁遗址进行了分析，倘若他们能利用多年来许多出版物（包括我的著作）中的学术成果，他们的分析结果可能会更加丰富充实。哈克和他的同事们试图讨论石峁遗址和国家的兴起，他们尊重了自己的看法，但贬损了其他人的观点。是的，我同意区域文化受到中心文化影响的总体前提，反之亦然。当我问石峁的两位主要发掘者孙周勇和邵晶（三年前在中国的一次会议上），我是否可以发表他们的一些材料时，他们犹豫了一下，说他们需要完成建筑基础的挖掘，这样他们才能重建遗址的布局。随后，他们慷慨地向我提供了几张图片并允许我将其发表，于是我把它们放入了我 2020 年所写的一篇文章中。我于2020 年编辑的《早期中国牛津手册》一书被傅罗文不恰当地引用来作为对哈克、江雨德和吉迪文章的评论。

作为一名考古艺术史学家和古文字学家，在过去的 30 多年里，我一直通过整体而又全面的方法撰写和记录中国的古代文化。我的研究中不仅使用可视化资料，还使用文字、考古学和人类学资料。例如，在与已故考古学家、良渚文化研究专家牟永抗共事的一年时间里，我分析了为何应将涵盖新石器时代晚期的"玉器时代"概念具体化——为什么这一概念应该包括红山文化、良渚文化、龙山文化这三个重要的玉器制作文化，另外还要增加一个二里头文化。在我 1995 年发表的一篇文章中，我概述了为什么二里头的玉器代表着夏王室的传统风格，并广泛分析了为什么商代的甲骨文和可视化资料能够反映王室权力信仰的变化。

只有傅罗文引用了我 2020 年的关于石峁图像的文章并认为它是对该领域的最新贡献。遗憾的是，我完全同意张莉和孙周勇的观点，即作者们"表现出对以前的学术研究有选择和歪曲的叙述"。他们采取了与杰西卡·罗森（Jessica Rawson）相似的做法，即无视积极的学术研究，而发布歪曲事实的观点。举例来说，罗森在 2017 年曾提出，"基于玉器的相似性，我认为石峁精英阶层在公元前二千纪初从原有中心衰落后可能向南迁移，并将他们新的技术和风格带到新兴的二里头中心"。事实远非如此。在这一点上，玉器加工在华北和华南长期存在。

作者们在文章中写道："在石峁发现的这些石雕中，部分的纹饰风格至少在表面上与商代青铜艺术中的主题具有某种相似性。然而，我们在提出这种印象式的关联时需要非常谨慎。""表面上"和"印象式的"都是错误的用词，说这些"与商代青铜艺术中的主题具有某种相似性"也是错误的。某些相似性与龙山时期（山东龙山、石家河等）的装饰图案直接相关。如果几位作者的研究方法能够更广泛地包含其他人的学术成果，尤其是当这些成果涉及石峁时，这些问题会变得更清晰，但他们目前没有这样做，也没有处理过去十年里许多其他的学术成果。我鼓励更严谨的学术研究。

回 应

哈克（Yitzchak Jaffe）、江雨德（Roderick Campbell）、吉迪（Gideon Shelach-Lavi）
（海法大学、纽约大学、希伯来大学）
魏培均 译 涂栋栋 校（南京师范大学 上海科技大学）

分歧和争论是学术讨论的本质，也是研究进步的动力。我们很高兴我们的论文受到了关注，并欢迎对其进行评论，即使这些评论完全否定了我们的观点。然而，我们认为在学术辩论中有一定的专业行为规范。人身攻击超出了这些标准。对个人动机的猜测和对毫无根据的性别偏见指控（李旻）或其他模糊的偏见（刘莉和陈星灿；戴向明）是人们希望在社交媒体火药味十足的争吵中看到的内容，而不是在受人尊敬的学术期刊上。此外，尽管四篇论文都指责我们"抹黑"中国考古学，但这种在我们和这个领域之间划清界线的做法毫无意义。

事实上，我们在这里要提出的问题是作者在评论中使用的措辞。如果你不同意，请写一篇论文来表达这种意见。张莉的论文是最近的一个例子，在文章中她对我们以前的工作提出批评，并提出一个新模型来理解二里头遗址和文化。虽然我们可能（当然也确实）不同意那篇论文中的一些论点（请注意，在这篇文章中，人们可以找到古代中国发展的单线模型的一个最近的例子），但它是同行之间学术交流和辩论的一个很好的例子。然而，在对我们回应的评论中，我们看到的不是实质性的讨论，而是危险的个人敌意。

最明显的是，李旻在没有任何证据的情况下，仅凭误导性揣测的情况下，指责我们在学术上不诚实，并联合起来试图破坏年轻（张莉）和更著名（刘莉）女学者的事业。李旻显然不知道最近张莉与我们中的两个人共同发表的论文（文章在我们的原始论文中被引用），而且她和江雨德是朋友，同时也是一个进行中项目的合作者。那么，李旻是如何设想我们有意阻碍张莉事业的呢？与她一起合作在顶级学术期刊发表论文？至于刘莉，她在斯坦福大学担任教席，是中国考古学领域最有影响力的学者之一，并且与她的合作者、中国社会科学院考古研究所所长陈星灿一起，一直是英语文献中关于中国考古学的主要声音——她几乎不需要被保护免受学术批评。

撇开充满敌意的语气和毫无根据的指控不谈，很明显，这些评论没有抓住我们论点的要点。这里再次表明我们最简明的观点：石峁是一个令人惊叹的遗址，在那里工作的考古学家正在做着出色的工作。它提供了一个机会让我们重新思考理解过去的方式，让我们不再徒劳于尝试把石峁融入中原崛起的叙事中。不管评论家们喜欢与否，我们的概述（即使不是详尽无遗，但相当广泛）充分表明，这种目的论的观点已经成为不同场合讨论石峁的主要趋势。

事实上，当一个人能够超越这些评论中的政治宣言风格时，很明显，他们都会同意我们的主要观点：单线发展轨迹过于简单化，无法提供一个令人信服的中国复杂的史前叙事。戴向明指责我们否认中国早期考古文献中多元线性发展的存在。我们在哪里这么说过？我们说的是石峁——不是中国所有的考古学——被许多学者解释为中国文明的同时代中心，或者是许多后来发展的起点，这些发展为其他地区文化乃至中国文明奠定了基础。在我们最初的回复中，我们引用周南和戴向明的研究作为例子，以证明有关史前中国文化和政治实体发展的学术研究中确实存在多线发展叙事，因此我们一直感到困惑，为什么这些观点没有更多地应用于石峁的研究。然而，否认线性历史叙事的普遍存在，即中国文明发展和中央国家崛起中巨大的发展是阶梯式的，即使存在一些不同的声音，这种否认也是完全没有根据的。

我们也被指责过分强调了传说中关于黄帝的叙述。在论文和我们最初的回复中，我们重申，中国的考古学家总体上并不认同这一传说性的说法。那为什么要说我们这么做了呢？我们概述了这一趋势，以举例说明公众是如何看待这个遗址，以及媒体是如何报道它的。换句话说，和世界上其他许多地方的情况一样，考古学家并不是塑造叙事的唯一力量，甚至不是主导力量，他们也不能幸免于其他更广泛话语的影响。

刘莉和陈星灿指责我们曲解了他们的工作，构建了他们对于中国史前文明发展的错误的叙述。我们坚持我们对他们一些工作的解读，因为其呈现了一个单一的传统形态的发展模式，并且也乐见他们目前有所不同的观点。

刘与陈对我们文章的另一个批评是我们对环境变迁和石峁解体之间关系的评论。一方面，他们认为当地的证据确实存在，而且其他研究也指出了这种影响。另一方面，他们表示他们从未将石峁与 4.2 千年气候事件联系起来。孙周勇等人的文章第 35 页顶部的段落描述了重建公元前第四至第二千纪的环境条件和总体趋势的研究。在论文中，他们指出，"以约公元前 1800 年至前 1700 年一段寒冷、干燥的环境状况结束"。我们写道，"一些人试图将石峁的衰落与距今 3700 年的干燥、寒冷环境联系起来（例如，孙周勇等，2018）"。这有什么错呢？难道刘和陈真的不清楚这些模型发现所谓的距今 4000 年或 4200 年气候事件是这些社会崩溃的罪魁祸首吗？此外，由于代替指标来自毛乌素沙漠，距离石峁遗址有一定的距离，因此有学者讨论什么可以作为当地特殊气候条件重建的指标。

这两点的分歧是否足以成为指控我们暗中密谋反对中国考古学，以及发表一些带有不当偏见和偏离学术礼仪规范的文章的理由？正如刘和陈所写的文章中"贬损的语气缺乏在学术讨论中保持健康辩论所需的尊重，使在中国工作的考古学家及其研究陷入了不应有的严厉批评"，这篇论文发表之初，我们就预期会有一些评论和反对意见。但这就是学术讨论正在变成的样子吗？任何人都可以简单地指责他们不喜欢的论文的作者有偏见或厌女症？尽管这组额外的评论让人感到不快，但我们非常尊重《当代人类学》选择发表它们（值得注意的是，杂志决定谁来写评论和评论论文，而不是提交论文的作者）。我们只是希望这类评论不会成为未来出版趋势的标志。

编辑：徐峰

崧泽文化遗址的时空分布与区域类型[*]

彭　辉

（南京师范大学文物与博物馆学系）

[摘要]　崧泽文化的分期与分区研究始终是崧泽文化研究中一个焦点问题。根据典型崧泽文化遗址构筑的崧泽文化分期体系把崧泽文化分为早、中、晚、末四期，其中晚期是崧泽文化发展的高潮。对不同地域的遗址分布聚集情况和器物特征，以及太湖流域地理地貌的归纳和分析表明，崧泽文化大致可分为长江南岸、太湖东部、太湖东南部、太湖西南部、余杭地区五个地域类型。崧泽文化的地域特征是伴随着太湖流域的环境更替、史前人口流动迁徙逐步形成的。

[关键词]　崧泽文化；时空分布；地域类型

关于崧泽文化的区域性研究，历来是学者关注的重点，自 20 世纪 80 年代至今，已有多位学者和专家对此进行过较为系统的论述。归纳起来有"三区域"说、"四区域"说、"五区域"说等多种表述。

1. "三区域"说。张照根在 1999 年提出，崧泽文化"苏南沿江地区以张家港徐家湾遗址为代表，太湖流域腹地以崧泽中层墓地为代表，浙北地区以余杭吴家埠遗址为代表"的三个地方类型。[①] 2000 年出版的《江苏考古五十年》一书中，邹厚本将崧泽文化划为"徐家湾、吴家埠、崧泽"三个类型，徐家湾类型主要是沿长江南岸分布的一系列遗址，吴家埠类型主要是指浙北的遗址类型，崧泽类型主要是指太湖东岸平原地区分布的遗址。刘斌根据南河浜遗址的整理情况，将崧泽文化划分为三个区域类型：太湖以北的长江沿岸，太湖东南岸的广大地区，浙江余杭地区。[②] 黄文浩 2008 年的硕士学位论文主要是对崧

---

　*　本文为国家社科基金项目"江苏常州圩墩遗址考古发掘资料整理与研究"（项目编号：23BKG006）阶段性成果。

　①　张照根：《关于马家浜文化的类型问题》，《农业考古》1999 年第 3 期。
　②　刘斌：《崧泽文化的分期及与良渚文化的关系》，载吉林大学边疆考古研究中心编《庆祝张忠培先生七十岁论文集》，科学出版社，2004。

泽文化进行了重新分期和分区，将崧泽文化分为包括太湖东部、西北部的崧泽类型，江阴、张家港一带的徐家湾类型和太湖南部的南河浜类型。① 许鹏飞 2009 年的硕士学位论文重新强调了崧泽文化的分期与类型，将崧泽文化区域类型分为崧泽类型、徐家湾类型和南河浜类型，与黄的观点基本一致。②

2. "四区域"说。方向明将崧泽文化划分为四个区块类型，"Ⅰ区以崧泽中层墓葬、福泉山崧泽文化遗存、草鞋山第六层墓葬、张陵山下层墓为代表，Ⅱ区以吴家埠二期为代表，Ⅲ区以龙南一、三期为代表，Ⅳ区以徐家湾、钱底巷为代表的太湖北部近长江的区块类型"③。郭明依照典型器物的分类，将崧泽文化分为四期；并按照地理环境和出土器物的比较，将崧泽文化分为苏沪地区、张家港地区、常武地区和浙北地区四个文化区域。④ 张利芳 2016 年的博士学位论文以崧泽墓地为题，将崧泽文化分为太湖北部、太湖东部、太湖东南部、太湖南部四个区域。⑤

3. "五区域"说。近年来，浙江考古工作者根据安乐、江家山、昆山等浙西山地遗址的考古收获，重新对崧泽文化区域进行了界定：浙北以东苕溪为界，分为浙北山地和浙北平原类型；常州新岗代表宁镇向太湖流域的过渡地带类型；太湖以东的"苏南沪沿江平原类型"；张家港地区以东山村遗址为代表的类型。事实上把崧泽文化的区域类型细分为五处，基本上覆盖了目前崧泽文化的发现区域。⑥

本文在以往关于崧泽文化区域类型的分析基础上，着重考察不同时期遗址群的聚集情况，以此反映崧泽遗址区域类型的动态变化，并以区域内部遗址中存在的具有地方特色的指标性器物作为地域类型区分的特征和关键，重新确定崧泽文化的区域类型。

一　崧泽文化遗址的时间分布

对照常州新岗、张家港东山村、上海崧泽、嘉兴南河浜、湖州昆山五处崧泽文化遗存的典型器物分期特征，可以将崧泽文化分为"四期六段"（见表一），再将太湖流域各崧泽遗址对照分期情况按时间早晚列表如下（表二）。

① 黄文浩：《崧泽文化研究》，南京师范大学硕士学位论文，2008。
② 许鹏飞：《试论崧泽文化的分期与类型》，吉林大学硕士学位论文，2009。
③ 方向明：《马家浜——良渚文化若干问题的探讨》，载浙江省文物考古研究所编《纪念浙江省文物考古研究所建所二十周年论文集 1979—1999》，西泠印社，1999。
④ 郭明：《试论崧泽文化分期》，载浙江省博物馆编《东方博物》第十一辑，浙江大学出版社，2004。
⑤ 张利芳：《崧泽文化墓地研究》，中央民族大学博士学位论文，2016。
⑥ 浙江省文物考古研究所、安吉县博物馆：《安吉安乐遗址第三、四次发掘的阶段性收获》，载浙江省文物考古研究所编《浙北崧泽文化考古报告集（1996~2014）》，文物出版社，2014。

表一　崧泽文化主要遗址分期对照

期段	遗址				
	新岗遗址	东山村遗址	崧泽遗址	南河浜遗址	昆山遗址
早期	一期一段	一期一段			
早期	一期二段	一期二段	第一期		
		一期三段		第一期	
中期	二期	二期四段	第二期	第二期	
	三期	二期五段	第三期	第三期	
晚期	四期	三期	第四期	四期一段	一期一段
				四期二段	一期二段
末期			第五期		第二期

表二　崧泽文化遗址分期概况

遗址	分期					
	早期		中期	晚期		末期
	第一段	第二段		第一段	第二段	
常州新岗	■	■	■	■	■	
张家港东山村	■	■	■	■	■	
常州圩墩	■	■	■	■	■	
江阴南楼		■	■	■	■	
昆山绰墩		■	■	■	■	
嘉兴南河浜		■	■	■	■	
安吉芝里		■	■	■	■	
上海崧泽		■	■	■	■	■
安吉安乐		■	■	■	■	
常州乌墩		■	■		■	
常熟钱底巷		■	■	■	■	
良渚石马兜			■	■	■	■
湖州章家埭			■	■	■	
昆山姜里			■	■	■	
丹阳三城巷			■	■	■	
张家港许庄			■	■	■	
苏州草鞋山			■	■	■	■
吴江同里			■	■	■	
苏州郭新河			■	■	■	
上海福泉山			■	■	■	
海盐仙坛庙			■	■	■	

遗址	早期		中期	晚期		末期
	第一段	第二段		第一段	第二段	
常州寺墩				■	■	
武进潘家塘				■	■	
良渚官井头				■	■	
上海姚家圈				■	■	■
丹阳王家山				■		
张家港徐家湾				■		
昆山少卿山				■		
武进姬山				■		
苏州越城				■		
青浦寺前				■		
嘉兴大坟				■		
嘉兴雀幕桥				■		
海宁酒地上				■		
海宁皇坟头				■		
海宁达泽庙				■		
海宁瑞寺桥				■		
海宁九虎庙				■		
长兴江家山				■		
长兴红卫桥				■		
湖州塔地				■		
宜兴骆驼墩				■		
湖州邱城				■	■	
良渚庙前				■	■	
嘉兴双桥				■	■	
松江汤庙村				■	■	
湖州昆山				■	■	
苏州澄湖				■	■	
苏州张陵山				■	■	
苏州赵陵山				■	■	
桐乡普安桥				■	■	
海宁小兜里				■	■	
溧阳神墩				■	■	
无锡邱承墩				■	■	

续表

遗址	分期					
	早期		中期	晚期		末期
	第一段	第二段		第一段	第二段	
宜兴下湾					▓	▓
吴江龙南						▓
武进青城墩						▓
无锡赤墩						▓
上海金山坟						▓
余杭吴家埠						▓

从表二的分期情况来看，共有 13 个遗址具有崧泽文化早期遗存，其中在 8 个遗址中没有发现马家浜文化的遗存；有 19 个遗址具有崧泽文化中期遗存，其中 8 个遗址为中期开始新增加的遗址；有 53 个遗址具有崧泽文化晚期遗存，其中有 34 个遗址为晚期开始新增加的遗址；有 25 个遗址具有崧泽文化末期遗存，其中有 5 个遗址为末期新增加的遗址。崧泽文化晚期是遗址数量增加的最高峰，代表崧泽文化发展到顶点，此后逐渐走向衰落（图一）。

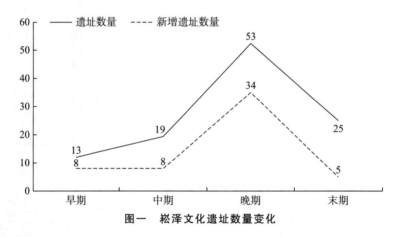

图一　崧泽文化遗址数量变化

二　崧泽文化遗址的空间分布

根据崧泽文化遗址的分期结果，将各遗址所在位置按照存续时间早晚加以归纳，寻找不同时期的遗址分布规律。

崧泽文化早期阶段。

1. 太湖南北开始出现崧泽文化遗址，以靠近长江南侧岸线的"新岗—东山村"一线为最早，普遍分布有早期第一段的遗存，其他遗址略晚，均开始于早期第二段。

2. 长江南岸已经出现了遗址集中分布的情况，新岗—乌墩—东山村—南楼—钱底巷，并且发展稳定，形成了最早的崧泽遗址群。

3. 太湖东部、东南部遗址较为分散，仅有绰墩、崧泽、南河浜、仙坛庙四处遗址，尚未形成聚落群。

4. 太湖西南部有小规模的遗址集中情况，如安乐和芝里遗址。章家埭和石马兜早期遗存数量较少，可能说明此时尚未形成稳定的聚落环境。江家山遗址此时文化面貌仍处于马家浜文化晚期阶段，从侧面反映了该地区区域文化发展不平衡的状况。

5. 综上所述，崧泽文化早期阶段，只有长江南岸地区形成了最早的崧泽遗址聚落群，其他地区尚处于酝酿和发育中。

崧泽文化中期阶段。

1. 长江南岸遗址群规模继续扩大，遗址数量由 6 处增加为 8 处，遗址群以新岗和东山村遗址为中心，沿长江岸线向东西扩张。

2. 太湖东部遗址数量由 2 处增加到 7 处，以绰墩、崧泽遗址为中心，形成了密集的遗址群。

3. 太湖东南部遗址变化不大，南河浜、仙坛庙两处遗址发展较为稳定，未见其他新的遗址。

4. 太湖西南部遗址数量较少，安乐、芝里两处遗址发展较为稳定，未见新的遗址。

5. 综上所述，崧泽文化中期阶段，长江南岸和太湖东部形成了比较密集的遗址聚落群，太湖南部仍未形成规模化的遗址群。

崧泽文化晚期阶段。

1. 长江南岸遗址群规模继续扩大，遗址数量增加为 12 处，遗址由长江岸线向内侧腹地扩张。

2. 太湖东部遗址数量增加到 15 处，遗址规模、遗址密集程度和发展程度均超过长江南岸，位居这一时期各地之首。

3. 太湖东南部遗址呈井喷式发展，遗址数量增加到 12 处，以南河浜和仙坛庙为中心，形成了密集程度较高的遗址群。

4. 太湖西南部遗址有所增加，形成了两片区域：一是杭州湾附近的余杭地区，形成了包括庙前、石马兜、官井头遗址在内的遗址群[1]；二是以安乐、芝里遗址为基础的山地区域，沿主要河流自南向北扩张，遗址数量增加到 10 处，遗址规模和发展程度均有较大的提高，值得注意的是，昆山遗址后来居上，逐步发展成为这一区域的新的中心。

5. 太湖西部，主要是宜溧山地北麓，新出现了神墩、骆驼墩、下湾等遗址，从分期情况来看，太湖西部的遗址与太湖西南部遗址相似程度高，联系密切。

[1] 闫凯凯：《试论余杭地区的崧泽文化遗存及相关问题》，载浙江省文物考古研究所编《崧泽文化学术研讨会论文集（2014）》，文物出版社，2016。

6. 综上所述，崧泽文化晚期阶段，长江南岸和太湖东部形成了比较密集的遗址聚落群，太湖南部形成了三片规模化的遗址聚落群，分别是太湖东南部、余杭地区和太湖西南部，太湖西部的遗址归属太湖西南部。

崧泽文化末期阶段。

1. 长江南岸遗址群萎缩明显，遗址数量锐减到 3~4 处，前期遗址消亡殆尽，新出现的遗址基本都分布在太湖北侧岸线附近，以常州的青城墩[①]，无锡的赤墩[②]、邱承墩为主要代表。

2. 太湖东部遗址数量也有所减少，减少到 11 处，与长江南岸不同的是，太湖东部的遗址仍以前期遗址为主，只有龙南和金山坟两处遗址为新增遗址，遗址群呈现向太湖东岸集中的趋势。

3. 太湖东南部遗址群衰落明显，仅余 4 处，以前期遗址为主。

4. 太湖西南部遗址各有发展：余杭地区遗址群发展势头良好，规模稳中有升，新增吴家埠等遗址[③]；天目山地区衰落较为明显，遗址数量减少较多，靠近太湖南岸的邱城、昆山遗址继续得以高水平发展。

5. 太湖西部靠近太湖的下湾遗址成为这一区域规模较大的遗址群[④]。

6. 综上所述，崧泽文化末期阶段，各地区的崧泽文化遗址都出现了大幅的衰退和消失，相比较而言，长江南岸和太湖西南部的遗址群消亡和衰退得比较明显，太湖东部、东南部、余杭地区的遗址群仍有一定程度的发展，为下一阶段良渚文化在这些地方的崛起奠定了基础。另一个比较显著的特点是：各地新兴的遗址不约而同地向太湖周边聚集，表明此时太湖地区气候水文环境可能发生了较大的变化。

三 崧泽文化器物的区域性特征

崧泽文化的区域性特征最主要体现在人们制造和加工的人工器物上。不同文化区域的人群具有不同的社会感知、功能需要、心理偏好和审美情趣，这些特征又恰如其分地凝练和反映在陶器、石器和其他人工制品上，从而构成我们认识和区别文化区域的基础。

崧泽文化遗址在崧泽文化晚期时形成了五个明显的区域性聚落群，现选择各区域具有代表性的同类型器物列表比较如表三所示。

---

① 南京博物院、常州市考古研究所：2018 年常州市青城墩遗址发掘资料（未正式刊发）。
② 刘宝山、李一全：《无锡发现崧泽文化末期双祭台遗迹》，载浙江省文物考古研究所编《崧泽文化学术研讨会论文集（2014）》，文物出版社，2016。
③ 闫凯凯：《试论余杭地区的崧泽文化遗存及相关问题》，载浙江省文物考古研究所编《崧泽文化学术研讨会论文集（2014）》，文物出版社，2016。
④ 南京博物院、无锡市文化遗产保护和考古研究所：2017 年宜兴下湾遗址发掘资料（未正式刊发）。

表三 崧泽文化遗址区域性器物比较

分区	鼎				豆					壶			杯		盉	塔形壶	澄滤器	假腹杯形豆
	铲足	柱足	凿足	鳍足	折腹	弧腹	凸棱	平底	圈足	三足	瓦楞足	花瓣足	瓠形	觯形				
长江南岸	1	2	3		4	5	6	7	8	9	10	11	12	13				
太湖东部	14	15	16	17	18	19	20	21	22			23	24	25				
太湖东南部	26		27	28	29	30		31	32			33	34	35	36	37		
余杭地区	38			39	40	41			42					43	44	45	46	
太湖西南部（含太湖西部）	47	48	49	50	51	52	53	54	55			56	57	58				59

注：1.东山村（M89:25）2.新冈（M44:21）3.东山村（M95:12）4.新冈（M101:3）5.圩墩（M9:7）6.南楼（M9:11）7.东山村（M89:1）8.寺墩（M2:2）9.新冈（M9:7）10.新冈（M87:11）11.东山村（M5:3）12.新冈（M82:1）13.新冈（M122:26）14.崧泽（M60:8）15.崧泽（M122:3）16.金山坟（T1:2）17.姜里（M10:1）18.崧泽（M42:6）19.崧泽（M22:14）20.崧泽（M79:4）21.崧泽（M33:4）22.崧泽（M79:6）23.崧泽（M52:8）24.姜里（M4:9）25.草鞋山（标35）26.南河浜（M44:7）27.普安桥（M19:2）28.南河浜（M83:8）29.南河浜（M29:4）30.小兜里（M20:5）31.南河浜（M33:8）32.皇坟头（M239:2）33.南河浜（M34:7）34.南河浜（M32:1）35.小兜里（M46:1）36.南河浜（M17:3）37.南河浜（M63:1）38.官井头（M24:1）39.石马兜（M33:4）40.石马兜（M2:4）41.官井头（M4:4）42.官井头（M24:2）43.官井头（M25:6）44.官井头（M97:4）45.吴家埠（M11:8）46.石马兜（M33:2）47.安乐（96M18:1）48.安乐（96M8:3）49.芝里（M147:4）50.昆山（M54:4）51.昆山（M25:6）52.江家山（M25:1）53.安乐（96M22:3）54.安乐（96M8:4）55.昆山（M53:6）56.昆山（M24:3）57.江家山（M30:5）58.昆山（M13:5）59.昆山（M13:5）

　　长江南岸遗址群出土的鼎多见铲足鼎、柱足鼎和凿足鼎，其中铲足鼎数量最多，柱足鼎均为圆柱形足，基本不见鳍足鼎。鼎中有相当数量的带把鼎或环耳鼎，与鼎配伍的还有带把或环耳的实足鬶，带把（耳）鼎、带把（环耳）实足鬶是这一区域区别其他地方的一大特点。豆有折腹、弧腹和凸棱三种类型，其中折腹豆较有特色，数量较多，陶豆豆柄多遵循三段式的分配原则。壶分平底、圈足、三足、瓦楞足、花瓣足等几种，其中三足壶和瓦楞足是这一区域的特色，其他地区少见。陶杯数量较多，杯分觚形杯和觯形杯两种，其中觚形杯为大宗。石器中有特长特宽的石锛石凿，在其他地区未见，是这一地区的特色。

　　太湖东部遗址群出土的鼎多见铲足鼎、凿足鼎和鳍足鼎，柱足鼎少见，多为方柱形。早期鳍足鼎多呈弯角的香蕉形。鼎中基本不见长江南岸常见的带把鼎，也很少见到实足鬶。豆的情况与长江南岸类似，但豆腹的凸棱多发展成竖向的垂棱，这在长江南岸未见。壶中基本不见三足壶和瓦楞足壶，陶杯数量较少。

　　太湖东南部遗址群出土的鼎多见铲足鼎、凿足鼎和鳍足鼎，基本不见柱足鼎，铲足鼎鼎足常呈兽面形或兽足形，鳍形鼎鼎足常刻划交叉纹，在其他地区未见。少见折腹豆，弧腹豆数量最多，以多节柱状和喇叭形圈足组成的豆柄较有特色，鼎、豆的口沿部位常装饰有四个小錾，是这一地区器物的重要特色。壶的特点与太湖东部较为相似，圈足壶数量较多。陶杯数量较多，觚形杯和觯形杯的比例相当，但觚形杯的种类少于觯形杯，少见长江南岸地区流行的瓦楞足杯。盉和塔形壶是本区最具特色的器物，在长江南岸、太湖东部、太湖西南部均未见，刘斌在对盉和塔形壶进行研究时指出："（盉）不是一种简单生活实用器的仿制品，而是一种经过精心设计的特殊器物，它的造型中应该包含了对于文化精神的继承。""（塔形壶）还见于嘉兴雀幕桥遗址、海宁达泽庙遗址、余杭吴家埠遗址，反映出这是一种在相当大的范围内存在的具有象征意义的共同的信仰载体。"[①]

　　余杭地区遗址群的出土器物情况与太湖东南部基本一致，且同时出土盉、塔形壶等太湖东南部遗址群特有的器物，考虑该遗址群形成最晚，不排除其与太湖东南部遗址群之间的同源性。该遗址群的器物也有一些自身特色，如鳍足鼎特别发达，其他类型的鼎少见。澄滤器是这一地区所特有的器型之一，在其他地区均未见到。以此为特征可将这一地区独立出来。

　　太湖西南部（含太湖西部）地区遗址群出土鼎的鼎足早期以凿足和扁圆形的柱足为主，晚期以凿足和鳍足为主，铲足鼎比较少见。昆山遗址出土的大量环耳（带把）盉是该地区的一大特色，与太湖北区的环耳鼎有所区别的是，这里的环耳器多在口沿处捏出一小流口，所以有学者将之命名为"盉"。陶豆和陶壶的情况与长江南岸较为相似，陶豆常见柱状体与喇叭形圈足结合的豆柄形态，不见太湖南部常见的带錾豆和带錾鼎。假腹杯形豆是这一地区最具特色的器型之一，制作精致，结构小巧，方向明在研究假腹杯形豆时指

<hr>

　　①　浙江省文物考古研究所：《南河浜——崧泽文化遗址发掘报告》，文物出版社，2005，第 218 页。

出："（湖州邱城、长兴台基山、湖州花城、湖州塔地、长兴江家山、安吉芝里等）也出土了具有本地特色的假腹杯形豆，已初步显示出苕溪流域在这一时段中文化面貌的独特性。"此外，该地区墓葬中常见的三角形石犁、石刀等，在其他地区未见，也可以作为本地区的标志性器物。

四 结语

综上所述，崧泽文化的区域性特征不是一开始就形成的，它是伴随着太湖流域的环境更替、史前人口流动迁徙、生产力水平变化逐步形成的，其间经历了较为漫长的发展演变过程。总的说来，长江南岸在崧泽文化早期最先形成遗址群；太湖东部在崧泽文化中期形成遗址群；到了崧泽文化晚期，太湖流域才形成长江南岸、太湖东部、太湖东南部、太湖西南部（含太湖西部）、余杭地区五个明确稳定的遗址群聚集区；崧泽文化末期，长江南岸、太湖东部、太湖西南部文化群相继衰落，太湖东南部和余杭地区的崧泽遗址群却异军突起，逆势发展，并最终在这片土地上孕育发展出更加灿烂的良渚文化。

编辑：王志高

陶寺遗址墓葬随葬器物功能试析[*]

武钰娟

（中国社会科学院大学考古系）

[摘要] 陶寺遗址的随葬品在功能上可以分为饮食器、乐器、装饰器、工具和仪式用器五类，其中饮食器还能细分为贮食器、炊器、盛食器、酿酒器、贮酒器、滤酒器、挹酒器、温酒器和饮酒器，而仪式用器则用于燎祭、献食和裸礼这三种祭祀场景。献食仪式的器具与食器存在重叠，裸礼的用品与酒器存在重叠。

[关键词] 陶寺文化；随葬品；仪式

墓葬由墓室和随葬品共同构成，二者相辅相成。一方面，不同质料、形制、功能的随葬品通过隐含的逻辑联系交织在一起，共同填充和构成了墓室空间，界定了这些空间的象征意义，因此，厘清随葬品的功能对于解读墓葬的整体内涵至关重要；另一方面，墓室为各类随葬品的摆放与陈设提供了空间，伴随着墓葬被填埋，墓室内部的仪式场景被永久地定格，器物的使用情境得以完整地保留。基于此，我们又可以利用墓葬的情境来重建随葬品的功能。

而本文的研究案例陶寺遗址位于山西襄汾，是陶寺文化的都邑性遗址。其分布范围大致可以框定在"东坡沟村东北至李庄村南'南河'南岸再到贯穿陶寺村南部的'南河'河谷南岸，止于中梁沟"① 这一地理区域内。之所以利用该遗址作为研究的对象，是因为它的发掘和整理工作严格遵守田野工作规范和作业精细化的方针，最大限度地提取和保留了墓葬所承载的信息，这也为我们进一步解读墓葬中随葬品的功能提供了最坚实的保障。

---

* 本文为中国社会科学院大学（研究生院）研究生科研创新支持计划项目"史前毁墓行为与社会复杂化"（项目编号：2024-KYZ-012）之成果。

① 中国社会科学院考古研究所、山西省临汾市文物局编著《襄汾陶寺：1978~1985 年考古发掘报告》，文物出版社，2015，第 9 页。以下简称"陶寺报告"。

一 目前已有的认识

在陶寺遗址所发现的墓葬中，出土了大量制作工艺精湛的随葬器物，从材质上大致可分为陶器、漆木器、铜器、玉石器、骨角蚌牙器几大类。发掘者在陶寺报告中对器物进行分类描述时，大体都针对这些随葬物品的功能做出了或多或少的推测。本文将报告中的主要结论汇集成表一，其中灰色填充背景的器物为陶寺居址中也有出土的器型。至于有其他研究者对于这些随葬品的使用功能持不同意见的，本文也胪列其要，放之于表二中。由于陶寺中期王族墓地中仅有部分墓葬发表了简报，学者对其内出土的随葬品讨论较少，因此一并归于表二。

表一 陶寺报告中对于随葬品功能的判定

器物名	功能	页码	器物名	功能	页码	器物名	功能	页码
盆形鼎	炊器	540	陶甗	饮器	540	锛	木工的系列工具	721
单耳罐形鼎	可能是代替单耳罐形斝出现的炊器	542	异形器	乐器，文献中"以瓦为匡"的土鼓	632	铲	起土器，或用于陶泥拌和	716
盆形斝	炊器	540	鼍鼓	乐器	637	刀	切割牲体的厨刀	729
折腹斝	可能是代替尊形斝出现的温酒器	554	圆案	功能当与俎或食案类同，而后者的可能性更大，用来陈放或切割已经煮熟的肉	648	研磨器	用于研磨彩绘陶器、彩绘木器所需的矿物颜料	729
单耳罐形斝	炊器	540	长方形平盘	功用或与案相近	649	璜	难以断定是佩饰，还是复合璧的组合件	705
单耳夹砂小罐	饮爨器	558	大型木豆	是一种盛置肉食或菜肴的重要器物	649	琮	臂饰 悬挂在身上或入葬时放置	707
尊形斝	温酒用具	549	木案	案上以陈设酒器为主	639	笄	用来绾发兼作装饰	757
灶	温酒的器具	556	木俎	俎	642	组合头饰	头饰（发饰）	758
大口缸	祭祀用器物	560	木盆	盛置羹汤的器具	656	项饰	项饰	771
器盖？	似失纽的器盖，但也可能是某种大型器圈足的底座	561	木高柄豆	盛置肉食、菜肴的器具，礼仪作用大于实用价值	653	头部玉石饰件	因其形状各异，组装形式无法复原，用途也不明确	780
壶	盛酒器	586	木斗	舀酒器	657	臂环	臂饰	775
尊	盛器	540	仓形器	大约是某种食器模型	661	镶嵌腕饰	腕饰	777
小口高领折肩罐	贮酒器	582	木桶形器	酿酒器或盛置食物、羹汤或酒类的器具	467 665	指套	其功用除装饰意义外是否与扳指相类，不敢臆断	780

续表

器物名	功能	页码	器物名	功能	页码	器物名	功能	页码
折腹盆	盛羹汤类食物的器具	601	木杯	饮酒器皿	658	指环	指环	780
浅腹盆	盛食器	610	木觚	饮器	629	簪	用来绾发兼作装饰	806
钵	盛器	540	铜铃	乐器	667	蚌环	推测原物仿璧或复合璧状	826
盘	一种盛放食物、肉类、菜肴的器皿	612	璧	一般作为配饰，少数作为臂饰、腕饰，握在手中的可能有另外的含义；平置于尸身上下的，也不排除是下葬过程中作为祭玉放置的	694	牙饰	似是镶嵌在冠或发箍上或为镶嵌腕饰的组件	828
豆	盛器或食器	540	磬	乐器	672	骨匕	取食器	802
高柄豆	盛器或食器	540	环	功用与玉璧、复合璧相类	705	穿孔蚌饰	挂在腰间的饰物	828
簋	盛器	540	复合璧	臂饰	704	石刀	掐割谷穗	322
敦	盛器	540	斧	与镞同出，是否可兼作兵器，待考	634			

表二　其他研究者对随葬品使用功能的认识

器物名	功能	来源
龙盘、大口罐、单耳小罐	裸禘礼中的礼器	何驽：《陶寺文化早期"木帝主"试析——兼论古蜀文化灯形器的使用功能》，载四川博物院编《博物馆学刊》第7辑，巴蜀书社，2020
木高柄豆	苞茅木帝主	
仓形器及骨匕	榺（缠绕丝线的工具）和纺织工具	卫斯：《陶寺大墓中出土的"仓形器"名实浅说》，载解希恭主编《襄汾陶寺遗址研究》，科学出版社，2007
	把守粮仓的岗亭模型和取食器	何驽：《陶寺遗址出土器物综论》，载中国社会科学院考古研究所、临汾市旅游发展委员会编著《中国陶寺遗址出土文物集萃》，天津古籍出版社，2018
彩漆大箱内置彩绘漆觚形器3件，箱顶原放玉璜3组、玉兽面1组	盘古沙漏	
梳	同燧石小刀配合修剪打理头发	
釜形斝	煮酒器，用加热的方式进行酒液的固液分离功能	于朋飞：《黄河中游史前陶斝研究》，西北大学硕士学位论文，2021
木杆及带杆镞	立表和刻度标尺"箭"	何驽：《陶寺圭尺补正》，《自然科学史研究》2011年第3期，冯时先生参观时指出
漆木盒内盛玉戚2、玉琮1	游标、垂悬和景符（圭表测量使用的配件）	何驽：《陶寺圭尺补正》，《自然科学史研究》2011年第3期

器物名	功能	来源
铜铃	佩铃	陈国梁：《中国早期铃形器——以新石器时代至二里岗文化的陶铃和铜铃为例》，载北京大学中国考古学研究中心、北京大学震旦古代文明研究中心编《古代文明》第 12 卷，上海古籍出版社，2018
铲	掘土工具	蔡明：《陶寺遗址出土石器的微痕研究》，《华夏考古》2014 年第 1 期
斧	砍断、刮削木材和兽骨	
锛	刮削木材	
凿	刮削木材	
石刀	既用于收割稻、粟等禾本植物，又可能用于刮削木材	
红色方形布包	箭箙	何努、严志斌、宋建忠：《陶寺城址发现陶寺文化中期墓葬》，《考古》2003 年第 9 期
空腔内立细木棍 1 根的红彩漆筒形器	柷	
漆杆	圭尺	何努：《山西襄汾陶寺城址中期王级大墓ⅡM22 出土漆杆"圭尺"功能试探》，《自然科学史研究》2009 年第 3 期
大圈足盆、折肩罐（其中一件口上盖玉璧 1 件）、小口圆肩罐、双耳罐	衅鬯的组合容器	何努：《郁鬯琐考》，载北京大学考古文博学院、北京大学中国考古学研究中心编《考古学研究》十，科学出版社，2013
带漆木架的彩绘陶盆	仿制了铜盆实用的行为模式，底部用火加热，熏吸者可跽跪于盆架前，手扶架背，伏面熏吸	
海贝	项饰	何努：《尧都之证——山西襄汾陶寺城址考古侦探》，载郑州中华之源与嵩山文明研究会主编《天中讲坛：中华文明探源》，科学出版社，2020
桶形器	水准仪	崔天兴、柴怡：《最早的"水准仪"：来自襄汾陶寺遗址的证据》，《华夏考古》2022 年第 3 期

　　由于陶寺报告中关于墓葬所出的装饰品和乐器的功能的判断较为准确，故此处不再赘言。同时，墓葬中随葬的大部分石制工具与居址中出土的器型是一致的，如石斧、石锛、石铲、石凿、石刀，推测它们的功能或象征意义应当也与日用器近似。所以本文遵循研究者对居址石器实验考古的研究结果。①

　　接着，笔者将在前辈的研究基础上，对分歧较大的随葬陶器、漆木器的效用做进一步的探讨。

---

① 蔡明：《陶寺遗址出土石器的微痕研究》，《华夏考古》2014 年第 1 期。

二　有使用痕迹的随葬器物

在陶寺遗址的墓葬中，可以见到相当一部分随葬品保留有能够佐证其使用功能的线索。在表三中，笔者摘取了陶寺报告中有记载的出现在陶器上的几种遗痕，主要包括沾染在器物腹部、底部和足部的烟炱，内壁积结的水垢，器内遗留的动物骨骸，以及唇及沿面印有的织物这五种。这些痕迹主要出现在夹砂陶器身上，并占据了其器型总数的一半以上。

根据这些使用痕迹可以知晓，盆形斝上兼有水垢和烟炱的遗存，再加上 2 件盆形斝中存放有猪骨，说明该器物很有可能用于炊煮肉食。盆形鼎与其类似，器身上也遗有烟炱和猪骨，应当也有相似的功能。盆形鼎多见于墓主右侧，这也与盆形斝一致。同时，盆形鼎只见于陶寺文化最早期的墓葬中，盆形斝很有可能是作为盆形鼎的替代物出现并流行的。

表三　陶寺遗址随葬陶器使用痕迹

痕迹	器类	陶质	器物号	备注
只见烟炱	盆形鼎	夹砂	M2135：1、M2063：8	
	单耳罐形鼎	夹砂	M2172：10	
	盆形斝	夹砂	M2215：9、M2112：7、M1111：6、M2103：16、M2168：6、M2172：17、M2014：10、M2005：1、M2180：15、M2092：23、M2014：7、2001：59、M3016：13、M3072：14	M1111：6 渗碳；M2103：16 腹、底、足外着一薄层黄泥，泥外附烟炱
	尊形斝	夹砂	M2202：3、M2063：3、M2172：31	
	折腹斝	夹砂	M3072：13	渗碳
	单耳罐形斝	夹砂	M2035：6、M1111：4、M2180：8	M2180：8 足外敷黄泥一层
	单耳夹砂小罐	夹砂	M2043：7、M1111：5、M2115：8、M2103：6、M2168：5、M2079：14、M2014：14、M2035：7、M2172：9、M3016：8、M2001：70	
	大口缸	夹砂	M3073：2	
只见水垢	尊形斝	夹砂	M2043：4、M2168：21、M2180：21、M2035：4	
	折腹斝	夹砂	M3002：25	
兼具烟炱和水垢	盆形斝	夹砂	M2027：8	
	尊形斝	夹砂	M2115：6、M2103：27、M2027：1	
	单耳罐形斝	夹砂	M2103：9、M2079：9	

续表

痕迹	器类	陶质	器物号	备注
猪骨	盆形鼎	夹砂	M2063：8	
猪下颌骨	大口罐	泥制	M2168：13	可能系扰入
	盆形斝	夹砂	M3016：13	
半个猪头	盆形斝	夹砂	M2035：10、M3015：26	
织物	折腹斝	夹砂	M3015：36	沿面及领内壁有朱砂及红色平纹织物痕迹，当是覆盖物所留
	小口高领折肩罐	泥制	M2001：48	唇及沿面红彩上印有平纹织物痕迹
	壶	泥制	M2001：7	沿面遗留有苫盖壶口的麻布痕迹

尊形斝、折腹斝和单耳罐形斝上也发现有烟炱或水垢的痕迹，在某些器物身上甚至能够见到两者兼备的景象。编号为 M3015：36 的折腹斝沿面及领内壁有朱砂及红色平纹织物，是入土时其上的覆盖物所遗下的。其内很可能放有酒水，故盖布以减缓蒸发。小口高领折肩罐和壶口遗留的布纹也是同样的道理，不过二者是泥质陶，理应属于贮酒器。综合来看，尊形斝、折腹斝和单耳罐形斝这三类器物应当都是温酒的用具。

而 M3073 内所出土的大口缸内、外均见烟炱，且器内灰烬积存过半，与文献中所记载的燎祭的物质遗留十分相似：燎祭的方式主要是燔柴致祭，多加祭牲和玉帛入内焚烧[①]，其重点在于柴火和牲体脂肪燃烧后产生的大量浓烟，以及独特香气，这恰与烟炱和灰烬相合。

此外还需要说明的是，M2168 墓中随葬的大口罐内的猪下颌骨很有可能系扰入的，并不能说明大口罐的功能。尽管该墓墓底的保存状况较好，现存墓口至墓底存深 70 厘米，但是该深度还是远小于陶寺遗址内墓葬二层台的平均高度，发掘者指出该墓周有较大空间，很可能原来是有二层台的[②]。而在陶寺遗址，二层台上摆放的唯一品类的随葬品便是猪下颌骨，现存墓例的二层台上的猪下颌骨也都是围绕足端及两侧放置的。编号为 M2168：13 的大口罐位于墓室右下角，在其周围也散落有多枚包括猪下颌骨在内的猪骨，并不见有摆放的规律。因此，这下颌骨极有可能是在落土时，被土从二层台上带入墓室，落进大口罐中的。

---

① （战国）吕不韦著，（汉）高诱注《吕氏春秋》卷十二《季冬纪 士节》："燎者，积聚柴薪，置璧与牲于上而燎之，升其烟气。"上海古籍出版社，1989，第 86 页。
② 中国社会科学院考古研究所、山西省临汾市文物局编著《襄汾陶寺：1978～1985 年考古发掘报告》，文物出版社，2015，第 399 页。

三 墓葬内的器物组合

墓葬比起其他类型的遗迹，优势在于能够保留下更为完整的情境，这为考古工作者研究器物的功能和组合提供了极大的帮助。通过观察陶寺遗址墓葬的随葬品，我们可以发现有一些器物的共存关系极为稳定，这便很有可能暗示了它们在功能上的互补作用，需要彼此的配合才能确保某种实践活动的开展，如此便可将这些组合甄别出来，综合考虑它们的使用意义。

A 组 尊形斝、陶灶、木桶形器（图一）

这一组器物目前只发现于两座墓，即 M2168 和 M2172 内，根据报告，这两座墓都属于二类甲型，其墓主身份应为高等级贵族。虽然随葬尊形斝和随葬陶灶的墓葬都很多，但是这两物共出且将尊形斝置于陶灶内的现象仅存在于此两例，这或许说明了这种组合使用方式的特殊性。木桶形器同样也只见于这两座墓中。如此，这组独特的器物便很有可能存在某种联系。

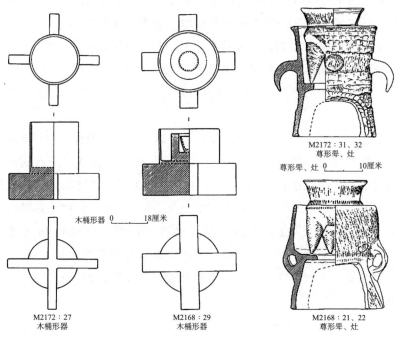

M2172：31、32
尊形斝、灶

尊形斝、灶 0 _____ 10厘米

木桶形器 0 _____ 18厘米

M2172：27
木桶形器

M2168：29
木桶形器

M2168：21、22
尊形斝、灶

图一 M2168、M2172 出土木桶形器、尊形斝、灶

据《襄汾陶寺》4-144、4-88、图 4-40（B）、4-90 绘制。

其中，木桶形器的器型较为独特，前所未见，其下部是一"十"字形木架，上置圆形木桶。M2168 随葬的木桶形器由内外两重木桶构成，小桶内又置粗体木觚 1 件，而 M2172 所出木桶形器只有一个木桶，内斜置木勺和骨匕。针对其功能，发掘者提出了两种推测，一种是将其视为酿酒器①，另一种认为该物是用于盛置食物、羹汤或酒类的器具②。

本文遵从第一种说法，M2168 内的木桶形器内有木瓢，应是某种与酒相关的器物，M2172 所出木桶形器上的木勺可用于舀酒，骨匕上没有凹槽，且较一般骨匕更长，应当并非用于取食。骨匕的长度长于桶形器的高度，可用于生料发酵时的搅拌。

接着再来讨论尊形斝和陶灶这组器物，这样的组合乍一看会让人感觉有些奇怪，因为斝本身便是三足器，可以直接用火加热，如果配合陶灶使用的话，斝的受火面积也会减小，反而显得有些画蛇添足。有学者认为这样的组合只见于墓葬，并非通常使用的状态。③然而，从其使用痕迹来看，M2172 所出斝的烟炱附于足尖，与一般位于尊形斝器表的烟炱位置不太相同，应当就是置于陶灶上使用的。有学者指出，陶斝的核心功能与谷物发酵酒有关④，史前的谷物发酵酒在陈酿、保存期间极易出现浑浊、沉淀和失光现象，进而严重影响酒的品质和口感，而尊形斝的空三足易于沉淀物的集中，在加热时不仅能使糟粕与酒液分离，还能兼具杀菌的功效，斜侈领也能够在加热过程中使液体不易外溢⑤。在现代社会中，针对谷物发酵酒也存在煎酒的传统，通过实践经验的总结，人们意识到煮酒的温度应控制在80℃~85℃，且时间越长效果越好。⑥ 久保田慎二先生曾复原陶寺遗址的鬲进行实验考古，发现在大火的烧灼下，鬲 14 分钟后水温便上升至 98℃，若改用小火从三足内侧用炭火加热的话，第 20 分钟时鬲内的水温上升到 75℃，之后升温速度逐渐放缓，至 24 分钟时温度逐渐增加到 81℃，此后基本维持不变（图二）。鬲与斝同属空三足器，可以想象，若用斝进行实验，情况应当也大致相同。这样便可以解释为何将尊形斝和陶灶组合使用了——尊形斝的空三足用于分离沉淀，而陶灶则易于把握火势，将煎酒的过程控制在最适宜的温度和时间内。

如上所述，木桶形器、尊形斝和陶灶应当同为酿酒器，涉及谷物最初的发酵和将糟粕与酒液分离这两个步骤。而拥有这套器物的墓主人，很有可能生前是掌管酒类酿造的官员。

B组　木高柄豆与盆、盘类

在陶寺早期墓葬中，有一类比较独特的器物，发掘者根据其造型称之为"木高柄豆"，这类器物一般在顶端设浅盘，其下接柱状高柄，再置圆础状实心底座。何驽先生曾推测这

---

① 中国社会科学院考古研究所、山西省临汾市文物局编著《襄汾陶寺：1978~1985 年考古发掘报告》，文物出版社，2015，第 467 页。
② 中国社会科学院考古研究所、山西省临汾市文物局编著《襄汾陶寺：1978~1985 年考古发掘报告》，文物出版社，2015，第 665 页。
③ 久保田慎二：《从实验考古看空三足器分布扩大的背景——以陶寺遗址的分析为主》，载中国社会科学院考古研究所、临汾市文物局编《光被四表 格于上下——早期都邑文明的发现研究与保护传承暨陶寺四十年发掘与研究国际论坛论文集》，科学出版社，2021，第 166 页。
④ 于朋飞：《黄河中游史前陶斝研究》，西北大学硕士学位论文，2021。
⑤ 裴文中：《中国古代陶鬲及陶鼎之研究》，载裴文中《裴文中史前考古学论文集》，文物出版社，1987，第 118 页。
⑥ 夏其龙：《黄酒浑浊的处理》，《酿酒科技》2001 年第 1 期。

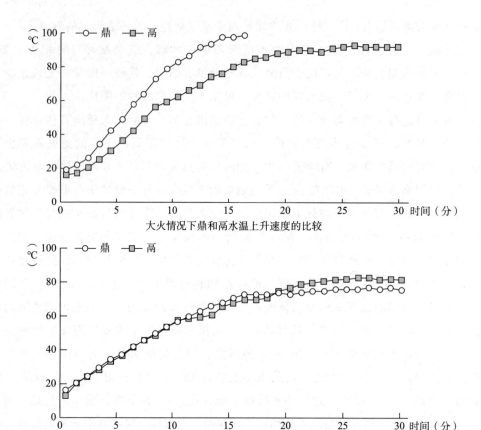

图二　大火和小火情况下鼎和鬲水温上升速度比较

久保田慎二：《从实验考古看空三足器分布扩大的背景——以陶寺遗址的分析为主》，载中国社会科学院考古研究所、临汾市文物局编《光被四表 格于上下——早期都邑文明的发现研究与保护传承暨陶寺四十年发掘与研究国际论坛论文集》，科学出版社，2021，第 171~172 页。

类器物很有可能是祖先神帝的草藉人象征物，原初的形式应是在其上端凸箍或折棱处以上捆扎一个苞茅头，包住所谓的"豆盘"。行使裸祎礼时，将其置于龙盘之上，用单耳小罐将郁鬯舀出，徐徐沃灌之，酒液渗入苞茅头，在"木豆"浅盘中短暂贮留，便会出现"缩酒"现象。随着不断浇灌酒液，酒液饱和后从苞茅头渗出，沿高柄下淌，汇入龙盘，再借蟠龙回到天界，与天帝沟通。①

　　何驽先生的观点颇具启发性，"缩酒"的仪式在文献中多有见到，《周礼·天官·甸师》便有"祭祀共萧茅"。郑玄注引郑大夫曰："萧字或为茜，茜读为缩。束茅立之祭前，沃酒其上，酒渗下去，若神饮之，故谓之缩。缩，浚也"②，说的就是这种仪式。然而，除却这种理解之外，"缩酒"还有另一种更原始的功能，《礼记·郊特牲》云："缩酌用

① 何驽：《陶寺文化早期"木帝主"试析——兼论古蜀文化灯形器的使用功能》，载四川博物院编《博物馆学刊》第 7 辑，巴蜀书社，2020，第 3~19 页。

② （清）孙诒让撰，王锦文、陈玉霞点校《周礼正义》，中华书局，1987，第 189 页。

茅，明酌也。"郑玄注："谓沛醴齐以明酌也……藉之以茅，缩去滓也。"①。指的是祭祀用酒，需利用包茅来滤去酒中的粮食残渣，才能较为清澈。这便提示我们，苞茅与盆盘类组合的最初功能是过滤醇酒。以茅草去除渣滓，再用盆或盘类作为承托，同时，文献中记载的苞茅还具有独特的香气，实际操作时，也能为酒水增添风味。

M3015 墓中该组器物所保留的情境较好，该墓墓圹右侧偏头端放置有大木盆（32 号）前有高柄豆（33、34 号），盆中置彩绘木斗（35 号）1 件，盆沿下压有残高柄木豆 1 件（84 号），附近又有小木盆（43 号）、单耳夹砂小罐（45 号），其下还放置有贮器群（包括小口高领折肩罐、大口罐、彩绘高领陶壶等）。在行祼礼时，利用单耳夹砂小罐将郁鬯从贮酒器中舀出，放于火上加热，以增强致幻的效果②，再淋在"木帝主"之上，以木盆承接。若为日常饮用，则直接将原浆倾倒在苞茅上过滤后，用斗将澄清的酒液转移至盛器内。苞茅易朽，且未必会被挑选为随葬品葬入墓中，故大多数墓葬只保留有盆、盘类遗物以象征这一过程，在陶寺中期常见的各类盆与酒器同置一个壁龛内的现象便是此类行为的最好证据。同时，重重的滤酒行为也在一定程度上反映出史前谷物发酵酒保存的不易。

C 组　石刀、木俎、盆形斝、大型木/陶豆（图三）

陶寺的木俎大致可以分为两种。一种是板形俎，造型简单，只是一块木板；另一种是台形俎，台面作长方形板式样，下设四条竖立的长方体木足，有的台形俎上还放置有木匣。③ 因为这些木俎上或附近能见到被肢解的猪骨和石刀，尤其是 M2172，该墓的石刀出土时斜插入俎面的猪肋间，表现十分真切，是以确认其功能系切肉用的砧板。

细查这些木俎出土时的情境，可以发现，它们除了与石刀和猪骨共出以外，附近一般还能见到盆形斝和大型木豆的身影。保存状态比较好的有 M2180、M3072、M2001、M2014、M3015 和 M2092。

以 M2092 为例，该墓虽然墓室右侧头端至中部被 M2091 打破，但棺右侧仍然残存有大型木豆（24 号），其下有成套的木俎（21 号）和石刀（22 号），紧挨着的还有盆形斝（23 号）。上文已经提出，陶寺先民利用石刀在木俎上切割牲体，而盆形斝是专门用于烹煮肉类的炊具，因此，不难想象，一旁的大型木豆可以用于放置肉食。在 M2001 随葬的组合中，大型木豆由圆案所替代，然而，发掘者指出，这类圆案台板作圆形，台面周沿出矮棱，台板下正中有近喇叭状束腰木座，整体形状恰似 1 件超大型木豆④，再加上其表面遗留有猪骨和石刀，其功能可能与大型木豆近似，可用于陈放或切割已经煮熟的肉。

---

① （清）孙希旦撰，沈啸寰、王星贤点校《礼记集解》卷二十六《郊特牲》，中华书局，1989，第 722 页。
② 何驽：《郁鬯琐考》，载北京大学考古文博学院、北京大学中国考古学研究中心编《考古学研究》十，科学出版社，2013，第 244~254 页。
③ 中国社会科学院考古研究所、山西省临汾市文物局编著《襄汾陶寺：1978~1985 年考古发掘报告》，文物出版社，2015，第 642 页。
④ 中国社会科学院考古研究所、山西省临汾市文物局编著《襄汾陶寺：1978~1985 年考古发掘报告》，文物出版社，2015，第 647 页。

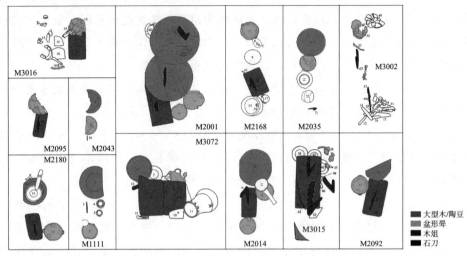

图三 石刀、木俎、盆形斝、大型木/陶豆出土情况

据《襄汾陶寺》图 4-46（A）、45、34（A）、37（A）、36（A）、42（A）、44、30、47~49 绘制。

除了以上几例，还有一些墓例尽管未能保存下完整的情境，但也可援引来作为旁证。

M3016，该墓被 3A、3B 层下的 5 座坑打破，毁坏较严重，墓室中部偏右出土有盆形斝（13 号）、木长方形平盘（17 号）各一，以及被肢解的猪骨若干，虽然由于捣毁，该墓石刀不存，但根据周围的情境，可以推测所谓的"木长方形平盘"应为板形俎的一种，而一旁的器型不明的木器（41 号），很有可能便是大型木豆的遗存。

M2095，该墓墓室右上角至墓室中部被晚期墓 M2075 打破，10 号盆形斝正好被移除一半，其下放置成套的木俎（9 号）和石刀（8 号），不见的大型木豆可能正因该打破行为而无存。

M2043，该墓墓室右侧被近代墓 M2046 打破，位于右侧墓室中部的大型陶豆（8 号）被打碎一部分，其下见内置半个猪头的盆形斝（9 号）和石刀（10 号），木俎已无存。值得一提的是，该墓随葬的陶豆是正常陶豆大小的 2~3 倍，整个墓地中仅此一件，应当是对大型木豆的模仿，功能显然也一致；M1111、M2035 的情况与 M2043 相仿，都是墓中见有大型陶/木豆（图四）、盆形斝和石刀组合，唯独不见木俎，可能未能保存下来。

M2168，未被打破，墓室右侧中段至足端墓底依次有盆形斝（6 号）、不明器型的残木器（8 号）、木俎（12 号）和石厨刀（11 号），木俎附近有掉落的猪腿骨。不明器型的残木器上放置有两段猪骨，这件残木器很可能是大型木豆的残骸。

此外，在 M2180 大型木豆还放置有陶盘，盘中有器型不明的木器一件，这套器物也很有可能是组合使用的，这便提示我们有些盘类也可用于盛放菜肴，一器多用的现象在陶寺遗址的居址区也非常普遍，需要按照特定的情境加以分析。总之，石刀、木俎、盆形斝、大型木/陶豆的组合反映了从切割牲体至烹饪再到盛盘的各个过程。

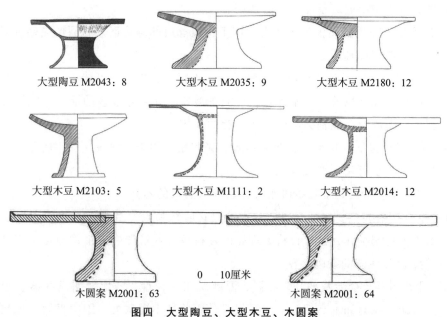

大型陶豆 M2043：8   大型木豆 M2035：9   大型木豆 M2180：12

大型木豆 M2103：5   大型木豆 M1111：2   大型木豆 M2014：12

0   10厘米

木圆案 M2001：63   木圆案 M2001：64

图四　大型陶豆、大型木豆、木圆案

据《襄汾陶寺》图 4-123、135、136 绘制。

四　结语

最后总结一下本文所秉持的对于器物功能的基本认识。

陶寺遗址的随葬品按照功能大致可以分为饮食器、乐器、装饰器、工具和仪式用器五类，饮食器又包括食器和酒器，其中食器可细分为贮食器、炊器和盛食器，酒器可细分为酿酒器、贮酒器、滤酒器、挹酒器、温酒器和饮酒器。而仪式用器可以应用于燎祭、献食和裸礼这三种祭祀场景。献食仪式的器具与食器存在重叠，裸礼的用品与酒器存在重叠。饮食器与仪式用器具体器物功能如下。

（1）贮食器，包括深腹罐、簋和敦，用于放置小米等粮食。

（2）炊器，包括盆形鼎、盆形斝以及灶，前两者的功能是烹煮肉食。并且盆形鼎只流行于陶寺文化最早期，之后其职能由盆形斝代为执行。

（3）盛食器，涉及盂、钵、豆、陶高柄豆和三足盘这几种陶器，用于盛放作为祭品的主食和佳肴，用于炊煮的盆形鼎、盆形斝，以及一些盘类也兼有此功能。

（4）酿酒器，指少数几种尊形斝和灶，与木桶形器配合使用，是采取加热的方式使初成的酒液固液分离。

（5）贮酒器，相关器类较多，有大口罐、折肩罐、圆肩罐、折腹罐、圆腹罐、小口高领折肩罐和尊，皆作为酒水的存储器具。

（6）滤酒器，有各式盆类、盘类，与苞茅共同使用，系利用苞茅过滤酒中的沉淀物，这里的盆类、盘类主要起着承接酒液的作用。

（7）挹酒器，专用器具仅见木斗类，用于将过滤后的酒液舀入温酒器或盛酒器内，但带耳夹砂小罐也兼有此种用途。

（8）温酒器，涵盖了单耳罐形鼎、尊形斝、折腹斝、单耳罐形斝、单耳夹砂小罐这几种器型，其用途是在饮用前将酒水加热，使酒香散发，如果是郁鬯的话，还能增强致幻效果，同时利用斝温酒时也能稍微起到分离沉淀的作用。

（9）盛酒器，包括双耳小罐、双大耳罐、壶和瓶，用于存放单次饮用所需的酒水，其中带耳的几类器物也可用于直接饮用。

（10）饮酒器，主要是带耳折腹小罐，系畅饮酒水的器具。

（11）献食用器，主要包括石厨刀、木俎、盆形斝和大型豆类，具体的仪式过程是利用石刀在木俎上切割牲体，接着再将处理好的食材放入盆形斝中象征性地点火烹煮，最后再将成为"熟食"状态的祭肉盛盘。

（12）裸礼用器，会涉及部分贮酒器、温酒器和盆、盘类，比较明显的器物组合是单耳小罐、大口罐、龙盘和木高柄豆，主要仪式是用单耳小罐从大口罐中舀酒，加热后灌注苞茅木帝主头部的茅草，以龙盘承接。

（13）燎祭用器，仅见大口缸，在其内放置柴草，器物置于火上，再在其内点火。

至于侈领鼓腹小罐，由于其只存一件且器型较小，无法判断其具体功能，鉴于其与酒具共出，推测应当也是酒器的一种。

编辑：徐峰

历史时期文物考古

苏州虎丘路新村土墩 M5 的时代及相关问题

赵俊杰（中央民族大学民族学与社会学学院）

白沙平（北京大学考古文博学院）

[摘要] 苏州虎丘路新村土墩墓群是近年来新发现的重要墓葬材料，其中 M1 墓葬规模大、出土文物等级高，M5 发现的"吴王""吴侯"等砖铭更是引人关注。从墓葬形制及出土砖铭来看，M5 的时代应为西晋晚期，墓主身份可能为入晋后被册封的某位孙吴宗亲。整体而言，M5 所在的新村墓地与邻近的黑松林墓地应为孙吴有意营造的高等级墓葬区。虎丘路新村家族墓地从孙吴沿用至西晋，新村 M5 形制及墓向的变化反映了政权交替下孙吴宗亲身份认同的转变。

[关键词] 虎丘路新村土墩墓 M5；西晋晚期；西晋吴侯；正朔转换

2016~2018 年，苏州市考古研究所对苏州虎丘路新村土墩墓群进行了发掘，共发现 8 座砖室墓，发掘者认为其中编号为 M1、M2、M5 及 M8 的四座砖室墓年代属三国孙吴时期，M1 为孙吴早期高等级墓葬，M5 年代为孙吴中期，不早于铭文砖中的"建兴二年"（253），墓主身份为某位"吴侯"[1]，后进一步推定 M5 墓主为孙策之子孙绍，M1 或为孙策墓[2]。赵娜推定 M1 等级属于孙吴列侯或将军级别，根据铭文内容，M5 墓主身份存在着"吴侯家族成员"和"吴侯本人"两种可能性。若为前者，那么新村 M1 才是"吴侯"其人，若为后者，根据年代来看 M5 应该是孙登之子孙英[3]。程义、陈秋歌主张 M5 墓主为吴侯孙英[4]，并由此推测 M1 为其父孙登墓，M2 应该为孙登配偶、芮玄之女或徐夫人墓。常泽宇则从铭文内容格式的角度出发，认为 M5 当为吴县列侯吴纂之墓，M1 则可能为吴纂父祖辈人物，但无法排除 M1、M5 不属于一个家族的可能性。[5]

① 苏州市考古研究所：《江苏苏州虎丘路新村土墩三国孙吴 M5 发掘简报》，《东南文化》2020 年第 6 期。
② 张铁军、朱晋詠：《苏州虎丘路孙吴墓及墓主身份考证》，《大众考古》2021 年第 12 期。
③ 赵娜：《孙吴宗室墓葬的考古学研究》，山东大学硕士学位论文，2020。
④ 程义、陈秋歌：《苏州虎丘路三国大墓墓主身份再考》，《中原文物》2022 年第 3 期。
⑤ 常泽宇：《苏州虎丘路新村土墩 M5 "吴侯" 小考》，《东南文化》2022 年第 4 期。

上述讨论为探究 M1、M5 的墓葬年代与墓主身份奠定了基础，但却均从认定 M5 出土铭文砖上的"建兴"为孙吴年号，相关墓葬为孙吴家族墓这一出发点展开，缺少对 M5 年代的充分论证，也未能深入探讨 M5 与 M1 的关系。本文拟从 M5 的墓葬形制与砖铭材料出发，判定其为西晋晚期墓，并结合文献记载，就墓主身份、墓地中墓葬关系等问题做进一步分析。不当之处，敬请方家斧正。

一　新村土墩 M5 的年代

M5 为砖室墓，坐北朝南，方向 8°。墓道残长 12.8 米，墓室平面近方形，东西宽 4.4 米，南北长 4.48 米。墓葬平面结构完整，由斜坡墓道、三重封门砖、甬道、墓室组成。墓室破坏严重，墓顶和中上部墙体无存，出土器物仅 6 件。其中墓道填土出土西汉时期硬陶鼎、硬陶盒与釉陶盖各 1 件，疑为扰乱所致。墓室出土青瓷钵 2 件，甬道出土金环 1 件① （图一、图二）。

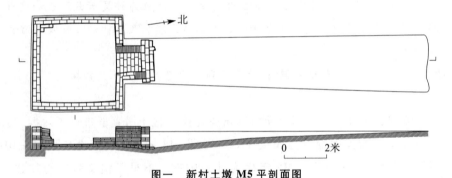

图一　新村土墩 M5 平剖面图

资料来源：《江苏苏州虎丘路新村土墩三国孙吴 M5 发掘简报》，图二。

从形制上看，M5 "凸"字形单室墓的特征与长江下游地区孙吴墓葬存在明显差异。以往的研究显示，长江下游地区的孙吴早期墓葬仍然流行东汉中晚期以来的多室墓做法，至孙吴中晚期大中型墓葬的形制主要流行"吕"字形墓，少见甬道带双耳室的前后室墓、"十"字形墓②。南京幕府山发现的"五凤元年"（254）墓，理论上与被发掘者判定为

---

① 青瓷钵与金环均为南方地区西晋墓葬中的常见遗物，相似的器物组合在南京江宁索墅砖瓦厂 M1（280 年）、江苏吴县狮子山 M1（293 年）、江苏宜兴晋墓 M1（290 年）等墓中均可见到，但另一方面，孙吴晚期至西晋晚期仅三四十年，此间瓷器的形制演变似乎并不剧烈，因此本文暂不将随葬品作为墓葬年代判断的主要依据。

② 蒋赞初：《长江中下游孙吴墓葬的比较研究》，载蒋赞初《长江中下游历史考古论文集》，科学出版社，2000，第 97 页。此处"十"字形墓指的是仅前室分布有耳室的前后室墓，"吕"字形墓与"十"字形墓都属于前后室墓。

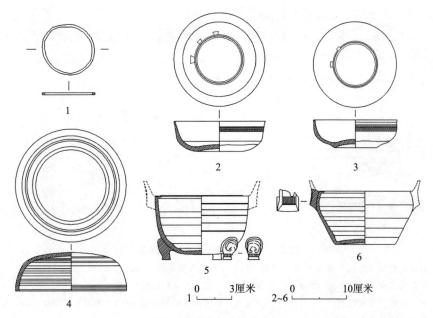

图二　新村土墩 M5 出土器物

1. 金环（M5：1）2、3. 青瓷钵（M5：2、3）4. 釉陶盖（M5①：3）5. 硬陶鼎（M5①：1）6. 硬陶盒
（M5①：2）

　　资料来源：《江苏苏州虎丘路新村土墩三国孙吴 M5 发掘简报》，图四。

"建兴二年"（253）的 M5 年代十分相近，但形制却为典型的"吕"字形墓①（图三：1）；
时代稍晚的江苏金坛"永安三年"（260）墓、南京栖霞山甘家巷"建衡二年"（270）墓
亦呈"吕"字形，后者墓顶为四隅券进式穹隆顶②（图三：2、3）；甚至与新村土墩墓相
去不远的虎丘黑松林墓地中，年代属六朝早期的主墓 M3、M4 也为"吕"字形墓③。而
前、后室各带两个耳室的有南京江宁上坊大墓④（图三：4），"十"字形墓墓例则有南京
郭家山 M7⑤（图三：5），苏州虎丘路新村土墩 M1⑥（图三：6）。

　　较之孙吴墓，M5 与洛阳地区西晋晚期墓葬形制更为相似。刘斌指出，西晋墓葬无论
是在形制还是随葬器物上，都已形成自身特色，流行方形单室墓为其突出特征。⑦ 早年发
掘的洛阳晋墓 M52 即由墓道、甬道及方形墓室组成，并以砖封门，发掘者与研究者均认定

---

① 南京市博物馆：《南京郊区四座吴墓发掘简报》，载文物编辑委员会编《文物资料丛刊》（8），文物出版社，
　　1983，第 1~2 页。
② 常州市博物馆、金坛县文管会：《江苏金坛县方麓东吴墓》，《文物》1989 年第 8 期。南京博物院、南京市文
　　物保管委员会：《南京栖霞山甘家巷六朝墓群》，《考古》1976 年第 5 期。
③ 苏州市考古研究所、苏州博物馆编著《虎丘黑松林墓地》，文物出版社，2022，第 7~13 页。
④ 南京市博物馆、南京市江宁区博物馆：《南京江宁上坊孙吴墓发掘简报》，《文物》2008 年第 12 期。
⑤ 南京市博物馆：《江苏南京市北郊郭家山东吴纪年墓》，《考古》1998 年第 8 期。
⑥ 苏州市考古研究所：《江苏苏州虎丘路新村土墩三国孙吴 M1 发掘简报》，《东南文化》2019 年第 6 期。
⑦ 刘斌：《洛阳地区西晋墓葬研究——兼谈晋制及其影响》，《考古》2012 年第 4 期。

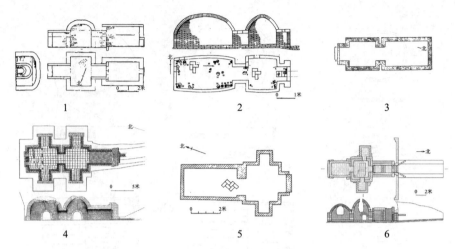

图三 长江下游地区典型孙吴墓

1. 南京幕府山 M2（254 年，引自《南京郊区四座吴墓发掘简报》，图二）
2. 江苏金坛县方麓东吴墓（260 年，引自《江苏金坛县方麓东吴墓》，图二）
3. 南京栖霞山甘家巷 M29（270 年，引自《南京栖霞山甘家巷六朝墓群》，图五）
4. 南京江宁上坊 M1（引自《南京江宁上坊孙吴墓发掘简报》，图二）
5. 南京郭家山 M7（引自《江苏南京市北郊郭家山东吴纪年墓》，图五）
6. 苏州虎丘路新村土墩 M1（引自《江苏苏州虎丘路新村土墩三国孙吴 M1 发掘简报》，图二）

其为西晋晚期墓葬①。同批晋墓中还有性质相近的太康八年（287）的 M1、元康九年（299）的 M8，其中 M8 墓主身份为贾皇后乳母"徐美人"，品秩相当于二千石②（图四），上述墓葬形制与 M5 的相似程度均较高。

另外，南方地区此前就已发现典型的西晋洛阳因素墓葬。湖南安乡光熙元年（306）晋镇南将军刘弘墓③（图五：1）表现出与洛阳地区同时期单室砖墓趋同的特征，这与墓主"少家洛阳，与武帝同居永安里，又同年，共研席"④有密切联系。两相比较可知，刘弘墓与新村 M5 平面形制相近，且都以三层封门砖封门，后者应该采用了西晋洛阳地区高等级墓葬形制。

M5 出土的"建兴二年"文字砖被发掘者与前述研究者视作该墓为孙吴墓的重要证据。发掘者已经指出，历史上"建兴"年号共出现六次，但与墓葬可能有时空关联的政权仅为孙吴与西晋的二例⑤（图六、表一）。前述 M5 的形制呈现出典型的西晋晚期特征，故此处的"建兴二年"应为西晋建兴二年（314），该墓的绝对年代即为是年或略晚。

① 河南省文化局文物工作队第二队：《洛阳晋墓的发掘》，《考古学报》1957 年第 1 期。朱亮、李德方：《洛阳魏晋墓葬分期的初步研究》，载叶万松主编《洛阳考古四十年——一九九二年洛阳考古学术研讨会论文集》，科学出版社，1996，第 289 页。
② 河南省文化局文物工作队第二队：《洛阳晋墓的发掘》，《考古学报》1957 年第 1 期。
③ 安乡县文物管理所：《湖南安乡西晋刘弘墓》，《文物》1993 年第 11 期。
④ （唐）房玄龄：《晋书》卷六十六，中华书局，1974，第 1763 页。
⑤ 张铁军、朱晋詠：《苏州虎丘路孙吴墓及墓主身份考证》，《大众考古》2021 年第 12 期。

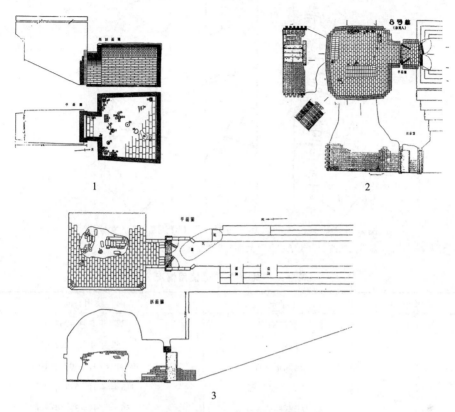

图四　洛阳地区典型西晋墓

1. 洛阳晋墓 M52（引自《洛阳晋墓的发掘》，图四）

2. 洛阳晋墓 M8（徐美人墓，299 年，引自《洛阳晋墓的发掘》，图二）

3. 洛阳晋墓 M1（287 年，引自《洛阳晋墓的发掘》，图一）

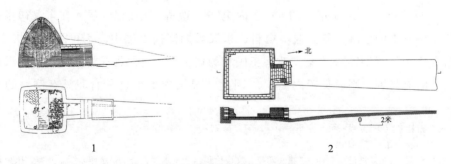

图五　刘弘墓与新村土墩 M5

1. 湖南安乡西晋刘弘墓（引自《湖南安乡西晋刘弘墓》，图一）

2. 新村土墩 M5（引自《江苏苏州虎丘路新村土墩三国孙吴 M5 发掘简报》，图二）

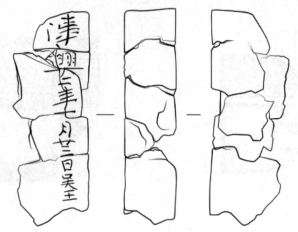

图六　"建兴二年七月廿一日吴王"（M5 砖：7）文字砖

资料来源：《江苏苏州虎丘路新村土墩三国孙吴 M5 发掘简报》，图五。

表一　"建兴"年号使用情况

政权	皇帝	使用时间
蜀汉	后主刘禅	223 年 5 月～237 年
孙吴	废帝孙亮	252 年 4 月～253 年
成汉	成武帝李雄	304 年 10 月～306 年 10 月
西晋	晋愍帝司马邺	313 年 4 月～317 年 3 月
后燕	慕容垂	386 年 2 月～396 年 4 月
渤海国	宣王大仁秀	819～830 年（一作 818～830 年）

此外，M5 中还出有"……□内史□史女□□车□"刻铭砖（图七）。内史本为周官，秦仿周制，汉又承秦制，皆设内史为中央官职。西汉实行分封，在诸侯国中也设立内史一职。《汉书·百官公卿表》载"诸侯王，高帝初置，金玺盭绶，掌治其国。有太傅辅王，内史治国民，中尉掌武职，丞相统众官，群卿大夫都官如汉朝"[1]，可知内史为诸侯国的"中央官"。汉成帝"绥和元年（前 8）省内史"[2]，改称"中尉"。尽管在东汉初年曾恢复过内史等王国官吏的建制，然而遍检史料，东汉后期诸侯王国中已不再见有内史之记载，至晋武帝太康十年（289），才又"改诸王国相为内史"[3]。《吴郡志》亦云："后汉始有吴郡太守。晋时有吴国，则曰吴国内史。"[4] 因此"吴国内史"这一官职具有鲜明的时代特

---

① （汉）班固：《汉书》卷一九，中华书局，2007，第 741 页。

② 《汉书》卷一九，第 741 页。

③ （汉）班固：《东观汉记》卷四："建武元年，复设诸侯王金玺绿绶，公、侯金印紫绶。九卿、执金吾、河南尹秩皆中二千石，大长秋、将作大匠、度辽诸将军、郡太守、国傅相皆秩二千石，校尉、中郎将、诸郡都尉、诸国行相、中尉、内史、中护军、司直秩皆二千石，以上皆银印青绶。"中华书局，2009，第 143 页。史载可知建武元年复设内史一职，但随着诸侯王国的缩小，"内史官属亦以率减"（同第 143 页）直至后汉后期诸侯王国中不再见有内史记载。见于春雷《秦汉内史研究》，西北大学硕士学位论文，2008。

④ （宋）范成大：《吴郡志》卷十，江苏古籍出版社，1999，第 122 页。

征，西晋重新改用的时间应不早于太康十年（289），这与上文对 M5 年代的判断相契合。反之，如若 M5 为孙吴墓葬，则无法解释"吴国内史"的存在。

墓葬中还出有"吴王""吴侯"等砖铭文字，有晋一代，史料中未见封"吴侯"之人。封"吴王"者则有二，分别为晋康帝司马岳与晋愍帝之父司马晏，前者已为帝王，不可能再以"吴王"身份下葬；后者殁于洛阳永嘉之乱，并在其子司马邺即位后追谥为敬王[1]，再以"吴王"身份入葬孙吴宗室墓地显然也不妥。M5 毁坏过甚，可供辨识的信息寥寥，故而也只能从墓葬整体关系推测墓主身份可能为入晋后受封，又佚载于史册的某位"吴王"或"吴侯"。

图七　M5 出土文字砖拓片
资料来源：《江苏苏州虎丘路新村土墩三国孙吴 M5 发掘简报》，图六：10。

二　新村土墩 M5 的墓葬等级

墓葬形制与规模在一定程度上反映了等级，尽管 M5 破坏严重，但仍能从平面形制与墓道残长管窥一二。将 M5 与西晋时期洛阳地区身份等级较为明确的方形单室墓比较可知（表二），其墓室规模大于贾皇后乳母徐美人墓[2]，且墓道残长已大于被认为是西晋贵族墓的洛阳春都路 IM1568[3]。作为同样南下的"洛阳因素"，M5 的墓道长度、墓室规模甚至在"镇南将军"刘弘墓之上，墓主的官职或高于三品。

此外如前所述，太康十年后改王国相为内史后，"诸王国以内史掌太守之任……"[4] 王国内史相当于郡太守，实质是郡国宗王的附属臣子。湿刻砖铭中目前可辨的"建兴二年七月廿一日吴王""……□内史□史女□□车□""朔……庑千百"等反映的内容总体上与曹植墓所出砖铭"太和七年三月一日壬戌朔/十五日丙午兖州刺史侯/昶遣士朱周等二百人作/毕陈王陵各赐休二百日/别督郎中王纳主者/司徒从掾位张顺"[5] 性质相同。宜兴周处墓（297 年）中同样发现有"元康七年九

① （唐）房玄龄：《晋书》卷六十四，中华书局，1974，第 1725 页。
② 汤淑君：《西晋贾皇后乳母徐美人墓志》，《中原文物》1994 年第 1 期。美人在晋武帝设立的嫔妃等级中仅次于三夫人与九嫔。
③ 洛阳市第二文物工作队：《洛阳春都路西晋墓发掘简报》，《文物》2000 年第 10 期。
④ （唐）房玄龄：《晋书》卷二十四，中华书局，1974，第 746 页。
⑤ 刘玉新：《山东省东阿县曹植墓的发掘》，《华夏考古》1999 年第 1 期。

月二十日阳羡所作周前将军砖""议曹朱选将功吏杨春工杨普作"① 等砖铭，此类职官监造墓葬砖铭应效仿了当时的官文书格式②，具有一定的等级划分意义，也进一步印证了 M5 墓主身份的尊贵（图八）。

表二 M5 与部分等级明确的洛阳晋墓的比较

单位：米

墓葬名称	墓葬规模（长×宽）		封门设施	甬道（长×宽×高）	墓砖与砌筑方式	地区	年代	墓主
	墓道	墓室						
江苏苏州虎丘路新村土墩 M5	残长 12.8×2	4.48×4.4	封门砖三层	1.2×0.85×0.9	多为素面青砖，错缝平铺而成	江苏苏州	西晋晚期	宗室（?）
偃师六和饲料厂 M5	10.8×0.8	2.8×2.7	有封门	1.4×1.14×1.5	甬道底部横向错缝平铺地砖，墓室底部地砖为横向错缝平铺	河南偃师	西晋	高级官员
元康九年徐美人墓	37.86×5.1	4.3×4.5	两道石门	2.37×2×?	四壁平列错缝而成，在平列之间加砌竖砖	河南洛阳	西晋元康九年（299）	徐义
湖南安乡刘弘墓	残长 6.2×1.4~1.6	3.6×3.6	封门砖三层	1.14×1.8×1.8	墓室砌法为四隅券进式，墓底以两层砖砌人字纹	湖南安乡	西晋光熙元年（306）	镇南将军刘弘
洛阳春都路晋墓 IM1568	12.1×0.94	3.1×3.2	有封门	1.32×0.94×1.56	墓室用小砖平铺内弧错缝叠砌封堵，甬道和墓室用小砖错缝垒砌	河南洛阳	西晋中晚期	西晋世族

三 新村 M5 与 M1、M2 的关系

在判定新村 M5 年代属西晋晚期后，有必要重新审视 M5 与 M1、M2 之间的关系。就墓葬形制而言，M1 为"十"字形前后二室墓，发掘者判断 M1 年代为孙吴早期③，依韦正、王志高等的研究④，将 M1 墓主推定为孙吴宗室成员似乎问题不大，但该墓时代更可能为孙吴中晚期。如前所揭，M1 形制为前室带双耳室的前后双室墓，与安徽当涂"天子

---

① 罗宗真：《江苏宜兴晋墓发掘报告——兼论出土的青瓷器》，《考古学报》1957 年第 4 期。
② 卢善焕：《曹植墓砖铭读释浅议》，《文物》1996 年第 10 期。
③ 张铁军、朱晋詠：《苏州虎丘路孙吴墓及墓主身份考证》，《大众考古》2021 年第 12 期。
④ 韦正：《六朝墓葬的考古学研究》，北京大学出版社，2011，第 269~275 页。王志高、马涛、龚巨平：《南京上坊孙吴大墓墓主身份的蠡测——兼论孙吴时期的宗室墓》，《东南文化》2009 年第 3 期。

图八　具官文书格式的砖铭

1. 新村土墩 M5 所见砖铭（引自《江苏苏州虎丘路新村土墩三国孙吴 M5 发掘简报》，图五：7）

2. 曹植墓所见砖铭（引自《曹植墓砖铭读释浅议》，图一）

3. 宜兴周处墓所见砖铭（引自《江苏宜兴晋墓发掘报告——兼论出土的青瓷器》，图五）

坟"孙吴墓形制相似度较高，后者据考建造年代下限应在孙吴永安四年（261）前后。[1]
除此之外，M1 前后室均向外弧出的现象也可再做讨论。已有前贤指出，西晋时期"弧壁
砖室墓"经由山东半岛传入三吴地区[2]，但目前在孙吴地区纪年墓葬中可见最早的前室弧
方形、后室腰鼓形的墓葬为永安三年（260）的江苏金坛县方麓东吴墓[3]（图三：2），可
见传入年代或可提前至孙吴中晚期。那么，M1 这类前后室均外弧的砖室墓在三吴地区的
最早出现年代也应该在此时。M1 中还有时代特征明显的一件魂瓶（M1：16），年代也
指向孙吴晚期[4]，该墓的时代已可大体得之。反观为"凸"字形单室墓的 M5，墓内出土
的"吴侯""建兴二年""内史"等砖铭显示的年代信息与墓葬形制吻合，属典型的西晋
晚期洛阳地区高等级墓葬形制。

　　M1 与 M5 建造年代、墓葬形制虽有较大差异，却使用相似墓砖的现象不容忽视。根
据简报，M1 曾被打开重修，重修的墓门北侧东西附墙建于④层之上，恰好与 M5 开口层
位相同[5]，且重修部分所用的小长方形青砖与 M1 墓室主体所用砖完全不同，但与 M5 所用
的长方形青砖极其相似[6]。相同的开口层位表明 M5 建造年代与 M1 重修年代应相差不远，
"极其相似"的墓砖则进一步暗示两墓修建行为或许发生于同一时间。换言之，很有可能
在修建 M5 的时候曾打开 M1，并对该墓入口进行了部分拆除重修，使得 M1 部分呈现"新

① 虞金永：《安徽马鞍山"天子坟"孙吴墓的发掘及初步认识》，南京师范大学硕士学位论文，2017。

② 李梅田：《魏晋南北朝墓葬中的弧壁砖室现象研究》，《中国国家博物馆馆刊》2012 年第 7 期。

③ 王音：《长江中下游孙吴、西晋墓葬中的文化与礼俗》，北京大学博士学位论文，2019。

④ 程义、陈秋歌：《苏州虎丘路三国大墓墓主身份再考》，《中原文物》2022 年第 3 期。

⑤ 苏州市考古研究所：《江苏苏州虎丘路新村土墩三国孙吴 M1 发掘简报》，《东南文化》2019 年第 6 期。

⑥ 苏州市考古研究所：《江苏苏州虎丘路新村土墩三国孙吴 M5 发掘简报》，《东南文化》2020 年第 6 期。

砖修旧墓"的特征。再结合墓地分布与墓葬时代特征来看，M5 出土的"凤□"铭砖虽已残破，但依稀可辨"凤皇"字样，可能与孙皓在位时期所用"凤凰"年号（272~274 年）有一定的关联，但 M5 年代已经到西晋晚期，"凤皇"年号砖更有可能是孙吴墓 M1 的旧砖，不排除在修建 M5 的时候曾拆 M1 旧砖使用的可能性，那么 M5 中的"凤皇"铭砖很可能原本属于 M1，这一现象更像是"旧砖新用"的结果。但总体而言，M5 墓砖似仍以新烧砖为主，具有鲜明时代特征的"建兴二年""内史"铭砖应当都为新砖，墓砖铭文的表现形式除维持在砖侧模印文字的江东传统外，在砖面上湿刻文字者也不在少数，体现了南下的洛阳因素与本地技术传统结合的新取向。这种墓砖"新旧并用"的明显特征也从另一个侧面表现出 M5 对西晋洛阳葬俗的受容。

此外，墓葬的起葬层位与构筑方式的差异也可加以留意。从剖面观察，M5 与 M1、M2 的开口层位有明显距离（图九），表明前者与后二者存在一定的建造时间差。M5 在墓地中的位置并不符合当时一般家族墓地的规划。[①] 西汉中期"祖坟墓"制度彻底崩溃，家族墓地得以兴起[②]，至魏晋时期家族墓地则迎来了一个鼎盛期，聚族而葬成为魏晋世家大族的流行风尚[③]。现已发现的孙吴家族墓葬排列主要采用一字并列排开的方式，如南京仙鹤山孙吴世家大族墓[④]、南京丁奉家族墓[⑤]等，这样的墓葬排列方式至江苏宜兴周氏家族墓[⑥]中仍然可见（图十）。徐苹芳曾指出，家族墓的具体排列方式主要有三种：一是父子兄弟一行顺排；二是前后左右按长幼辈分排列；三是魏晋至唐代甘青新地区的坟院式排列。[⑦] 虎丘路新村土墩墓群中，M1、M2 墓向相同并一字排开，不难看出采用的是上述第一种家族墓地规划，M5 墓向倾斜明显，并且采用了方形单室墓的形制。从 M1 到 M5，虎丘路新村家族墓地中高等级墓葬形制的前后变化，或反映出了同一家族历孙吴到西晋后对新政权的认可与归化。史载西晋在攻打孙吴时已有不少吴地官员率众投降，平吴之后晋对孙吴旧臣更是采取"绥慰新附，宣扬威惠"[⑧] 的招安政策，甚至将吴"光禄勋"石伟诏拜为议郎，并以二千石禄终其身[⑨]，对孙吴旧臣的厚待可见一斑。葬俗之根深蒂固绝非短时内可被更替，故而此处 M5 一改孙吴宗室之葬制，而选择进入西晋的墓葬等级体系之中，可能正是 M5 墓主在新旧政权交替后身份认同转变的反映。

---

① 此前已有学者指出，M5 墓向与 M1 偏差明显，可能并不来自同一家族。见常泽宇《苏州虎丘路新村土墩 M5 "吴侯"小考》，《东南文化》2022 年第 4 期。

② 李如森：《汉代丧葬礼俗》，沈阳出版社，2003，第 224 页。

③ 韩国河：《论秦汉魏晋时期的家族墓地制度》，《考古与文物》1999 年第 2 期。

④ 南京市博物馆、南京师范大学文物与博物馆学系：《南京仙鹤山孙吴、西晋墓》，《文物》2007 年第 1 期。

⑤ 南京市考古研究院：《南京市鼓楼区幕府山两座东吴墓的发掘》，《考古》2023 年第 9 期。

⑥ 南京博物院：《江苏宜兴晋墓的第二次发掘》，《考古》1977 年第 2 期。

⑦ 徐苹芳：《中国秦汉魏晋南北朝时代的陵园和茔域》，《考古》1981 年第 6 期。

⑧ （唐）房玄龄：《晋书》卷四十三，中华书局，1974，第 1232 页。

⑨ 南京市考古研究院：《南京市鼓楼区幕府山两座东吴墓的发掘》，《考古》2023 年第 9 期。

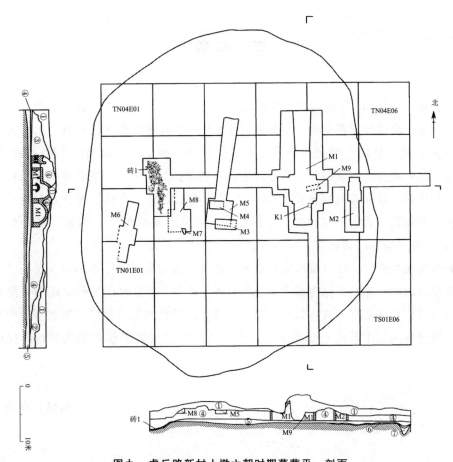

图九　虎丘路新村土墩六朝时期墓葬平、剖面

注：据《江苏苏州虎丘路新村土墩三国孙吴 M1 发掘简报》图二改绘。

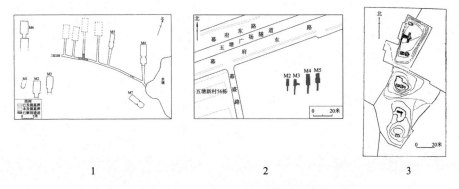

图十　以"一"字形排列的家族墓地

1. 南京仙鹤山孙吴世家大族墓葬（引自《南京仙鹤山孙吴、西晋墓》，图二）

2. 南京丁奉家族墓（引自《南京市鼓楼区幕府山两座东吴墓的发掘》，图二）

3. 江苏宜兴周氏家族墓群（引自《江苏宜兴晋墓的第二次发掘》，图一）

四 结语

　　本文在重新界定 M5 年代为西晋晚期的基础上，认为苏州虎丘路新村墓地是一处自孙吴沿用至西晋的高等级家族墓地。尽管新村 M5 墓主的具体身份无法确认，但其为入晋后获封"吴王"或"吴侯"的某位孙吴宗室成员应当问题不大。从 M1 到 M5，墓葬形制、用砖情况及在家族墓地中墓向与位置的改变体现的是孙吴宗亲核心成员在吴晋政权交替下身份认同的转向。就现有材料来看，M5 是否呈现出独特的"毁墓"特征还有待进一步证实，倘若想要毁墓，为何不选择同一墓地中等级明显更高的 M1？"毁墓"的动机是否与M5 选择西晋高等级墓葬葬俗有关尚不得而知。

　　若将视角稍微放大，便可推知新村墓地与距其直线距离仅 200 米的虎丘黑松林墓地很可能是有规划的同一片孙吴高等级墓葬区①，新村墓群 M1 的时代为孙吴晚期，黑松林墓地的整体年代则可能稍早。这样就可从整体上进一步观察到吴晋间同一家族墓地中墓葬形制的转变所反映的墓主政治心态的变迁，葬俗的变更正代表了前朝遗贵对新政权正朔的认同。

编辑：祁海宁

---

① 苏州市考古研究所、苏州博物馆编著《虎丘黑松林墓地》，文物出版社，2022，第 51 页。不排除新村墓地与黑松林墓地原为同一片墓地的可能。

河南邓州题名石柱新证

高庆辉

（江西科技师范大学旅游与历史文化学院）

[摘要] 河南省邓州市城区第一小学泮池桥头的六角亭内，有一保存较好的题名石柱（或称石表）。关于其对应墓主身份，有学者考证为晋冠军县侯郭彰。然而，对相关文献与考古材料进行梳理，可以发现其墓主更可能是曹魏征南军司张詹。

[关键词] 邓州；石柱；军司；张詹

在河南省邓州市城区第一小学泮池桥头的六角亭内，有一保存较好的题名石柱。该石柱圆锥顶，十二棱体，雕花座基。通高 2.84 米，其中柱身高 1.9 米，直径 0.28 米。已于1963 年被列为河南省重点文物保护单位。关于其墓主身份，最早由吕品推考为晋冠军县侯郭彰。[①] 自此之后，学界多无异议，然而对相关文献与考古材料进行认真梳理后就可发现此说颇乏依据。本文就与之相关的问题展开讨论，以期给出更加令人信服的结论。

一　石柱的出土、著录与研究概况

关于石柱的出土时间，清同治六年（1867）王绍羲刻于其上的题跋云："此石柱旧在冠军城，乃嘉庆年间乡人发土所获，后为嗜古者舁入州城寄存学宫。"[②] 1942 年编纂的《明嘉靖南阳府志校注》一书则记石柱出土于清道光年间。[③] 依常识而论，前说应该更为可靠。1919 年警察长贾凤庭为石柱设栏保护，1925 年第一小学校长杨毅然在泮池修亭，将石柱移立于亭内。

石柱上的刻铭是讨论其年代及归属的关键资料，兹录相关内容如下：

---

① 吕品：《河南邓县题名石柱考》，《中原文物》1985 年第 1 期。
② 邓州市地方史志编纂委员会编《邓州市志》，中州古籍出版社，1996，第 609 页。
③ 南阳地区史志编纂委员会总编室编《明嘉靖南阳府志校注》卷六《陵墓》，南阳《前锋报》社，1942。

故吏议郎陈郡滑起迈群、故吏尚书令史彭城陈钦公孝、故吏尚书令史颍川黄标文仕、故吏大中大夫谯郡孙微书达、故吏郎中梁国宋穆德然、故吏郎中陈郡胡超仲友、故吏郎中汝南许镇长秋、故吏郎中汝南周寓定宗、故吏郎中颍川唐馗体仲、故吏谏议大夫谯郡莱优伯昂、故吏郎中沛国张正宗伯、故吏郎中颍川钱鲁孔平、故吏郎中沛国惠友公和、故吏尚书令史梁国郝创伟初、故吏军议掾颍川宗仁仲和、故吏军议掾陈郡赵洪文敬、故吏军谋掾梁国王承显宗、故吏军谋掾梁国丁隆仕宗、故吏军议掾陈郡陈钦承恭、故吏军议掾彭城许与公政、故吏军谋掾谯郡陈弘宁宗、故吏军谋掾汝南张绪绍伯、故吏军谋掾沛国高孜孔伯、故吏军谋掾梁国丁循公弘。[①]

王绍羲的题跋还涉及对石柱年代的简要分析："柱面款识八分书，题故吏名□□二十五人。考其爵秩、郡邑皆系汉制，且丁隆、陈钦名俱见《汉书》，其为汉物无疑。窃恐其日久磨灭，因独捐工资，重立于兹，以存古迹。同治六年八月，右庵王绍羲记。"

王绍羲的这一观点为罗振玉认同，其《俑庐日札》"冠军城石柱"条云："冠军城有古石柱，刻故吏题名，八分书，计三列，每列十行。已损缺，不见年月。以字迹考之，乃汉刻也。"[②] 其后又有学者考为"魏石"，柯昌泗《语石异同评》卷一云："河南邓县冠军城题名石柱无年月，多云是晋石。予据文有谯郡地名，汉末曹氏始以沛国之谯县立郡，魏时谯郡列于五都，至晋为谯王国，袭封不绝，未尝再改为郡。考为魏石，或尚近之。"[③] 1942 年出版的《明嘉靖南阳府志校注》则进一步推测此石柱为魏晋人"张詹墓道中的遗石"，其卷六《陵墓》云："道光时冠军里有石柱出土……此刻所列二国五郡，惟晋制为然。隶体遒劲，亦类魏晋人笔，或即张詹墓道中的遗石。今存邓县文庙。"[④]

要言之，关于石柱的年代，晚清及民国时期的学者或认为属汉，或认为属魏，属晋，未有定论。关于石柱的墓主身份，则见张詹一说，惜未有具体讨论。

及至当代，对邓州题名石柱研究最深、贡献最大者是吕品先生，他在《河南邓县题名石柱考》一文中根据柱铭所涉职官、郡邑等内容，认为石柱上所刻二十五人皆是西晋冠军县侯郭彰的门人和故吏。因此，该石柱并非俗传的汉代华表，而应是郭彰墓前神道旁的题名墓表，其雕造时间在公元 295 年至 298 年。[⑤]

① 关于石柱刻铭的识读：一是民国张嘉谋所录，释文见于《明嘉靖南阳府志校注》；一为今人吕品所录，释文见于《河南邓县题名石柱考》。因二者于郡邑、官职的识读无异，故本文以年代较早、识读更为完整的民国版本为准。

② 罗振玉：《俑庐日札》，载《罗振玉学术论著集》第三集，上海古籍出版社，2010，第 132 页。

③ 叶昌炽撰，柯昌泗评，陈公柔、张明善点校《语石·语石异同评》卷一，中华书局，1994，第 9 页。

④ 南阳地区史志编纂委员会总编室编《明嘉靖南阳府志校注》卷六《陵墓》，南阳《前锋报》社，1942。

⑤ 吕品：《河南邓县题名石柱考》，《中原文物》1985 年第 1 期。

二　石柱与晋冠军县侯郭彰无关

邓州城区第一小学内的题名石柱是否与晋冠军县侯郭彰有关？

据《晋书》本传，郭彰，字叔武，山西太原人。历任散骑常侍、尚书、卫将军，封冠军县侯。他是西晋惠帝贾皇后之从舅，与贾充并称"贾郭"。① 根据文献记载和考古发现，西晋时期的列侯等受爵者大多归葬故籍或丧还都城，兹举例列表如下（表一）。

表一　西晋列侯等受爵者故籍、葬地举例

受封者	故籍	爵名	葬地	文献出处
贾充	平阳襄陵	鲁郡公	襄陵	《元和郡县图志》卷一二"襄陵县"条载："晋贾充墓在县西南十里。"《太平寰宇记·河东道四》的记载与此相同。
顾荣	吴郡吴县	嘉兴伯	吴县	《太平寰宇记·河东道三》《吴都文粹续集·市镇坟墓》《（乾隆）江南通志·舆地志》。
刘宝	高平	关内侯	高平	《文物》2005 年第 1 期。
羊祜	琅琊临沂	矩平侯	洛阳	《晋书·羊祜传》："从弟琇等述祜素志，求葬于先人墓次。帝不许，赐去城十里外近陵葬地一顷。"
杜预	京兆杜陵	当阳侯	洛阳	《北堂书钞》卷九二记载有杜预的遗令："葬吾首阳之南，东奉二陵，西瞻宫阙，南观伊洛，北望夷叔，旷然远览，情之所安也。"《太平寰宇记》卷五载杜预墓在洛阳首阳山南。
裴祗	河东闻喜	关中侯	洛阳	黄明兰：《西晋裴祗和北魏元暐两墓拾零》，《文物》1982 年第 1 期。

再看石柱刻铭涉及的官职及郡邑。遍检史传诸文，其中职官议郎、郎中、尚书令史、大中大夫、谏议大夫，郡邑沛国、颍川郡、汝南郡等均秦汉时置，魏晋沿之未改。彭城，石柱中并未书明是国、郡还是县，其名自秦至唐，历代皆存。而刻铭中的以下官职、郡邑之名对石柱年代的分析颇具价值。

1. 军谋掾

据《三国志》，东汉建安年间曹操、刘备皆置军谋掾。其书卷二十四《孙礼传》："太祖平幽州，召为司空军谋掾。"② 卷三十二《先主传》注引《典略》："备遣军谋掾韩冉赍书吊，并贡锦布。"③ 考虑到军谋掾一职的设置背景及《三国志·常林传》注引《魏略》关于沐并在黄初中由军谋掾转为成皋令的记载④，曹魏代汉之后或并沿置该职。另外，

① （唐）房玄龄等：《晋书》卷四十《郭彰传》，中华书局，1974，第 1176 页。
② （晋）陈寿：《三国志》卷二十四《魏书·孙礼传》，中华书局，1959，第 691 页。
③ （晋）陈寿：《三国志》卷三十二《蜀书·先主传》注引《典略》，中华书局，1959，第 889 页。
④ （晋）陈寿：《三国志》卷二十三《魏书·常林传》注引《魏略》，中华书局，1959，第 661 页。

《魏书》与《北史》都有眭夸"祖迈"尝任"晋东海王越军谋掾"的记载。① 据此，则军谋掾置于汉末建安年间，曹魏、西晋沿置。

2. 军议掾

《三国志·高堂隆传》载："建安十八年（213），太祖召为丞相军议掾。"② 同书卷三《明帝纪》注引《魏略》中有"司徒军议掾河东董寻"③之句。据此，则军议掾早置于建安十八年之前，曹魏代汉之后亦并设置。

3. 梁国

谢钟英《三国疆域志补注》卷二云："梁郡，汉置。《班志》梁国，故秦砀郡，高帝五年为梁国。《元城王礼传》太和五年任城王楷子悌嗣礼，后六年改封梁王。钟英按：据此，魏作梁国。《寰宇记》自汉至晋为梁国是也。洪氏云梁郡，殆误。"④ 其说甚是。

4. 陈郡

《晋书·地理志上》："及武帝受命，又分颍川立襄城郡，分汝南立汝阴郡，合陈郡于梁国……惠帝分汝阴立新蔡，分梁国立陈郡。"⑤ 又《元和郡县图志》卷八《河南道四》载："秦灭楚，属颍川郡。汉高帝分颍川置淮阳国，后汉章帝改为陈国，献帝末陈王宠为袁绍所杀，国除，为陈郡。曹魏复为陈国，以东阿王植为陈王。植子志徙封济北，又为陈郡。晋、宋因之。"⑥ 据此，则陈郡置于建安二年（197）后，曹魏太和六年（232）改为陈国，次年又复为陈郡。至西晋，晋武帝省陈郡入梁国，惠帝时又复置陈郡。

5. 谯郡

《元和郡县图志》卷七《河南道三》载："黄初元年（220），以先人旧郡，又立为谯国，与长安、许昌、邺、洛阳，号为'五都'。"⑦《太平寰宇记》关于谯郡有与此相似的记载。⑧ 王粲诗有"既入谯郡界"之句。按，王粲生于东汉熹平六年（177），卒于建安二十二年（217）。据此，则谯郡至迟置于东汉建安年间，黄初元年改为谯国。又，《宋书·州郡志二》："谯郡太守，何志故属沛，魏明帝分立。"⑨ 颇疑黄初七年（226），沛穆王曹林（时为谯王）徙封甄城后又除国为郡。西晋泰始元年（265），"封诸王，以郡为国"⑩，谯郡更为谯国。

概而言之，通过对文献与考古材料的梳理发现，郭彰应当葬于都城洛阳或其故籍太

---

① （北齐）魏收：《魏书》卷九十《眭夸传》，中华书局，1974，第 1929 页；（唐）李延寿：《北史》卷八八《眭夸传》，中华书局，1974，第 2908 页。
② （晋）陈寿：《三国志》卷二十五《魏书·高堂隆传》，中华书局，1959，第 708 页。
③ （晋）陈寿：《三国志》卷四《魏书·明帝纪》注引《魏略》，中华书局，1959，第 110 页。
④ （清）谢钟英：《三国疆域志补注》卷二，《四库未收书辑刊》三辑第 11 册，北京出版社，2000，第 550 页。
⑤ （唐）房玄龄等：《晋书》卷十四《地理志上》，中华书局，1974，第 420~421、422 页。
⑥ （唐）李吉甫撰，贺次君点校《元和郡县图志》卷八《河南道四》，中华书局，1983，第 211 页。
⑦ （唐）李吉甫撰，贺次君点校《元和郡县图志》卷七《河南道三》，中华书局，1983，第 184 页。
⑧ （宋）乐史撰，王文楚等点校《太平寰宇记》卷十二《河南道十二》，中华书局，2007，第 229 页。
⑨ （南朝梁）沈约：《宋书》卷三十六《州郡志二》，中华书局，1974，第 1082 页。
⑩ （唐）房玄龄等：《晋书》卷十四《地理志上》，中华书局，1974，第 420 页。

原；而从石柱刻铭中官职、郡邑沿革的分析来看，其雕造当在汉、魏时期，这与郭彰的年代不符。显然，石柱与西晋冠军县侯郭彰并无关系。

三　石柱极有可能是魏征南军司张詹墓前列置

既然石柱与郭彰无关，那它究竟属于谁？众所周知，旧时官员葬地选择一般有三：一是都城；二是故籍；三是为官或是被封之地。因为石柱发现之地在冠军县，而柱铭所涉职官如议郎、谏议大夫等皆是中央官职，故其墓主似乎应该是以冠军县为故籍或在朝廷中担任官职又封、葬在冠军县的人。检索文献可知，满足这一条件的汉晋时期冠军人有贾复、杜茂，冠军侯窦宪、王甫，平阳公曹琮与魏征南军司张詹等。

据《后汉书》，贾复卒于东汉建武三十一年（55），窦宪卒于东汉永元四年（92），杜茂卒于东汉建武十九年（43），王甫卒于东汉光和二年（179），其时并未置陈郡，故此四人可以首先排除。①

再看曹琮。据《三国志·魏书》本传，曹琮早年被封为冠军公，但最后所封却是平阳公，而且也没有在朝中或军中担任官职的记录。又据《三国志》注引《袁子》，曹魏王公的封国，徒有王国之名，而无社稷之实。一般王国中虽有百余人的卫国军队，但未设百官，只有朝廷任命的防辅监国之官。② 因此，假若曹琮的属吏为之立有石柱，其上当无出现议郎、谏议大夫等中央官职的可能，所以石柱墓主是曹琮的可能性几乎不存在。

然则石柱所属墓主唯一的可能性就只剩下张詹了。张詹其人，多种史籍见载。《水经注》卷二十九《淯水》云：

> 水西有《汉太尉长史邑人张敏碑》，碑之西有魏征南军司张詹墓，墓有碑，碑背刊云："白楸之棺，易朽之裳。铜铁不入，丹器不藏。嗟矣后人，幸勿我伤。"自后古坟旧冢，莫不夷毁，而是墓至元嘉初尚不见发。六年，大水，蛮饥，始被发掘。说者言：初开，金银铜锡之器，朱漆雕刻之饰烂然。有二朱漆棺，棺前垂竹帘，隐以金钉。墓不甚高，而内极宽大，虚设白楸之言，空负黄金之实，虽意锢南山，宁同寿乎。③

① 分见（南朝宋）范晔《后汉书》卷十七《贾复传》，中华书局，1965，第664~667页；（南朝宋）范晔《后汉书》卷二十三《窦宪传》，中华书局，1965，第812~820页；（南朝宋）范晔《后汉书》卷二十二《杜茂传》，中华书局，1965，第776~777页；（南朝宋）范晔《后汉书》卷八《孝灵帝纪》，中华书局，1965，第343页。
② 分见（晋）陈寿《三国志》卷二十《魏书·武文世王公传》，中华书局，1959，第580页；（晋）陈寿《三国志》卷二十《魏书·武文世王公传》注引《袁子》，中华书局，1959，第591~592页。
③ （北魏）郦道元原注，陈桥驿注释《水经注》卷二十九"淯水"条，浙江古籍出版社，2001，第462页。

《太平御览》卷五百五十一引盛弘之《荆州记》亦云：

> 冠军县东一里有张詹墓，魏太和时人也……此墓元嘉初尤俨然。六年，大水，民饥，始被发。初开，金银锡铜之器烂然，毕备有二朱棺，棺前垂竹薄帘，金钉钉之。[①]

同书卷五百八十九与卷七百八十七除增记张詹"七世孝廉"和其职官为"魏征南司马"外，余均与上略同。[②]

两书对于张詹的以上记载虽多有重复之处，但所反映的信息却可相互补充。关于张詹的生活时代，从上引《太平御览》的记载可知，他乃是魏太和（227~233）时人，而且还曾经应举孝廉。对此，《北堂书钞》所引《荆州记》的一条材料则表述得更为完整，其文曰："魏太和时有县人张詹，七世举孝廉。"[③] 按：古人举孝廉的年龄，一般也要弱冠（二十岁）以后。假以张詹弱冠即在太和七年，于时并举孝廉，则至西晋禅魏时，他已有五十二岁。当然，这还只是基于理想状况下的推断。依汉旧制，应举孝廉者须年满四十岁[④]，故而实际情形是张詹的享龄可能更大。由此推知，张詹大概率卒于曹魏，此与石柱雕造的年代相符。

关于张詹担任的职官，《水经注》与《太平御览》的叙述并不一致。以二者的信息源来看，"征南军司"是郦道元在《水经注》中的直接记录，而"征南司马"则是《太平御览》引用南朝宋人盛弘之《荆州记》的内容。所以仅凭史料的早晚关系，似以《太平御览》的记录更为可信。[⑤] 然而事实上，从其他转引《荆州记》的文献来看，《太平御览》关于张詹职官的记录是颇让人怀疑的。如《艺文类聚》卷四十引《荆州记》载：

> 冠军县东有魏征南军司张詹墓，刻其碑背曰："白楸之棺，易朽之裳。铜铁不入，瓦器不藏。嗟矣后人，幸勿我伤。"至元嘉六年，民饥，始被发。金银朱漆之器，雕刻烂然。[⑥]

可见在以《荆州记》为基础史料的前提下，《艺文类聚》关于张詹职官的记载与《太平御览》不同，而与《水经注》保持了同一口径。这是什么原因呢？或许我们能从《荆州记》的流传过程找到一些线索。该书失传已久，值得注意的是《隋书·经籍志》载盛弘之撰

---

① （宋）李昉：《太平御览》卷五百五十一《礼仪部三十》，中华书局，1966，第 2496 页。

② （宋）李昉：《太平御览》卷五百八十九、卷七百八十七，中华书局，1966，第 2653、3405 页。

③ （唐）虞世南编撰《北堂书钞》卷七十九《设官部三十一》，中国书店，1989，第 289 页。

④ （南朝宋）范晔：《后汉书·顺帝纪》载，阳嘉元年，诏令郡国举孝廉，"限年四十以上"，然"若颜渊、子齐"，则可"不拘年齿"。中华书局，1965，第 261 页。

⑤ 目前对于《荆州记》的成书年代尚无定论，然《水经注》卷三十一载有"盛弘之著《荆州记》"之句，则其成书于《水经注》之前应无二议。第 490 页。

⑥ （唐）欧阳询：《艺文类聚》卷四十《礼部下》，上海古籍出版社，1982，第 731 页。

《荆州记》三卷，而《旧唐书·经籍志》《新唐书·艺文志》已不见记载，然则唐代修撰《隋书》时，《荆州记》尚有三卷流传于世，到宋代则完全散佚。就此而言，我们认为《艺文类聚》关于张詹职官的书写相较《太平御览》当更为可信，而后者将征南军司误写为征南司马正是在《荆州记》完全散佚的背景下出现的。因之，张詹所任职官应是魏征南军司。①

又，如上所述，张詹除任征南军司外，还曾应举孝廉。据考，汉魏举孝廉者多有担任中央或地方属官的经历。② 张詹的情况，因为文献阙然，我们不得详考。然由其曾任魏征南军司可知，其主官必是魏征南将军。查《三国志》，魏太和年间至西晋立国，曾任征南将军者有王昶、王基、司马懿，张詹的主官可能就是此三人之一。

查诸史料，"军司"一职，曹魏时称"军师"，西晋因避司马师讳方改称"军司"③。《通典·职官十一》即云："初，隗嚣军中尝置军师。至魏武帝，又置师官四人。晋避景帝讳，改为军司。"④ 现在的问题是，张詹是曹魏人，他的碑阴为何称"魏征南军司"？最好的解释是，张詹虽卒于曹魏，但墓碑很可能立于西晋，其所任官职原为"魏征南军师"，西晋因避司马师讳改作"征南军司"。

然而，无论曹魏还是西晋，为了遏制东汉以来的厚葬习俗，均实行严厉的禁碑政策。其得立碑者，大抵有两种情况：一种是朝廷直接下诏为大臣立碑，以示优礼；另一种是百姓或故吏上表请求为大臣立碑，朝廷降敕许之，以抚民望。⑤ 在此背景下，张詹之碑立于西晋无疑有着极为特殊的意义。

学者普遍认为，西晋初年，司马氏为打击曹魏残余势力，曾拉拢世家门阀，并大加封赏，张詹墓碑或许就是此背景下的产物。带着这种思考，我们再来观察张詹与司马氏可能存在的联系。据《三国志·张既传》注引《魏略》曰："（夏侯）儒，字俊林，夏侯尚从弟。初为鄢陵侯彰骁骑司马，宣王为征南将军，都督荆、豫州。"⑥《晋书·高祖宣帝纪》亦载："太和元年六月，天子诏帝屯于宛，加督荆、豫二州诸军事……四年，迁大将军。"⑦ 则司马懿担任征南将军当在太和元年至四年（227～230），与张詹举孝廉的时间存在微妙的重叠。不仅如此，其时司马懿屯居于宛，而宛为南阳郡治所在，故张詹在举孝廉后或即在宛任职，其间因受到司马懿赏识而被召为军师（军司）。如此看来，"魏征南军司"张詹极有可能就是司马懿任征南将军时的军师（军司）之一，故在西晋建国后享有

---

① 关于张詹所任职官的记载，自宋以后讹误颇多，所见至少有《太平御览》"征南司马"、《墨卿谈乘》"征南将军"和《全上古三代秦汉三国六朝文》"征东军司"三说。

② 黄留珠：《两汉孝廉制度考略》，《西北大学学报》（哲学社会科学版）1985年第4期。

③ 晋杜预、孔衍等均曾担任过征南军司一职。分见（唐）房玄龄等《晋书》卷三十四《杜预传》，中华书局，1974，第1028页；（唐）房玄龄等《晋书》卷九十一《孔衍传》，中华书局，1974，第2359页。

④ （唐）杜佑撰，王文锦等点校《通典》卷二十九《职官十一》，中华书局，1988，第804~805页。

⑤ 刘涛：《魏晋南朝的禁碑与立碑》，《故宫博物院院刊》2001年第3期。

⑥ （晋）陈寿：《三国志》卷十五《魏书·张既传》注引《魏略》，中华书局，1959，第477页。

⑦ （唐）房玄龄等：《晋书》卷一《高祖宣帝纪》，中华书局，1974，第5~6页。

立碑的"殊荣"。

另一个问题是，邓州石柱故吏的题名中还出现"议郎""尚书令史"等中央官职，推测在司马懿改职归京以后，张詹亦有可能随之一同前往并改于朝中任职，故有此等故吏。①此外，石柱题名所涉故吏的隶籍，除彭城隶属徐州外，余者均属当时的豫州，故其墓主与豫州应存在某种渊源。而史载司马懿在任征南将军时，兼都督荆、豫二州，故作为其军师（军司）之一的张詹对豫州亦当有所经略，那么其故吏、门生大多为豫州籍也就不足为奇了。

总而言之，通过对文献材料的梳理，我们认为邓州石柱对应的墓主极有可能就是魏征南军司张詹。张嘉谋先生虽早已意识到石柱可能与张詹有关，识见甚高，但未能以碑铭结合史书作有力之文证，略显遗憾。张詹石柱是目前发现的为数不多的曹魏石刻之一，因而显得尤为珍贵，为研究曹魏尤其是魏晋嬗代之际的丧葬文化提供了不可多得的实物资料。

附记：本文在写作过程中，得到业师王志高先生的悉心指导与帮助，特此致谢！

编辑：祁海宁

---

① 这里有个细节值得追究。关于张詹改任官职一事，概可分为两种情况：一是新官职的品阶小于原官职；二是新官职的品阶大于或等于原官职。以中古丧葬文化的常态而言，墓碑是彰显死者的"荣誉状"，因此就第一种情况下，张詹墓碑只书征南军司则无太大异议。然若是第二种情况，就不由得让人怀疑仅书征南军司，可能经过了一定的抉择。换言之，张詹碑铭的选择，或与其立碑的缘由相似，都具有一定的政治昭示意义。

赣州慈云寺塔出土白衣观音纸画发微

安 育

（兰州大学历史文化学院）

[摘要] 赣州慈云寺塔新出的白衣观音纸画（编号GZ-22）年代约在五代时期。画中观音风帽披搭两肩、手持数珠垂在体侧的造型与主流的江南式白衣观音有所不同。历数同时期和稍晚的西北、华北等地白衣观音造像，亦无GZ-22的直接来源。相反，在唐两京地区常见的"经典菩萨像"、持珠罗汉与持珠观音造像中却可窥见一隅。而唐以来的地藏、僧伽信仰或可影响此尊观音的装束。这就与江南式白衣观音持珠手势、装束分别源自弟子像、禅定僧像全然不同。GZ-22代表着在主流风格之外的发展潜流，是晚唐五代时期赣州地区观音造像实践中一次推陈出新的尝试。

[关键词] 赣州；慈云寺塔GZ-22；江南式白衣观音；五代北宋

一 慈云寺塔新出纸画 GZ-22 概述

2004年江西赣州慈云寺塔翻修之际，考古工作者在塔心内壁的暗龛中发现了白衣观音纸画GZ-22。连同其他纸画残件、抄经及雕塑等文物，经修复后收录在中国社会科学院考古研究所、赣州市博物馆所编《慈云祥光——赣州慈云寺塔发现北宋遗物》一书。GZ-22纸本设色，纵50.4厘米，横32厘米，左下角残损。画面主尊为右斜站立的白衣观音一躯，观音头戴簪花化佛冠，冠上笼以白纱披风，下覆至肩，内着黄襦，外罩低领阔袖青缘白衣，裙摆至足，腰间帛带在腹前系结，带端垂至足前，跣足立于祥云莲座之上。观音面相圆阔，细目长眉，额间白毫，朱唇。左臂举于身侧，屈指结安慰印。右手垂于腰际，指尖悬一挂珠串。顶悬宝盖，背光由圆形头光与椭圆形身光组成。菩萨左侧有一擎莲童子，着褐色包腹，腰束带，足蹬白袜，左手擎莲。菩萨右侧本有花冠女童，仅余头部（图一）。[①]

---

① 中国社会科学院考古研究所、赣州市博物馆编《慈云祥光——赣州慈云寺塔发现北宋遗物》，文物出版社，2019，第136~137页。

图一　慈云寺塔新出白衣观音纸画 GZ-22

据考证，这批瘗藏文物的整体年代在五代十国至北宋初年①，此尊菩萨着衣特征与山西五台山佛光寺大殿正中佛座须弥座东腰壁画托盂立女相似②，头顶华盖，其年代应当已晚至晚唐五代。

白衣观音有显密二系，后者在唐代已形成较完备的文本系统，本文所涉"白衣观音"多为唐宋之际汉地观音造像系统内部分衍的新式观音形象。姚崇新、于君方、齐庆媛、邓新航、赵晓星等学者的研究均不同程度地涉及白衣观音的信仰、分布、造像特征及其源流。③然而限于材料，不少区域性元素、风格的源流仍有待细化。这也是探究 GZ-22 白衣观音造型与年代的起点。

二　GZ-22 的区域溯源

初步形成于五代时期的江南式白衣观音，吸纳并融合了南北朝隋唐以来中原北方、川蜀等地的造像元素，形成了几大特征。即宝冠之上搭披风、披风 U 形垂至腹部、披风与外衣一体化表现、两手交叉于腹前并持数珠，数珠在母珠位置缀两排子弟珠饰作流苏。④ 年代约在天福七年（942）的杭州烟霞洞洞口右侧观音（下称"烟霞洞"）被视为江南式白衣观音造像新风的代表（图二）。烟霞洞与慈云寺塔 GZ-22 的白衣观音形象有着一定的共性，如冠上覆巾、手持数珠、跣足而立及背光形制等均可互通。然而分异之处也甚为明显。GZ-22 观音风帽披搭在两肩，与外衣分体。烟霞洞观音披风边缘自双鬓垂下与襟领连为一体，在胸前呈 U 形；前者双手分置身体两侧，右手持珠。后者右手持珠搭于左手之

① 钟芳华：《浅析赣州慈云寺塔瘗藏文物的纪年》，《南方文物》2022 年第 4 期。

② 罗哲文：《山西五台山佛光寺大殿发现唐、五代的题记和唐代壁画》，《文物》1965 年第 4 期。

③ 姚崇新：《白衣观音与送子观音——观音信仰本土化演进的个案观察》，载荣新江主编《唐研究》第十八卷，北京大学出版社，2012，第 257~261 页；于君方：《观音：菩萨中国化的演变》，商务印书馆，2012，第 253~267 页。齐庆媛：《江南式白衣观音造型分析》，《故宫博物院院刊》2014 年第 4 期；邓新航、龙红：《唐宋时期白衣观音图像在四大区域的发展与演变》，《南京艺术学院学报》（美术与设计）2019 年第 6 期；赵晓星：《敦煌晚期绘画中的"白衣观音"浅析》，载麦积山石窟艺术研究所编《石窟艺术研究》第四辑，文物出版社，2019，第 91~98 页。

④ 齐庆媛：《江南式白衣观音造型分析》，《故宫博物院院刊》2014 年第 4 期。

上，交叉于腹前。这些具体造型的细节，应当有着不同的渊源。

事实上，处于初创期的江南式白衣观音造像系统内部，也有着时代和区域间的差异。如四川仁寿牛角寨中唐时期第62龛的立姿白衣观音①仍为双手捧物举于胸的姿势，着所谓"披冠通肩式袈裟"在细观之下实为绕颈搭于肩后的覆头衣，与莫高窟285窟左壁西魏时期着圆领通肩田相袈裟的禅僧坐像②十分相似。那么，时至五代北宋，在"江南式"流行之外的北方地区，白衣观音的发展情况又是如何？是否存在 GZ-22 的源头？

图二　杭州烟霞洞白衣观音

（一）西北地区

出自敦煌藏经洞、现藏故宫博物院的《白衣观音像页》，是敦煌地区仅见的五代时期的白衣观音绢画。画幅纵52厘米，横55.2厘米。画面左侧为一尊白衣观音游戏坐于须弥座上，戴化佛冠，冠顶覆白巾披风，着白色田相袈裟，右手执柳枝，左手下垂提一净瓶，跣足踏于莲座，顶悬华盖，一大一小二圆组成背光。其右侧上方童子手捧花盆，乘驾祥云（图三）。与上述牛角寨第62龛的白衣观音对比可知：四川在中唐时期已经出现了立姿白衣观音，其覆头衣绕颈搭于肩后，颇具五代时期"披风与外衣一体化表现"的先兆；而敦煌地区则晚至五代仍为坐姿。直至回鹘时期，与坐姿并行发展的同时也开始出现立姿白衣观音，如莫高窟第399窟南北壁净土变下方绘持杨柳枝或莲枝的立姿白衣观音，此尊被认为是敦煌绘

图三　《白衣观音像页》

制时间最晚的一处。③ 然此认识或可商榷：在莫高窟元代第3窟西壁龛南壁上层④所绘的也应属白衣观音，只是冠上所罩头巾披风轻薄透明，似在若有若无之间（图四）。此尊元

---

① 邓新航、龙红：《唐宋时期白衣观音图像在四大区域的发展与演变》，《南京艺术学院学报》（美术与设计）2019 年第 6 期。

② 李裕群主编《中国美术全集：石窟寺雕塑》一，黄山书社，2010，第 28 页。

③ 赵晓星：《敦煌晚期绘画中的"白衣观音"浅析》，载麦积山石窟艺术研究所编《石窟艺术研究》第四辑，文物出版社，2019，第 96 页。

④ 敦煌研究院主编《敦煌石窟全集 2：尊像画卷》，商务印书馆，2002，第 150 页。

代观音身着白袍，披风长长垂坠，右手结印举于前胸，左臂环抱于腹前，为第 399 窟立姿观音的余绪。

　　然而，自回鹘时期的第 399 窟至元代第 3 窟，敦煌地区的白衣观音始终没有发展出手持数珠的造型。即使在北宋—回鹘时期的第 237、306、308、418 窟中，数例白衣观音以坐姿形态与弥勒净土、西方净土、药师经变组合出现①，也多作手持莲苞或结禅定印之姿。以第 308 窟西壁西夏时期的禅定姿白衣观音为例，观音身后背屏与搭于两肩的头巾一如五代《白衣观音像页》中的特征，然而主尊双手结禅定印置于腹前，低眉额首，身侧也未见擎莲童子，俨然为释迦禅定（图五）。

图四　莫高窟第 3 窟白衣观音

图五　莫高窟第 308 窟白衣观音

　　往西至高昌地区，在公元 11 世纪末至 14 世纪出现了具有白衣观音特征的送子观音像，观音"白色头巾与白衣浑然一体"，但其手托莲花，莲花之上绘童子。② 如此则河西及以西地区自五代至元末几乎不见手持数珠的白衣观音形象。而其无论是手持莲花、施禅定印，还是最终演变为送子观音，其间尽管不乏对中原北方邻近地区的借鉴学习，但整体而言仍是本地唐以降传统的赓续。

　　同样地，位于秦岭北麓的秦陇地区，有着承接南方造像风格的地理优势，却身处具有强大生命力的西北造像传统的笼罩之下。麦积山第 165 窟北宋白衣观音塑像已出现了披风

① 赵晓星：《敦煌晚期绘画中的"白衣观音"浅析》，载麦积山石窟艺术研究所编《石窟艺术研究》第四辑，文物出版社，2019，第 96 页。
② 陈爱峰：《高昌回鹘时期吐鲁番观音图像研究》，武汉大学博士学位论文，2018，第 39 页。

与外衣连为一体的特征，形似江南式白衣观音，但双手施禅定印垂于腹前，显然延续了西北观音像较为固定的体态特征（图六）。南渡以后，宋金在天水一带对峙胶着。刻于南宋嘉定十五年（1222）三月的《四川制置使捐田公据碑》[①] 表明天水辖属于南宋。而麦积山第 43 窟南宋淳熙二年（1175）墨书题记，展示了南宋麦积山所在的陇东南地区与湖北当阳玉泉禅寺间的联系[②]。在此背景下，江汉、川蜀地区对麦积山的持续影响未曾断绝，如麦积山第 4~5 龛正壁右侧的白衣观音像[③]，披风与外衣连体、在胸前呈 U 形垂坠，左手握右腕，交叉于腹前，几乎与杭州烟霞洞白衣观音无异。但即便如此，本应出现在观音叉手形象中的数珠也始终未见踪迹，体现出西北与南方风格在此地的激烈竞争。

图六　麦积山第 165 窟白衣观音

如前，敦煌自五代至元未能衍化出持数珠的白衣观音。然而，敦煌地区几例鲜见的手持数珠的菩萨形象，或对 GZ-22 的来源具有参鉴意义。一例为莫高窟第 205 窟西壁北侧盛唐时期的观音立像，另两例分别为敦煌出土晚唐五代图本《佛说十王经》（P.2003）卷首《六菩萨图》（下称 P.2003）、藏于德里中亚博物馆的《四菩萨图》[④]（下称"德里本"）。莫高窟第 205 窟绘观音左手持净瓶置于胸前，右手捻数珠垂在体侧，作递与女供养人状[⑤]（图七）。德里本绘四尊菩萨，下侧二尊为对坐的金刚手菩萨、莲花手菩萨。上侧则为两尊对站于莲台上的立姿菩萨，宝冠、披帛、璎珞、臂钏等俱全，与唐以来中原汉地常见的菩萨像无异。P.2003 画面左上角持数珠菩萨与德里本上层二菩萨造型形似（图八）。连同慈云寺塔 GZ-22 白衣观音，这四例盛唐至五代的菩萨均为手持数珠、垂于身侧。可以明确的是，莫高窟 205 窟、德里本和 P.2003 所绘持数珠菩萨都并非白衣观音。但这启发我们，一手持珠垂在身侧的造型在晚唐五代时期已出现在敦煌地区，这种有别于叉手持珠、置于腹前的造型很可能来源于唐两京地区。

① 碑文载开禧兵火以后，四川制置使司判准予退还麦积山瑞应、胜仙二寺拘作屯田的湫池一事。参见冯国瑞著，张克源、冯晨校注《麦积山石窟志校注》，中国文史出版社，2015，第 46 页。
② 张铭：《两宋时期麦积山与南方佛教交流——从第 43 窟宋代题记谈起》，《敦煌学辑刊》2017 年第 1 期。
③ 齐庆媛：《江南式白衣观音造型分析》，《故宫博物院院刊》2014 年第 4 期。
④ 〔日〕松本荣一著，林保尧、赵声良、李梅译《敦煌画研究》下，浙江大学出版社，2019，第 318 页。
⑤ 王惠民通过文图对证认为此尊观音为密教十一面观音的化身，即施宝观音。由于并非白衣观音，在此不对其宗派属性做出辨析。参见王惠民《莫高窟第 205 窟施宝观音与施甘露观音图像考释》，《敦煌学辑刊》2010 年第 1 期。

图七　莫高窟第 205 窟施宝菩萨

图八　敦煌《佛说十王经》P. 2003 图赞《六菩萨图》

要之，时至五代宋元，以河西、陇东南为代表的西北地区在北方中原及川蜀等地的影响下渐次出现了白衣观音造像艺术。就目前资料所见，敦煌五代时期《白衣观音像页》绢画为本区最早的白衣观音形象，延续了唐以来两京、敦煌等地流行的水月观音的表现传统，以坐姿、头巾分搭于肩为主要特征，并为后来归义军、回鹘及西夏时期所继承。沙州回鹘时期是敦煌受到外来白衣观音影响的关键时期，最大的变化是首次出现了立姿白衣观音，并延续至元代石窟。高昌地区在略晚于回鹘时期出现了立姿观音，以融合了白衣观音特征的送子观音形象出现，持续至元代末期。相比之下，陇东南的天水地区深受南方影响。现存宋代二例均为立姿，而"披风 U 形垂至腹部、披风与外衣一体化表现"之成熟已与江南式白衣观音无异。较之敦煌，麦积山造像最大特征在于其"立姿""披风与外衣一体化"，显然是受地理位置影响。然而通观西北地区，尽管在唐五代时期已有单手持珠、垂于体侧的菩萨形象，但始终未能演化出手持数珠的白衣观音。表明西北固有的造像传统优势依旧，未受到南方风格的强劲冲击，因而也是"西北式白衣观音"有别于南方的最大特征。

（二）华北地区

"披风与外衣一体化"是江南式白衣观音的重要特征之一。但披风与外衣分体、覆搭于两肩的装束除流行敦煌等地外，在南方也非仅慈云寺塔 GZ-22 一件孤例。苏州虎丘云岩寺塔塔宫发现的观音檀龛主尊观音亦属此类。檀龛观音头戴罩有披巾的化佛冠，披巾搭在两肩，右手在上，左手在下，与胸前共持一挂长数珠（图九）。云岩寺塔修建年代在后

周显德六年（959）至北宋建隆二年（961），龛像年代被
认为在晚唐五代时期。

在北方中原的广大地区，更为常见的是披风搭在两
肩、自肩部垂坠为外衣。山西灵丘县觉山寺塔底层南门洞
内东侧绘有一躯白衣观音，与普贤、文殊及地藏构成四菩
萨组合，分列前后门洞左右。观音头戴宝冠，罩以白色风
帽，风帽披搭两肩，内着黑色僧祇支，胸配璎珞。额间白
毫，唇上可见黛色胡须，双目下视，神态安详。右手以指
拈一莲蓬，左手执净瓶（图十）。建于辽大安六年
（1090）的觉山寺塔属辽西京道蔚州，距辽西京大同府不
远，代表着辽代中晚期白衣观音的典型风貌。

辽太宗耶律德光引白衣观音以为家神是辽代佛教史中
的重要事件。学界所述辽初白衣观音信仰必言及《辽史·
地理志》：

图九　苏州虎丘云岩寺塔观音檀龛

> 兴王寺，有白衣观音像。太宗援石
> 晋主中国，自潞州回，入幽州，幸大悲
> 阁，指此像曰："我梦神人令送石郎为
> 中国帝，即此也。"因移木叶山，建庙，
> 春秋告赛，尊为家神。兴军必告之，乃
> 合符传箭于诸部。①

耶律德光所梦的白衣观音为"戴花冠"
"衣白衣、佩金带、执骨朵"的神人形象。②
除觉山寺塔壁画外，现存辽代白衣观音多为
立体的金铜造像。张金颖《辽代金铜白衣观
音造像小析》公布了 11 例国内外公私收藏
的辽代金铜白衣观音造像③，其中仅有 2 例
跏趺坐，余下 9 例均为立姿观音，是本区有
别于西北白衣观音的最大特征。辽太祖曾亲
征回鹘，"次古回鹘城，勒石纪功"。开泰九

图十　山西灵丘觉山寺塔白衣观音

①　（元）脱脱等：《辽史》卷三十七《地理志一》，中华书局，1974，第 446 页。
②　（宋）叶隆礼：《契丹国志》卷二《太宗嗣圣皇帝上》，上海古籍出版社，1985，第 25 页。
③　张金颖：《辽代金铜白衣观音造像小析》，《文物天地》2019 年第 12 期。

年（1020）秋九月乙亥又有"沙州回鹘敦煌郡王曹顺遣使来贡"。上述莫高窟 399 窟立姿白衣观音的出现可能与此时期辽与回鹘的朝贡关系有关，此为后话。

以是否手持数珠、披风与外衣是否一体化表现观之，则这 11 例辽代白衣观音持数珠者亦不甚多，仅有故宫博物院和美国纳尔逊—阿特金斯博物馆收藏的两例铜镀金造像，均为双手交叉于前，一手持珠。其余 7 例为手托执莲蕾形象（图十一）。这些金铜造像与山西觉山寺塔壁画中的执莲观音一同代表着辽代白衣观音的主流样式，即耶律德光梦中所见的"执骨朵"神人。值得注意的是，藏于旧金山亚洲艺术博物馆的观音采取左手握右腕交叉于腹前这一南方式造型，只是手中数珠已被莲蕾所替代。辽代有"铁骨朵之法"①、《宋史》载"民间毋得乘檐子，及以银骨朵、水罐引喝随行"②。"执骨朵"本身就是执权力、专刑杀的象征，太宗误将"莲蓬"当作"骨朵"，虽是谬识，却非无由。回到这 9 例立姿观音，除藏于首都博物馆的一件托莲观音为通肩式袈裟，其余均为披风搭覆两肩，自然垂下，形成"披风式外衣"。可以将此类披风视为南方风格（即披风与外衣合体、在胸前呈U 形）与西北风格的结合。而在更晚的金代，即使江南式的 U 形衣领已深入影响到东北地区，分体的披风式的外衣仍保留了下来（图十二）。以此观之，则莫高窟元代第 3 窟、麦积山 165 窟白衣观音披风披搭两肩的装束很可能是华北风格影响下的产物。

图十一 故宫博物院藏辽代铜鎏金白衣观音　　　图十二 吉林省敦化市数字博物馆藏金代白衣观音
资料来源：故宫博物院数字文物库。　　　　　　　资料来源："博物中国"官网。

综上，华北地区的白衣观音有以下特征。第一，多为立姿，受唐两京地区水月观音坐

---

① （元）脱脱等：《辽史》卷六十一《刑法志上》，中华书局，1974，第 936 页。
② （元）脱脱等：《宋史》卷一百五十三《舆服志》，中华书局，1977，第 3576 页。

姿像影响较小。而是否采取立姿、披风与外衣是否合体则是区分华北北部与西北的关键标识。在辽与回鹘、西夏的交往中，存在着立姿观音向西传播的可能；第二，观音手中多执莲蕾，在南方风格波及下也不乏个别手持数珠的形象；第三，从装束来看，未见披风和外衣分体的情况，而是披风在两肩覆搭，长垂身后以充外衣之用。与前述西北地区相比，手持数珠形象较少是二者的共有特征，也是南北白衣观音造像系统最显著的区别。

当然，西北与华北地区在江南风格的强烈影响下，也各自出现了新式造型：西北东缘的麦积山以披风与外衣合体表现、出现U形垂纹为新特征。华北则以双手交叉持数珠为代表。慈云寺塔GZ-22某些特征表现出与敦煌、华北等地的相似性，然而这些特征并非直接关联。因此，自五代向前至唐代观音造像中寻找来源就十分必要了。

三 GZ-22 的历时性溯源

(一) 手势与体态

通过梳理北方白衣观音的区域差异，江南式白衣观音的细节特征得以进一步凸显。慈云寺塔GZ-22观音右手持数珠、垂在身侧这一造型几乎不见于五代宋初的江南式白衣观音形象中，其披风覆搭两肩、与外衣分体的装束在南方也并不多见。相反，在敦煌壁画和藏经洞出土的纸画中却屡见其例。古虔州迫近岭南，敦煌孤悬西陲，二者间的联系实难建立。这就使我们的视野不由移至更早的唐代两京地区。

事实上，一手下垂执净瓶，一手举于胸侧施印或执莲的造型在北朝以降立姿菩萨造像中十分常见。如龙门石窟唐麟德二年（665）袁弘勖洞西壁四小龛造像下层的两尊菩萨：菩萨面目漫漶，躯体各向一侧扭动，呈优美的S形曲线，一手举在胸侧似施与愿印，一手持净瓶，垂在体侧。这种双手一高一低、一伸一垂的手势配合S形体姿，凸显了菩萨造像轻盈舒展的特征（图十三）。再如唐长安七宝台石刻中的十一面观音也为这类"垂举结合"手势的代表，只是上举的一手或持印或持莲，下垂的一手或提帛或提净瓶。[①] 唐代两京地区的菩萨像多颈戴项圈、肩披帔帛、上身赤裸，下身着长裙。常青指出，身姿婀娜、曲线优美的菩萨像

图十三　龙门石窟袁弘勖洞西壁菩萨造像龛

---

① 白文：《唐代长安七宝台石刻的十一面观音图像与观念》，《文物世界》2017年第2期。

是唐两京地区的共同特征。① 来自两京的菩萨造型西出长安,南下巴蜀、江南,影响遍及全国,此不详述。由于分布广泛、历史延续性强,不妨将此类一手上举、一手下垂且身姿呈 S 形菩萨像冠以"经典菩萨像"之名。

至此,就手势而言,从"经典菩萨像"发展至江南式白衣观音有着两条演变路径:慈云寺塔 GZ-22 属于"经典菩萨像"新增持数珠元素后的新式造型。更精确地讲,是赣州地区六朝隋唐旧有的"经典菩萨像",融合了白衣观音手持数珠这一新要素之后的产物。这种造型与双手交叉持珠的江南式白衣观音相比,保留了更多"经典菩萨像"的传统元素。② 五代时期,江南式白衣观音造像系统处于激烈融合时期,其中多数独辟蹊径选择了双手交叉的持珠弟子这一造像来源,与 GZ-22 因袭"经典菩萨像"相比,体现出观音造像创新实践中的激进性。

(二) 数珠的持握方式

洛阳、巴中等地早在唐代就已经出现双手交叉持珠的弟子像。李翎推测大足、安岳地区突然出现的数珠手观音像,或许与流行湿婆信仰的印度东北部大量存在的所谓密教观音造像有关。③ 但如果仔细观察大足、安岳的 15 例数珠手观音的年代分布④,可以发现五代时期仅有大足北山佛湾第 227 窟地藏观音窟一例。而第二例则为晚至一个多世纪之后的政和六年 (1116) 第 180 窟,其年代已足以与南宋陡然增多的数珠手观音相衔接,此尊观音头戴宝冠,璎珞繁丽,密教特征明显,应与第 227 窟所谓"数珠手观音"分属不同系统,也即第 227 窟属于白衣观音而非数珠手观音。

一般认为数珠手观音受到了白衣观音手持数珠造型的影响。尽管密教中亦有不少持珠的观音形象,如出自敦煌、现藏大英博物馆大顺三年 (892) 的绢画观音即左手持珠搭于左膝,但尚不能以此得出密宗持珠观音早于汉地显教持珠观音的论断,更不能以单手或双手持珠简单对应显密二教。龙门石窟刻于武周至玄宗时期的看经寺商那和修尊者像即为一手持珠的形象 (图十四),此非密宗系统。同样以看经寺为例,优婆毱多尊者左手捻数珠,右手贴腹。⑤ 而弟子像也未必全为立姿叉手持珠:如安阳灵泉寺"贞观廿二年"岚峰山 42 号塔龛,龛内为一小比丘结跏趺坐,右手挂数珠,双手扶于半圆形凭几 (图十五)⑥。藏经洞所出 Ch.00145⑦ 画一高僧坐于席上,身后树权间挂一珠串及布囊,串上含珠 21 粒

① 常青:《长安与洛阳:五至九世纪两京佛教艺术研究》下,文物出版社,2020,第 401、408、566、582 页。

② 丁明夷主编《中国石窟雕塑全集·10·南方八省》,赣州通天岩石窟一躯晚唐五代 (从沈从文、丁明夷等之说) 立姿合掌观音石刻,身着半臂,项圈、臂钏、璎珞俱全,腰间系带,跣足,虽非"经典菩萨像",但其装束特征深受唐两京风格影响。重庆出版社,2000,第 175 页。

③ 李翎:《数珠与菩提:佛教数珠的使用》,《敦煌学辑刊》2021 年第 3 期,第 128 页。

④ 李小强、廖顺勇:《大足、安岳石刻数珠手观音造像考察》,《四川文物》2018 年第 1 期。

⑤ 温玉成主编《中国石窟雕塑全集·4·龙门》图版二一一,重庆出版社,2001,第 203 页。

⑥ 河南省古代建筑保护研究所:《宝山灵泉寺》,河南人民出版社,1991,第 44 页

⑦ Aurel Stein, *The Thousand Buddhas: Ancient Buddhist Paintings from the Cave-Temples of Tun-huang on the Western Frontier of China*, London: Bernard Quaritch Ltd, 1921, p. 47.

（图十六）。斯坦因、松本荣一注意到了该画的汉地风格①。与莫高窟唐大中五年至咸通三年间（851~862）的第 17 窟壁画对比，Ch.00145 中的布囊与洪昚身后挂于树杈的布囊形制形似，其年代也应在中晚唐时期。

图十四　龙门石窟看经寺商那　　　　　图十五　安阳灵泉寺岚峰山 42 号塔龛
和修尊者像

由此可见，南北朝隋唐时期的持珠方式多样，菩萨、罗汉、高僧、弟子均可持珠，持珠姿势也与不独与显密对应。而真正影响到江南式白衣观音的主要仍是洛阳地区流行的叉手持珠弟子像。单手持珠、垂于身侧的慈云寺塔 GZ-22，显然为主流样式之外的另一条演变路径，其源头可能为唐或更早的持珠罗汉或菩萨。

（三）风帽与外衣分体的来源蠡测

风帽披搭两肩是 GZ-22 及虎丘云岩寺塔檀龛观音的共有特征，也是此二例"南方"造像有别于江南式白衣观音的显著特征。从前所述，这种装束在敦煌地区白衣观音中十分常见，华北地区则在江

图十六　藏经洞高僧坐像 Ch.00145

① 〔日〕松本荣一著，林保尧、赵声良、李梅译《敦煌画研究》上，浙江大学出版社，2019，第 301 页。

南风格影响下将风帽向下延长成一种用作外衣的披风。学界主流观点认为，白衣观音的主要特征"披冠通肩式袈裟""披风与外衣一体化表现"肇始于南北朝时期着覆头衣的禅定僧。[1] 而慈云寺塔、云岩寺塔观音的披肩风帽则显然与衣帽连体的覆头衣有着不同的来源。《慈云祥光》中，与 GZ-22 同出的木雕 GM-10 由于头披风帽而被命名为"地藏菩萨"（图十七）。然而，头戴披肩风帽不仅常见于唐宋时期的地藏菩萨装束，也是此时期流行于南北各地的僧伽和尚的代表性装束（图十八）。徐苹芳先生指出头戴风帽是僧伽形象从高僧向神僧转变的标志性特征[2]，郑式也认为头戴风帽与观音化现是僧伽和尚"佛化"的两种表现形式[3]。即风帽具有僧人"佛化"的象征意义。检阅五代至宋的史料，不仅丛林有此风尚，头戴"僧伽帽"也为帝王所偏爱。宋初庐陵人龙衮《江南野史》载南唐后主李煜退朝后，"与后顶僧伽帽、衣袈裟、转诵佛书，手不暂释"[4]。《三朝北盟会编》载金太宗"所坐若今之讲座者，施重茵，头裹皂头巾，带后垂，若今之僧伽帽者"[5]。

图十七　慈云寺塔木雕 GM-10

图十八　重庆大足北山石窟第 177 窟北宋泗州僧伽像

在四川等地，常见观音与地藏共龛，如大足北山佛湾 277 龛五代观音与地藏窟，表现净土与地藏信仰的结合。而僧伽又被视作观音的化身，《宋高僧传》中载僧伽传记《唐泗

① 齐庆媛：《江南式白衣观音造型分析》，《故宫博物院院刊》2014 年第 4 期；邓新航：《唐宋时期巴蜀观音图像研究》，东南大学博士学位论文，2019，第 301 页。
② 徐苹芳：《僧伽造像的发现和僧伽崇拜》，《文物》1996 年第 5 期，第 56 页。
③ 郑式：《佛装与佛化——中古时期泗州僧伽信仰与图像的在地化》，《中国国家博物馆馆刊》2016 年第 12 期。
④ 龙衮：《江南野史》，民国十年南昌豫章丛书局刊豫章丛书本，第 57 页。
⑤ 徐梦莘撰，王德毅点校《三朝北盟会编》卷二十《政宣上帙二十·起宣和七年正月二十日尽其日》，大化书局，1977，第 194 页。

州普光王寺僧伽传》云：因问万回师曰："彼僧伽者何人也？"对曰："观音菩萨化身也。"①
如此则可作大胆推测，在地藏、僧伽信仰流行的同时，人们将地藏、僧伽常戴的风帽与观音配置，强化观音的佛性。而 GZ-22 观音佩戴风帽又与江南式白衣观音"披冠通肩式袈裟"或"披风与外衣一体化"殊途同归，人们也将之视为江南式白衣观音的"地方类型"，却不知这也是通过重组旧元素来迎合主流式样的一种尝试。

结　语

慈云寺塔新出白衣观音纸画 GZ-22 是古虔州地区观音信仰的体现。在五代宋初江南式白衣观音形象初步成形之际，GZ-22 白衣观音冠罩分体风帽，一手结印、一手持珠垂于体侧的造型，代表着主流造像系统之外的潜流。而这些特征可以在唐代两京及其影响下的敦煌地区找到源头。

五代至北宋时期，尽管北方自西至东均不同程度地受到江南式白衣观音的影响，但在诸多小区域内也形成了各自的地方特征。西北地区保留了本地隋唐以来的传统，表现出一定的稳定性和封闭性；华北地区特别是辽境内由于统治者推崇，在适当接受南方风格的同时也继承了唐以来华北的造像特征。在此基础上着力创新，发展出手持莲蕾、形似"执骨朵神人"的"家神化"的白衣观音。在辽与西夏、回鹘的东西外交中，立姿白衣观音被带入敦煌等地，影响持续至蒙元时期。但北方白衣观音显然是以本地传统为主，适当接受北上的"江南式"风格，这些特征都并非 GZ-22 的直接来源。

通过追溯唐两京地区的造像传统，可以发现，GZ-22 观音的双手姿势因袭了南北朝隋唐以来常见的"经典菩萨像"。并从北方中原的罗汉、观音造像中吸收了单手持珠、垂于体侧的造型。考虑到唐宋时期地藏和观音信仰并行，泗州僧伽、宝志等神僧也常被视为观音的化身，不排除 GZ-22 从戴风帽地藏和僧伽造像中得到启发，采取了与外衣分体的披肩风帽装束。这样一来，GZ-22 就与从弟子像处继承双手交叉持珠、从禅定僧像处继承披风外衣一体化的江南式白衣观音表现出全然不同的渊源，反映了赣州地区的画师在学习作为主流的江南式白衣观音的同时，不盲从时风；善于立足经典，推动旧有样式的创造性转化；也体现出赣州地区白衣观音造像的特殊性和创新性。

编辑：韩茗

---

① （宋）赞宁撰，范祥雍点校《宋高僧传》卷十八《唐泗州普光王寺僧伽传》，中华书局，1987，第449页。

南京秦淮区石门坎宋墓出土陶瓷枕及相关问题[*]

王 妮 苏 舒

（南京市考古研究院）

[摘要] 2018 年 10 月至 2019 年 10 月，南京市考古研究院在秦淮区石门坎清理宋代墓葬 600 余座，出土了丰富的随葬品。其中，陶瓷枕以陶枕居多，瓷枕均出自吉州窑，时代为南宋，这在南京以往的考古工作中较少发现，为研究南京宋代生活史提供了新材料。

[关键词] 南京；石门坎；宋墓；陶瓷枕

石门坎装饰大世界危旧房城中村改造及环境整治工程项目地块位于南京市秦淮区，东至紫金西路，南至光华路，西至御道街，北至护城河。2018 年 10 月至 2019 年 10 月，南京市考古研究院对该地块开展考古勘探、发掘工作，共发现汉至明清墓葬 858 座、窑 3 座、井 2 座。其中宋代墓葬数量最多，达 600 余座，均为竖穴土坑墓。随葬品质地有陶、瓷、铜、琉璃、石、银、木等。其中保存较好的陶瓷枕有 30 余件，以陶枕居多。现将这批材料介绍如下。

一 石门坎出土的瓷枕

石门坎宋墓共出土瓷枕 7 件，按釉色分为两类。一类为绿釉瓷枕，5 件；另一类为白地褐彩瓷枕，2 件。从形制上看，分为如意形和长方形两类。

绿釉瓷枕均呈如意形，前低后高，中间微凹，中空。枕面开光内刻蕉叶或花卉，外绕如意形边框，形成如意形开光，线条流畅，布局均衡。枕墙散缀压印断点圆圈纹。瓷枕腰部有排气孔，一端有支烧痕，施绿釉，局部剥釉，枕底露灰白色胎。M565：3，枕面呈如意形，刻蕉叶纹，长 25.4 厘米、宽 17 厘米、高 8.6 厘米（图一）。剩下 4 件枕面饰花卉纹。M380：2，长 25 厘米、宽 19 厘米、高 8.6 厘米（图二）。

---

* 本文为江苏省第五期"333 工程"科研资助项目"南京石门坎古墓群考古发现与研究"阶段性成果。

图一　绿釉瓷枕 （M565：3）

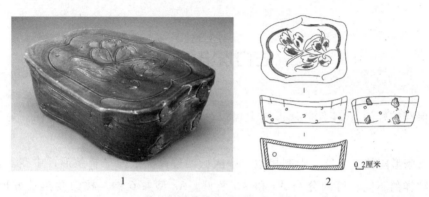

图二　绿釉瓷枕 （M380：2）

白地褐彩束腰瓷枕，枕体修长，共 2 件，形制相似，长方形，呈束腰形，内空。胎质坚硬。枕的四面内曲呈弧形内凹，六面相交处均绘褐彩宽边，形成六个开光。分别饰花卉纹、卷草纹、水浪纹等。短面一端开有圆形孔。M748：2，枕面枕侧开光内分别绘水波纹、梅竹菊纹，两侧立面略呈方形，绘兰花纹，长 24.4 厘米、宽 11.6 厘米、高 10.4 厘米（图三）。M694：2，枕面枕侧开光内分别绘菱形锦地花卉纹、卷草纹，两侧立面近方形，绘菊花纹，长 24.8 厘米、宽 12 厘米、高 12 厘米（图四）。

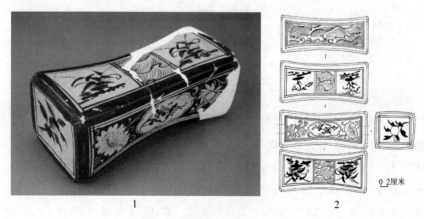

图三　褐彩瓷枕 （M748：2）

图四　褐彩瓷枕（M694：2）

二　石门坎出土的陶枕

陶枕保存较好的有 24 件。从形制上可以分为两类：一类为长条形陶枕，另一类是如意形陶枕。

A 型长条形陶枕共 7 件。形制相似，中间低两边高，平面呈长条形，中空。根据陶枕侧面装饰纹样的不同，可划分为 Aa 和 Ab 两型。Aa 型共 6 件。枕面委角长方形，素面，枕侧立面长面为水波纹和波涛纹，两侧短面立面为卷草纹。M206：2，长 26 厘米、宽 10.6 厘米、高 9 厘米（图五）。Ab 型 1 件。枕面为素面，枕侧立面长面为花草纹，两侧短面立面为卷草纹。M384：1，长 23.6 厘米、宽 10 厘米、高 9 厘米（图六）。

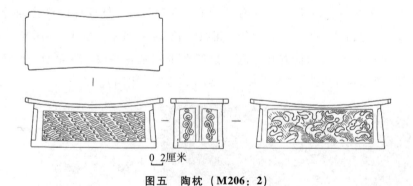

图五　陶枕（M206：2）

B 型如意形陶枕共 17 件。形制相似，前低后高，平面呈如意形，中空。枕面为素面，纹饰主要集中在枕侧立面。根据陶枕侧面装饰纹样的不同，可划分为 Ba、Bb、Bc、Bd 四型。Ba 型共 4 件。枕前侧为菱形锦地纹，后侧为套环纹，中间为云纹。M221：3，长 26厘米、宽 6.6 厘米、高 10.2 厘米（图七）。Bb 型共 2 件。枕前侧为兽纹，后侧为套环纹，中间为云纹。M268：2，长 23.8 厘米、宽 17 厘米、高 10.4 厘米（图八）。Bc 型 1 件。枕

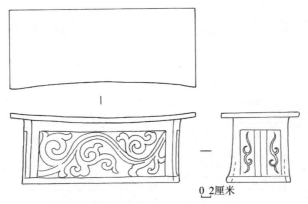

图六　陶枕（M384：1）

前侧为花卉纹，后侧为套环纹，中间为云纹。M716：2，长25.6厘米、宽15.8厘米、高9.8厘米（图九）。Bd型共10件。枕前后侧均为花卉纹。M427：1，长23厘米、宽15.4厘米、高10厘米（图十）。

图七　陶枕（M221：3）

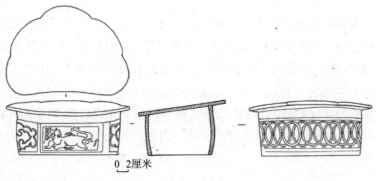

图八　陶枕（M268：2）

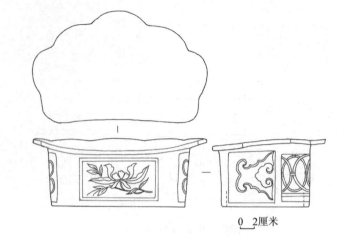

0　2厘米

图九　陶枕（M716：2）

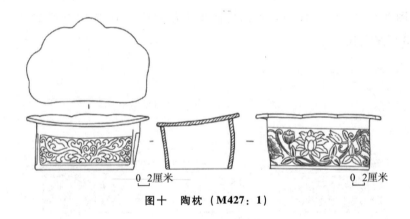

0　2厘米　　　　　　　0　2厘米

图十　陶枕（M427：1）

三　石门坎出土陶瓷枕的年代与产地分析

本次石门坎宋墓群发现的瓷枕，按釉色分为绿釉瓷枕、白地褐彩瓷枕两类。

绿釉瓷枕在安徽、江西等地也有发现，比如江西省樟树市临江镇寒山南宋淳熙年间（1174~1189）墓葬出土的绿釉"陈家印置"款蕉叶纹如意形枕①，江西省吉水县金滩乡南宋张宣义墓出土的绿釉"刘家印号"款蕉叶纹如意形枕②。张宣义墓出青石质地券，记载张宣义死于嘉熙元年（1237），宝祐二年（1254）改葬于此。发掘者推断此枕的下限可以上溯到死者入殓的嘉熙元年。除墓葬出土外，窑址也出土有此类器物，如江西省博物馆

---

① 彭明瀚编著《雅俗之间：吉州窑》，文物出版社，2007，第191页；黄冬梅：《江西清江出土的几件吉州窑瓷器》，《文物》1987年第5期。

② 彭明瀚编著《雅俗之间：吉州窑》，文物出版社，2007，第198页；陈定荣：《江西吉水纪年宋墓出土文物》，《文物》1987年第2期。

藏吉安县永和窑址出土的南宋绿釉蕉叶纹如意形枕①。白地褐彩瓷枕在南京也有出土，如1974 年在江宁出土一件元代吉州窑瓷枕②，瓷枕的两面书写宋词，一面为《相思引》，一面为《隔浦莲》。相邻的镇江也有南宋吉州窑白地褐彩凤穿牡丹纹瓷枕、南宋吉州窑白地褐彩划花纹瓷枕出土。③ 与 M694 出土瓷枕相似的有安徽博物院收藏的一件由安徽省文物商店征集的南宋白地褐彩水浪卷草纹枕。④ 安徽当涂宋墓出土的长束腰褐彩瓷枕⑤，枕四面在褐色线条框内饰波浪纹，两面对称，两个端面各饰一朵形状相同的菊花。2006 年吉州窑永和中心小学窑址也出土了类似的瓷枕。⑥

对比以上相似材料，可以推断本次发现的两类瓷枕应为吉州窑产品，在墓葬和吉州窑窑址均有发现，年代主要是南宋时期。吉州窑位于江西吉安永和镇，因烧造地点在永和镇，也称"永和窑"。永和窑创烧于晚唐五代，发展于北宋，南宋时期达到鼎盛，元代后期趋向衰落，是宋元时期最具代表性、装饰题材最为丰富和最富有创造力的综合性窑场。⑦烧造品种繁多，特色鲜明，产品不仅广销于南方地区，也见于北方地区，还行销到日本、朝鲜半岛、东南亚等海外地区。⑧ 以黑褐釉瓷著称，其中以剪纸贴花、木叶、玳瑁、彩绘等装饰最有特色。南宋至元时期，吉州窑褐花喜用开光奔鹿图案，以及通体描绘卷草、波浪、莲瓣、龟背锦等花纹，不同于北方产品。约从北宋中晚期开始，吉州窑出现绿、酱黄等低温色釉品种的产品。这类瓷器以枕为多。其中变体如意形、束腰形等，可看出北方瓷器的影响。⑨ 由此可见，本次发现的两类瓷枕都属于吉州窑南宋时期较为典型的瓷枕类型，其上装饰的纹饰也是当时常用的纹饰。

本次石门坎宋墓出土的陶瓷遗物中，除了陶瓷枕外，还发现了黑釉罐、黑釉盏等瓷器。对比吉州窑遗址出土瓷器⑩，可以推断这些瓷器出自吉州窑。

近年来，南京市在配合基建的考古发掘工作中，发现有宋代吉州窑遗物。如石子岗南宋早期墓葬出土吉州窑黑釉梅瓶，2006 年中华门工地出土吉州窑鹤鹿纹执壶等⑪，1993 年南京市太新路宋墓出土的吉州窑黑釉盏⑫。

陶枕出现时间较早，起源于隋唐。不带釉的陶枕在以往南京地区宋墓和遗址中较为少

① 彭明瀚编著《雅俗之间：吉州窑》，文物出版社，2007，第 192 页。
② 李蔚然：《南京出土吉州窑瓷枕》，《文物》1977 年第 1 期。
③ 刘丽文：《玉枕纱厨 消暑佳品——镇江出土唐宋瓷枕赏析》，《东方收藏》2013 年第 6 期。
④ 刘东：《安徽博物院收藏的唐宋时期陶瓷枕》，《文物天地》2023 年第 5 期。
⑤ 王俊主编《马鞍山文物聚珍》，文物出版社，2006，第 155 页。
⑥ 江西省文物考古研究院编著《吉简吉美——吉州窑遗址出土瓷器集萃》，文物出版社，2020，第 222 页。
⑦ 江西省文物考古研究院编著《吉简吉美——吉州窑遗址出土瓷器集萃》，文物出版社，2020，第 8 页。
⑧ 李增辉：《宋元瓷枕研究》，中国人民大学硕士学位论文，2013，第 46 页。
⑨ 刘涛：《宋辽金纪年瓷器》，文物出版社，2004，第 115~116 页。
⑩ 江西省文物考古研究院编著《吉简吉美——吉州窑遗址出土瓷器集萃》，文物出版社，2020，第 148、153、165、169 页。
⑪ 龚巨平：《南京石子岗宋墓出土吉州窑梅瓶》，载南京市博物馆编著《南京文物考古新发现》第 3 辑，文物出版社，2014，第 142~145 页。
⑫ 南京市博物馆：《南京市太新路宋墓发掘简报》，《东南文化》2011 年第 6 期。

见，此次发现是南京地区首次集中出土。枕面为素面，装饰纹样在侧面，有水波纹、花卉纹、套环纹等。可能参照瓷枕形制，装饰纹饰是宋代较为流行的纹饰，烧造温度不高，质地较脆弱，陶制纹样时间长会逐渐变模糊，不便于长途运输。整体风格较为统一，推测可能是当地烧造，专门作为随葬品用于普通百姓墓葬。石门坎宋墓除了出土陶瓷枕外，还有少量木枕，造型均较为简单朴素。

四　从出土陶瓷枕看宋代南京的平民生活与审美

考古出土较早的枕时代是战国中期，材质为竹、木和陶。[1] 宋辽金时期陶瓷枕发展至鼎盛期，明清时期这类产品逐步退出历史舞台。作为一种与日常生活息息相关的用品，它的兴盛，与唐宋陶瓷业的繁荣息息相关，也与唐宋时期相对稳定的社会环境和市民文化的发展有着密不可分的关系。陈寅恪先生有言："华夏民族之文化，历数千载之演进，造极于赵宋之世。"无论是日常使用还是作为随葬品，都代表一个时代大众的个性审美、生活习性、流行趋势和美好愿望。陶瓷枕造型多样，有长方形、多角形、圆形、椭圆形、腰圆形、如意形、银锭形、扇形等。[2] 装饰手法有刻花、划花、剔花、印花、绘画、雕塑等。纹饰有花卉、草叶、水波、鱼、禽鸟、人物、诗文、几何图案等。陶瓷枕上多施釉，釉色有绿釉、黑彩、褐彩等。烧造窑口南北均有，有磁州窑、耀州窑、定窑、越窑、吉州窑、景德镇窑等。造型和装饰与其窑口和所处时代有着直接关系。

枕是卧具，有学者将宋元陶瓷枕分为两类，即生活用枕和丧葬用枕。生活用枕根据其用途的不同，分为睡枕、脉枕和腕枕。[3] 本次出土瓷枕多放置在墓主的头部位置，推测可能为丧葬用枕。本次陶瓷枕上装饰的花卉、卷草、波浪等纹饰也是宋代十分常见的纹样，在其他器物上也较为常见。

石门坎宋代墓葬共 600 余座，其中仅有一座纪年墓，出土有纪年的木质买地券[4]，年代为南宋嘉定年间。本次发现的瓷枕形制是南宋吉州窑较为典型的器型，对于整个石门坎宋墓群的年代判定有着重要意义，同时为南宋吉州窑产品的流通和使用提供了新资料。

陶瓷枕的使用人群以地主商贾、平民及一般文人为主，相当于宋代所谓士农工商阶层。[5] 本次发现的石门坎宋墓群单个墓葬随葬品较少，主要为陶罐、铜钱等，推测多为平民墓葬。《景定建康志》中记载，绍兴初年建康守臣于府城四门外建立了四处、八座义冢，收埋因战乱而死者八万余人，其中"东门官道之北、齐安寺之西者二"。普通军民在义冢

① 温悟宇、刘哲宇：《徐州地区考古发现的汉代玉枕探析》，《文物天地》2023 年第 7 期。
② 李雨苍、李兵编绘《宋代陶瓷纹饰精粹绘录》，上海古籍出版社，2004，第 15~17 页。
③ 刘辉：《宋元陶瓷枕的考古学研究》，吉林大学博士学位论文，2019，第 439 页。
④ 南京市考古研究院内部材料。
⑤ 刘辉：《宋元陶瓷枕的考古学研究》，吉林大学博士学位论文，2019，第 440 页。

周围杂葬，形成了"义阡"，即平民公共墓地。[①] 通过比对文献资料中东门义冢的位置及出土的实物资料，可以推断石门坎宋代墓群就是南宋时期的东义阡。

本次陶瓷枕的发现对于石门坎宋墓的相对年代判定有着重要意义，为宋代陶瓷枕的研究提供了新材料。

编辑：祁海宁

---

① （宋）周应合：《景定建康志》卷四十三《风土志二》，南京出版社，2009，第 1070~1071 页。

区域历史文化

最早的金陵：从考古发现谈早期南京的区域中心

王志高

（南京师范大学文物与博物馆学系）

[摘要] 根据考古发现的线索，并结合相关文献记载分析，可以推测新石器时代晚期至春秋时期的南京区域中心一直在今江宁区西南境的陶吴、横溪、小丹阳集镇一带。战国时期，越、楚两国先后在秦淮河入江口设置了越城与金陵邑城，标志着其时南京的区域中心已转移至今南京主城区。秦灭楚，改金陵为秣陵，但并未迁治，秦汉时代的南京区域中心秣陵县治仍在今日南京主城区的秦淮河北岸。早期南京区域中心的转移，对后世南京地域变迁与城市发展等产生了深远影响。

[关键词] 金陵；区域中心；越城；金陵邑城；陶吴

众所周知，南京城市起源问题是南京地域文明探源工作的重点与难点。孙吴定都之前的南京历史，文献中鲜有记载，仍然属于"史前史"的范畴。因此，欲研究南京城市的起源，单纯依靠历史文献并不能完全解决，还需要借助相关考古发现。笔者虽曾于《金陵邑与金陵邑城综考》《南京越城诸问题试析》两文中提及此问题，但限于论文主题及重点，当时未能进行深入讨论。[①] 本文在前文研究基础上，根据文献记载，并结合近年考古发现，通过"已知"来倒推"未知"，就早期南京[②]区域中心的变迁作一综合考察，以推动南京地域文明探源工作的深入开展。

一 何谓"金陵"

考察南京城市起源，首先需要厘清什么是"金陵"。如所周知，金陵是今南京之雅称，

---

① 参见王志高《金陵邑与金陵邑城综考》，《南京晓庄学院学报》2014年第5期；王志高《南京越城诸问题试析》，《南京晓庄学院学报》2018年第3期。

② 本文所讨论的"南京"非指今南京市辖11区，而是历史上江宁、上元二县辖区，即今日南京主城6区及江宁区。

但宋代之前的金陵并不确指今日南京。文献记载，南京及其周边地区的"金陵"其实有三：一为江东之金陵，或称秣陵之金陵，即今日之南京，其名起于战国楚威王，至秦改名秣陵；二为句容茅山之金陵，古名"伏龙之地""伏龙山"，至吴大帝孙权改名"金陵之墟"，省称"金陵墟""金陵"①；三为宋代江宁县南六十里之金陵镇，原称"陶吴铺"，北宋景德二年（1005）改称②。

关于金陵之得名，旧志有三说：一说因金陵山立号，金陵山即后世之钟山、紫金山。如《建康实录》卷一："越霸中国，与齐、楚争强，为楚威王所灭，其地又属楚，乃因山立号，置金陵邑也。"③《至正金陵新志》卷一引《舆地志》云："钟山，古金陵山也，县邑之名，由此而立。"④ 一说因地近金坛之陵，其山产金，故名。如《建康实录》卷一："或云地接华阳金坛之陵，故号金陵。"⑤《景定建康志》卷五《建康图·辨金陵》云："又曰地接金坛，其山产金，故名。于是因山立号，置金陵邑。"⑥ 一说楚威王时因地有气，埋金以镇之，故名金陵。如《太平寰宇记》卷九十《江南东道二·昇州》引《金陵图经》云："昔楚威王见此有王气，因埋金以镇之，故曰金陵。"⑦《景定建康志》卷五《建康图·辨金陵》亦云："金陵何为而名也？考之前史，楚威王时以其地有王气，埋金以镇之，故曰金陵。"⑧

按："金"即赤铜，"陵"即高地。以上三说中，"楚威王埋金"说虽流传甚广，但不见于六朝隋唐文献。就目前资料所知，该传说首见于北宋乐史《太平寰宇记》，故极有可能为晚唐以后好事者所编。而"华阳金坛"说中，华阳乃道教三十六洞天之一，在茅山之麓的今常州金坛。金坛始建县于隋代，其得名据《太平寰宇记》亦因"邑界句曲之山（即茅山）、金坛之陵以为号"⑨。可见因"金坛之陵"得号的是金坛，此"金坛之陵"指茅山之金陵。故此二说皆不足凭信，当以第一说比较可靠，"金陵"实得名于金陵山。而金陵山之得名，一种可能与此山产铜有关，据载，钟山确出黄铜矿，主要分布在山西北蒋王庙一带⑩；一种可能与此山紫红色页岩在阳光照耀下呈现紫金色光彩有关，故后世又称钟山为紫金山。

---

① 〔日〕吉川忠夫、麦谷邦夫编，朱越利译《真诰校注》，中国社会科学出版社，2007，第 346 页。
② （宋）周应合纂《景定建康志》卷十六《疆域志二·镇市》"金陵镇"条，《宋元方志丛刊》第 2 册，中华书局，1990，第 1529 页。
③ （唐）许嵩撰，张忱石点校《建康实录》，中华书局，1986，第 2 页。
④ （元）张铉：《至正金陵新志》卷一《地理图》，《中国方志丛书》华中地方第 436 号，台北成文出版社，1983，第 1555 页。
⑤ （唐）许嵩撰，张忱石点校《建康实录》，中华书局，1986，第 2 页。
⑥ （宋）周应合纂《景定建康志》，《宋元方志丛刊》第 2 册，中华书局，1990，第 1378 页。
⑦ （宋）乐史：《太平寰宇记》卷九十，中华书局，2007，第 1772 页。
⑧ （宋）周应合纂《景定建康志》，《宋元方志丛刊》第 2 册，中华书局，1990，第 1378 页。
⑨ （宋）乐史：《太平寰宇记》卷八十九《江南东道一·润州》，中华书局，2007，第 1764 页。
⑩ 王鹏善主编《钟山志》，南京出版社，2009，第 40~41 页。

二　秦汉时代的南京区域中心

秦统一后，在南京置有棠邑、秣陵、溧阳、丹阳和江乘 5 县。汉代新置胡孰县（湖熟县），其县及侯国并存，除江乘外，溧阳县、棠邑县、胡孰县、秣陵县、丹阳县均一度为侯国。其中秣陵县乃秦改战国楚设之金陵邑，汉代沿置，其县域范围大体包括今南京城区、雨花台区、江宁区南部及西南地区，其南界可能到达牛渚。[①]

关于秦汉时期的秣陵县治，主流观点认为在南京南郊江宁区秦淮河中游的旧秣陵集镇（今秣陵街道），"直到三国初年，孙权才把政治中心迁到今南京市区"[②]。但依照常识，作为延续 400 多年之久的秦汉秣陵县治，其遗址所在地及其周围必有秦汉时期城址、墓葬等类代表性遗存。然而，迄今为止秣陵街道尚未发现秦汉时期的城址遗存，其周围也未发现任何两汉时期的墓葬，这和南京地区同样作为两汉时期县治所在地的江宁湖熟（湖熟县）、小丹阳（丹阳县）、高淳固城（溧阳县）诸集镇及栖霞山（江乘县）周围普遍发现汉代城址及较密集汉墓群的情况完全不同。其地目前所知最早的历史时期墓葬已属西晋[③]（图一），因此秦汉秣陵县治不可能在今秣陵街道[④]。

事实上，根据文献记载及考古发现的线索，笔者研究认为秦代秣陵县治仍继续沿用战国楚金陵邑城，仍在南京城西的石头城地区。[⑤]汉高帝六年（前 201），在全国县邑筑城的形势下，秣陵县治始东迁至南京城西冶城与西州桥之间，至东汉未改。[⑥]孙吴时期继续沿用为建业县治，此即后世东晋、南朝之西州城故址。直到西晋太康三年（282），因分秦淮水北为建邺县，原县治为建邺县所用，秣陵县治始迁往秦淮河南的今江宁区秣陵街道。东晋安帝义熙九年（413），秣陵县治迁回京邑斗场，至东晋恭帝元熙元年（419），又迁至

---

① 王志高：《秦汉秣陵县治新考》，《学海》2014 年第 5 期。
② 蒋赞初：《南京史话》，江苏人民出版社，1980，第 30 页。
③ 江文：《江宁县秣陵公社发现西晋太康四年墓》，《文物》1973 年第 5 期；南京博物院编《江苏六朝青瓷》，文物出版社，1980，图版 40 说明。
④ 可以补充的是，秣陵街道过去疑与城址关联的地名"司门桥"实际上与元代设置的秣陵镇巡检司有关，而所谓"秣陵关"地名更晚至明代，皆与秦汉秣陵县治无关。
⑤ 史籍所见秦汉秣陵县治位置除了"旧秣陵镇"一说外，还有唐上元县东南四里、西州桥与冶城之间的西州城故址、冶城故址三说，且均在今南京城区西南部。不仅如此，从汉墓分布看，汉代秣陵县治也更有可能在今南京城区。新中国成立后，南京城区施工发现的汉墓主要集中于三个区域：城东大光路一带、城北鼓楼一带、城南长干里一带。以上仅是已公开发表的墓葬材料，实际发掘的汉墓远不止此数。而上述三个区域，均在前述史籍所见秦汉秣陵县治后三说的周边。关于秦汉秣陵县治的分析，可参见王志高《秦汉秣陵县治新考》，《学海》2014 年第 5 期。
⑥ 余嘉锡：《世说新语笺疏》刘孝标注引"《丹阳记》曰：'丹阳冶城，去宫三里，吴时鼓铸之所，吴平犹不废。'又云：'孙权筑冶城，为鼓铸之所。'既立石头大坞，不容近立此小城，当是徙县治空城而置冶尔。冶城疑是金陵本治。汉高六年（前 201），令天下县邑（城），秣陵不应独无。"中华书局，1983，第 827、828 页。

图一 1966 年秣陵公社桥南大队出土的西晋青瓷熊尊

扬州府禁防参军故址①。秣陵县治在今江宁区秣陵街道系从西晋太康三年（282）至东晋义熙九年（413），前后存在 131 年。希望今后能在秣陵街道发现两晋秣陵县城的实物证据。

　　根据以上分析可知，秦汉时代的南京区域中心就在今南京主城区。孙吴建都之前的南京主城区并不是一片未开垦的处女之地，其地作为战国楚金陵邑城、秦汉秣陵县治所在，已历经数百年的发展，其源头甚至可以上溯至以北阴阳营、锁金村等遗址为代表的新石器时代及商周时期。此数千年的文化积淀，为即将到来的六朝建康都城 300 多年的辉煌奠定了基础。②

三　夏商周时期南京的区域中心

　　相当于中原的夏商周时期是南京城市发展史上的重要时期。在此期间，南京的区域中心逐渐由江宁西南境一带转移到今南京主城区。

---

① （南朝梁）沈约：《宋书》卷三十五《州郡志一》载："秣陵令，其地本名金陵，秦始皇改。本治去京邑六十里，今故治村是也。晋安帝义熙九年（413），移治京邑，在斗场。恭帝元熙元年（419），省扬州府禁防参军，县移治其处。"中华书局，1974，第 1030 页。

② 王志高：《秦汉秣陵县治新考》，《学海》2014 年第 5 期。

（一）夏至西周时期

约当中原地区的夏代，南京地区的考古学文化主要为点将台文化，其延续时间大约为公元前 2100~前 1600 年，年代介于湖熟文化与北阴阳营文化之间，是湖熟文化直接的文化来源。① 典型的点将台文化遗存有中央门外小市镇安怀村遗址②、西善桥太岗寺遗址③、江宁汤山点将台遗址（图二）④、昝缪遗址下文化层⑤。但因材料限制，这一时期南京地区的区域中心尚不清楚。

图二　桦墅村点将台遗址（2002 年）

至中原商代至西周早期，南京地区考古学文化遗存属于湖熟文化。⑥ 尽管此类文化遗址最早发现于江宁湖熟镇⑦，但这一时期南京的区域中心并不在湖熟地区⑧。这一点可于江宁地区大型土墩墓和青铜器的发现情况得到证实。

从近年的调查收获看，江宁区境内的土墩墓主要分布在与句容、溧水，以及与安徽当涂交界的汤山、湖熟、禄口、横溪等街道，其中禄口、横溪街道的土墩墓分布密集，规模相对较大。⑨ 如陶吴竹连山一号墓高达 9.1 米，虽遭到多次盗掘，但墩内仍出土了陶、原

① 张敏：《试论点将台文化》，《东南文化》1989 年第 3 期。
② 南京博物院：《南京安怀村古遗址发掘简报》，《考古通讯》1957 年第 5 期。
③ 江苏省文物工作队太岗寺工作组：《南京西善桥太岗寺遗址的发掘》，《考古》1962 年第 3 期。
④ 南京博物院：《江宁汤山点将台遗址》，《东南文化》1987 年第 3 期。
⑤ 遗址所在地地名，一般研究者称作"昝庙"，实为"昝缪"，当年主持发掘的考古人员因音近误传。魏正瑾：《宁镇地区新石器时代文化的特点与分期》，《考古》1983 年第 9 期；魏正瑾：《昝庙遗址内涵的初步分析》，载《南京考古资料汇编》第 1 册，凤凰出版社，2013。
⑥ 湖熟文化的年代下限尚有分歧，或认为其下限在商末周初，或认为可到战国时期。
⑦ 曾昭燏、尹焕章：《试论湖熟文化》，《考古学报》1959 年第 4 期。
⑧ 湖熟地区的大规模开发始于秦汉，具体来说，就是始于秦代对方山东南直渎的开凿及秦淮河的疏浚。
⑨ 中国人民政治协商会议南京市江宁区委员会编（王志高总纂）《江宁历史文化大观》，南京出版社，2008，第 21、22、24 页。

始瓷、铜、石等质地的文物近 500 件，无论是土墩规模，还是出土文物数量，均堪称南京地区乃至整个南方地区已知土墩墓中最大者之一（图三）。

图三　陶吴竹连山春秋时期土墩墓中心主墓及周边

就南京地区商周青铜器的出土地点而言，除高淳、溧水的土墩墓及江宁秣陵，雨花台区西善桥、板桥等地外，以今江宁区西南境横山附近的陶吴最为集中。如 1957 年，陶吴西阳街胭脂村出土 1 件西周青铜鼎①；1958 年，陶吴红旗水库出土多件西周青铜鼎、鬲，其中 1 件弦纹鼎时代被推定为西周早期；1960 年，又在陶吴附近一次出土鼎、鬲、卣、匜、斧、锄、戈、矛等西周时期青铜器 13 件。② 更为重要的是，1973 年发现 1 件商代晚期青铜三羊罍（图四），1974 年发现 1 件商代晚期青铜大铙，此二器是宁镇地区迄今所见最早的商周青铜重器。③ 而与江宁区西南境陶吴相邻的安徽当涂和马鞍山地区亦屡有商周青铜礼乐器发现④。现在看来，这些重要的考古发现应该不是偶然，或与这里曾是勾吴立国之初的政治中心有关。

值得分析的还有"太伯奔吴"与南京的关联问题。《史记·吴太伯世家》云：

> 吴太伯、太伯弟仲雍，皆周太王之子，而王季历之兄也。季历贤，而有圣子昌，太王欲立季历以及昌，于是太伯、仲雍二人乃奔荆蛮，文身断发，示不可用，以避季历。季历果立，是为王季，而昌为文王。太伯之奔荆蛮，自号句吴。荆蛮义之，从而

---

① 南京博物院等编《江苏省出土文物选集》，文物出版社，1963，图 87。
② 李蔚然：《南京发现周代铜器》，《考古》1960 年第 6 期。有关学者在相关文章中认为这批青铜器应出自一座墓葬。
③ 南京博物院藏宝录编辑委员会编《南京博物院藏宝录》，上海文艺出版社、三联书店（香港）有限公司，1992，第 148~149 页；南波：《介绍一件青铜铙》，《文物》1975 年第 8 期。此二器年代，亦有专家认为属西周早期。
④ 相关发现可参看王俊主编《马鞍山文物聚珍》，文物出版社，2006，第 40~41、43 页。

图四　陶吴、横溪一带出土的商代晚期青铜三羊罍

归之千余家，立为吴太伯。太伯卒，无子，弟仲雍立，是为吴仲雍。①

《吴越春秋·吴太伯传》亦云：

> 知古公欲以国及昌。古公病，二人托名采药于衡山，遂之荆蛮，断发文身，为夷狄之服，示不可用。②

"太伯奔吴"是载于史册的商末周初重大历史事件，对江宁，对南京，乃至对整个东南地区都具有重大影响。由于周人的到来以及中原地区先进文化的传入，包括南京在内的江南地区社会文明化进程大大提速，并建立了最初的国家——吴国。关于"太伯奔吴"之原因及线路等，虽然还有许多争议，但根据我们的分析，太伯奔吴的"衡山"很有可能与南京江宁与安徽当涂交界的横山有关，直到西周康王时代，其中心才可能由苏皖交界的横山地区迁往镇江丹徒地区。③

由此可见，这一时期南京的区域性中心似乎在今江宁区西南境的陶吴、横溪、丹阳集镇一带。④ 这不仅因为该地区商周时期的成组青铜器发现最多、大型土墩墓分布最为密集、当地威权统治的存在，而且这里还是沟通长江中下游及长江南北两岸的交通要地。春秋时

---

① （汉）司马迁：《史记》卷三十一《吴太伯世家》，中华书局，1982，第 1445~1446 页。

② （汉）赵晔撰，周生春辑校《吴越春秋辑校汇考》卷一《吴太伯传》，上海古籍出版社，1997，第 14~15 页。

③ 参见王志高《"太伯奔吴"之地望及南京原始居民的族属》，载曹劲松、卢海鸣主编《南京学研究》第 2 辑，南京出版社，2020，第 27~38 页。

④ 至少从元代开始，丹阳集镇就流传有与伍子胥相关的传说。这些传说可能并不完全是空穴来风，其中或隐含着当地曾是春秋时期人口密集的区域性中心这一类史影。参见（元）张铉《至正金陵新志》卷十二《古迹志·陵墓》，《中国方志丛书》华中地方第 436 号，台北成文出版社，1983，第 1990 页。

期吴、楚两国之间相互攻伐所经的丹阳古道即穿过这一地区，周灵王二年（前 570）著名的衡山大战就发生在这里。①

（二）春秋战国时期

春秋战国时期，南京地区先后被纳入吴、越及楚国的控制范围（图五）。由于鼓楼北阴阳营遗址年代最晚的第二层仅相当于商代晚期或西周初期②，其周边的安怀村、锁金村等遗址也没有发现典型的春秋时期遗存，可见春秋时期吴国治理下的南京地区，其区域性中心仍不及今日南京主城区③。

史载周元王四年（前 472），越灭吴后，句践命范蠡于新占领的金陵濒江临淮之地筑越城，"城周回二里八十步"④。关于越城之具体位置，《建康实录》《景定建康志》等唐宋文献认为在天禧寺所对的长干桥西南一带或瓦官寺东南、望国门桥西北。⑤因越城地处金陵古长干地区，故后世亦称"长干城"。明顾起元《客座赘语》、清余宾硕《金陵览古》、清周宝偀《金陵览胜诗考》则进一步推测越城在"小市口""报恩寺""西街"附近。按：小市口、西街地名犹存，小市口在今西街中段，而从报恩寺遗址西行三百步正约当西街中段，此范围南北一带高地应该就是古越城遗址所在。民国时期老地图显示，旧时西街往西为小市口西街，其西侧有一条南北向河道，此或为古越城西壕。⑥

越城是南京主城区最早的古城⑦，标志着越国对南京地区经营的重点，已由此前作为吴国治理下南京区域中心所在的今江宁西南境陶吴、横溪、丹阳集镇一带，开始移向今南京主城区，为此后楚国在秦淮河北滨江的石头山置金陵邑城奠定了基础⑧。

周显王三十六年（前 333），楚威王大败越国，乃于滨江临淮之要地石头山置金陵邑，并筑城为治。《景定建康志》卷二十"楚金陵邑城"条引旧志云：

---

① 南京市地方志编纂委员会办公室编《南京通史·史前时代至秦汉卷》，商务印书馆，2021，第 172 页。
② 南京博物院编著《北阴阳营——新石器时代及商周时期遗址发掘报告》，文物出版社，1993。
③ 参见笔者主笔的《南京通史·史前时代至秦汉卷》（南京市地方志编纂委员会办公室编）之第四、五、六章，商务印书馆，2021，第 172 页。
④ 史载越灭吴之当年九月，范蠡即辞别句践，故越城或非范蠡所筑，或为范蠡筑于周元王三年九月之前。（汉）赵晔撰，周生春辑校《吴越春秋辑校汇考》卷十《句践伐吴外传》，上海古籍出版社，1997，第 171、172、175、176 页。
⑤ 此二说并不矛盾，天禧寺所对的长干桥西南一带正在瓦官寺东南、望国门桥西北，今日横亘瓦官寺与越台之间的城墙乃五代杨吴始筑。（清）金鳌：《金陵待征录》卷一《志地》即云"杨吴未拓郡城，瓦官、越台固相衔接也"。南京出版社，2009，第 53 页。
⑥ 越城遗址的位置已在南京市考古研究院近年对西街地块的考古发掘中得到确认，遗址所在地还发现了晚商至西周早期的局部环壕等遗迹，证明在越国筑城之前当地已有一定规模的中心聚落。参见陈大海《南京发现长干古城》，《南京史志》2024 年第 1 期。
⑦ （宋）周应合纂《景定建康志》卷六《建康表一》，《宋元方志丛刊》第 2 册，中华书局，1990，第 1390 页。今南京城西朝天宫所在的冶山得名于冶城，传说吴王夫差筑冶城，但据《世说新语》卷二十六刘孝标注，冶城实为孙权所筑，非始于春秋时期吴国。
⑧ 具体可参见王志高《南京越城诸问题试析》，《南京晓庄学院学报》2018 年第 3 期。

图五　南京地区春秋战国时期吴越楚地图（明版画）

（楚）威王灭越，私吴越之富，擅江海之利，置金陵邑于石头。及怀王，为秦所
灭。至汉高帝时，封韩信于楚，鄣郡属焉，六年废。①

从周显王三十六年楚威王立城，到汉高帝六年（前 201）迁治，金陵邑城前后历时
132 年。

金陵邑作为楚威王在新属的越地设置的边邑，除作为一般政区外，可能还具有一定的
军事性质。② 其辖域在楚国于南京江北所设之棠邑及吴国在今南京高淳固城所设的濑渚邑
之间③，故金陵邑所辖范围主要在今南京主城区及周围的江宁区。关于金陵邑城的位置，
学界大多认为在石头山，唯具体方位有所差异。所幸与金陵邑城相关的石头城遗址的考古
发掘已经获得突破性进展，可以确认石头城遗址位于今清凉山公园、南京国防园及菠萝山
（又称波罗山，旧称盆山、博山）、红土山（旧称红土冈）、清凉门地区。④ 考虑到东汉建
安十六年（211，或说建安十七年）孙权起建的石头仓城乃系对战国金陵邑城重加"修

① （宋）周应合纂《景定建康志》卷二十《城阙志一·古城郭》，《宋元方志丛刊》第 2 册，中华书局，1990，
第 1622 页。相关史料也可见于《建康实录》《至正金陵新志》等。
② 根据研究，春秋时期，楚国曾实行灭国为县制度，县邑多仅设于边境，一般规模较大，主要作为军事重镇和
据点，直接由楚王控制，其长官一般称为"县公""县尹"。战国以后，楚国县邑已普遍设立，并逐渐由军事
性质转向行政性质，且规模多较小，其长官开始称为"县（邑）令""大夫"，负责管理一县之民，处理一
县之行政事务。但因御敌需要，其边邑长官仍须分担军事攻防之责。参见李玉洁《楚国史》，河南大学出版
社，2002，第 333～335 页。
③ 关于棠邑及濑渚邑的分析，可参见王志高《棠邑与棠邑城略考》，载曹劲松、卢海鸣主编《南京学研究》第
6 辑，南京出版社，2022，第 103～113 页；王志高：《春秋时期吴国所置濑渚邑及相关问题浅析》，载曹劲松、
卢海鸣主编《南京学研究》第 4 辑，南京出版社，2021，第 61～74 页。
④ 王志高：《简论南京石头城的四个问题》，《南京晓庄学院学报》2013 年第 2 期。

理"的结果，故笔者认为金陵邑城故址可能在今清凉山北麓一带。

金陵邑城的规模尽管不大①，但在南京古代城市发展史上却具有划时代的意义，它是继越城之后今南京主城区内第二座古城，且系作为政区治所的城邑，有别于此前仅仅作为军事城堡的越城，标志着今南京主城区首次成为南京的区域性政治、经济和文化中心，不仅为此后秦汉时期的城市发展，乃至孙吴的建都于斯奠定了基础，也为此后南京主城尤其是历代都城以秦淮河北为主要建设经营空间开了先河。②

四 新石器时代晚期的南京区域中心

1955 年至 1958 年，南京博物院对鼓楼岗西北的北阴阳营遗址（在今云南路西侧南京大学教职工宿舍区内）连续进行了四次发掘。发掘表明，遗址中、上层为相当于中原商周时期的湖熟文化遗存，下层为距今 6000 年左右的新石器时代文化遗存。下层文化遗存西区为氏族公共墓地。③ 种种线索可证，北阴阳营遗址的等级可能并不太高，仅是一般性的中心聚落。新石器时代晚期南京地区等级更高的中心聚落，无疑是 1975 年、1979 年南京市考古人员在江宁横溪街道陶吴社区昝缪村发现的昝缪遗址。

昝缪遗址分上、下两层，上层属湖熟文化时期，下层则为新石器时代晚期。昝缪下层文化遗存受到了良渚文化的强烈影响，如石器中的有柄石刀、陶器中的贯耳壶，都是典型良渚文化风格的器物④，尤其是玉器中的玉梳背是良渚文化特有的器物（图六）⑤，是权力与等级的象征，其地位甚至可与琮、钺等并列。它们往往随葬于规模较大且随葬品丰富的墓葬之中，每墓随葬一件，不像琮、钺、三叉形器、璜等，受墓主性别、身份等级等因素影响，在出土数量上存在较大差异。就此而言，有学者认为玉梳背的使用在当时可能有高度的规范性，其特殊地位甚至高过钺、璜、琮、三叉形器等其他玉礼器。

不仅如此，根据考古发现，越往良渚文化的中心地区，玉梳背的出土数量就越多。且其出土地点多系所在遗址群的一、二级聚落，或是具有重大意义的祭坛和高台墓地。⑥ 在

---

① 《景定建康志》《至正金陵新志》等引《舆地志》称其规模为"环七里一百步"。但此说颇乏依据，李蔚然先生已对此提出质疑。参见李蔚然《金陵邑治所辩》，《南京晓庄学院学报》2000 年第 1 期。

② 王志高：《金陵邑与金陵邑城综考》，《南京晓庄学院学报》2014 年第 5 期。

③ 南京博物院编著《北阴阳营——新石器时代及商周时期遗址发掘报告》，文物出版社，1993。

④ 魏正瑾：《宁镇地区新石器时代文化的特点与分期》，《考古》1983 年第 9 期；魏正瑾：《昝庙遗址内涵的初步分析》，《南京考古资料汇编》第 1 册，凤凰出版社，2013。

⑤ 该器物称谓又有垂帐形玉佩饰、玉佩饰、倒梯形器、冠形饰等，1999 年周家浜遗址 30 号墓出土的象牙梳背上就镶嵌有这类玉器，从而解决了玉梳背饰的命名、用途问题。参见蒋卫东、刘斌《海盐县周家浜良渚文化遗址》，载中国考古学会编《中国考古学年鉴·2000》，文物出版社，2002，第 161~162 页。

⑥ 据以往研究统计，除昝缪遗址外，发现的玉梳背至少还有 40 件，大部分出土于浙江地区，共有 30 件，江苏地区发现 6 件，上海地区发现 4 件。

良渚文化中心区以外的其他地区，玉梳背均出土于当时最高等级墓葬①，很可能是当时最高权力和等级的象征。

图六　昝缪遗址出土的玉梳背

这样看来，出土玉梳背的遗址系其所在聚落群的权力中心。结合南京地区新石器时代晚期遗址的发现情况，可以推测，以昝缪遗址为中心的陶吴地区，是当时横山地区乃至整个南京地区的权力中心所在地。

五　结语

根据文献记载与考古发现提供的线索，可以发现自新石器时代晚期以来的早期南京的区域中心有逐渐北移的趋势。

秦灭楚后，改金陵为秣陵，但并未迁治，秦汉时代的南京区域中心秣陵县治仍在今日南京主城区。战国时代的南京区域中心金陵邑城在今日南京主城区西南清凉山地区，标志着南京主城区首次成为区域性政治、经济和文化中心。在此之前的南京区域中心在秦淮河南岸的越城，越城是文献明确记载的南京主城区最早的古城，越国对今日南京地区经营的重点，已由此前作为吴国区域中心的今江宁西南境陶吴、横溪、丹阳集镇一带，开始移向今南京主城区。而新石器时代晚期至商周时期的南京区域中心，一直在今江宁陶吴、横溪、丹阳集镇一带。昝缪遗址玉梳背的出土，商代晚期大型精美青铜礼乐器的发现，春秋时期大型土墩墓的分布，以及相关历史传说，表明在这一地区已有特权、权贵乃至王权。

①　杨晶：《良渚文化玉质梳背饰及其相关问题研究》，《文物》2002 年第 11 期。

我们甚至可以推测，这一地区可能已有区域性方国存在。如此看来，前引《景定建康志》载北宋景德二年（1005）陶吴镇改称金陵镇的举动恐怕不是巧合，"金陵"本来就是陶吴镇的古称，所谓改称只是恢复本名而已。而丹阳集镇则是秦汉六朝时期丹阳县治所在。这两个集镇正是在新石器时代晚期、商周以来区域性中心的基础上发展起来的，故以陶吴集镇为中心的陶吴、小丹阳、横溪一带就是最早的"金陵"。该地区及其周边的谷里街道 20 世纪五六十年代发掘的湖熟文化时期遗址及近年"三普"中发现的商周时期矿冶遗迹和遗物①，也可以印证这一推测。不仅如此，我们进而怀疑"越城"只是后世对越国在濒江临淮的长干地区所筑古城的他称，"越城"的本名也是"金陵"。

附记：本文主要根据 2021 年 3 月 27 日笔者在南京师范大学社会发展学院所做的讲座"最早的金陵：从考古发现谈早期南京的区域中心"之主要内容修改、补充而来。在资料整理的过程中曾经得到高庆辉博士的协助，谨此致谢！

编辑：徐良

① 新发现的商周时期矿冶遗址位于谷里街道张溪社区砦箬塘自然村铜坑山，参见杨新华主编《第三次全国文物普查南京重要新发现》，南京出版社，2009，第 12 页。

秦直道研究[*]

〔日本〕黄晓芬（日本东亚大学人间科学部）　张在明（陕西省考古研究院）

韩　钊　译（西安碑林博物馆）

[摘要] 秦直道作为秦始皇时期的国家项目，是连接帝都咸阳礼仪宫殿——甘泉宫（陕西省淳化县）和北方重镇九原郡城（内蒙古自治区包头市）的南北交通干道。汉代以后正史中关于秦直道的记载中断，只留下了"圣人条"这个地名。近年来，随着陕西省秦直道遗址调查和考古发掘项目的推进，关于秦直道的重要实物资料不断被发现。本文结合文献记载，综合秦直道路线上的 GPS 调查、秦直道遗址发掘出土的遗迹和遗物，以及相关的建筑遗址等考古发掘与研究成果，对秦直道真实状况做一分析研究。

[关键词] 秦始皇帝；秦汉时代；秦直道；筑路方法；交通设施

秦直道是指秦始皇时期作为国家项目而创建的南北干线道路。秦汉时期，帝王巡幸天下和部队出征都曾使用这条道路。历经两千多年的岁月流逝，秦直道的相关信息大多湮没在历史中，仅在清代地方志存有"圣人条"这一地名①，留下许多谜团。本文以前人研究成果为基础，结合文献资料和秦直道遗址沿线的 GPS 调查，以及陕西省富县秦直道遗址的考古发掘成果，对秦直道的真实状况进行分析研究，力求还原秦直道的历史面貌及其重要性。

一　秦直道的研究史与问题点

1949 年以来，中国历史学、考古学诸领域取得了重大成就，但对古代道路的调查和研

---

* 本文是科学研究（海外）"运用先进技术对中国内蒙古、新疆北部以及汉魏都城、陵墓的综合研究"（课题编号：20401037，研究代表：黄晓芬）研究成果的一部分。本文在写作中，得到了大贺克彦、茂木雅博、山口雄三、矶永和贵等先生的有益建议，宇野隆夫先生制作了秦直道遗迹的 GPS·GIS 图版，米田穰先生协助开展出土人骨的年代测定，借此机会深表谢意。

① 陕西省富县张家湾大麦秸沟山区，现保存有"圣人条"的地名。"条"，古指大路，"圣人条"即"皇帝之路"。

究几乎未有涉及。秦始皇时期建造的"驰道"和"直道",仅有"圣人条"这一地名的片断记载,其真实状况长期不为人知。20 世纪 70 年代,历史地理学家史念海发表了《秦始皇直道遗迹的探索》①,这是秦直道研究的先例。20 世纪 80 年代,考古学及地方史研究者对秦直道遗址进行了调查,刊发了诸多论述,主要集中在对秦直道路线的考察。② 20 世纪 90 年代,陕西省、甘肃省、内蒙古自治区等地的文物管理机关和历史考古学家对秦直道进行了实地考察③,并对秦直道相关遗址进行了研究④。然而,由于缺乏正式考古发掘资料的验证,这一时期秦直道研究还处于对个别地点遗迹的介绍,及对有关文献的考察和解释阶段。

进入 21 世纪后,以古代都城、陵墓、长城为代表的中国大遗址保护国家项目开始启动。陕西省考古研究院组建了秦直道考古队(队长张在明),在延安地区和各县文化局共同参与下,进行了古道路的考古调查和富县车路梁(2007)、黄陵县南桂花遗址(2008)的考古试掘工作,为了解秦直道的状况迈出了重要一步。笔者之一(黄晓芬)作为研究合作者,从 2008 年开始,参加了秦直道考古队的调查工作,主要负责秦直道整条路线的 GPS 测量调查,同时也协助了道路遗址的发掘,以及人骨 DNA 科学分析、人种及年代测定等工作。2009 年春,伴随着"青岛—兰州"高速公路建设,陕西省秦直道考古队进行了大面积的秦直道遗址发掘,关于其详细的情况,将在后文叙述。在此,我们先整理一下秦直道的研究现状和存在的问题。

(一) 文献的记载和解释

关于秦直道的名称及建造年代,《史记》中有明确记载。《史记》卷六《秦始皇本纪》记载:"(始皇帝)三十五年(前 212),除道,道九原,抵云阳,堑山堙谷,直通之。"⑤据此,秦直道的建设始于公元前 212 年,路线从北方重镇九原郡(今即内蒙古自治区包头

---

① 史念海:《秦始皇直道遗迹的探索》,《文物》1975 年第 10 期。
② 卜昭文:《靳之林徒步考察秦直道记》,《瞭望周刊》1984 年第 43 期;王开:《"秦直道"新探》,《成都大学学报》(社会科学版)1989 年第 1 期;王北辰:《古桥门与秦直道考》,《北京大学学报》(哲学社会科学版)1988 年第 1 期;孙相武:《秦直道调查记》,《文博》1988 年第 4 期。史念海:《直道和甘泉宫遗迹质疑》,《中国历史地理论丛》1988 年第 3 期;史念海:《与王北辰先生论古桥门与秦直道书》,《中国历史地理论丛》1989 年第 4 期;延安地区文物普查队:《延安境内秦直道调查报告之一》,《考古与文物》1989 年第 1 期;武国荣:《秦直道曾经过甘肃》,《中国文物报》1989 年 7 月 28 日;贺清海、王开:《毛乌素沙漠中秦汉"直道"遗迹探寻》,《成都大学学报》(社会科学版)1989 年第 1 期。
③ 延安地区文物普查队:《延安境内秦直道调查报告之二》,《考古与文物》1991 年第 5 期;姬乃军:《陕西志丹县永宁乡发现秦直道行宫遗址》,《考古》1992 年第 10 期;国家文物局主编《中国文物地图集·陕西分册》,西安地图出版社,1998;国家文物局主编《中国文物地图集·内蒙古自治区分册》,西安地图出版社,2003;国家文物局秦直道研究课题组、旬邑县博物馆:《旬邑县秦直道遗址考察报告》,《文博》2006 年第 3 期;张光耀主编《秦直道探索与研究》,内蒙古人民出版社,2006。
④ 吕卓民:《秦直道歧义辨析》,《中国历史地理论丛》1990 年第 1 期;李仲立、刘得祯:《甘肃庆阳地区秦直道考察报告》,《甘肃社会科学》1991 年第 3 期;甘肃省文物局:《秦直道考察》,兰州大学出版社,1996。
⑤ (汉)司马迁:《史记》卷六《秦始皇本纪》,中华书局,1982,第 216 页。

市），到帝都的云阳甘泉宫（即陕西省淳化县），基本呈直线状南北延伸。① 另据《史记》卷一五《六国年表》记载："（始皇帝）三十五年，为直道，道九原，通甘泉……（始皇帝）三十七年（前210）十月，帝之会稽、琅邪，还至沙丘崩。子胡亥立，为二世皇帝。杀蒙恬。道九原入。"② 可知在这个国家工程开始约两年半后，巡幸途中病逝的秦始皇尸身灵车即经秦直道从北方的九原郡返回都城咸阳。由此看来，秦直道是在极短时间内建成的。汉代历史学家司马迁在随汉武帝巡幸东方时，曾走过这条直道，留下了"堑山堙谷，千八百里"③ 的字句，以称颂雄壮秦帝国的伟业，成为唯一保留至今具体描述秦直道的文字。

关于秦直道建造的目的历来有多种观点。主流观点认为建造秦直道是对抗北方匈奴的一种战略决策，或是为了国家政治和国家利益，加强中央对边疆的控制④；也有人认为秦直道与秦长城一样，主要是出于军事防御的目的而建造的⑤。其他方面，有立足文化史视角的论述⑥；还有一些论点涉及秦始皇巡幸天下和对北方匈奴的军事政策⑦。虽然出现了一些新的见解，但这些讨论大多仍以引用、解释文献资料为中心，实物资料的验证明显不足。

关于秦直道的"起点"和"终点"，学术界普遍认为陕西淳化的甘泉宫为其起点，内蒙古自治区包头市的秦代九原郡城为其终点。⑧ 这些观点主要基于学者们从都城本位的角度进行的研究和推测。相关文献中有诸如"通直道，自九原至云阳"⑨ 及"道九原，抵云阳"⑩ 等记载，尽管这些文献中使用了"自……至……"这样的表述，但并未明确指出哪个地点是真正的起点或终点。相反，这些描述更像是对双向通行的表述。考虑到实际情况，上述文献可能更多地反映了以皇帝为中心的视角。因此，研究文献的学者们对历史现象的解释有不同意见也在所难免。在缺乏确凿实物证据的情况下，很难解决秦直道的"起点"与"终点"问题。因此，本文将不再沿用秦直道"起点"和"终点"的概念，而是采用"南端"和"北端"来进行讨论。

（二）秦直道的经由路线

关于秦直道南、北两端的记述很多，但具体到南北间的经由地点，几乎没有提及。目

---

① （汉）司马迁：《史记》卷一一〇《匈奴列传》，中华书局，1982，第2887页。
② （汉）司马迁：《史记》卷一五《六国年表》，中华书局，1982，第758页。
③ （汉）司马迁：《史记》卷八《蒙恬列传》，中华书局，1982，第2566~2567页。
④ 史念海：《秦始皇直道遗迹的探索》，《文物》1975年第10期。
⑤ 王开：《"秦直道"新探》，《成都大学学报》（社会科学版）1989年1期；辛德勇：《秦汉直道研究与直道遗迹的历史价值》，《中国历史地理论丛》2006年第1期。
⑥ 王子今：《秦汉交通史稿》，中共中央党校出版社，2006。
⑦ 张光耀主编《秦直道探索与研究》，内蒙古人民出版社，2006。
⑧ 史念海：《秦始皇直道遗迹的探索》，《文物》1975年第10期；王开：《"秦直道"新探》，《成都大学学报》（社会科学版）1989年第1期。
⑨ （汉）班固：《汉书》卷九四《匈奴传》，中华书局，1962，第3748页。
⑩ （汉）司马迁：《史记》卷六《秦始皇本纪》，中华书局，1982，第216页。

前，学者们对秦直道南、北两端所在地位置的观点基本一致，即南端的甘泉宫和北端的九原郡城。然而，对于这两端之间的具体路线，学术界存在两种不同的意见。

第一种是历史地理学家史念海以文献研究为中心提出的论述。[①] 他以陕西省淳化县的甘泉宫为秦直道起点，内蒙古自治区包头市的九原郡城为其终点，并参考唐代文献[②]、清代地方志等片段记载，首次提出了秦直道路线。他认为从陕西省黄陵县子午岭主峰开始，到甘肃合水县的宽为45米古道，符合秦汉时期两列马车并行通过的道路宽度，这条古道应该就是秦直道的路线。即从陕西省淳化县甘泉宫向北，通过旬邑县石门关，登上横跨陕西省与甘肃省交界的子午岭主峰，到子午岭南段的黄陵县艾蒿店、兴隆关（阻源关）后，再稍稍转向西北方向，经甘肃省合水、庆阳、华池县东，拐入甘肃省铁角城、张家要岘后继续北上，再次进入陕西省境内，通过定边县，最终到达东北方向的内蒙古自治区。这条路线的特征是沿子午岭主峰穿过甘肃省。接着，路线向北经过伊金霍洛旗的红庆河镇，到达伊克昭盟的东胜县（今鄂尔多斯市东胜区）的古城址，再经过昭君墓，最终到达包头市九原郡。这一观点自20世纪70年代中期以来一直具有较大影响力。

第二种观点来自美术考古学、交通史和地方史研究者的调查研究。20世纪80年代，中央美术学院的靳之林在陕西省北部进行绘画创作时，开始对秦直道遗迹进行调查。关于秦直道的起点和终点，他与史念海观点一致，但关于秦直道南北之间的经由路线，靳之林认为秦直道从黄陵县西到子午岭东侧的富县、甘泉县，再经过志丹县到达子长市北边，然后经由榆林市西北，最终到达包头市。这是秦直道经由陕西省北部的观点。[③] 他的这个论点，是重视古道实地考察后得出的结论，对经由甘肃的路线提出了质疑。然而，他仅提出了这一观点，并未对遗迹进行详细的验证和讨论。其后，陕西省交通厅编撰的《陕西古代陆路交通史》一书结合文献和实地考察资料，补充了秦直道经过陕西省北部的论点。[④] 其推论是，秦直道即陕西省富县、甘泉县遗留下来的宽30~40米的古道，并将黄陵县的兴隆关地点作为秦直道的分水岭。这个观点与史念海提出的经由甘肃省的路线不同，认为秦直道从兴隆关开始，向东北方向的高奴（延安市地域）延伸，通过榆林市继续北上。另外，还有许多论文陆续发表，强调了陕西省古道实地调查的重要性[⑤]，并注意到道路沿线的建筑遗址、烽火台、砖瓦等遗迹[⑥]。另外，延安地区的秦直道遗迹调查工作也在推进中，还发现了道路旁的行宫遗址[⑦]，为秦直道经由陕西省的观点提供了有力的实物支持。

① 史念海：《秦始皇直道遗迹的探索》，《文物》1975年第10期。
② （汉）司马迁：《史记》卷一一〇《匈奴列传》，唐张守节《正义》引《括地志》云："秦故道在庆州华池县西四十五里子午山上。自九原至云阳，千八百里。"中华书局，1982，第2887页。"子午山"是指横跨今陕西省和甘肃省交界处的子午主峰，"华池县西四十五里"之地点，在现在的甘肃省境内。
③ 卜昭文：《靳之林徒步考察秦直道记》，《瞭望周刊》1984年第43期。
④ 王开：《"秦直道"新探》，《成都大学学报》（社会科学版）1989年第1期。
⑤ 王北辰：《古桥门与秦直道考》，《北京大学学报》（哲学社会科学版）1988年第1期。
⑥ 孙相武：《秦直道调查记》，《文博》1988年第4期；贺清海、王开：《毛乌素沙漠中秦汉"直道"遗迹探寻》，《成都大学学报》（社会科学版）1989年第1期。
⑦ 延安地区文物普查队：《延安境内秦直道调查报告之一》，《考古与文物》1989年第1期。

自此，秦直道的调查和讨论逐渐活跃。史念海通过文献考察认为，延安地区的古道是秦始皇时期的"驰道"而非秦直道。他进而指出，富县的"圣人条"古道也与秦直道无关，而是由大夏国君主赫连勃勃建造的。[①]然而，这些观点大多基于零星的文献记载，缺乏实物资料的支持。1990年以后，关于秦直道的实地调查在相关省份和地区持续进行，学界对其全线情况有了大致了解。[②]但是，由于各地的考古发掘项目较少，相关研究仍依赖文献资料，故秦直道的路线之争持续到了21世纪。

近年来，陕西省考古研究院秦直道考古队相继对富县、黄陵、甘泉县的古道遗址进行了试掘与发掘，相关报告正在编辑中。本文以笔者在现场考古调查与发掘得到的实物资料为基础，并结合GPS调查、现场勘探、遗迹考察及人骨DNA等研究，总结出新的论点。关于这些考古发掘与调查的具体内容，将会在以下的各节中进行论述，为了区别之前秦直道各种讨论中的用语，本文将研究对象统称为"陕西省路线"[③]。

二 陕西省路线的 GPS 调查与验证

根据司马迁的记载，秦直道是连接陕西省淳化甘泉宫和内蒙古自治区包头市九原郡的秦帝国南北大通道。本章以实地考察的道路遗迹为中心，来探讨陕西省路线。

（一）南端和北端

【南端】秦汉时期的礼仪之宫甘泉宫（陕西省淳化县），建造在海拔600~800米的丘陵台地上，南侧有耸立的仲山，北侧可望英烈山，在宫城东西两侧有南北向的深谷，这些都是甘泉宫的天然屏障。

甘泉宫的考古调查由陕西省文物局、淳化县博物馆等机构进行，目前已经确认有城墙、城门、承水台以及宫殿建筑群。宫城北壁的一部分与现有乡村道路重叠，地表上还残留有部分版筑的夯土城墙遗迹。另外，宫城北城门附近也确认有版筑夯土层残留，推测这里是秦直道的南端地点。但这一带尚未进行考古发掘，具体情况仍不清楚。此外，宫城北门西侧有一条南北走向的大沟，宽8~12米，深6~8米，从甘泉宫城的北门呈直线形向北延伸至英烈山麓。有观点认为，该沟是由于长期水土流失形成的，并导致南端地点的道路遗迹崩塌，具体还有待今后的考古调查和新发现。

【北端】秦代的九原郡城遗址，位于内蒙古自治区包头市麻城镇沙丘台地，是《史

① 史念海：《直道和甘泉宫遗迹质疑》，《中国历史地理论丛》1988年第3期；史念海：《与王北辰先生论古桥门与秦直道书》，《中国历史地理论丛》1989年第4期。
② 国家文物局主编《中国文物地图集·陕西分册》，西安地图出版社，1998。
③ 秦直道经由陕西省北部论点，在20世纪80年代末由美术考古学、交通史学等学者提出，但关于相关各县的秦直道经由路线，并不甚明确。本文具体验证并认定了陕西省路线。

记》记载的秦直道的北端地点。其北侧有阴山（大青山）山脉耸立，南侧流淌着黄河，这些都是秦帝国北部的天然屏障。今包头市麻池古城①即九原郡城址，近年来被指定为全国重点文物保护单位。该遗址保存状态良好，保留有城门、大路、大型建筑台基等遗迹。城址为方形的夯土城墙，根据建造时代不同，分为南城和北城。北城东西 720 米，南北 690 米，城墙底部宽 15 米，高度 5~8 米。可以确认的遗址有北门及南门，门道的宽度为 15 米。该城址出土文物多为战国至秦汉时期遗物，北城建造时期稍早，推测为秦代九原郡城。南城则在北城东南角增建，南北长 600 米，东西长 400 米，出土了汉代的砖瓦和云纹瓦当等遗物，推测为汉代五原郡下的九原县城。

（二）路线的南半部分

陕西省黄土高原上的古道路遗址多有留存，其位置多处于山岳地带的山脊上，是条呈南北方向延伸的道路。

【淳化县】在县城北有汉代甘泉宫遗址，其北门遗址区推测为文献记载的秦直道南端。北门西侧有一条因水土流失形成的大沟，沟周围可见秦汉时期的砖瓦和夯土层。据淳化县博物馆馆长介绍，古道路的位置基本与大沟重叠，但相关遗迹已被冲毁。从大沟的走向来看，原道路从甘泉宫城北门遗迹开始，一直向北延伸到英烈山麓。由于这一带未经考古调查，难以确认道路遗迹，我们沿大沟进行了 GPS 测量调查，从甘泉宫城北门遗址到英烈山麓，呈正南北方向延伸，全长 12 公里。如果推测正确，这条古道路与文献中记载的秦代南北干线道路相符，其越过英烈山主峰，穿过灌木丛生的箭杆梁，沿途可见挖山和取土等人工筑路的遗迹。

【旬邑县】这里的道路遗迹，由南向北经过艾蒿湾、盘头坡穿过姜嫄河，又经过大草坪、庙沟、石门林场后，到达了地势险要的天然要塞石门关。其地耸立着高峻并峙的山峰，最高处海拔 1500 米。依据山脊和河谷的地形变化，道路的宽幅不均，为 10~20 米。② 另外，石门关周围，有两处以版筑夯土台基为中心的建筑遗址，这里发现了有秦汉时期宫殿建筑样式的柱础石和砖瓦堆积层，它们应当属于与石门关古道相关的建筑遗址。

【黄陵县】该县西边的雕灵关一带是陕西省和甘肃省的交会地。道路遗迹从这里登上海拔 1300~1500 米的子午岭主峰，沿山脊向北经过艾蒿店、五里镇、南桂花、北桂花等地点直至兴隆关。在被称为"垭口"的地点，残留有许多挖山、垫土的筑路遗迹。道路的宽幅平均为 30 米，路基、路面、路肩和排水沟均用版筑夯土建造。在南桂花遗迹中，发现了一处堑谷填方遗址，为南北长 214 米，高 20~30 米的巨大填方护坡建筑物（参见第三部分的堤防式"堑谷"）。

黄陵县的兴隆关是古代道路遗迹的分水岭。子午岭主峰在此分岔，一条从兴隆关向西

---

① 包头市文物管理所：《包头市麻池古城》，《包头市文物资料》1984 年第 1 期。
② 国家文物局秦直道研究课题组、旬邑县博物馆：《旬邑县秦直道遗址考察报告》，《文博》2006 年第 3 期。

北延伸，进入甘肃省正宁县境内，并延续到午亭子，留下宽约 4 米的古道，这是主张秦直道甘肃省路线的有力依据之一。但由于未经考古调查，其道路构造的具体情况不明。另一条则从兴隆关向东拐，经月光坪到达花家坡西侧的"古道岭"。这一带保留有沿着东西方向山脊延伸的古道，宽约 30 米，到处可见挖土和垫土等筑路的遗迹。从这里开始，道路在三面窑又向北拐，经过富县桦沟口到达张家湾乡遗址。

【富县】张家湾乡位于县城之西，葫芦河的南北两岸绵延着海拔 1300~1500 米的群山，沿山脊保留有宽 30~50 米的道路遗迹（图一），全长约 53 公里。道路沿线有挖山和垫土（即"堑山"与"堙谷"）的筑路遗迹（图二）。其中，山脊上有明显被挖成马鞍状下凹的地点，称为"垭口"，是古代道路的显著标志。另外，葫芦河南岸的大麦秸沟有"圣人条"地名，清代地方志也有记载。"圣人条"处于海拔约 1500 米的山脊上，其道路宽度约 50 米，有两三段南北方向的直线道路，每段长 200~400 米（图三）。富县张家湾乡的道路遗迹在遇到东流的葫芦河之前，沿着山脊蜿蜒而行，过了葫芦河之后，道路呈弯曲状延伸到山脊上，随着山谷地形变化而变化，路宽 20~40 米，经过坡根底、车路梁、水磨坪、马连沟等地继续向北延伸。

古道沿线到处都保留着挖山的"垭口"和在山脊的一侧挖土、山谷的一侧垫土的遗迹。自古以来被称为"车路梁"的地段，有宽 30~40 米的路面遗迹，现代林中道路也部分利用了这条古道。"车路梁"和"圣人条"地名，及其道路遗迹均与文献记载的秦直道有密切关系。2007 年，陕西省秦直道考古队对富县葫芦河北岸车路梁遗址（T1T5 探方）进行了试掘。首次判明古道由路基、路面、路肩和排水沟构成，并发现了秦代的铜镞和汉代的五铢钱，为判断古道年代提供了重要线索。2009 年春，在青岛—兰州高速公路建设中，考古队对葫芦河南岸的桦沟口遗迹进行了发掘，取得了揭示古代道路实况的巨大成果（参照第三部分）。

【甘泉县】富县北部的道路延伸到甘泉县境内。古道沿山脊向北依次经过了镇乡、杏树嘴、方家河、榆树沟、柏树坪等地点，沿线有凿山、挖土和垫土等筑路的遗迹残留，道路宽 20~40 米。位于洛河北岸的方家河遗址沿着洛河岸边的石山山脊建造，山脊一侧采用挖土方法，山谷一侧则用垫土的方法，铺设出了版筑夯土宽 30 米左右的平坦道路（图四）。这段弯曲的道路除保持着平缓的斜坡度外，还发现了类似桥台的版筑夯土台基。在距离桥台遗迹西北方向约 800 米处，残留着巨大的版筑夯土墙体（即堙谷），这是从深度约 30 米的谷底到石山山脊线的路基，支撑着山脊上的道路。经过了两千多年的岁月，这里的路基虽坍塌了一部分，但谷底高约 20 米的版筑垫土结构至今仍然耸立，堪称秦直道的代表之作。

【志丹县】秦直道沿着甘泉县的北部山区继续向北，依次经过永宁乡、安条、榆树条、新胜条、李条、刘条、交泥条等地点，全长约有 20 公里。沿线多处残留着凿山、挖土和垫土等遗迹，道路宽度为 20~30 米。这一带地名多含"条"，意为"大路"，是确认陕西省路线的线索之一。此外，道路遗迹附近还发现了大小不等的建筑遗址。在永宁乡任窑子村古道的东侧，残留着南北长约 350 米，宽 80 米，高约 15 米的巨大建筑台基。在这座像

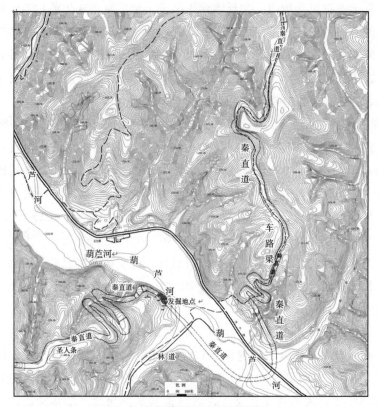

图一　富县葫芦河两岸直道遗址

图二　陕西省富县车路梁遗址（垭口，2007）

小山一样高的版筑夯土台基顶部，发现了墙壁和门阙等宫殿建筑遗迹，周围还散落着秦汉时代的砖瓦等建筑材料。[①] 从巨大的版筑夯土台基与宫殿建筑的配置，以及砖瓦的型式特

---

① 姬乃军：《陕西志丹县永宁乡发现秦直道行宫遗址》，《考古》1992 年第 10 期。

图三　陕西省富县遗址（圣人条，2008）

图四　陕西省甘泉县方家河遗址（堑山堙谷，2011）

征来看，这应是古道上设置的"行宫"，即秦汉时代帝王们通过秦直道时的休息、住宿设施。

【安塞区】秦直道经过志丹县北部的杏河镇，延续到安塞区的王窑乡、化子坪乡等地，沿线残留着挖土和垫土的筑路遗迹，道路宽度大多为10~30米，最宽处约为50米。在王窑乡遗址附近，发现了大型版筑夯土台基和建筑遗址，以及宫殿样式的砖瓦建筑材料和陶制给排水设施①，很可能属于"行宫"遗址。古道从这里经过化子坪乡后，继续向北延伸

---

① 延安地区文物普查队：《延安境内秦直道调查报告之一》，《考古与文物》1989年第1期；延安地区文物普查队：《延安境内秦直道调查报告之二》，《考古与文物》1991年第5期。

至榆林地区。

(三) 路线的北半部分

这段秦直道的遗迹，贯穿于陕西省榆林地区和相邻的内蒙古自治区南北方向区域。与南半部分相比，这一地区多为丘陵台地、戈壁沙漠和广阔草原，常年受风沙侵袭，古代遗迹保存状况较差，道路遗迹也很难保存。

【陕西省榆林地区】从 20 世纪 90 年代至今，以榆林市文物考古研究所为主要力量的秦直道考古调查持续进行，提出了多条途经路线的论点，但具体路线仍难以推测。从安塞区化子坪这一地点开始，向北经过侯市、镰刀湾、王家湾乡，到达榆林地区靖边县小河乡后，至郑石湾村的这条路线，得到了重视。① 根据考古调查简报，在郑石湾村发现的道路版筑夯土痕迹南北长约 5 公里，路宽为 6~20 米。2008 年夏，我们在靖边县小河乡的郑石湾村附近进行了实地调查和 GPS 测定，发现这里的自然环境和高原台地布局与志丹县、安塞区遗址有很多相似之处，但是凿山、挖土和垫土等筑路遗迹并不明显。另外，在榆林城西北的马合乡达石村东的河口水库西侧，发现有类似古道版筑夯土层的遗迹，道路最大宽度约为 40 米。因未进行发掘，道路遗迹的详细情况仍有较多不明之处。

【内蒙古自治区鄂尔多斯市东胜区】20 世纪 70 年代，在鄂尔多斯市以西 31 公里处的东胜区柴登乡城梁村，发现了有古代砖瓦建筑材料散落的建筑遗址。此处采集的瓦片、瓦当均饰有云纹和几何纹，推测该遗址为汉代城址的一部分。另外，据说在这座古城遗址的周围，有被称为鄂尔多斯脊梁骨的丘陵高地（海拔 1553 米），也残存南北方向的道路遗迹。经历史地理学家调查证实，东胜区城梁村古城遗址及张家渠一带的鄂尔多斯丘陵台地上，均保留着凿山和垫土的筑路遗迹②。这里也有被称为"垭口"（凿山）古道路遗存的标志物，它们几乎都沿着南北方向延伸，保持等距离分布。20 世纪 90 年代，东胜区城梁村遗址古城址以西 100 多米处的小高山上发现了凿山和挖土的筑路遗迹，道路宽约 50 米。自此，它作为内蒙古自治区秦直道的代表遗址，为世人所知。

另外，鄂尔多斯市东胜区漫赖乡二顷半村南的山岗台地也有同样的凿山筑路遗迹，据说这个凿山遗迹的路面宽约 22 米，保留有混合红砂岩土路面。③ 近年来，考古工作者对东胜区城梁村古城址进行了考古发掘，发现了方形城址，边长为 480 米，面积约 23 万平方米。城内有版筑夯土台基、陶制圆形排水管，出土文物有筒瓦、板瓦、云纹瓦当、几何纹的方砖和陶片、铜镞等，均为秦汉时代的遗物。根据城梁村古城址的规模和出土遗物推测，它极有可能是设置在秦直道上的亭障设施。然而，在内蒙古自治区的秦汉道路遗迹中，由于缺乏考古发掘实例，实物资料匮乏，要搞清秦直道北半部分的线路还需一定时间。

---

① 延安地区文物普查队：《延安境内秦直道调查报告之一》，《考古与文物》1989 年第 1 期。
② 贺清海、王开：《毛乌素沙漠中秦汉"直道"遗迹探寻》，《成都大学学报》（社会科学版）1989 年第 1 期。
③ 国家文物局主编《中国文物地图集·内蒙古自治区分册》，西安地图出版社，2003。

如上所述，通过对道路遗迹的实地勘查和 GPS 测量，确认了秦直道陕西省路线的存在及其道路铺设状况。秦直道从南端的陕西省淳化县甘泉宫，到北端内蒙古自治区包头市的九原郡城，基本呈南北方向延伸，全长达 700 公里。其中，南半部分的遗迹颇多。可以确定，秦直道从淳化县甘泉宫的北门开始，经过旬邑县石门关、黄陵县兴隆关，再向北延伸至富县、甘泉县、志丹县和安塞区。

另外，道路的北半部分，经过了陕西省榆林地区和内蒙古自治区的丘陵与草原地带，又穿越了戈壁沙漠。因为这一地域严酷的自然环境影响，道路的保存状况不好，考古调查的地点亦稀少，所以，关于北半部分路线的经由地，有许多地点是推测出来的。

三　道路构造和施工方法的考察

近年来，陕西省考古研究院对道路遗迹保存状态较好的陕西省富县车路梁、桦沟口遗址进行了考古发掘，取得了秦直道遗址的第一手资料。遗憾的是，考古发掘报告至今尚未出版。笔者在考古发掘现场，曾对道路遗迹进行了详细的观察，并考察分析了汉代的道路构造和施工方法，本节将对此加以探讨。

（一）道路结构的特征

1. 山岳高地修筑道路

陕西省路线的秦直道南半部，几乎都是在海拔 1300 米左右的山岳高地上修建的。这是为了防止山体水土流失和崩塌，有意识地避开了山谷低地，而把道路修筑在山脊上。据文献记载，秦直道采用"堑山堙谷"的方法建造，即通过在山脊上凿山挖土和夯筑垫土来筑路，建成平均宽约 30 米的大路。为了保持最短距离，道路在地形允许的范围内沿着南北方向的直线铺设。当遇到河流时，道路不得不从山上下到河谷低地，为保障车队行驶安全，在保持一定坡度的基础上，还建造了弯曲的道路。其最好的例证是富县葫芦河南岸的桦沟口遗址，这里残留有东西方向的弯路，坡度一般为 16~28 度，最高不超过 35 度。

2. 建筑材料和版筑夯土的技法

陕西省路线的筑路方法，少数直接利用山体，大部分则采用了版筑夯土的土木筑路方法。富县车路梁遗址是其典型案例，该段道路的路基、路面、路肩、排水沟均用夯土层加固完成。为保证道路排水和结构耐久性，道路中央隆起为半圆形，两侧较低。由于道路结构的需要，整个道路的版筑夯土层的厚度并不均匀，路基和路面的版筑夯土的厚度也各不相同（图五）。路基的版筑夯土一层有 10 厘米左右，而路面的版筑夯土一层仅 0.5 厘米左右。此外，道路建筑材料的土质也有所不同，少部分路段使用小砂粒版筑夯土层（富县桦沟口），而在黄陵县南桂花遗址，巨大的护坡式（"堙谷"）下层道路构造中，还混入了砾石。

图五　富县车路梁直道垫土

3. "堑山堙谷"工程

陕西省路线的秦直道南半部分，主要是在山岳高地上筑路，所以沿山脊建造的道路较多，以求平坦且耐久。版筑夯土护坡和垫土的施工方法在确保道路宽度的同时，还起到了强化路基的作用。这些特征被司马迁形容为"堑山堙谷"。

堑山指为确保道路宽度，沿山脊一侧切削挖掘土石垫平，另一侧沿山坡斜面垫土、碎石夯筑台基拓宽路面，从而铺设出平坦的道路。至今道路沿线的山脊上，仍残留着挖土的坡面，可以看出筑路工程当初的面貌。甘泉县方家河遗址中还清晰地保留着金属制品挖凿山脊岩石层时的痕迹（图六），是一个典型的"堑山"遗址。中间夹有道路的山脊上通常还保留有"垭口"，亦是古道路的标志性遗存。

堙谷指为开拓道路宽度，使用版筑夯土技术，在山谷的悬崖边缘和河谷低地加固路基，并在其上铺设平坦道路的方法。在深谷和洼地亦用与地形、地势相适应的版筑夯土护坡等人工建造物来筑路。

2008 年底，陕西省秦直道考古队对黄陵县南桂花遗址进行了实地调查，并于 2009 年对甘泉县方家河遗址进行了试掘，首次探明了所谓"堙谷"的道路结构。根据考古调查，当时不同地点和道路布局的"堙谷"方法各不相同（图七：1）。例如在黄陵县南桂花遗迹中，当道路被深谷切断时，就要从深度约 30 米的谷底用巨大的版筑夯土护坡完成路基，

图六　甘泉县方家河遗址的"堑山"凿痕

然后在其上铺设平坦道路，形成南北长 214 米，底部宽 50~60 米，顶部宽 10~16 米，高 30~35 米的堤防式"堙谷"（图七：2）。甘泉县方家河遗址则在险峻的岩石山脊上建造古道，采用版筑夯土护坡形成道路基础，从山脊顶上的道路到谷底，堆积了高约 30 米的版筑夯土护坡。它采用方形或长方形隔墙的形式，在各个隔墙内分别垫土，进行加固，形成像蜂巢一样坚固的构造，牢牢支撑着山脊线上的路基，笔者将其定为蜂巢式"堙谷"（图九：3）。经过 2000 多年，方家河遗址中的夯土护坡虽顶部坍塌，但仍高达 20 多米，支撑着山脊的古道路遗迹。

（二）筑路方法

陕西省路线秦直道南半部分的特点是在山岳高地上筑路施工，往往依据地形与地貌的变化，选择适当的方法完成道路建造。

1. 挖土与垫土

秦直道的基本施工方法是通过挖削与垫土来建造道路。为确保山脊高地上道路的平均宽度为 30 米，需削去山脊斜面（挖土），面向山谷的一侧和边缘则用版筑夯土堆积到一定高度（垫土）。在陕西省富县车路梁、桦沟口遗址（图九）的考古发掘中，就发现了这样的遗存。这是一段弯曲的坡道，道路宽度平均为 30 米，最大宽度超过了 50 米。道路一侧为山脊，用"挖土"方式整修了路面，另一侧在面向山谷边缘的斜坡上，又采用"垫土"方式铺设了平坦坚实的道路。垫土构造根据山脊地形和地貌的变化，形式和规格各不相同，至少可分为 a 台式、b 垂直式、c 分段式三式（图八）：台式最大限度地利用生土，垂直式结合生土和坚实路基，分段式增强各层段的坚固性。这三种垫土方式在秦直道沿线被广泛采用。桦沟口遗址的考古发掘地点以及葫芦河岸的道路沿线，多为三种垫土方式并用。其版筑土层每层厚 6~8 厘米，结构致密。垫土高度一般为 3 米（图十），最高处达 5~6 米，

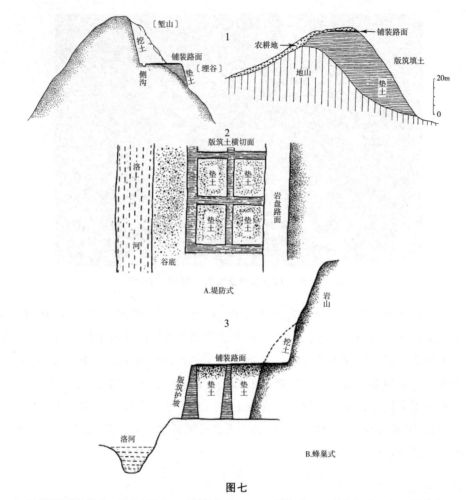

图七

1. 秦直道的建筑技术：挖土与垫土 2. "堙谷"的工法 A. 堤防式 3. "堙谷"的工法 B. 蜂巢式

沿葫芦河南岸还修建了像防洪堤的垫土层，有效加固了路基。

2. 路基、路面、路肩、排水沟

陕西省路线的秦直道道路遗迹由路基、路面、路肩、排水沟构成，道路平均宽度约 30 米，最大宽度超过 50 米。在黄陵、富县等遗址的考古发掘调查中，地表下的 0.3~1 米之处，就到达了秦直道的路面。

【路基】道路的主体部分，它是路面的基础构造，承担着分散道路交通荷载的作用。陕西省路线南半部分的秦直道路基，最大限度地利用了山体的生土部分。在地基薄弱的地方，通过夯实土层形成路基，在山谷边缘等斜坡上垫土，构筑了坚固的路基。陕西省路线的道路遗迹，路基结构不甚均匀，版筑夯土层的厚度也不均等，为 20~50 厘米（图十一下层）。车路梁遗址 TG4 探方的发掘表明，在地表下约 1 米处，有厚约 35 厘米的路基地层，其中版筑土层分为上、下两层，上层厚 8~10 厘米，下层厚 12~16 厘米。

【路面】直接承受道路交通负荷的层面，同时也起到防止雨水渗入路基的作用。陕西

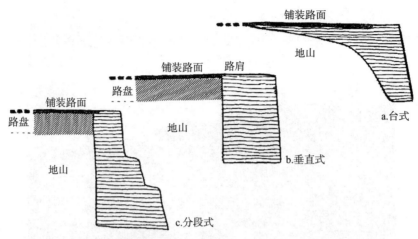

图八　垫土构造的分类 a 台式、b 垂直式、c 分段式

图九　富县桦沟口直道——葫芦河岸垫土

省路线的秦直道路面，分为地表层和基础层，均为版筑夯土建成。通过对车路梁遗迹 TG4 探沟的考古发掘，可知路面地表层厚度约为 5 厘米，每层用细土紧密夯实，厚度约 0.3 厘米（图十一）。路面的基础层厚度约为 15 厘米，它以一层 0.5 厘米左右的厚度将细小的褐色土均匀夯实，形成俗称"千层饼"的路面结构，可能是使用石碾子类工具压实得到的效果。另外，在富县车路梁和桦沟口的遗址中，发掘出上、下层路面，两者相隔约 20 厘米。黑褐色的下层版筑夯土比上层更为坚固，显示出不同时期的路面遗迹，路面表层还发现了很多车辙痕迹。

【路肩】位于道路两侧，起着辅助道路的作用。其外侧有排水沟（一侧或两侧）。富县车路梁遗址 TG1 显示，道路宽 41 米，在路面中央隆起部分两侧发现左、右路肩，宽度均为 4 米。路面表层还发现了车辙遗迹，表明路肩可能被用作车辆行驶的道路或临时停车的

图十 志丹县直道（行宫遗址）

图十一 富县车路梁遗址的路基和路面

地点。

【排水沟】建造在路肩外侧的路面排水设施，设置在道路的一侧或两侧。排水沟宽度约为1米（车路梁TG1探沟的一侧排水沟宽度超过2米），深度为0.3~0.5米。在富县车路梁遗迹中，道路中央呈隆起状，两侧略低，利用路面高低差使水自然流向排水沟，同时利用山谷斜坡排水。

3. 桥台

桥台是在跨越河谷的桥梁上附设的道路设施，用于保障人车安全，支撑道路荷重。在陕西省路线秦直道的调查中，至今还没有发现桥梁遗迹，但发现了多处桥台遗迹，其中以甘泉县方家河遗址最为典型。方家河遗址的桥台遗存沿洛河北岸延伸，高度 3~6 米，东西长达数百米（图十二），均是用版筑夯土建成。

图十二　甘泉县方家河遗址秦直道的桥台遗迹

四　陕西路线年代验证与秦直道的再认识

综上所述，我们已经明确了陕西省秦直道的道路构造和筑路施工方法等问题。本节将对道路的建造和使用年代以及废弃时期，做一考察和论述。

（一）相关建筑及其年代

我们在南半部分的秦直道沿线发现了许多大小不等的建筑遗址，故将其特征整理如下。

1. 行宫

所谓行宫，是指在秦直道沿线保持一定距离设置的帝王官僚专用的中途休息和住宿设施。其代表遗址有陕西省旬邑石门、富县马连沟、志丹任窑子、侯市村以及安塞区化子坪乡红花园村等 5 处。其主要形制是在道路附近的高岗台地上，建造高大的版筑夯土台基，其上有豪华的宫殿建筑群（组）。旬邑县石门山南峰的山脊平坦地面上留下了南北 100 米、东西 50 米的大型建筑遗址，周围采集到了宫殿建筑的大型柱础石、菱形纹的空心砖，几何纹饰的方砖、云纹瓦当和"长生未央"瓦当等宫殿建筑所用的瓦当。[①] 志丹县永宁乡任

───────────────

① 　国家文物局秦直道研究课题组、旬邑县博物馆：《旬邑县秦直道遗址考察报告》，《文博》2006 年第 3 期。

窑子遗址东侧，还残留有像小山一样的版筑夯土台基（图十三）。

图十三 志丹县永宁乡任窑子遗址（秦直道行宫，2008）

该遗址南北长 350 米，东西宽 80 米，建筑面积约 2.8 万平方米。现存的台基高度约 15 米，根据版筑夯土的种类特征分为上、中、下三层。上层版筑夯土每层 8~10 厘米，均匀夯筑，顶部有大小不一的建筑遗址。中层版筑夯土每层 10~12 厘米，坚固似砖瓦和石料，当地农民至今仍在该台基上建造居所、储藏库和猪圈。最下层相当于建筑物基础部分，版筑夯土层类似于砖坯，以切块状组合垫土加固而成。2008 年夏季，笔者在此进行实地调查时，遇到乡村道路开发工程，推土机挖掘时恰好横穿了建筑台基一角，显露出台基最下层的版筑夯土剖面。其以纵向 0.80 米、横向约 0.50 米的切块状为单位，整齐地横向排列建造而成的，类似切石结构。台基顶部有城墙和城门，周围麦田里发现大量秦汉时代的宫殿建筑材料，如筒瓦、板瓦、云纹瓦当、菱形纹空心砖、方砖、大型柱础石和陶制排水管等。[1] 另外，该县杏河镇侯市村道路遗迹西侧 2 公里处，保留着总面积约 8 万平方米的大型建筑遗址。其外周有城墙和护城河环绕，自古就有"水包（围）城"之称。这里的版筑夯土台基残留高度约 7 米，发现树木纹、鹿纹、鸟纹、云纹和"千秋万岁"铭文的宫殿样式瓦当，以及几何纹饰方砖、筒瓦、板瓦和陶制排水管等。[2] 此外，安塞区化子坪乡红花园村道路遗址东侧，残留有高约 10 米的版筑夯土台基，建筑面积约 10 万平方米。台基顶部有大小不等的建筑遗址，发现大量秦汉时期宫殿样式建筑材料，如葵纹瓦当，刻有"宫""工""水"字样的瓦，绳纹筒瓦和板瓦，空心砖和陶制排水管等。[3]

从这些道路附近设置的高大版筑夯土台基及其顶部的宫殿建筑遗址和华丽的砖瓦建筑

① 姬乃军：《陕西志丹县永宁乡发现秦直道行宫遗址》，《考古》1992 年第 10 期。
② 国家文物局主编《中国文物地图集·陕西分册》，西安地图出版社，1998。
③ 延安地区文物普查队：《延安境内秦直道调查报告之一》，《考古与文物》1989 年第 1 期；延安地区文物普查队：《延安境内秦直道调查报告之二》，《考古与文物》1991 年第 5 期。

材料来看，它们属于秦汉帝王巡幸天下时中途休息和住宿的行宫。

2. 亭障

亭障是在道路沿线的交通要冲、要地设置的机构，有的亭障与行宫相邻建造，通常起着道路的整修及管理机构的作用。但在特殊时期，亭障也是一种军事守备、驻扎军队的设施。

旬邑县石门关遗址附近，距离石门山南峰行宫遗址约 200 米处，保留着以版筑夯土台基为中心的建筑遗址。台基南北长约 100 米，宽约 30 米，与行宫的版筑夯土台基相比规模较小，但仍发现大量秦汉时期的砖瓦建筑材料，多是施以绳纹的筒瓦、板瓦以及生活陶器等遗物，没有发现刻有文字或几何纹样的华丽宫殿样式砖瓦。另外，内蒙古鄂尔多斯市东胜区柴登乡城梁村遗址附近也发现了古城址，建筑物规格和出土遗物与旬邑石门关建筑遗址类似，主要发现秦汉时期的无文字陶片和绳纹筒瓦、板瓦，没有高等级的砖瓦建筑材料。综合考察，这些建筑物的规格和出土遗物很可能是整修、管理秦直道的机构或守军驻扎的设施——亭障。

3. 关卡、驿站

这也是在道路沿线的要地和路旁设置的机构，典型例证发现在富县桦沟口遗址。这里的秦直道从山脊蜿蜒而下，沿着葫芦河南岸延伸，道路宽度超过 50 米。道路两侧发现了左右对称配置的两组建筑遗址（桦沟口 T0111-T0112 探方；T0212 探方），其中有面阔 3.5 米的 3~4 间并列的建筑物。周围集中发现秦汉时代的砖瓦建筑材料和部分生活陶器，在河岸的建筑遗址中央部位（T0212），还发现了直径 55~65 厘米的柱洞和柱础石。

从这些建筑遗址的布局、规格和出土遗物等要素来分析，这些设置在道路要所和路旁的建筑物，相当于道路附属的警备、管理专用的关卡与驿站。

如上所述，在秦直道附近设置、建造的行宫、亭障、关卡、驿站等建筑物，均附属于道路，其建筑物的功能也与道路的运营有着密切关系。这些建筑遗址出土的砖瓦建筑材料、陶器，从类型学的编年来看，都具有秦汉时代的特点。因此，这些建筑物的建造与使用年代，无疑为秦汉时代。

（二）道路的创建和废弃年代

陕西省富县、黄陵县秦直道遗址的考古发掘与调查使得多年来模糊不清的陕西省秦直道路线逐渐清晰。考古发掘表明，秦直道的路面通常位于今地表下 0.3 米（桦沟口）至 1 米（车路梁）处。路面用版筑夯土技术建造，分为上下两层，之间存在约 20 厘米的间隔层，表明秦直道上存在不同时期的路面。特别是富县葫芦河南岸的桦沟口遗址，自 2009 年 3 月开始，考古工作者在此进行了长达 4 个月的考古发掘，发掘总面积达 2050 多平方米，发现了宽约 50 米的道路，路面上有密集的车辙。路旁还发现了附属建筑遗址、砖瓦建筑材料以及路面上的土坑墓等，对于判断道路的建造、使用及废弃年代具有重要意义。

1. 出土遗物

【瓦建筑材料】在富县葫芦河南岸的桦沟口道路遗址两侧,发掘出了两组关卡、驿站遗址(T0111-0112 探方:T0212 探方),周围集中发现了大量的建筑材料和生活陶器碎片。瓦片主要为筒瓦与板瓦,表面花纹多为粗绳纹与细绳纹。参考秦汉时期的首都长安地区发掘的筒瓦与板瓦的类型学编年[①],可大致判断该遗址出土瓦的时代,其中"带状绳纹"瓦较为显眼,属于秦汉早期形制。瓦的背面花纹,可见秦—西汉初期的代表纹饰麻点纹、方格纹,汉代之后广泛使用的布纹瓦是这个遗址瓦的主流。根据这些瓦的型式特征,对出土瓦片进行统计(表一)。统计显示,早期瓦碎片约占 1~2 成,集中在下层路面,相当于秦—西汉前期;7~8 成为西汉中期—东汉时期纹饰特征的瓦片,主要出现在上层路面。因此,我们认为下层路面年代为秦—西汉前期,上层路面为西汉—东汉时期。

表一　陕西省富县桦沟口遗址出土的筒瓦与板瓦纹饰统计

种类			时期		
			秦—西汉早期	过渡期	西汉中期—晚期
筒瓦(523 片)	外面纹饰		抹带绳纹		粗绳纹、细绳纹
			11.7%		86.7%
	内面纹饰		麻点纹	方格纹	布纹、光面
			18.4%	1.1%	78.6%
板瓦(830 片)	外面纹饰		抹带绳纹		粗绳纹、细绳纹
			10.1%		89.7%
	内面纹饰		麻点纹	方格纹	布纹、光面
			7.8%	4.1%	86.6%
总计			约 12.2%	约 2.5%	约 85.3%

【金属制品】2007 年春,在富县车路梁遗址的考古调查中,从 TG5 探沟的路面上发现了一件三棱式铁铤铜镞(长 12.4 厘米),与秦始皇帝陵兵马俑坑出土的青铜镞类型相似,应为战国末到秦统一时期的铸造品。另外,2009 年富县桦沟口遗址的发掘中,除了从上层路面的车辙痕迹中发现了一件秦汉时期的三棱三翼式铜镞(长 3.7 厘米)外,在 T0210 探方上层路面还发现了王莽时期的钱币"大泉五十"一枚。从这些金属工具及钱币的类型学编年来看,可以确定陕西省路线的秦直道建造和使用年代为秦代到两汉之交。

2. 土坑墓与人骨年代分析

在富县桦沟口遗址的发掘现场,还发现了一座长方形竖穴土坑墓,位于河岸一侧建筑遗址相邻的道路上层路面(T0110 探方)。这是一座长 1.9 米、宽 0.65 米、深 0.25 米的土坑墓,距离最近的路面有车辙痕迹。墓主是没有双手和双脚的成年男性,墓葬方向为 340

---

① 刘振东、张建锋:《西汉砖瓦初步研究》,《考古学报》2007 年第 3 期。

度，葬式为直肢葬，无随葬品。

这座墓葬位于路面上，对于了解古道变迁具有重要意义。墓主没有手脚，很可能是非正常死亡。墓葬靠近倒塌的建筑遗址，附近有车辙遗迹，应为道路废弃后不久的墓葬，是验证桦沟口秦直道废弃年代的珍贵实物资料。2009 年春，笔者在桦沟口遗迹发掘现场，采集了该路面埋葬人骨的实验标本，委托东京大学研究生院尖端生命科学专业、人类进化系统的专家进行了人骨 DNA 年代分析。结果显示，土坑墓中人骨的年代为 1863±35 BP，相当于公元 1 世纪末[①]，即东汉中期。

3. 关于道路的废弃

陕西省路线的建造可追溯至秦代，但其具体使用和废弃年代长期缺乏文献和考古证据，一直未有定论。

2009 年富县桦沟口遗址的考古发掘中，发现了铜镞、王莽钱币，以及路面墓葬中的人骨等，这些都是判断道路使用、废弃年代的重要信息，此外，道路中央还发现 3 处人工挖掘的大沟，这些大沟沿道路纵向挖掘，宽约 4 米、深 30～70 厘米，属于道路的上层路面，发掘出的土坑墓、关卡、驿站等建筑遗址就在附近。这些大沟的一部分与建筑遗址有着打破关系，表明其挖掘时期比建筑遗址要晚。观察这些大沟的选址和周围的遗迹，我们认为这可能是有意引入山水，破坏道路的路基与路面，从而引起滑坡等情况，从而阻碍车辆的正常通行，导致道路废弃。这些人为破坏痕迹与土坑墓和倒塌建筑遗址均属上层路面，时间大致相同。依据出土人骨的年代测定和瓦的类型学特征，桦沟口道路的废弃时间约为东汉中期。

2010 年夏，陕西省秦直道考古队联合地方文化局对黄陵县和甘泉县方家河遗址进行了考古调查。发现这两处遗址的道路中央也有类似大沟，同样是人为破坏道路的遗迹（发掘资料正在整理中）。综合各地层的道路遗迹和出土遗物观察，以上各个地点未发现汉代以后再利用的遗迹。因此，这条连接帝国都城和北方重镇的南北干线道路，就这样被后代的王朝废弃了。

（三）秦直道的再认识

众所周知，"直道"之名源自司马迁《史记》的记载，指秦始皇时代象征着国家项目的南北干线道路。关于其经由路线，以史念海为代表的研究提出秦直道甘肃省路线之说，至今对学界有很大影响力。[②] 其观点的文献依据主要是《史记·匈奴列传》正义："秦故道在庆州华池县西四十五里子午山上。自九原至云阳，千八百里。"[③] 他认为"华池县西"

---

① 该出土人骨的年代测定数据，由东京大学研究生院的米田穣先生（人类进化系统专业）分析得出。测定年代：1863±35BP（误差为 1）；校正年代：87–106calAD（12.1%）、120–181 calAD（39.2%）、181–214 cal-AD（16.9%）。

② 史念海：《秦始皇直道遗迹的探索》，《文物》1975 年第 10 期。

③ （汉）司马迁：《史记》卷一一〇《匈奴列传》，中华书局，1982，第 2887 页。

相当于今甘肃省华池县东华池镇，"子午山"指跨越陕西省和甘肃省东华池镇交界的子午山主峰。并参照唐代《元和郡县图志》卷三记载，补充说明秦直道位于襄乐县（今甘肃省正宁县）东八十里的子午山上，相关内容也见于清代地方志《乾隆正宁县志》卷三。这些文献多出自唐人编纂的资料，而唐代距秦直道建造已约 800 年，引用唐代文献的清代地方志，又经历了约 800 年才编集。这些片段记载和编纂时代跨度很大的文献，究竟有多少接近秦直道的真实情况，令人怀疑。

陕西省旬邑县雕灵关保留有宽度 4.5 米的古道遗迹，甘肃省正宁县黑马湾和合水县间水坡一带也保留着宽度约 4.5 米的古道。基于两地古道路宽度相近，有观点认为这是对秦直道甘肃省路线的有力补充。因此，该路线被正式命名为"合水县秦直道"，并于 1993 年被列为甘肃省文物保护单位。随后，甘肃省文物局对合水县古道的调查发现，该道路宽度 4~6 米，其周边除采集到秦汉时期的砖瓦和云纹瓦当外，还包括宋代至明清时期的瓦片和陶瓷碎片。[①] 2008 年夏天，笔者等人在对陕西省路线进行 GPS 调查时，除了对陕西省富县葫芦河两岸的古道进行调查和对车路梁遗址进行现场验证外，还勘查了与之相邻的甘肃省合水县高嘴乡一带的古道路遗址。现合水县大山门林场旁立有一块"甘肃省秦直道"石碑，从这里延伸至山脊茂密森林中的古道路宽约 4 米。但是，这一带的道路遗迹都未经考古发掘，缺乏认定其为秦直道的有力实物证据。与此形成鲜明对比的是，东邻的陕西省富县葫芦河两岸留下的道路遗迹宽度达 20~50 米，而且道路构造、筑路方法、建造与使用及废弃年代均已非常明确。甘肃省东北部山岳地带残留的古道路与陕西省黄土高原山地残留的古道路相比，规模和构造上的差异明显。从古代道路的建造、使用年代和特征等方面来看，"甘肃省秦直道"之说证据显然不足。

通过对陕西省路线的追踪，以及对沿线遗址与遗物的考证，以往认识不足的秦直道，已经清晰地展现在了我们的眼前。首先，陕西省路线的秦直道南半部分，在山间筑路是其特征。沿着山脊铺设了平均宽约 30 米、最大宽度达到 50 米的大路，基本上呈南北方向延伸。道路沿线还设有行宫、障亭、关卡、驿站等设施。山脊道路通常采用挖土方式，而在山谷和洼地等斜坡低地则用版筑夯土垫土方式建成，即"堑山堙谷"。这些道路由挖土加固的路基、路面、路肩、排水沟等构成，除建筑材料差异外，与现代道路建造方法有许多共同点。

其次，陕西省路线的使用年代也得到了证明。根据文献记载，秦直道作为秦国的国家工程，始建于公元前 212 年。两年半后，帝王的乘舆就已经在这里通行过了。秦始皇驾崩后，秦直道的工程由秦二世胡亥继承。[②] 其后在西汉文帝与景帝时期，道路的整修与利用仍在继续。与此相对应，我们在富县车路梁、桦沟口和黄陵县南桂花遗址的考古发掘现场

---

① 甘肃省文物局：《秦直道考察》，兰州大学出版社，1996。
② （汉）司马迁：《史记》卷八七《李斯列传》载："（秦二世）法令诛罚日益刻深……又作阿房之宫，治直道、驰道，赋敛愈重，戍徭无已。于是楚戍卒陈胜、吴广等乃作乱，起于山东，杰俊相立，自置为侯王，叛秦。"中华书局，1982，第 2553 页。

发现了很多车辙痕迹，表明当时车队频繁通过。特别是桦沟口遗址，路面车辙痕迹密集，由于许多车轮反复碾压，路面上留下了数条宽 20~45 厘米、高 4~10 厘米的辙梁。这些突起的辙梁反映了上下层反复碾压和左右挤压的现象，真实地说明了秦直道上往来车辆的载重情况和单位时间内交通量之大。

此外，考古发掘的遗迹和遗物为我们提供了判明陕西省路线年代的有力线索。富县桦沟口遗址路面上出土了秦代铜镞、五铢钱和汉代瓦当等建筑材料，以及 1 世纪初铸造与流通的王莽钱币。根据这些出土器物的年代，可以推断道路的使用时期。桦沟口路面出土人骨的年代测定结果显示，道路废弃年代为公元 1 世纪末（东汉中期）。2009 年以来，陕西省富县、黄陵县、甘泉县道路遗迹的考古发掘调查中，确认了汉代以后废弃的道路没有再利用，与汉代以后文献中秦直道记载消失的历史现象一致。

五 秦直道创建的历史文化意义

秦直道创建于秦始皇时代，经过西汉直到东汉中期持续使用了 300 多年。它主要是在山岳高地筑路，其道路的宽度为 20~50 米，南北直线距离达 700 多公里。这样巨大的工程，究竟是因为什么而建造的呢？

（一）秦帝国的象征

秦王嬴政作为首位统一天下的霸主，自称为"皇帝"。"皇"指太阳与日月星辰，"帝"指北极帝星，"皇帝"意指拥有太阳神与天帝神之格位的人物。因此，为了描绘理想的帝国形象，象征天、地、人、神的神圣纪念物是必不可少的。

1. 咸阳

中国历史上第一座统一王朝的都城被命名为"咸阳"。《周易》中称："咸，感也，天地感而万物化生，圣人感人心而天下和平，观其所感而天地万物之情可见矣。"咸阳的都城建设规划与宫殿群构造和规模极为宏大，远超此前任何首都建置。这个理想的都城形象象征着当时的宇宙观，它与其说是以宫殿、官衙为中心的宫室生活和行政中心，不如说是仰望宇宙的日月星辰，其目的是永远保持治理天下的秩序。因此，为了象征"天人合一"的理念，秦代有无数宏伟的纪念碑类的建筑相继建成。

《史记》卷六《秦始皇本纪》记载："（二十七年）焉作信宫渭南。已更命信宫为极庙，象天极。自极庙道通骊山（秦始皇帝陵），作甘泉前殿。筑甬道。自咸阳属之。"[1] 也就是说，在都城咸阳的渭水南岸有象征天极的北极星庙信宫（极庙），在渭水北岸的云阳甘泉山有祭祀天地的礼仪空间甘泉殿。另外，据《艺文类聚》卷三八引卫宏《汉旧仪》

---

[1] （汉）司马迁：《史记》卷六《秦始皇本纪》，中华书局，1982，第 241 页。

记载："汉法，三岁一祭于云阳宫甘泉坛。以冬至日祭天，天神下。"① 可见汉王朝也继承了秦帝国的天地祭祀传统，每年在云阳甘泉宫（坛）祭祀。

2. 骊山

骊山即秦始皇陵所在，它也超越了以往帝王陵墓的建制，是由地上、地下多种建筑物组成的巨大复合型的陵墓设施。"骊"意为"日月丽于天"，即秦始皇陵墓如同日月般照亮天空。实际上，始皇陵北临渭水，背靠连绵群山，东有戏水，西有温泉水源"华清池"，可以说是在与天地、山水融合最好的地点建造的。另外，帝陵地下部分由版筑夯土土墙和石壁等多重构造组成，主体部分为竖穴土坑，周围有出行的铜车马、祭祀俑、百戏俑、石胄和石铠甲、珍禽异兽以及兵马俑军团等多种陪葬坑，埋藏在陵园内外，司马迁称之为"上具天文，下具地理"②。秦始皇帝陵与都城咸阳一样，体现了与天地宇宙的联系，是象征"天人感应"的纪念碑式建筑。

（二）天下巡幸的帝王之道

建立了历史上第一个统一帝国的秦始皇，为了向天下炫耀秦德，也为了寻求自己憧憬的天上世界之道路，祈求"永垂不朽"，便开始了巡游天下九州。最初，他巡游泰山、东海等神圣场所，对天、地、神的供奉亦非常虔诚。《史记》卷八《蒙恬列传》记载："始皇欲游天下，道九原，直抵甘泉，乃使蒙恬通道，自九原抵甘泉，堑山堙谷，千八百里，道未就。"③ 以秦始皇的天下巡幸为背景，大将蒙恬带领戍卒开始了秦直道的建造。

另外，《史记》卷六《秦始皇本纪》记载："（三十七年）七月丙寅，始皇崩于沙丘平台……行，遂从井陉抵九原……行从直道至咸阳，发丧。太子胡亥袭位，为二世皇帝。"④ 秦直道工程开始约两年半后，秦始皇在第五次东巡途中病死，随皇帝灵柩同行的皇室官员和护卫部队车队通过秦直道从九原郡返回咸阳城。秦二世胡亥即位后，模仿始皇帝进行天下巡幸的政治表演，由咸阳去东海，绕行碣石，经由泰山、芝罘、琅邪、昫、会稽、辽东等地进行巡游。他在从辽东返回帝都咸阳的路线上，很可能经秦直道通过九原郡。由此看来，秦直道与都城咸阳和帝陵骊山一样，均为秦代象征着神圣皇权的宏大纪念碑式建筑物。

汉代的帝王们继承了秦始皇天下巡幸的传统。汉文帝与景帝时代，继续利用秦直道，并加以修整和管理。《史记》卷二八《封禅书》记载："（武帝）乃遂北巡朔方，勒兵十余万，还祭黄帝冢桥山……既至甘泉，为且用事泰山，先类祠太一。"⑤《汉书》卷六《武帝纪》亦载，元封元年（前110），"（武帝）行自泰山，复东巡海上，至碣石，自辽西历北

① （唐）欧阳询：《艺文类聚》卷三八《礼部上·郊丘》，中华书局，1965，第682页。
② （汉）司马迁：《史记》卷六《秦始皇本纪》，中华书局，1982，第265页。
③ （汉）司马迁：《史记》卷八《蒙恬列传》，中华书局，1982，第2566~2567页。
④ （汉）司马迁：《史记》卷六《秦始皇本纪》，中华书局，1982，第265页。
⑤ （汉）司马迁：《史记》卷二八《封禅书》，中华书局，1982，第1396页。

边九原，归于甘泉"。① 也就是说，秦直道在开通一百余年后，汉武帝巡幸天下时，随行的官员、护卫车队或北方战时出征军队 18 万车骑在这条南北干线道路上通行往来。两千多年后的今天，陕西省黄土高原一带仍有"圣人条""车路梁""古道岭"等地名，群山山脊之上保存着最大宽度为 50 米的大路。

（三）秦汉帝国礼仪大道

秦直道是连接帝国礼仪空间云阳甘泉宫与北方军事重镇九原郡的南北干线大路。秦直道的南半部分位于海拔 1200~1500 米的山区，为了防止山区水土流失和岩石崩塌，秦直道避开山谷低地，沿群山山脊呈南北向延伸。另外，在地理条件允许的范围内，尽量以直线道路进行设计施工。当遇到河流时，又修建了缓慢弯曲的盘旋道路渡河，还建成了桥台等特殊的附属道路。根据山区地形变化，秦直道宽度不等，但最大宽度为 50 米，这与秦汉时代都城道路的规格相同。在秦直道沿线除了有等距配置的行宫之外，还发现用于道路的整修、防御和驻扎部队的亭障，以及在道路要地监视管理的关卡与驿站。秦帝国南北干线道路的建设展现了帝王的坚强意志，凭借高超的土木技术在短时间内克服山岳高地的艰难条件，强烈地反映了帝国的制度和秩序。它和秦都咸阳、秦始皇帝陵一样，都是为了炫耀神圣皇帝的权力和"帝国之路"的神圣性质。

至于汉代，汉朝和北方匈奴的攻防战不断进行，汉朝出征的将士们也就利用这条直道来回，北方边境的军需采购和物资运输等，理应也曾通过秦直道完成。《汉书》卷六《武帝纪》即载："元封元年冬十月……（武帝）行自云阳，北历上郡、西河、五原……勒兵十八万骑，旌旗径千余里，威震匈奴……还，祠黄帝于桥山，乃归甘泉。"②

另外，匈奴率军队攻打汉朝时也利用了秦直道。据《史记》卷九九《刘敬列传》记载，高祖九年（前198），"匈奴河南白羊、楼烦王，去长安近者七百里，轻骑一日一夜可以至秦中"③。《史记》卷一一〇《匈奴列传》亦载，文帝十四年（前166），"匈奴单于十四万骑……使奇兵入烧回中宫，候骑至雍、甘泉"④。以上记载说明，匈奴的侦查骑兵仅用几天即可从北方边境到达汉帝都的中央地带甘泉宫，这无疑利用了秦直道。

汉朝与匈奴缔结和亲条约时，也是利用直道往来的。据《汉书》卷六《武帝纪》记载："（太始）三年春正月，行幸甘泉宫，飨外国客。"⑤《汉书》卷九四《匈奴传》载，宣帝时"呼韩邪单于款五原塞，愿朝三年正月。汉遣车骑都尉韩昌迎，发过所七郡郡二千骑，为陈道上。单于正月朝天子于甘泉宫"⑥。这些史料表明，汉朝和匈奴的使节往来，

① （汉）班固：《汉书》卷六《武帝纪》，中华书局，1962，第192页。
② （汉）班固：《汉书》卷六《武帝纪》，中华书局，1962，第189页。
③ （汉）司马迁：《史记》卷九九《刘敬列传》，中华书局，1982，第2719页。
④ （汉）司马迁：《史记》卷一一〇《匈奴列传》，中华书局，1982，第2901页。
⑤ （汉）班固：《汉书》卷六《武帝纪》，中华书局，1962，第206页。
⑥ （汉）班固：《汉书》卷九四《匈奴传》，中华书局，1962，第3798页。

以及匈奴单于谒见汉朝天子时也都曾在这条直道上行走过。因此，可以说汉代的直道不仅继承了秦代"帝国之路"的传统，还被赋予了"北方军事外交之路"的新使命。

结　语

秦始皇时期创建的秦直道，是通过巨大的权力组织和高超的土木技术在短时间内修建完成的"帝国之路"。南北间的直线距离为 700 多公里，最大宽度为 50 米。道路沿线附设豪华壮观的行宫，还有为道路的整修与防御而设置的亭障。进入汉代，秦直道继续作为"帝国之路"使用，还开创了"北方军事外交之路"的功能。东汉中期，由于人为破坏，气势恢宏的秦直道在延续了 300 多年后迎来终结。

编辑：王志高

"天之骄子"与"王者无外"

——西汉宣、元以降汉匈关系新论

李济沧

（南京师范大学历史系）

[摘要] 西汉宣帝时期，以呼韩邪单于的归附为标志，宗藩体制成为汉匈关系的主体。尽管"夷夏之防"的观念仍为指导方针，但西汉政府对匈奴显示出了柔软性与大局观，努力维护来之不易的安定局面。成、哀时期，鉴于匈奴实力增强而自身国力日衰，西汉主要依靠单于朝谒以及丰厚赏赐的方式维持双边关系。王莽执政，一改此前相对温和、理性的对外政策，在"大一统""王者无外"意识的主导下，采取对匈强硬路线，意在重构君臣上下关系，结果导致双方关系破裂。总体来看，作为两种不同类型的文化，汉与匈奴之间呈现出丰富多彩的交流和交往关系。然而自誉为"胡者，天之骄子"的匈奴与强调"王者无外，欲一于天下"的汉之间，要达到真正的水乳交融，还需更长历史时期的摸索。

[关键词] 西汉；新莽；汉匈关系；"天之骄子"；"王者无外"

当华北汉地步入帝制时代时，蒙古高原地区也崛起了一个大规模游牧政权——匈奴帝国，它活跃于整个秦汉时代的华夏帝国之北疆。王明珂指出，公元前3世纪至公元3世纪，匈奴帝国活跃于北亚约有500年之久。[①] 姚大力也言，公元前3世纪末，在长城南北，最早建立于华北汉地的专制君主官僚制统一国家，即秦汉王朝，与蒙古高原最早的大规模游牧政权匈奴帝国，约略同时华丽现身。[②] 而具体到华夏与匈奴政权的关系，巴菲尔德认为，依靠征服建立起来的匈奴帝国，其之所以持续存在与稳定，应归功于它在中国和草原部落之间发挥的中介作用。[③]

人类学者 Irons 提出过一种假说：若与定居国家缺乏紧密的政治互动，游牧人群将倾向于形成小型的自治团体或者依血缘亲疏建立"分支世系制度"（Segmentary lineage sys-

---

① 王明珂：《游牧者的抉择：面对汉帝国的北亚游牧部族》，上海人民出版社，2018，第137页。

② 姚大力：《匈奴帝国与汉匈关系的演化——早期北亚史札记》，《中华文史论丛》2021年第2期。

③ Thomas J. Barfield, "The Hsiung-nu Imperial Confederacy: Organization and Foreign Policy," *The Journal of Asian Studies*, Vol. 41, No. 1 (1981), p. 47.

tems），真正具有权威的首领职务只有通过与定居国家的互动才能产生。① 同是人类学者的Burnham 更是认为，集中化和阶序化的游牧政治体总是出现在游牧和定居人群的互动关系中。② 由此来看，似乎可以把匈奴帝国的建立视作农耕民族建立集权型帝国——秦汉帝国的因应之举。两位以研究中国边疆历史著名的美国学者拉铁摩尔和巴菲尔德对此做过实证性分析。前者指出，头曼、冒顿两代单于的事业均受秦始皇修长城的影响。在草原的历史中，帝国阶段的发展，要迟至华夏建立帝国，其影响达至长城以外的游牧民族之后才完成。当头曼退出中国时，相反促成了一种适合于辽阔草原，而不适合于农牧中间地带的游牧民族社会权力与组织的形成。③ 在后者看来，匈奴对汉朝采取的外交与战争战略，其基础是在草原外部资源开发之中获得的财政与政治稳定性。匈奴的国家结构与其说是自身进化的结果，不如说是游牧部众为了解决自身组织的问题，以便能有效地掌控中原的一种结构性反应。所以说，游牧民族的统一与华夏的统一几乎同时完成，并不算是一种巧合。④

探讨匈奴与秦汉帝国之间的密切关联，当然也是国内秦汉史学界的重要课题。汉初和亲、武帝出击、汉匈之间的经济文化交流等，皆为学者们所关注，成果十分丰富。⑤ 然而，西汉昭宣以降到新莽时期的汉匈关系，学界虽间有高论，但仍留有可供涉足的余地。⑥ 例如，如果立足于匈奴内部的角度观察此阶段的汉匈关系，或许可以获得与传统研究稍有不同的历史景观。基于此，本文拟重新复盘此阶段汉匈之间的几起重要事件以及双方对外政策的演变，着重分析交流交往频繁的西汉与匈奴之间，为什么终究没有形成长期而稳定的交融关系。

一　宣、元时期的汉匈关系

（一）谷吉事件

在经历了汉武帝时期的持续攻击之后，势力逐渐衰退的匈奴分裂为两部，一部首领为

---

① Irons，William，"Political Stratification among Pastoral Nomads，" In *Pastoral Production and Society*，eds. by Équipe écologie et anthropologie des sociétés pastorales，Cambridge：Cambridge University Press，1979，p. 372.

② Burnham，Philip，"Mobility and Political Centralization in Pastoral Nomads，" In *Pastoral Production and Society*，eds. by Équipe écologie et anthropologie des sociétés pastorales，Cambridge：Cambridge University Press，1979，pp. 353，356. 笔者此处的概括参考了王明珂的表述，可参看王明珂《游牧者的抉择：面对汉帝国的北亚游牧部族》，第 143 页。

③ 〔美〕拉铁摩尔：《中国的亚洲内陆边疆》，唐晓峰译，江苏人民出版社，2014，第 317~318 页。

④ 〔美〕巴菲尔德：《危险的边疆——游牧帝国与中国》，袁剑译，江苏人民出版社，2011，第 47、113 页。

⑤ 近年学界的主要研究成果，可参看周聪《近四十年来汉匈关系研究综述》，《内江师范学院学报》2021 年第 7 期。

⑥ 例如李大龙《两汉时期的边政与边吏》，黑龙江教育出版社，1996；王庆宪《匈奴与西汉关系史研究》，内蒙古大学博士学位论文，2003；吴方浪《汉、匈关系再探讨——以丝织品"给遗"为考察中心》，《中国社会经济史研究》2017 年第 1 期；等等。

呼韩邪单于，另一部则为其兄郅支单于所领。二者之中，曾击败过呼韩邪的郅支更为强悍，而且还占据着单于王庭。对呼韩邪而言，必须在汉与郅支之间破局。

西汉甘露三年（前51），呼韩邪决定亲往长安，朝见宣帝。不但如此，他还主动率部众迁往武帝时所建的光禄塞，接受汉廷监护。汉帝国对此投桃报李，从经济和军事上扶持呼韩邪。[①] 在双方的连携之下，郅支最终放弃单于王庭，转而西迁。

在呼韩邪与郅支的角力中，坐收渔翁之利的是西汉一方。呼韩邪和郅支都向汉廷派出侍子，以示臣服，汉匈关系也就此进入一段和平时期。[②] 困扰王朝近百年的匈奴问题，似乎迎来一个完美的结局。不过，风平浪静之下少不了激流暗涌。

黄龙元年（前49）末，宣帝去世，太子刘奭继位，是为汉元帝。据《汉书·匈奴传》：

> 元帝初即位，呼韩邪单于复上书，言民众困乏。汉诏云中、五原郡转谷二万斛以给焉。郅支单于自以道远，又怨汉拥护呼韩邪，遣使上书求侍子。汉遣谷吉送之，郅支杀吉。汉不知吉音问，而匈奴降者言闻瓯脱皆杀之。呼韩邪单于使来，汉辄簿责之甚急。明年，汉遣车骑都尉韩昌、光禄大夫张猛送呼韩邪单于侍子，求问吉等，因赦其罪，勿令自疑。[③]

从史书的记载来看，宣帝五凤四年（前54）之后，呼韩邪与汉联系颇为频繁。[④] 然而从元帝初元元年（前48）到初元五年，5年之间却无任何来往记录。尤其是呼韩邪方面，既没有祝贺新帝登基，对汉朝的救济也无感谢之辞。[⑤] 这或许是史官的漏记所致，但在元帝即位、呼韩邪新附，汉匈关系迎来新局面的时候，这种现象并不正常。

尽管如此，汉廷在处理谷吉事件时仍显示出了大局观。初元四年，郅支因不满汉偏袒呼韩邪，请求遣返侍子。经过商议，汉于次年派谷吉送郅支之子回国。然而，郅支却杀害了谷吉。[⑥] 郅支此时已迁居坚昆，与汉相距甚远。[⑦] 谷吉久不归国，西汉政府无从知晓其

① （汉）班固：《汉书》卷八《宣帝纪》，中华书局，1962，第271页。
② 《汉书》卷九十七《匈奴传下》，第3797页。
③ 《汉书》卷九十四下《匈奴传下》，第3801~3802页。
④ 据《汉书》卷八《宣帝纪》：五凤四年，"匈奴单于称臣，遣弟谷蠡王入侍"；甘露元年，"匈奴呼韩邪单于遣子右贤王铢娄渠堂入侍""冬，匈奴单于遣弟左贤王来朝贺"；二年，"匈奴呼韩邪单于款五原塞，愿奉国珍朝三年正月"；三年，"匈奴呼韩邪单于稽侯狦来朝"；黄龙元年，"匈奴呼韩邪单于来朝"。（第268~273页）前后六年中，汉匈正式来往有六次。
⑤ 《汉书》卷九十四下《匈奴传下》言谷吉为郅支所杀后，"呼韩邪单于使来"（第3801页），此事当在初元五年。
⑥ 《汉书》卷七十《陈汤传》，第3008~3009页。
⑦ 单于庭大致为今蒙古国首都乌兰巴托一带，坚昆在今阿尔泰山山脉以北，俄罗斯境内叶尼塞河流域一带，可参看谭其骧《中国历史地图集——秦·西汉·东汉时期》，地图出版社，1982，第13~14页。

中原因。也就在这时，恰巧有"匈奴降者言闻瓯脱皆杀之"[①]。

有关"瓯脱"一词，学者们见解各异，不过都认为是在呼韩邪领内。[②] 于是汉廷通过此语，判断谷吉被杀与呼韩邪有关，因而对后者派来的使者"簿责之甚急"。值得赞赏的是，面对时隔 5 年之久的呼韩邪遣使，西汉政府并没有仅拘泥于谷吉一事上。就在匈奴使者来朝的第二年，决定遣返留居汉朝十年的呼韩邪侍子右贤王铢娄渠堂，并借此"求问吉等"。在听取了匈奴方面的解释之后，汉廷赦免了呼韩邪之罪，目的是"勿令自疑"。[③]

谷吉事件所引发的外交摩擦，极有可能源于"匈奴降者"的风闻谣传。如果进一步推测，或许出于郅支方面的嫁祸，意在挑拨呼韩邪与汉之间的关系。在此过程中，汉朝方面始终怀抱极大的诚意。大臣被杀，在外交关系中原本是一件相当严重的事件。尽管对呼韩邪有所怀疑并加以斥责，但汉却主动送回质子，以此赢得了匈奴的信赖。所谓赦免其罪，应该是对呼韩邪此前一系列失当行为所做的安抚。当然，从更深层次来看，与汉朝内部连续不断的内忧也大有关联。

从元帝年间到新莽末的 70 余年中，汉帝国自然灾害频发，元、成时期尤甚。[④] 史载"岁比灾害，民有菜色，惨怛于心"。[⑤] 元帝曾十数次因灾荒而下诏，包括大赦天下、俭省开支、赈济灾民、自责罪己等。在国家财政极为紧张的背景下，外交关系上的调节和缓和必不可少。[⑥] 从汉对呼韩邪的应对来看，其要在和而非战，这样既能节省军事开支，也能怀柔对方，展示己方的诚信与胸襟。应该说，这种姿态在韩昌与张猛抵达呼韩邪居地时也清晰可见。

（二）"汉匈合为一家"之盟

韩昌、张猛护送呼韩邪之子到达后，很快发现"单于民众益盛，塞下禽兽尽，单于足以自卫，不畏郅支"[⑦]。呼韩邪原本因为自身弱小，加上郅支的威胁，所以才决心向汉臣服。[⑧]

---

① 关于此句，林幹释为"听说谷吉在瓯脱被杀"，并认为汉朝误以为谷吉等人"被瓯脱巡逻部队杀死"（林幹：《匈奴通史》，人民出版社，1986，第 161~162 页）；阿尔丁夫解释为"匈奴降者言，从瓯脱那里听说（汉朝使者谷吉等）全给杀了"（阿尔丁夫：《匈奴史研究暨其他》，中国社会科学出版社，2012，第 19 页）。阿氏反对林氏之说，认为谷吉确为郅支所杀，所谓"被瓯脱巡逻部队杀死"与史实矛盾，故林氏误读原文。然《汉书》所言乃是汉朝误以为谷吉之死与呼韩邪所部有关，当时尚不知谷吉确为郅支所杀，依阿氏之解释，则瓯脱仅是谷吉等人死讯的来源地，如此汉朝没有必要责问呼韩邪使者，更没有必要遣使赦免呼韩邪之罪，故林幹的解释应更接近事实。

② 王兴锋《百年来匈奴族历史地理研究综述》（《唐都学刊》2016 年第 5 期）对该问题有详细讨论，另可参见侯丕勋、尚季芳《"瓯脱"及其相关问题再探讨》，《西夏研究》2015 年第 1 期；陈晓伟《"瓯脱"制度新探——论匈奴社会游牧组织与草原分地制》，《史学月刊》2016 年第 5 期。

③ 《汉书》卷九十四下《匈奴传下》，第 3801 页。

④ 杨振红：《汉代自然灾害初探》，《中国史研究》1999 年第 4 期。

⑤ 《汉书》卷九《元帝纪》，第 282~283 页。

⑥ 除此之外，元帝初元三年罢珠崖郡一事，也可反映彼时汉朝国势衰微、内忧不断的处境，具体参见高荣《初元三年汉弃珠崖郡刍议——兼论汉代边疆政策》，《中国边疆史地研究》1999 年第 4 期。

⑦ 《汉书》卷九十四下《匈奴传下》，第 3801 页。

⑧ 陈序经：《匈奴通史》，新世界出版社，2017，第 243~244 页。

经过数年韬光养晦，在两大势力的夹缝之中羽翼渐丰。于是，呼韩邪的臣子中有人开始建议"北归"，也就是离开光禄塞，摆脱汉朝监护。韩、张闻讯后，在来不及请示朝廷的情况下采取了一个大胆举措：与呼韩邪签订盟约。约文大致如下：

> 自今以来，汉与匈奴合为一家，世世毋得相诈相攻。有窃盗者，相报，行其诛，偿其物；有寇，发兵相助。汉与匈奴敢先背约者，受天不祥。令其世世子孙尽如盟。[①]

这份约文的最大特色，是突出汉匈"合为一家"的平等关系，相互扶助，世代相继，这里似乎看不到显示上下之别的宗藩关系。尤为重要的是，还强调双方"世世毋得相诈相攻"，也就是彼此要以诚相待。

回国之后，众多公卿认为与藩属缔结如此盟约，实在是"羞国家，伤威重"，韩、张二人也遭到批判，罪名是"奉使无状，罪至不道"。[②] 然而，元帝非但没有深究，相反认可了这份盟约。

姚大力曾对盐铁会议中大臣提出的对匈方针，即"两主和好，内外交通，天下安宁，世世无患"做过诠释。在他看来，此说不过是娄敬"无战以渐臣"的翻版。"所谓'无战'，即放弃单纯依恃非攻即防的军事对峙策略。所谓'渐臣'，既有仍旧孜孜于置匈奴于'外臣'地位的旧念，但同时也试图贯穿某种新意于其中。那就是把臣服匈奴设定为一种遥远的愿景，不再在现实政治中坚持把汉匈外交关系强行纳入君臣关系的观念与制度框架，而欲以相比较而言更为对等与温和的双边关系处理之。"姚氏进而指出，随着呼韩邪新附，汉政府酝酿的这一对匈政策获得了试行的机会。[③]

从这个背景来看，韩、张二人与匈奴订立的盟约不仅符合当时的政治外交形势，亦遵循了昭帝以降汉政府应对匈奴的一贯政策理念。甚至可以推测，这正是在元帝的授意之下，以"盟约"的形式再次明确汉匈关系，其重点是要避免边衅，而非宣扬国威。

签订盟约之后的呼韩邪，仍然下令北归单于王庭。自此以后，史籍中又有8年左右未见汉匈来往记录。[④] 这一阶段的特点是，汉既没有监护匈奴，匈奴也无质子在汉，双方似乎形成颇具默契的相处之道。

建昭三年（前36），情况发生了变化。是年，西域都护骑都尉甘延寿、副校尉陈汤矫制发西域诸国兵，击杀郅支，传其首至长安。[⑤] 听闻此讯的呼韩邪，据说是"且喜且惧"。[⑥]

---

① 《汉书》卷九十四下《匈奴传下》，第3801页。
② 《汉书》卷九十四下《匈奴传下》，第3801页。
③ 姚大力：《匈奴帝国与汉匈关系的演化——早期北亚史札记》，《中华文史论丛》2021年第2期。
④ 指汉元帝初元五年（前44）直到建昭三年（前36）发兵攻郅支单于这个阶段。
⑤ 《汉书》卷七十《陈汤传》，第3010~3015页。
⑥ 《汉书》卷九四下《匈奴传下》，第3803页。

喜的是强敌已灭，匈奴统一在望，然而惧者为何呢？① 结合当时的情况，大致可做如下推测。第一，强大的郅支竟为汉将所斩，今后应如何面对实力超群的汉朝呢？第二，在签订盟约之后，仍然强行北归，汉廷对此态度究竟怎样？第三，在西域问题上曾触犯过汉朝，应如何对处呢？关于此点，可稍加申述。

日本学者大庭脩复原过居延汉简中的一份诏书，原文如下：

（1）肩水候官令史，鬻得敬老里公乘，粪土臣熹，昧死再拜，上言变事书 387.12、562.17

（2）十二月乙酉，广地候 407.2、562.9

（3）□檄日，甲申，候卒望见塞外东北 407.3、564.13

（4）火四所，大如积薪，去塞百余里，臣熹愚 403.19

（5）皇帝陛下，车骑将军，下诏书曰，乌孙小昆弥乌 389.19、562.27

（6）就屠与匈奴呼韩邪单于谋② 562.4

（7）夷狄贪而不仁，怀挟二心，请为 387.7、564.15

（8）郅支为名，未知其变 387.24、387.25

（9）塞外诸节谷呼韩单于 387.17、407.14

（10）往来技表是乐 387.16

（11）小月氏仰美人 387.1

（12）愚戆触讳忘言顿首 387.22、407.4③

对该册书的排列次序及内容释读，学界虽有不同看法，但基本认同简（5）（6）（7）（8）（9）为诏书主要内容，即乌孙小昆弥乌就屠与呼韩邪谋划诛杀郅支，而汉政府也参与其事，并为呼韩邪提供粮食。④ 特日格乐认为，此册书反映了乌就屠联合呼韩邪，同时求助于陈汤，意图殄灭郅支的政治谋略，由此可见呼韩邪支持殄灭郅支的行动并派了重兵

---

① 学界对此也有一些探讨。林幹《匈奴通史》（第 70 页）、朱绍侯《两汉对匈奴西域西羌战争战略研究》（《史学月刊》2015 年第 5 期）认为外因是主要的，即担心郅支亡后，汉廷会对其进一步加强控制；成世章《呼韩邪单于时期匈奴内外政策的变化》〔《内蒙古社会科学》（汉文版）2002 年第 6 期〕认为内因是主要的，即当时匈奴社会面临错综复杂的矛盾。

② 简牍原文为"諆"，见《居延汉简 甲乙编》下册，中华书局，1980，第 282 页。"諆"实与"谋"相通，《后汉书》卷五十九《张衡列传》载《思玄赋》文"回志揭来从玄諆"，李贤注云："'諆'或作'谋'。諆亦谋也。"（南朝宋）范晔：《后汉书》，中华书局，1965，第 1938~1939 页。

③ 〔日〕大庭脩：《秦汉法制史研究》，徐世虹等译，中西书局，2017，第 214~215 页。

④ 关于此诏书的研究主要有陈直《居延汉简研究》，天津古籍出版社，1986，第 190~192 页；薛英群《汉简史籍史证举例》，《文献》1983 年第 2 期；特日格乐《简牍所见汉匈关系史料整理与研究》，北京交通大学出版社，2015，第 50~55 页。其中唯陈直将简牍中"乌就屠与呼韩单于諆"解释为乌就屠与呼韩邪有矛盾，"諆"可作"谋"解，亦可作"欺"解，不知据何解为"有矛盾"。

支援。①

从制作时间来看，诏书似不早于元帝初元元年。郅支西迁并威胁乌孙，事在宣帝黄龙元年之后。呼韩邪在初元元年尚处在民众困乏、需汉朝接济的情形下，应无力联系乌孙图谋郅支。到永光元年（前43），呼韩邪得以恢复，至此才有可能发生诏书所言之事。甚至还可以判断，此事发生在呼韩邪北归以后或未可知。诏书所云"夷狄贪而不仁，怀挟二心"，此句究竟对谁而发？从前后文来看，汉对呼韩邪与乌就屠合谋之举似乎十分警惕。

乌孙是西域大国，势力强劲，也是西汉武、昭、宣三朝控制西域过程中最大的竞争对手。② 为拉拢乌孙，汉匈竞相与其和亲，结果导致乌孙王室出现汉与匈奴两个系统。③ 宣帝甘露元年，汉已基本控制西域。在西域都护郑吉、冯夫人嫽和长罗侯常惠的主持下，乌孙出现两昆弥并立的局面。大昆弥元贵靡为汉解忧公主子，小昆弥乌就屠为匈奴夫人子。在汉廷安排下，乌孙以大昆弥为尊，且所辖户口多于小昆弥，然而现实却是"众心皆附小昆弥"。④ 对此局面颇为警惕的西汉，面对具有匈奴血统的乌就屠与呼韩邪的联合肯定是不放心的。那么，应如何面对汉朝的怀疑呢？呼韩邪又一次显示了不凡的外交能力。

郅支被杀之后，"且喜且惧"的呼韩邪上书请求朝见汉朝天子，其语气颇为诚恳：

---

① 特日格乐：《简牍所见汉匈关系史料整理与研究》，第55页。作者的论据是对殄灭郅支行动中汉胡联军成分的推断，亦即汉胡联军中存在呼韩邪派遣的匈奴骑兵，并且在数量上占优。此说对汉胡联军成分的推断似可再议。试举一例，作者对"康居副王抱阗将数千骑，寇赤谷城东，杀略大昆弥千余人，驱畜产甚多"这则材料，评断为"大昆弥只能出这一点力"，似将材料中的"千余人"等同于大昆弥所出兵士的数量了。大昆弥被"杀略"了"千余人"并不意味着大昆弥只派出了"千余人"。另，对汉胡联军成分的推断即便成立，也仅为旁证，需配合直接证据才能证成其观点。

② 《汉书》卷九十四上《匈奴传上》："匈奴由是恐，不能出兵。即使使之乌孙，求欲得汉公主。击乌孙，取车延、恶师地……然匈奴民众死伤而去者，及畜产远移死亡不可胜数。于是匈奴遂衰耗，怨乌孙。"（第3785~3786页）"其冬，单于自将万骑击乌孙，颇得老弱，欲还。会天大雨雪，一日深丈余，人民畜产冻死，还者不能什一。于是丁令乘弱攻其北，乌桓入其东，乌孙击其西。凡三国所杀数万级，马数万匹，牛、羊甚众。又重以饿死，人民死者什三，畜产什五，匈奴大虚耗，诸国羁属者皆瓦解，攻盗不能理。其后汉出三千余骑，为三道，并入匈奴，捕虏得数千人还。匈奴终不敢取当，兹欲乡和亲，而边境少事矣。"（第3789页）匈奴入侵乌孙，汉与乌孙联合出兵反击。在军事失利和自然灾害的双重打击下，匈奴更加衰弱，无力侵扰西汉，更加趋向和亲。

③ 《汉书》卷九十六下《西域传下》，第3901~3906页。关于乌孙与西汉的关系问题，旧说甚多，但近年来出土的汉简提供了一些新的证据和角度。何海龙据悬泉汉简中几条有关乌孙的史料，并结合《汉书》有关记载，认为汉与乌孙的关系可以分和亲和全面管理两阶段来认识，同时在汉与乌孙的交往关系上，解忧公主和冯嫽都做出了重要贡献。（何海龙：《从悬泉汉简谈西汉与乌孙的关系》，《求索》2006年第3期。）张瑛根据敦煌汉简相关简文认为，西汉与匈奴展开的西域争夺战中，重点是人口大国乌孙和战略要地车师。汉朝通过与乌孙和亲，联合抗击匈奴；用屯田与军事相结合的手段控制车师，奠定了经略西域的基础。敦煌汉简的出土，为研究汉匈西域之争的历史进程及其复杂性提供了第一手史料，也为新莽政权倒行逆施丧失西域提供了佐证。[张瑛：《从敦煌汉简看汉匈西域之争》，《兰州文理学院学报》（社会科学版）2019年第5期。]

④ 《汉书》卷九十六下《西域传下》，第3906~3907页。

常愿谒见天子，诚以郅支在西方，恐其与乌孙俱来击臣，以故未得至汉。今郅支已伏诛，愿入朝见。①

在此，他着重解释了之所以久未来朝，主要是担心郅支与乌孙联合进攻，试图打消汉的疑虑和不满。这种解释是否站得住脚呢？据《汉书》，郅支西迁之后，即与乌孙兵戎相见，二者联合的可能性似乎不大。② 而由简牍可知，郅支被杀前，呼韩邪已与乌孙取得了联络，因此他对郅支与乌孙的情况是有所了解的。由此来看，呼韩邪的解释并不能够自圆其说。不过，这对于此时的西汉来说并不重要。重要的是，呼韩邪极力撇清与乌孙的关系，暗示自己与乌孙的合谋是出于自保，也就等于表明自己无意干涉汉在西域的经营。

呼韩邪的上书打动了汉廷。竟宁元年（前33）正月，时隔16年后，呼韩邪单于再次亲往长安朝见天子，汉匈之间展现出前所未有的亲密。当呼韩邪提出和亲请求时，元帝即派王昭君前往匈奴，号为"宁胡阏氏"③。呼韩邪为表忠诚，又一次上书，云"愿保塞上谷以西至敦煌……请罢边备塞吏卒，以休天子人民"④。元帝命朝臣商议，多数意见倾向同意，唯有熟悉边事的侯应表示反对，他认为要居安思危，对匈奴不可不防。李大龙据此指出，侯应或许认识到了汉匈关系"并非十分牢固"，说明"西汉王朝同匈奴的关系出现了一些微妙变化"⑤。从呼韩邪一方来看，此举或是他对自己违背"保光禄城"⑥ 的承诺，擅自北归单于王庭的某种弥补。但更为重要的是，无论这番请求是否符合自己本意，呼韩邪都要表现出十足的诚意，否则无法取得信任，而这是铸牢汉匈关系必不可少的前提。

以呼韩邪单于的两次来朝为标志，汉匈双方逐步建立宗藩式关系。从陈汤消灭郅支，以及呼韩邪和亲来看，此时的西汉对匈政策呈现"刚柔并济"的特点。一方面，通过接受朝见、提供救济等方式密切双方的沟通交流，另一方面，尽管国内存在诸多社会问题，但仍在军事上保持着对匈奴的优势地位，从而维持了双方较长时期的和平。终元帝一朝，这种局面并无大的改变。

---

① 《汉书》卷九十四下《匈奴传下》，第 3803 页。
② 《汉书》卷九十四下《匈奴传下》载，郅支"自度力不能定匈奴，乃益西近乌孙，欲与并力，遣使见小昆弥乌就屠。乌就屠……乃杀郅支使，持头送都护在所，发八千骑迎郅支。郅支……勒兵逢击乌孙，破之"（第 3800 页）。
③ 关于此次和亲的作用，参看朱绍侯《两汉对匈奴西域西羌战争战略研究》，《史学月刊》2015 年第 5 期；张烈《从白登之围到昭君出塞——论此阶段的汉匈关系及汉王朝的决策》，《社会科学战线》1988 年第 3 期。
④ 《汉书》卷九十四下《匈奴传下》，第 3803 页。
⑤ 李大龙：《两汉时期的边政与边吏》，第 43 页。
⑥ 《汉书》卷八《宣帝纪》，第 271 页。

二 成、哀时期的汉匈格局

（一）呼韩邪遗命

呼韩邪离开长安不久，汉元帝于竟宁元年（前33）五月去世，其子刘骜继位，是为汉成帝。两年后的建始二年（前31），呼韩邪去世，匈奴也开始正式实行兄终弟及的单于继承制度。①

颛渠阏氏与大阏氏，都是呼韩邪的妻子，前者更为尊贵。临终前，呼韩邪有意立颛渠阏氏之子且莫车，不料却遭到颛渠阏氏的反对，且看她的一番言辞：

> 匈奴乱十余年，不绝如发，赖蒙汉力，故得复安。今平定未久，人民创艾战斗，且莫车年少，百姓未附，恐复危国。我与大阏氏一家共子，不如立雕陶莫皋。②

对此，雕陶莫皋之母大阏氏也有自己的一番见解，她认为"舍贵立贱，后世必乱"。最后呼韩邪还是听从了颛渠阏氏的建议，立雕陶莫皋为复株累若鞮单于，并"约令传国与弟"。③

颛渠阏氏主张舍其子而立长子，其理由是匈奴"平定未久"，立少主会导致"百姓未附，恐复危国"的局面。颛渠阏氏的看法与呼韩邪最后的决定，含有对匈奴历史的深刻反思。

匈奴在汉武帝时遭到重创，不过直到武帝末年，仍有一定的实力。④ 昭帝始元二年（前85），狐鹿姑单于去世，留下遗命："我子少，不能治国，立弟右谷蠡王。"可是颛渠阏氏却与大臣卫律"更立子左谷蠡王为壶衍鞮单于"。左贤王、右谷蠡王试图降汉，

---

① 呼韩邪去世后，复株累若鞮单于继位，与前单于为父子关系。后搜谐若鞮单于继位，与前单于为兄弟关系。之后继位的车牙若鞮单于、乌珠留若鞮单于、乌累若鞮单于、呼都而尸道皋单于都为兄弟关系。武沐指出，"呼韩邪单于并不是刻意要实行传国与弟，只因立且莫车为太子的条件尚未成熟，不得不退而求其次，以'传国与弟'的方式，曲线到达彼岸。由此可见，呼韩邪单于的'传国与弟'，其最初的着眼点和最终的结果是落实在传子上。"［武沐：《匈奴单于继承制度突变的探讨》，《内蒙古大学学报》（人文社会科学版）2004年第1期。］其实匈奴早在且鞮侯单于时已开始实行兄终弟及制度。"且鞮侯单于是有记载的匈奴单于之中，第一位以单于之弟的身份合法继位为单于的。"而呼韩邪单于正式确立了兄终弟及的继承制度。（参看武沐、王希隆：《秦、西汉时期匈奴单于位继承制度考辨》，《民族研究》2003年第3期。）二文修改后以"匈奴单于位的继承制度"为篇名收入武沐《匈奴史研究》，民族出版社，2009，第66~83页。据《汉书·匈奴传上》："句黎湖单于立一岁死，其弟左大都尉且鞮侯立为单于。"（第3776页）
② 《汉书》卷九十四下《匈奴传下》，第3807页。
③ 《汉书》卷九十四下《匈奴传下》，第3807页。
④ 汉武帝征和三年（前90），汉贰师将军李广利与匈奴作战不利，降匈奴，次年，匈奴单于写给武帝之信仍言："南有大汉，北有强胡"，可见当时匈奴尚无向汉称臣之意，详见《汉书》卷九十四上《匈奴传上》，第3780页。

虽未成功，但"二王去居其所，未尝肯会龙城"。由此带来"单于年少初立，母阏氏不正，国内乖离"的状况。[1] 也正因为如此，匈奴在与汉朝、丁令、乌桓、乌孙的军事作战中屡屡落败。[2] 昭、宣时，匈奴之所以走向衰落，与拥立年少单于以及由此带来的内斗是有一定关联的。[3] 50 余年后，当呼韩邪同样面临传位问题时，不能不深以为鉴，为避免悲剧重演，终于决定选立长子雕陶莫皋。

在指定立雕陶莫皋为嗣之后，呼韩邪又"约令传国与弟"。除避免立幼主以外，此令也充分汲取匈奴王位继承长期无序而频引内乱的教训。[4] 呼韩邪亲身经历的"五单于之乱"就他而言，应是记忆犹新。[5]

呼韩邪之父虚闾权渠单于去世后，右贤王屠耆堂被立为握衍朐鞮单于。此人仅为乌维单于耳孙，与虚闾权渠的关系十分疏远。[6] 不过，因与颛渠阏氏之间的私情，他得到颛渠阏氏以及阏氏之弟左大且渠都隆奇的拥立。掌权之后，握衍朐鞮极力打压虚闾权渠的子弟

---

① 《汉书》卷九十四上《匈奴传上》，第 3781~3782 页。

② 《汉书》卷九十四上《匈奴传上》记载壶衍鞮单于立三岁之明年，匈奴"为四队，并入边为寇。汉兵追之，斩首获虏九千人，生得瓯脱王"（第 3783 页），《资治通鉴》置此事于元凤元年（中华书局，1956，第 766 页），或因《匈奴传》言此事亦在匈奴归苏武之明年，而《苏武传》言武"以始元六年春至京师"（第 2467 页），司马光遂以"明年"为元凤元年（前 80），然壶衍鞮立于始元二年（前 85），立三岁至多为始元五年，苏武以六年春至长安，则匈奴放还之事或在五年末，故上述匈奴四队入寇事发生在始元六年（前 81）更为合理。《汉书·匈奴传上》记载匈奴四队入寇后第三，"右贤王、犁污王四千骑分三队，入日勒、屋兰、番和。张掖太守、属国都尉发兵击，大破之，得脱者数百人。属国千长义渠王骑士射杀犁污王"（第 3783 页），依前所推论，此事当在元凤二年（前 79），《景武昭宣成功臣表》记载张掖属国都尉郭忠因此事封侯在三年二月（第 668 页），然以边事封侯多有延迟，同表范明友击乌桓事在元凤三年冬（《昭帝纪》，第 229 页），表记封侯在四年七月（《昭帝纪》则记封侯诏书在四月），常惠将乌孙兵击匈奴事在本始二年（前 72）秋至三年五月，表记封侯在四年四月，故匈奴入寇张掖事发生于元凤二年与功臣表并不冲突；《汉书·宣帝纪》言本始二年秋至三年五月，汉遣五将军击匈奴，五将所得皆少，"校尉常惠将乌孙兵入匈奴右地，大克获"（第 243~244 页）；《汉书·匈奴传》言本始三年冬，"丁令乘弱攻其（匈奴）北，乌桓入其东，乌孙击其西。凡三国所杀数万级，马数万匹，牛、羊甚众"（第 3787 页）。

③ 《资治通鉴》卷二十三于匈奴立壶衍鞮单于，左贤王、右谷蠡王不会龙城之事后言"匈奴始衰"（第 753 页）。

④ 王可宾认为，匈奴正式流行兄终弟及，起于呼韩邪单于稽侯珊公元前 31 年死后。兄终弟及从此流行的直接原因是内乱不断，恐单于年少，不能治国。而且从呼韩邪来看，依然实行父子相传的继承，从颛渠阏氏来看依然是一家共子，与传统的制度与思想并不相违。还有一点是外在条件，即氏族势力的存在，仍具有一般普遍意义。（王可宾：《从匈奴单于的继承看父死子继与兄终弟及》，《社会科学战线》1984 年第 1 期。）可见，兄终弟及制度的确立与氏族势力有着很大关系。《汉书·匈奴传》载："（呼衍王）长女颛渠阏氏，生二子，长曰且莫车，次曰囊知牙斯。少女为大阏氏，生四子，长曰雕陶莫皋，次曰且麋胥，皆长于且莫车，少子咸、乐二人，皆小于囊知牙斯。又它阏氏子十人。"（第 3806~3807 页）呼韩邪单于去世后，六个继承者之母均为呼衍王一族出身，此可佐证氏族势力在单于继承制度上的影响力。显然，呼衍王颛渠阏氏一族势力无限发展，势必会对匈奴的政治产生影响。

⑤ 据《汉书》卷九十四《匈奴传》，"五单于之乱"中的五单于为呼韩邪单于（名稽侯狦，虚闾权渠单于之子）、屠耆单于（名薄胥堂）、呼揭单于、车犁单于、乌藉单于。（第 3743~3835 页）

⑥ 《汉书·惠帝纪》"上造以上及内外公孙耳孙有罪当刑及当为城旦舂者，皆耐为鬼薪白粲"处，颜师古注引应劭云："耳孙者，玄孙之子也。言去其曾高益远，但耳闻之也。"又引李斐云："耳孙，曾孙也。"引晋灼曰："耳孙，玄孙之曾孙也。"颜师古注："耳孙，诸说不同。据《平纪》及《诸侯王表》，说梁孝王玄孙之（子）耳孙。又《匈奴传》说握衍朐鞮单于，云乌维单于耳孙。以此参之，李（斐）云曾孙是也。"见《汉书》卷二《惠帝纪》，第 87 页。

近亲与亲信大臣，由此引发"五单于并立"争权之局。① 这也就是呼韩邪颛渠阏氏所说的"匈奴乱十余年，不绝如发"。呼韩邪遗令"传国与弟"，当然是有其考量的。

第一，郅支被杀，摆在呼韩邪面前的只剩一条路，那就是与汉结盟而非敌对，史云"单于自言愿婿汉氏以自亲。元帝以后宫良家子王嫱字昭君赐单于"就是体现。② 在此状况下，立长子与"传国与弟"，可以保证长时期内由呼韩邪系统执掌政权，这样利于内部团结和稳定。第二，匈奴在呼韩邪死后不久，即重新向汉派遣侍子，而这一点很有可能是呼韩邪生前所授意的。既然是立长子而且要"传国与弟"，那么侍子的身份肯定不会太高，③ 也无法形成威胁单于之位的势力。退一步说，即便将来归国，也由于没有继承权，加上长期不在国内，避免了汉朝方面利用侍子干涉匈奴政局的可能。④

无论是颛渠阏氏的理性，还是呼韩邪的遗命，都说明呼韩邪时期的匈奴统治者面对惨烈的汉匈战争以及长期的内部分裂后，对自身民族与政权的兴衰有着全面和彻底的思索。从维护长治久安这一立场出发，建立健全的继承制度，与汉维持稳定的和睦关系，同时极力避免汉朝的干涉，这恐怕是呼韩邪临终之际，匈奴上下达成的共识。

反过来对西汉政府而言，又是如何考虑此时的汉匈关系呢？陈汤斩杀郅支，当然有提高威信、震慑四夷之效，然而汉朝内部的政治、社会危机却是暗流涌动。成帝时，外戚王氏擅权，自然灾害频发，流民与土地兼并问题日趋严重，繁重的徭役与庞大的财政开支仿佛一把高悬的利刃。修建昌陵，结果是"天下遍被其劳，国家疲敝，府库空虚"⑤。在此状况下，汉匈关系出现了新的动向。

（二）伊邪莫演投降事件

河平元年（前28），复株累若鞮单于"遣右皋林王伊邪莫演等奉献朝正月"。不料在返回途中，伊邪莫演突然提出要降汉，并发出绝望之声："即不受我，我自杀，终不敢还归。"⑥ 面对这一突发状况，群臣展开激烈讨论，其中光禄大夫谷永、议郎杜钦反对纳降，他们的主张如下：

---

① 《汉书》卷九十四上《匈奴传上》，第3789~3791页；同书卷九十四下《匈奴传下》，第3795~3796页。
② 《汉书》卷九十四下《匈奴传下》，第3803页。
③ 复株累若鞮单于即位后就遣其子左致卢儿王醯谐屠奴侯入侍；后来，搜谐若鞮单于遣其子左祝都韩王朐留斯侯入侍，车牙若鞮单于遣其子右於涂仇掸王乌夷当入侍，乌珠留若鞮单于遣其子右股奴王乌鞮牙斯入侍，乌鞮牙斯死，复遣子左於駼仇掸王稽留昆入侍，稽留昆归国，复遣稽留昆同母兄右大且方入侍，右大且方归国，复遣同母兄左日诸王都入侍；乌珠留若鞮单于时，匈奴与中原王朝关系破裂，匈奴不复遣侍子，故此期间匈奴所遣侍子凡八人，王号皆非贵者，远不及呼韩邪所遣之右贤王铢娄渠堂。见《汉书·匈奴传下》第3807、3809、3810、3818页。
④ 汉与匈奴之间的质子关系，可参看陈金生《质子与民族融合问题研究》，甘肃文化出版社，2016，第124~125页。
⑤ 荀悦：《汉纪》卷二十六《孝成皇帝纪三》，张烈点校，中华书局，2017，第457页。
⑥ 《汉书》卷九十四下《匈奴传下》，第3808页。

汉兴，匈奴数为边害，故设金爵之赏以待降者。今单于诎体称臣，列为北籓，遣使朝贺，无有二心，汉家接之，宜异于往时。今既享单于聘贡之质，而更受其逋逃之臣，是贪一夫之得而失一国之心，拥有罪之臣而绝慕义之君也。假令单于初立，欲委身中国，未知利害，私使伊邪莫演诈降以卜吉凶，受之亏德沮善，令单于自疏，不亲边吏；或者设为反间，欲因而生隙，受之适合其策，使得归曲而直责。此诚边竟安危之原，师旅动静之首，不可不详也。不如勿受，以昭日月之信，抑诈谖之谋，怀附亲之心，便。①

谷、杜二人首先谈的是"义"，既然匈奴已经称臣，那么接受其降人则会失匈奴之心，绝慕义之君；其次是要谨防其中之"诈"，或许是单于新立，有意试探我方的对匈态度与政策，也有可能是要制造事端。

就实际情况来看，其实在呼韩邪臣服以后，汉匈双方都曾接受过对方的降人。初元元年，匈奴接纳从汉逃亡的降胡近万余人，而曾劝说呼韩邪归汉的左伊秩訾也是"将其众千余人降汉，汉以为关内侯"②，此事似发生在元帝年间。③ 不过，谷、杜二人谈到的第一点与上述案例有不同之处，这就是双方都处于新旧交替的微妙时刻，处理稍有不当，便会引发误会，很可能破坏来之不易的稳定关系。

谷、杜二人所言第二点，其实也有其端倪。匈奴遣使来朝，时为河平元年正月。上一年秋，"河决东郡金堤"，水患至次年三月始退。④ 匈奴趁黄河决堤，汉方忙于救灾之际，是否有借机制造事端，以成边衅的筹谋呢？这一点不能不有所顾虑。

经过权衡，成帝采纳谷、杜二人建议，没有接受伊邪莫演的投降。事后面对派去询问的汉使，伊邪莫演改口称"我病狂妄言耳"。尤其不可思议的是，匈奴使团返还之后，伊邪莫演竟然"官位如故，不肯令见汉使"。⑤ 那么，到底应如何看待此事件呢？伊邪莫演投降的背后有何隐情呢？

陈序经认为，伊邪莫演要投降，很可能是复株累若鞮单于的计谋，使其诈降以试探西汉对匈奴的态度。阎盛国认为，把是否受降拿到朝廷上讨论，是汉对匈奴招降决策的重大转变。谷、杜二人从大局出发，对此前的招降策略做了变通，维护了既得胜利果实。朱郑勇的观点是，通过外交手段试探汉朝态度，间接传达了匈奴对汉朝接纳匈奴降者的不满。在维护自身利益的同时，匈奴试图从汉朝获取更多资源，但不再以武力威胁的手段来达成

---

① 《汉书》卷九十四下《匈奴传下》，第 3808 页。
② 《汉书》卷九十四下《匈奴传下》，第 3806 页。
③ 呼韩邪于宣帝末年（前 49）曾朝汉，之后十六年不复朝汉，竟宁元年朝汉时，"与伊秩訾相见"，则左伊秩訾之降在前 49 年至前 33 年间，事发于元帝年间为可靠之推论。
④ 《汉书》卷十《成帝纪》，第 308 页。
⑤ 《汉书》卷九十四下《匈奴传下》，第 3808 页。

目的，而是以一定程度的妥协作为交换利益的条件。[①]

比较而言，陈序经的分析似乎更为合理，不过这里还想补充一点。匈奴新单于即位，此时制造事端的可能性极低，但试探和确认汉朝对匈奴的态度应为实情，它反映了匈奴较为急迫的心理。让右皋林王这样一位高官诈降，绝非寻常之举，其目的或许要看汉是否有通过接纳高官的投降，分化乃至干涉匈奴的意图。从结果来看，成帝的决定无疑给匈奴方面吃了一颗定心丸，复株累单于得以顺利执行呼韩邪单于的政策，交好汉朝，赢得内部安定。

从另一面来看，上述事件也展现了汉廷的大局观与政治智慧。尤其是谷永，其父谷吉曾被匈奴所杀，但他不是从仇恨的立场出发，而是从国家利益思考汉匈关系，这对于稳定双方关系发挥了重要作用。

（三）围绕"斗地"的攻防

绥和元年（前8），呼韩邪子囊知牙斯继立为乌珠留若鞮单于，随即遣侍子入朝，汉"遣中郎将夏侯藩、副校尉韩容使匈奴"[②]。此时，有人向成帝舅父王根进言：

> 匈奴有斗入汉地，直张掖郡，生奇材木，箭竿就羽，如得之，于边甚饶，国家有广地之实，将军显功，垂于无穷。[③]

王根"为上言其利"，成帝便命夏侯藩借机向匈奴索要"斗地"，结果遭到拒绝。[④] 为此，单于专门上书成帝询问此事，得到的答复是夏侯藩"擅称诏从单于求地"。为显示公正，对夏侯藩还略加惩戒。[⑤]

如何看待这起索取土地的事件呢？按照匈奴方面的说法，宣、元以来汉匈有约，"从长城以北匈奴有之"，[⑥] 因此求"斗地"，属于破坏合约之举。不过，汉廷一方似也有着战略上的考虑，例如夏侯藩就说：

> 窃见匈奴斗入汉地，直张掖郡。汉三都尉居塞上，士卒数百人寒苦，候望久劳。[⑦]

[①] 陈序经：《匈奴通史》，第255页。阎盛国：《汉朝招降匈奴策略述论》，《军事历史研究》2004年第2期。朱郑勇：《从敌视对抗到共存互利：10世纪前胡、汉间的冲突、磨合与妥协》，复旦大学博士学位论文，2013，第93~94页。

[②] 《汉书》卷九十四下《匈奴传下》，第3810页。

[③] 《汉书》卷九十四下《匈奴传下》，第3810页。

[④] 《汉书》卷九十四下《匈奴传下》，第3808、3810页。

[⑤] 《汉书》卷九十四下《匈奴传下》云："藩擅称诏从单于求地，法当死，更大赦二，今徙藩为济南太守，不令当匈奴。"第3810页。

[⑥] 《汉书》卷九十四下《匈奴传下》，第3808页。

[⑦] 《汉书》卷九十四下《匈奴传下》，第3808页。

所谓"斗地",是突入汉域之内的一块土地,位于今甘肃省龙首山一带,原为匈奴从汉朝张掖郡所夺。① 因为这块"斗地",西汉不得不在张掖郡设立日勒、番和、居延三都尉,由此拉长了对匈防线。② 如能获得此地,则可以省去位于今山丹、永昌境内,龙首山之南的日勒、番和两都尉的士卒。③

汉匈之间有所谓"先帝制",即"长城以北引弓之国受令单于,长城以内冠带之室朕亦制之"。④ 通过"臣主相安",达成各自臣民对君主的忠诚。⑤ 但这种誓约其实很难长时期遵守,如"军臣单于立岁余,匈奴复绝和亲,大入上郡、云中各三万骑,所杀略甚众"。⑥ 换句话说,汉匈之间有关边界的共识很容易随着双方实力的变化而被打破。"斗地"虽为匈奴所占,但原本属于汉地,那么无论从历史角度,还是从军力、财力节省的角度要求匈奴归还,似乎也都在情理之中。

李大龙认为,夏侯藩求地失败,说明"匈奴随着势力的渐渐恢复,对西汉王朝的诏令已不像呼韩邪单于那么言听计从",而汉为维护汉匈关系惩办大臣则表明,"西汉王朝已无力遏止匈奴势力的增长,并正在逐渐失去对匈奴的控制能力"。⑦

此说可谓中肯。如果从别的角度来看,也可以认为是汉廷政治外交的重大失误。第一,双方已经有了互不相犯的盟约,在并无成算的情况下,贸然提出归还"斗地"的要求,而且仅仅派出一位使者,除了凸显傲慢以外,毫无诚信可言。第二,退一步说,既然有了要求,那么一旦提出,就应坚持到底,然而汉廷在遭到匈奴拒绝后便立即退缩,在匈奴质问下,又闪烁其词,暴露出内心的虚弱。此时的汉廷,既丧失了先前的雍容大度与诚信,也给匈奴方面传递了自己力所不逮的信息。与伊邪莫演的诈降相比较,同样是在试探对方底线,汉廷的策略与格局显然要逊色不少。或许是王根邀功心切,或许是要压制匈奴而立威,不管怎样,汉廷围绕"斗地"的政策失误终究要为将来埋下祸根。

果不其然,哀帝在位时(前 7~前 1 年),匈奴方面即发生了细微变化:

> 至哀帝建平二年,乌孙庶子卑援疐翕侯⑧人众入匈奴西界,寇盗牛畜,颇杀其民。单于闻之,遣左大当户乌夷泠将五千骑击乌孙,杀数百人,略千余人,驱牛畜去。卑援疐恐,遣子趋逯为质匈奴。单于受,以状闻。⑨

---

① 王宗元、王传胜:《〈汉书·匈奴传〉"斗入汉地"考》,《丝绸之路》1994 年第 6 期。
② 《汉书》卷二十八下《地理志下》"张掖郡"条记载是郡之"日勒,都尉治泽索谷","番和,农都尉治","居延,居延泽在东北,古文以为流沙。都尉治"(第 1613 页)。
③ 参看王宗元、王传胜《〈汉书·匈奴传〉"斗入汉地"考》,《丝绸之路》1994 年第 6 期。
④ 《汉书》卷九十四上《匈奴传上》,第 3762 页。
⑤ 参看崔建华《西汉与匈奴交往中的伦理碰撞及融合——以忠孝观念为中心》,《西域研究》2019 年第 2 期。
⑥ 《汉书》卷九十四上《匈奴传上》,第 3764 页。
⑦ 李大龙:《两汉时期的边政与边吏》,第 44 页。
⑧ 《汉书》卷六十一《张骞传》载乌孙史事言:"子昆莫新生,傅父布就翕侯抱亡置草中",颜师古注曰:"翕侯,乌孙大臣官号,其数非一,亦犹汉之将军耳……翕与翕同。"(第 2692 页)
⑨ 《汉书》卷九十四下《匈奴传下》,第 3812 页。

据此可知，匈奴在遭受乌孙的侵扰之后立即反击并且占据上风，同时接受乌孙方面的质子。不过，单于并没有隐瞒，而是将前后经过上报给汉。一来乌孙为汉属国，与其发生冲突，有必要通报；二来通过质子与乌孙结成宗藩式关系，势必引发西汉的怀疑与警惕。而且汉的底线究竟何在，也有必要加以试探。从结果来看，汉遣使者对单于予以责备，并命其送还乌孙质子，单于表示接受。

据《汉书·匈奴传》，宣帝本始二年（前 72），"匈奴闻汉兵大出，老弱奔走，驱畜产远遁逃，是以五将少所得"①。宣帝五凤二年（前 56）匈奴又遭天灾，畜产大耗十之八九。然而经过几十年的恢复，加上汉匈的良好关系，这就为畜产发展提供了一个稳定环境。至成、哀时期，恢复的畜产业又带来了大量的骏马，也增强了匈奴的军事实力。对乌孙作战的胜利，使匈奴开始试探汉廷的底线。如上所见，尽管汉仍然握有一定的话语权，但匈奴通过纳乌孙质子，已经开始构建以其为中心的周边格局。

建平四年（前 3），乌珠留若鞮单于提出次年朝见天子的请求。当时哀帝久病不愈，加上此前单于朝谒的黄龙元年、竟宁元年皆为汉帝驾崩之年，便有匈奴"从上游来厌人"之论。哀帝对此十分忌讳，不愿接受朝谒，而公卿大臣也认为单于来朝"虚费府帑"。②最终，汉廷回绝了单于之请。厌胜之说并非空穴来风，哀帝自然要防。但是，不愿接待单于的最大原因，还是担心"虚费府帑"。自宣帝以来，匈奴每朝天子，汉廷必赐以大量财帛。例如甘露元年，

> 单于正月朝天子于甘泉宫……赐以冠带衣裳、黄金玺盭绶、玉具剑、佩刀、弓一张、矢四发、棨戟十、安车一乘、鞍勒一具、马十五匹、黄金二十斤、钱二十万、衣被七十七袭、锦绣绮縠杂帛八千匹、絮六千斤。③

黄龙元年，

> 呼韩邪单于复入朝，礼赐如初，加衣百一十袭，锦帛九千匹，絮八千斤。④

竟宁元年，

> 单于复入朝，礼赐如初，加衣服锦帛絮，皆倍于黄龙时。⑤

① 《汉书》卷九十四下《匈奴传下》，第 3787 页。
② 《汉书》卷九十四下《匈奴传下》，第 3812 页。
③ 《汉书》卷九十四下《匈奴传下》，第 3798 页。
④ 《汉书》卷九十四下《匈奴传下》，第 3798~3799 页。
⑤ 《汉书》卷九十四下《匈奴传下》，第 3803 页。

河平四年，

> （单于）遂入朝，加赐锦绣缯帛二万匹，絮二万斤，它如竟宁时。①

匈奴单于在哀帝前诸年朝谒所获赐物种类繁多，仅锦帛与絮两类，每次所得分别为 8000 匹与 6000 斤、17000 匹与 14000 斤、26000 匹与 22000 斤、46000 匹与 42000 斤。②

余英时将呼韩邪单于附汉以降的汉匈关系称为"贡纳关系"。他认为汉非常重视单于政治上的臣服，为鼓励单于朝觐，在单于的历次朝觐中均会赏赐比之前更多的礼物。"事实上，维持贡纳制度的费用比起较早的婚姻联盟制度要高得多。"③ 换句话说，单于朝谒时逐年上涨的赐物已成为汉廷必须面对的财政压力。

不过，哀帝最终还是召回匈奴使者，答应了单于朝谒的请求。令他改变主意的是扬雄上书。扬雄的理由是：

> 今单于归义，怀款诚之心，欲离其庭，陈见于前，此乃上世之遗策，神灵之所想望，国家虽费，不得已者也。奈何距以来厌之辞，疏以无日之期，消往昔之恩，开将来之隙！夫款而隙之，使有恨心，负前言，缘往辞，归怨于汉，因以自绝，终无北面之心，威之不可，谕之不能，焉得不为大忧乎！④

在这里，扬雄算的是政治账而非经济账。国家虽然要破费，但可以换来单于的"归义"和"怀款诚之心"，这比起嫌隙和关系恶化要好得多。显然，自身衰落的汉朝已无力直面可能发生的汉匈冲突，单于朝谒是维持当时汉匈关系的重要方式。由此也可见，原本体现国家威严的匈奴单于朝谒汉天子的典礼，逐渐成为汉廷"花钱买和平"的手段。此事接下来又发生波澜：单于因生病未能如期于建平五年来朝，提出次年再来。汉廷对此发生争论。哀帝宠臣息躬重提乌孙贵族送质子之事，怀疑单于另有所图，建议用降胡冒充卑援疐使者朝汉，以离间匈奴与卑援疐的关系，同时加强边防。⑤ 哀帝一度采纳了息躬的建议，

---

① 《汉书》卷九十四下《匈奴传下》，第 3808 页。

② 吴方浪《汉、匈关系再探讨——以丝织品"给遗"为考察中心》（《中国社会经济史研究》2017 年第 1 期）一文认为，汉初和亲时期对匈奴的丝织品岁奉总数虽远低于西汉后期对匈奴的赐予，但其可靠性却值得商榷。该文以汉文帝前元六年给匈奴的诏书中的数字为丝织品岁奉之约数，为绣、锦、绨、缯共 120 匹，其实该诏书并未直言所给匈奴之物为岁奉，并且汉高祖与匈奴所结和亲约乃是"岁奉匈奴絮缯酒食物各有数"，该诏书不言絮和酒食，亦可见其未必是约文内容。汉武帝末年，匈奴单于欲复和亲，提出的要求是"岁给遗我蘖酒万石，稷米五千斛，杂缯万匹"（《汉书》卷九十四上《匈奴传上》，第 3780 页），当时汉朝大将李广利战败投降，单于所求或有自夸之意，但也不应太过超出以往和亲约定之数。综合来看，汉初和亲时期的岁奉数目尚待进一步研究，不宜以文帝前元六年之诏书作过低估计。

③ 〔英〕崔瑞德、鲁惟一编《剑桥中国秦汉史》第六章《汉朝的对外关系》，杨品泉等译，中国社会科学出版社，1992，第 374~376 页。

④ 《汉书》卷九十四下《匈奴传下》，第 3816 页。

⑤ 《汉书》卷四五《息躬传》，第 2182~2186 页。

终因各方反对以及出现日食而叫停此举。

元寿二年（前1），单于来到长安，汉"加赐衣三百七十袭，锦绣缯帛三万匹，絮三万斤，它如河平时"。① 尽管赏赐颇为丰厚，但单于却有所"不悦"。② 其中原因，或许是哀帝为防厌胜，将单于安置于上林苑蒲陶宫。单于归国，"出塞，到休屯井，北度车田卢水，道路回远"。因路途遥远，护送单于的汉使食物短缺，最后依靠单于的供给才得以归汉，然而却"失期不还五十余日"。③ 此前汉使也曾到过单于庭，为何这次竟会失期50余天呢？所谓"道路回远"，很可能是单于对汉廷招待不周的一种报复。种种迹象表明，此时的汉匈之间不信任感在日益增加，双边关系已处于岌岌可危之中。

三　汉末新莽时期的汉匈关系破裂

（一）"造设四条"始末

哀帝死后，接连即位的平帝与孺子婴都受制于实际掌权者王莽。如将平帝即位至新朝灭亡称为汉末新莽时期（前1~23），那么这段时期的对匈政策基本上为王莽所主导。

元始二年（2），车师后王姑句、去胡来王唐兜逃亡匈奴。④ 单于接纳后，将此事上书汉廷。⑤ 逃亡者为汉朝属国之君，唐兜更是"将妻子人民千余人亡降匈奴"，⑥ 从西汉的对外关系来看，事态的严重性远远超过哀帝时单于受乌孙质子。但是，匈奴的态度与之前相比可谓大相径庭。

当汉使者来到匈奴，命单于遣回姑句与唐兜时，单于并没有直接听命，反而辩称："此外国也，得受之。"⑦ 此时的单于依旧是遣回乌孙质子的乌珠留若鞮。虽然他最后服从汉命，遣返了逃亡者，但却认为此乃"外国"事，与汉无涉，匈奴接纳乃理所当然。可见，匈奴的态度非但不如以前那样尊汉，反而尝试改变当前的汉匈关系。也许正是看到此点，王莽即刻做出了反应：

> 中国人亡入匈奴者，乌孙亡降匈奴者，西域诸国佩中国印绶降匈奴者，乌桓降匈奴者，皆不得受。⑧

① 《汉书》卷九十四下《匈奴传下》，第3817页。
② 《汉书》卷十一《哀帝纪》，第344页。
③ 《汉书》卷九十四下《匈奴传下》，第3817页。
④ 《汉书》卷九十六下《西域传下》记为"元始中"（第3924页），《资治通鉴》则记为"元始二年"（第1136页），今从《通鉴》。
⑤ 《汉书》卷九十六下《西域传下》，第3924~3925页。
⑥ 《汉书》卷九十六下《西域传下》，第3925页。
⑦ 《汉书》卷九十四下《匈奴传下》，第3818页。
⑧ 《汉书》卷九十四下《匈奴传下》，第3819页。

针对受降问题，王莽十分具体地对匈奴严加约束，至于西汉方面是否可以接受投降者，此处并无明文。

《汉书·匈奴传下》在以上"造设四条"后，又载王莽令单于主动上书，改其名"囊知牙斯"为单名"知"，目的是要遵从汉廷不得有二名的诏令。可见王莽要以宗主的身份压制匈奴，将其纳入华夏王朝的政令影响之下。① 这对以往更多强调平等关系的汉匈双方而言，是一个明显的变化。

始建国元年（9），王莽建立新朝，随即遣使至匈奴，更换汉赐单于印。将原来的印文"匈奴单于玺"改为"新匈奴单于章"。单于印由"玺"降格为"章"，前面还要加上新朝国号，进一步明确了华夏王朝与匈奴之间的君臣上下关系。②

王莽降格匈奴单于印，被认为是汉匈关系破裂的导火索。③ 其实，之前颁布的四条规定已经引发了匈奴的异动。汉在颁布四条后，命令护乌桓使者"告乌桓民，毋得复与匈奴皮布税"。④ 匈奴仍然按照惯例向乌桓征税，这次遭到拒绝，双方于是发生军事冲突。"匈奴颇杀（乌桓）人民，驱妇女弱小且千人去"，并命乌桓纳财物赎人，而"持财畜往赎"者两千余人也被匈奴扣留。⑤

前来更换单于印的新朝使者，在归途中发现被扣留的乌桓民众，随即命匈奴将其送返。单于借此询问应从塞内送回，还是从塞外？新使回答从塞外，而匈奴"将兵众万骑，以护送乌桓为名，勒兵朔方塞下"，以示对新莽的不满。⑥

《汉书·匈奴传》对上述华夏与匈奴的险恶关系做了一个概括：

> 单于始用夏侯藩求地有距汉语，后以求税乌桓不得，因寇略其人民，衅由是生，重以印文改易，故怨恨。⑦

也就在双方关系逐渐恶化时，车师后王置离之兄狐兰支举国投降匈奴，并与匈奴一起侵入西域汉地。⑧ 汉戊己校尉部下陈良、终带等人见西域诸国反叛，担心匈奴大举入侵，于是"尽胁略戊己校尉吏士男女二千余人入匈奴"。⑨

---

① 自乌珠留若鞮单于以后，凡与中原王朝亲近之匈奴单于，包括东汉时之南匈奴单于，皆以单名记于史册，可见王莽此举确乎影响深远。
② 《汉书·匈奴传下》，第 3820~3821 页。
③ 《汉书》卷九十九中《王莽传中》，第 4115 页。
④ 《汉书》卷九十四下《匈奴传下》，第 3820 页。汉成帝时，因乌桓不向匈奴交纳皮布税，匈奴意图惩罚乌桓，但因为汉廷的原因而没有出兵惩罚。参看前引〔日〕内田吟风著，童岭译，余太山审校《古代游牧民族侵入农耕国家的原因——以匈奴史为例的考察》，《西域研究》2016 年第 4 期。
⑤ 《汉书》卷九十四下《匈奴传下》，第 3820 页。
⑥ 《汉书》卷九十四下《匈奴传下》，第 3822 页。
⑦ 《汉书》卷九十四下《匈奴传下》，第 3822 页。
⑧ 《汉书》卷九十六下《西域传下》，第 3925~3926 页。
⑨ 《汉书》卷九十六下《西域传下》，第 3926 页。

王莽对此展开了反击。先是诱来呼韩邪子右犁汗王咸，以及咸子登、助，拜咸为孝单于、助为顺单于，受到激怒的匈奴，"将兵入云中益寿塞，大杀吏民"①。王莽也毫不示弱，随即任命十二部将帅，征召兵马，欲"穷追匈奴，内之于丁令，因分其地，立呼韩邪十五子"，意在彻底肢解匈奴。②

此时王莽采取的策略是，征满三十万众，而后同时十道出兵。结果却导致"十二部兵久屯而不出，吏士疲弊"，史称"天下骚动"。③

就在新匈进入全面战争的紧要关头，乌珠留若鞮单于突然去世，时在始建国五年。执掌匈奴朝政的大臣须卜当，为王昭君女儿伊墨居次云的女婿，属于主和派，他拥戴王莽拜为孝单于的咸继任单于，即乌累若鞮单于。乌累若鞮单于接受新朝印绶，改号"恭奴单于"。据说单于服从的原因是"贪莽金币"，不过匈奴仍然"寇盗如故"。乌累若鞮单于死于天凤五年（18），其弟舆继立为呼都尸道皋若鞮单于。王莽将伊墨居次云和须卜当胁迫至长安，立当为须卜单于。④

（二）新匈关系的破裂

王莽的对匈政策，历来多有评价。班固指出："王莽篡位，始开边隙，单于由是归怨自绝，莽遂斩其侍子，边境之祸构矣。"⑤清人赵翼也有概括："莽自以为北化匈奴，东致海外，南怀黄支，惟西方未廓，乃遣人诱西羌献地，置西海郡，而西羌以失地遂叛。又改蛮夷诸王皆为侯，使人授单于新印，收故汉印，改玺为章。单于欲得故印，使者椎破之，单于大怒，遂寇边。句町王亦以改王为侯而叛。此召怨于外夷也。"⑥这些评断可谓得当。不过，考察西汉后期至新莽时期的汉匈历史可以发现，华夏与匈奴宗藩关系的破裂绝非一时一事，而是有一个过程。王莽执政的平帝时期，汉匈关系其实就已经危在旦夕了。

除匈奴自身的内乱以外，汉匈宗藩体制的建立主要源于武帝时期汉匈战争的总体胜利。朱绍侯总结其意义：1. 通过战略进攻收复河南地，解除匈奴对首都长安的正面威胁，占领河西走廊，切断匈奴与西羌的联系，打开经营西域的通道；元狩四年的绝漠远征使匈奴远遁，使汉王朝的北方边境得到基本稳定。2. 在朔方至令居等地建立屯田，既解决了后勤供应问题，也解决了战略防御问题，也可用蚕食的办法，逐渐扩展疆域。⑦

王莽登场时，河套平原与河西走廊均牢牢握在汉手中。然而，东北边疆与西域的情况

① 《汉书》卷九十四下《匈奴传下》，第 3823 页。
② 《汉书》卷九十四下《匈奴传下》，第 3824 页。内田吟风认为王莽的真正目的是"操纵匈奴人民，弱化单于的主权"。见〔日〕内田吟风著，童岭译，余太山审校《古代游牧民族侵入农耕国家的原因——以匈奴史为例的考察》，《西域研究》2016 年第 4 期。
③ 《汉书》卷九十四下《匈奴传下》，第 3825~3826 页。
④ 《汉书》卷九十四下《匈奴传下》，第 3827~3829 页。
⑤ 《汉书》卷九十四下《匈奴传下》，第 3833 页
⑥ 王树民校证《廿二史札记》卷三《史记 汉书》"王莽之败"条，中华书局，1984，第 71 页。
⑦ 朱绍侯：《两汉对匈奴西域西羌战争战略研究》，《史学月刊》2015 年第 5 期。

却有所不同。

据《后汉书·乌桓鲜卑列传》，武帝时置护乌桓校尉，令乌桓"不得与匈奴交通"①。然从上文来看，王莽命乌桓"毋得复与匈奴皮布税"，而匈奴反而以"故事"为由，遣使责乌桓税。② 或许，是元、成、哀时期，为维持与匈奴的关系，默许其对乌桓的某种管控，久之成为一种惯例。匈奴对东北诸族的支配，当汉匈关系尚可时或许能睁一只眼闭一只眼。然而王莽要维护宗主的地位，决定将匈奴纳入中央政令之下，就必然会对匈奴实施反制。他唯一的失算，恐怕是没有料到匈奴的抗击会如此激烈。

再看西域方面。据《后汉书·西域传》："匈奴单于因王莽之乱，略有西域，唯莎车王延最强，不肯附属。"③ 与新朝关系既然破裂，匈奴旋即展开对附汉西域诸国的蚕食。不过，《汉书》的观点是"西域诸国颇背叛"④。那么，匈奴与西域的关系究竟应如何思考呢？吴方浪认为，匈奴方面很有可能通过汉朝所赐丝织品展开对外贸易，由此控制了西域诸国。⑤ 此外，苏北海也分析过匈奴在西域的丝绸贸易。⑥ 按王子今所论，上述研究尚缺乏确切的史料支持。⑦ 不过，学者的分析为勾勒两汉之际的西域格局提供了有益视角。

据《汉书·西域传下》："车师后王须置离闻之，与其右将股鞮、左将尸泥支谋曰：'闻甄公为西域太伯，当出，故事给使者牛羊谷刍茭，导译，前五威将过，所给使尚未能备。今太伯复出，国益贫，恐不能称。'"⑧ 透过车师国君臣的这段对话，可知西域诸国需为汉使提供大量物资，这无疑是一项沉重负担。匈奴也曾用僮仆都尉压榨过西域诸国，汉匈在这一点上殊途同归。但是，当匈奴以贸易的方式展开对外交往，自可对西域各国产生吸引。当然，以上仅限于推测。无论如何，"西域诸国背叛"确为事实，尤其是车师后王姑句与去胡来王唐兜的背叛，直接导致了"造设四条"的出台。

王莽定"四条"，是对周边民族动向所做的策应。其核心，直至指匈奴纳降问题，其目的，是要限制匈奴在西域、乌孙、乌桓等方面的影响。前面已述，王莽对匈奴的回应出现误判。"四条"颁布之后，匈奴反应激烈，直接以武力胁迫乌桓。同时也说明，匈奴此时已无意遵守宗主华夏的约束。面对如此强烈的信号，王莽的判断再次发生偏差。他以降低礼制待遇的形式，向匈奴明确华夏王朝的宗主地位。

需要注意的是，乌累若鞮单于继立之后，王莽也曾采取"多遗单于金珍"⑨ 的手段，

---

① 《后汉书》卷九十《乌桓鲜卑列传》，中华书局，1965，第 2981 页。
② 《汉书》卷九十四下《匈奴传下》，第 3820 页。
③ 《后汉书》卷八十八《西域传》，第 2923 页。
④ 《汉书》卷九十六下《西域传下》，第 3926 页。
⑤ 吴方浪：《汉、匈关系再探讨——以丝织品"给遗"为考察中心》，《中国社会经济史研究》2017 年第 1 期。
⑥ 苏北海：《汉、唐时期我国北方的草原丝路》，载张志尧主编《草原丝绸之路与中亚文明》，新疆美术摄影出版社，1994，第 28 页。
⑦ 王子今：《匈奴经营西域研究》，中国社会科学出版社，2016，第 105 页。
⑧ 《汉书》卷九十六下《西域传下》，第 3925 页。
⑨ 《汉书》卷九十四下《匈奴传下》，第 3828 页。

然而匈奴依旧寇边。当王莽下决心解决匈奴问题时，《汉书》说他是"恃府库之富欲立威"①。新朝财政是否能够支撑这场战争，暂且不论，但王莽的目的十分明确，所谓"立威"，就是重构新匈宗藩体制。

王莽最后死于民众反抗的浪潮之中。尽管如此，宣、元时期与呼韩邪建立的宗藩关系至此已完全破裂，难以复原。后来的更始政权乃至东汉都试图恢复从前的那种关系，皆遭匈奴拒绝。历史的吊诡之处在于，东汉初，匈奴再次陷入内乱，这使得华夏王朝得以避免严重的匈奴边患。和帝时，华夏大规模用兵并取得决定性胜利，汉匈关系由此进入新的历史阶段。②

余 论

本文将呼韩邪单于来朝、汉斩郅支单于、汉匈宗藩关系建立以及新匈对立等几件重要事件串联起来，尝试勾勒宣帝朝以降汉匈关系及其特点。实际上，学界对这段时期的汉匈关系也多有关注。

木芹认为，郅支覆灭之后的汉匈"君臣关系"达到十分融洽地步。③ 马长寿、赵云田基本认可《汉书·匈奴传》的叙述，指出汉匈确立宗藩关系后和平相处达四十多年。④ 林幹采取传统的观点，认为呼韩邪与王昭君和亲后，汉匈关系友好发展，直到王莽执政才被破坏。⑤ 刘学铫也指出"匈汉之间数十年之和平"毁于王莽的政策。⑥

以上解释固然不错，但似乎太过表面化。王莽为何要执意肢解、打压匈奴？匈奴为何面对王莽的政策反应如此激烈？为什么和平景象无法长期维持？对这些问题，内藤湖南的一个观点颇具启发。他认为王莽对非华夏族群实施种种压制政策，其结果相反刺激和促使了"蛮夷"的自觉。⑦ 这也说明，在分析汉匈关系走向以及起伏的时候，需要关注匈奴作为一个族群、一个政权的主体性，同时也要深入理解并揭示匈奴自身的民族文化认同与民族意识。那么，究竟应从哪些角度入手呢？

近来，一些考古学者在对匈奴文化遗存进行探索时，试图区分"文献早期匈奴"和"考古早期匈奴"这两组概念。所谓"文献早期匈奴"，即《史记》记录的冒顿时代（公元前3世纪至前2世纪）。所谓"考古早期匈奴"，即前2世纪末至前1世纪前期位于蒙古

---

① 《汉书》卷九十四下《匈奴传下》，第3824页。
② 《后汉书》卷八十九《南匈奴列传》："永元元年，以秉为征西将军，与车骑将军窦宪率骑八千，与度辽兵及南单于众三万骑，出朔方击北虏，大破之。北单于奔走，首虏二十余万人。"（第2953~2954页）
③ 木芹：《两汉民族关系史》，四川民族出版社，1988，第95页。
④ 赵云田：《北疆通史》，中州古籍出版社，2003。
⑤ 林幹：《匈奴通史》，人民出版社，1986，第78~82页。
⑥ 刘学铫：《匈奴史论》，南天书局有限公司，1987，第163页。
⑦ 〔日〕内藤湖南：《中国史通论》，夏应元等译，社会科学文献出版社，2004，第204~206页。

高原北部边缘之"可以确认为典型的匈奴遗存的匈奴墓葬（群）"。这些学者认为，匈奴文化主要来源于中国北方长城内外地区，其中包括蒙古高原中南部地区。但他们特别强调，西汉中期以前，匈奴还没有形成文化上的统一体。南下的北亚族群在汉武帝的打击下，不断北退到大漠以北，并与西面的欧亚草原加强了联系，这才逐渐形成了有自身特色的匈奴文化。进一步说，匈奴文化的形成晚于其政治军事实体出现的时间，它大致与汉文化的形成时间相当，即西汉中期。① 王文光、孙雪萍在分析两汉时期匈奴历史发展过程时也特别指出，从历史人类学长时段研究的角度来看，汉匈民族关系的本质是两种不同类型文化的矛盾冲突。② 在我们看来，这种矛盾和冲突，首先就表现在匈奴连续不断的侵扰上。

内田吟风将匈奴侵寇秦汉王朝的史料记录分成了 11 个时期，概括出匈奴侵寇中国的 8 点直接原因。这 8 点原因实可简化为 4 条：畜牧侵寇、掠夺侵寇、报复侵寇和乱政侵寇。此后他又有所追记，认为游牧民族侵寇中国的最大原因乃是由于一国之君的征服欲，同时举出了游牧民族无法满足的物质欲、掠夺本能和相对农耕民族的武力优势等原因。正如内田本人所说，游牧文明入侵农耕文明的原因是复杂多样的，以往把游牧文明入侵农耕文明的原因归结为"饥饿"的说法难以成立，实际上匈奴总是在饥馑的时候向中国求和，而在中国内乱或自身强大的时候入侵，这反映更多的其实是游牧文明的征服欲。③

无论是征服欲还是游牧者的掠夺本能，内田从匈奴内部进行的考察，其结论值得重视。这也深刻说明，匈奴针对华夏的种种策略和行动其实都是有所筹谋的。巴菲尔德认为，呼韩邪对汉朝的朝贡体系看得十分透彻，因此他才能够实施一种草原政治中的"新战略"。就本质而言，呼韩邪是在利用汉朝的巨额财富和军事保护去赢得草原上的内战。④本文也指出，呼韩邪的臣服不过是"权宜之计"，尽管其部尚弱而且面临郅支的威胁，但无论单于继承制度的完善还是臣服、和亲，都是基于匈奴自身的发展而做出的判断，体现了充分的主体性、自主性。

王明珂指出，公元前 60 年到公元前 54 年匈奴因为内乱出现第一次南北分裂，其中原因或与连年天灾造成的畜产损失有关，但更重要的因素则是其国家政治结构与活动干扰了游牧社会组织原有的避灾及灾后重建功能。⑤ 具体就呼韩邪来说，其继立为匈奴单于时，匈奴国势因武帝的战争打压已渐趋衰弱，并且匈奴政权内部亦产生了南北分裂。面对这样一种形势，呼韩邪对匈奴的命运必然有其重大而深刻的思虑。所以，在与大臣商讨归汉与

① 杨建华等：《欧亚草原东部的金属之路：丝绸之路与匈奴联盟的孕育过程》，上海古籍出版社，2016，第 444~459 页；潘玲编著《伊沃尔加城址和墓地及相关匈奴考古问题研究》，科学出版社，2007，第 102~103 页。
② 王文光、孙雪萍：《分化与融合：东汉时期匈奴的历史人类学研究》，《广西民族大学学报》（哲学社会科学版）2019 年第 3 期。
③ 〔日〕内田吟风著，童岭译，余太山审校《古代游牧民族侵入农耕国家的原因——以匈奴史为例的考察》，《西域研究》2016 年第 4 期。
④ 〔美〕巴菲尔德：《危险的边疆——游牧帝国与中国》，第 79 页。
⑤ 王明珂：《游牧者的抉择：面对汉帝国的北亚游牧部族》，第 199 页。

否时，反对者认为"匈奴之俗，本上气力而下服役"，支持者指出"强弱有时，今汉方盛"。① 匈奴尚强之俗不会变，而汉匈强弱却会变，呼韩邪决定臣服汉朝，实际上蕴含着他对本民族未来的擘画。

更为重要的问题是，西汉王朝又是如何看待匈奴的呢？当呼韩邪单于刚来朝时，萧望之发表了一个观点：

> 单于非正朔所加，故称敌国，宜待以不臣之礼，位在诸侯王上。外夷稽首称藩，中国让而不臣，此则羁縻之谊，谦亨之福也。《书》曰"戎狄荒服"，言其来服，荒忽亡常。如使匈奴后嗣卒有鸟窜鼠伏，阙于朝享，不为畔臣。②

实际上也就是"非我族类，其心必异"的另一种表述。宣帝最终听从萧望之的建议，对呼韩邪"让而不臣"。由此可见，即便汉匈关系最为和谐的时候，汉廷也并没有将汉匈宗藩关系视为长久之事。

当然，无论是汉宣帝，还是呼韩邪单于，其实都是以温和而实用的态度构建汉匈关系，并致力于保持一种微妙的平衡。这种平衡，尽管经历了波澜也面临着危机，仍然维持到了西汉末。当追求大一统的王莽以强硬态度重构汉匈君臣关系时，平衡被打破，汉匈关系走向破裂。

有意思的是，东汉初的匈奴再次分裂为南北两部，南单于向汉称臣。汉使至，令单于"伏拜受诏"，③ 这与西汉宣帝"让而不臣""诏单于毋谒"④ 截然不同。不但如此，东汉对南匈奴约束颇多：

> 单于岁尽辄遣奉奏，送侍子入朝，中郎将从事一人将领诣阙。汉遣谒者送前侍子还单于庭，交会道路。元正朝贺，拜祠陵庙毕，汉乃遣单于使，令谒者将送……岁以为常。⑤

东汉是推翻王莽统治建立的，然而在对待匈奴问题上，二者的态度却异常接近。东汉人荀悦，在其所撰《汉纪》中云，"《春秋》之义，王者无外，欲一于天下也"，并将矛头指向萧望之，说他对匈奴"欲待以不臣之礼，加之王公之上，僭度失序，以乱天常，非礼也"！⑥ 后来司马光修《资治通鉴》，特意将荀悦之论放在萧望之议礼后，可见他多少是赞

① 《汉书》卷九十四下《匈奴传下》，第3707页。
② 《汉书》卷七十八《萧望之传》，第3282页。
③ 《后汉书》卷八十九《南匈奴列传》，第2943页。
④ 《汉书》卷九十四下《匈奴传下》，第3798页。
⑤ 《后汉书》卷八十九《南匈奴列传》，第2944页。
⑥ （汉）荀悦：《汉纪》卷二十《孝宣皇帝纪四》，第356、357页。

同荀悦的。①

然而，问题的关键并不在此。两汉之际呈现出来的"让而不臣"以及"王者无外"，是汉王朝在不同时期所体现出来的夷夏观。在此我们需要追问：这些观念难道只是存在于汉，或者说就应该为汉所独有吗？

萧启庆分析游牧部族南侵华夏的原因，认为生态系统和生活方式的不同，使匈奴等游牧民族自古便产生了独立的文化意识和自主的政治观念。从老上单于致文帝书"天地所生，日月所置匈奴大单于敬问汉皇帝无恙"，以及汉文帝致老上单于"长城以北，引弓之国受令单于；长城以内，冠带之室朕亦制之"等来看，游牧民族不仅具有与中国平等的意念，也有着和华夏天命思想相类似的王权神授的观念，进而由王权神授的观念发展出主宰世界的雄心。②

就本文的论证来看，匈奴表面上与汉结成宗藩体制，而且通过质子的形式致力于稳定双边关系，但其骨子里是在谋求与华夏对等。内藤湖南所云非华夏族群的"自觉"在此得以印证。不过，萧启庆的观点似可稍加修正，即匈奴的王权意识很可能源自华夏。

余英时曾指出："中国的统一和长城的建成也对匈奴产生了积极的影响。这两件大事震动、激励了他们的游牧社会，在其内部唤醒了一种团结意识。这种勃然而兴的意识必然有助于头曼单于确立他的统治地位，并且将匈奴各部落融合为一个统一的政治组织，这或多或少是仿效了秦帝国的模式。"③ 另有学者认为，匈奴通过对华夏思想与文化的吸纳与认同，产生疆域意识以及统治思想，将其周边族群聚集在一起，建立以"引弓之民"为主的匈奴认同，由此形成更为稳固的政治、文化联合体，达成与汉帝国对等的地位。④ 所以，当呼韩邪准备附汉时，有大臣不以为然，他们观点是："汉虽强，犹不能兼并匈奴，奈何乱先古之制，臣事于汉，卑辱先单于，为诸国所笑！虽如是而安，何以复长百蛮！"⑤ 从本文所论接纳乌孙质子，形成匈奴与乌孙之间的宗藩体制这一层来看，自誉为"胡者，天之骄子也"⑥ 的匈奴显然是要建立以己为核心的周边体制，而这当然也是华夏宗藩思想的翻版。

更始二年冬，华夏政权派中郎将归德侯刘飒、大司马护军陈遵出使匈奴，为此特意授给西汉时所赐匈奴单于的玺绶。然而此时的单于舆据说十分傲慢，他对使者说了以下一番话：

> 匈奴本与汉为兄弟，匈奴中乱，孝宣皇帝辅立呼韩邪单于，故称臣以尊汉。今汉

---

① 《资治通鉴》卷二十七《汉纪十九》，第 886 页。
② 萧启庆：《北亚游牧民族南侵各种原因的检讨》，《食货月刊》第 12 卷第 1 期，1972，第 615 页。
③ 余英时：《汉代贸易与扩张》，邬文玲等译，上海古籍出版社，2005，第 236 页。
④ 李济沧：《统一王朝建立与华夏认同：秦汉帝国与匈奴关系再探》，载南京师范大学历史系编《随园史学》2023 辑，江苏人民出版社，2023，第 11 页。
⑤ 《汉书》卷九十四下《匈奴传下》，第 3797 页。
⑥ 《汉书》卷九十四上《匈奴传上》，第 3780 页。

亦大乱，为王莽所篡，匈奴亦出兵击莽，空其边境，令天下骚动思汉，莽卒以败而汉复兴，亦我力也，当复尊我！①

更始政权想要恢复汉宣帝时的那种宗藩关系，而单于的立脚点却是汉匈实乃兄弟。宣帝时，匈奴得到汉朝帮助，所以尊汉，现在情形倒过来，是匈奴在帮助汉，因此汉应尊匈奴。正如汉始终以"夷夏之防"或"王者无外"看待匈奴一样，匈奴人的主体意识应是与汉平分秋色，互相尊重。

总体来看，随着汉匈之间的实力消长，以及内外情形的变化，双方时和时战。表面上，汉与匈奴存在着文化类型上的对立，但从根本而言，导致这种对立产生的诸多因素中，以"夷夏之防"与"王者无外"为中心的华夏思想及其扩展其实产生了巨大影响。也就是说，通过华夏认同与文化吸收，匈奴最终形成并强化了自身的文化认同。无论游牧民族的"征服欲"还是"君权神授"的思想，这些当然无碍汉匈这两种不同文化之间的交流和交往，然而自誉为"天之骄子"的匈奴与强调"王者无外，欲一于天下也"的汉之间，要达到真正的水乳交融，显然还需更长历史时期的摸索。

编辑：韩茗

---

① 《汉书》卷九十四下《匈奴传下》，第 3829 页。

文明互鉴

弥生文化与吴越文化

——中、日早期的跨海交流

张学锋

（南京大学历史学院）

[**摘要**] 起始于公元前 5~前 4 世纪的日本稻作农业，给日本列岛的社会变革带来了巨大冲击，水稻成为日本文化的原点。日本列岛的稻作文明，虽非来自一时一地，但包含水田耕种技术、聚落形态、居住形式及民俗等在内的稻作文明，则主要来自中国大陆东南的吴越地区。人类学家对本州岛西端山口县土井滨遗址出土人骨的分析发现，男女的体质人类学特征显示的均只具大陆移民的特征，这一结果不仅可以排除移民作为征服者及其后代的可能，而且还能排除一次性大规模渡海的可能，他们应该是以家族或乡里为单位甚至上下几代人渡海移民的结果。弥生文化每一期的发展，都与中国大陆春秋中晚期到汉武帝设置乐浪郡期间的政治、社会变动密切相关。中国文明的发展变动，成为东亚世界形成的源头动力。

[**关键词**] 弥生文化；吴越文化；稻作文明；跨海交流；徐福东渡

一　徐福东渡的故事与真相

——代绪言

　　徐福东渡的故事，广泛流传于中、日、韩三国，尤其以中、日两国为多。徐福又作"徐市"，"福""市"音同。

　　这个故事最早见于西汉司马迁撰《史记》。据《史记》卷六《秦始皇本纪》，秦始皇二十八年（前 219），始皇帝东巡郡县，途经齐鲁故地，"齐人徐市等上书，言海中有三神山，名曰蓬莱、方丈、瀛洲，仙人居之。请得斋戒，与童男女求之。于是遣徐市发童男女数千人，入海求仙人"①。九年后的秦始皇三十七年（前 210），始皇帝又一次东巡郡县，

---

① （汉）司马迁：《史记》卷六《秦始皇本纪》，中华书局，1982，第 247 页。

经吴越故地北上齐鲁故地，徐福等人因九年前花费巨资入海求仙药未果，乃诈曰："蓬莱药可得，然常为大鲛鱼所苦，故不得至，愿请善射与俱，见则以连弩射之。"① 《秦始皇本纪》中这个故事没有后续，其后续见于《史记》卷一一八《淮南衡山列传》，称："秦皇帝大说，遣振男女三千人，资之五谷种种百工而行。徐福得平原广泽，止王不来。"②

此后，成书于 3 世纪的《三国志》卷四十七《吴书·孙权传》在黄龙二年（230）条叙述孙权遣卫温、诸葛直将甲士万人浮海求夷洲及亶洲时称："亶洲在海中，长老传言秦始皇帝遣方士徐福将童男童女数千人入海，求蓬莱神山及仙药，止此洲不还。世相承有数万家。"③ 成书于 5 世纪的《后汉书》卷八十五《东夷列传》同样提到徐福东渡之事，称："又有夷洲及澶洲。传言秦始皇遣方士徐福将童男女数千人入海，求蓬莱神仙不得，徐福畏诛不敢还，遂止此洲，世世相承，有数万家。"④ 此外，旧题东方朔撰、实为六朝人编集的道家志怪小说《海内十洲记》、五代后周开元寺僧义楚所撰《义楚六帖》等文献中亦有所言及，但以上诸种似均出自上引《史记》诸篇。

在日本，徐福东渡的故事主要流行于列岛西南部的九州地区，尤以九州岛西北部的佐贺县、福冈县为多，远的可达本州岛的和歌山县、爱知县等地。据称徐福的上陆地点就有三十余处，相关故事五十余则。在日本的历代传承中，徐福被尊为丰收神、纺织神、医药神等神祇，并形成了徐福墓、徐福祠、徐福神社等多处具象形态，广为奉祭。在韩国，徐福东渡的故事主要流行于朝鲜半岛南部及济州岛地区，尤以济州岛朝天浦、西归浦及南海郡锦山最为著名。在中国，徐福东渡故事的流行地区北自山东半岛，南至浙江东部沿海，尤以山东龙口、青岛，江苏赣榆，浙江慈溪、象山为多，其中浙江慈溪、象山一带的徐福东渡传说还被列入了第二批国家级非物质文化遗产名录（2008 年，遗产编号 1-41）。可见，徐福东渡的故事，是横跨东海，连接东亚世界的一条文化纽带。

然而，徐福是否真有其人？若真有其人，那么他是齐人还是越人？其出航地点到底在哪里？等等，这些问题归结起来即徐福东渡故事的真实性如何！从徐福东渡的故事广布于今山东半岛到浙江沿海这一现象来看，徐福东渡应该只是秦汉时期中国东部沿海地区一个广为人知的故事，很难坐实到具体的人物及时空上来。

司马迁所撰《史记》被称为正史之祖，其史学贡献难以抹杀。然而，正如宫崎市定在《肢体动作与文学——试论〈史记〉的成书》一文中所分析的那样，司马迁撰写《史记》的资料来源及筛选原则，如《太史公自序》最后提到那样，"厥协六经异传，整齐百家杂语"，其中的"杂语"，与《史记》中频频出现的"世言""长老""长老所言"等，均取材于民间传说。⑤ 可见，"杂语""世言""长老所言"，是司马迁撰写《史记》的素材之

① 《史记》卷六《秦始皇本纪》，第 263 页。
② 《史记》卷一百一十八《淮南衡山列传》，第 3086 页。
③ （晋）陈寿：《三国志》卷四十七《吴书·吴主传》，中华书局，1982，第 1136 页。
④ （南朝宋）范晔：《后汉书》卷八十五《东夷列传》，中华书局，1965，第 2822 页。
⑤ 〔日〕宫崎市定：《宫崎市定亚洲史论考》，张学锋、马云超等译，上海古籍出版社，2017。

一。《太史公自序》中司马迁自言："二十而南游江、淮，上会稽，探禹穴。……北涉汶、泗，讲业齐、鲁之都，观孔子之遗风，乡射邹、峄。"① 《五帝本纪》太史公曰："余尝西至空桐，北过涿鹿，东渐于海，南浮江、淮矣。"② 《龟策列传》太史公曰："余至江南，观其行事，问其长老，云龟千岁乃游莲叶之上，蓍百茎共一根。"③ 在文字记录尚不丰富的时代，"杂语""世言""长老所言"可以说是智慧的宝库，司马迁从其四处游历所获之"杂语""世言""长老所言"中选出他认为可信的资料，将其编入了《史记》。不难想象，徐福东渡的故事，正是其游历齐鲁、吴越故地时所闻"杂语"之一。

司马迁对其搜集和筛选的民间故事进行加工，并将其写入了《史记》。如同很多史家一样，他不是创作者，只是编纂者。虽然也有一些史实以外的、完全由民间杜撰的东西骗过了他的双眼混入了《史记》之中，但他在取舍素材时的慧眼，是别的史家望尘莫及的。很多"杂语"虽然经过了民间长期的加工和铺陈，但却是在长期的历史演变背景下形成的。著名的如《吴太伯世家》所述太伯、仲雍奔荆蛮建立句吴国，以及《越王句践世家》所述越王乃有夏少康氏苗裔这两个传说，基于考古学及历史语言学的学科基础，太伯、仲雍奔吴之事及越为夏后之说显然不足信，但这却是春秋中晚期以来华夏文明周边地区的"蛮夷"在文明化进程中重构祖先记忆的结果。由此类推，徐福东渡的故事，也是春秋中晚期至秦统一以后，中国东部沿海地区因大陆持续不断的政治变动而移民海外这一历史史实的反映。徐福不是一个人，出航及登陆的地点也不是一处，在春秋末年以来长达几个世纪的岁月里，在中国从分散走向统一的历史进程中，成千上万的"徐福们"，从大陆东部沿海的不同地点移向海外，寻找能够栖身的新天地，这才是徐福东渡故事的真相。

《史记》所述徐福两次东渡发生的时间，也足以让人遥想当时移民发生的背景。徐福东渡分别被司马迁系于秦始皇二十八年（前219）和秦始皇三十七年（前210）。秦始皇二十八年，始皇帝东巡郡县，途经齐鲁故地，这是徐福第一次东渡的背景。秦始皇三十七年，始皇帝再次东巡郡县，经吴越故地北上齐鲁故地，这是徐福第二次东渡的背景。两次东渡，都与秦始皇的东巡有关，而且都与东巡的齐鲁、吴越故地有关。一句话，传说中的"暴君"来了，惊恐的"徐福们"能逃则逃。

笔者完全无意怀疑秦灭六国统一中国的历史意义，但在认可其巨大历史意义的前提下，我们仍然有探讨历史细节的必要。秦的暴政是无须多言的。未统一之前，对内刑法酷烈，对外争战凶残，东方六国皆有目共睹，对秦国形成了"虎狼之国""天下之仇雠"④的共识。⑤《史记》卷八十三《鲁仲连传》裴骃《集解》引谯周之言称："秦用卫鞅计，制爵二十等，以战获首级者计而受爵。是以秦人每战胜，老弱妇人皆死，计功赏至万数。

① 《史记》卷一百三十《太史公自序》，第3293页。
② 《史记》卷一《五帝本纪》，第46页。
③ 《史记》卷一百二十八《龟策列传》，第3225页。
④ 《史记》卷六十九《苏秦列传第九》，第2261页。
⑤ 何晋：《秦称"虎狼"考》，《文博》1999年第5期。

天下谓之'上首功之国',皆以恶之也。"① 有学者统计,从秦孝公二十一年至秦王政十三年(前341~前234年)的107年里,秦军共斩首敌军约167万余人。这个数据或许有夸大之饰,但保守估计,认为从公元前364年至前234年这130年间,秦给敌军造成的伤亡总数为148万人。② 传世文献以外,在里耶秦简、岳麓秦简等出土文献中,同样可以看到秦统一后对旧六国民众的残酷统治。正如《史记》卷八《高祖本纪》所言,"苦秦苛法久矣,诽谤者族,偶语者弃市"。③ 对于秦的社会制度优于六国的说法,李学勤先生认为:"我们不能同意这一看法。从秦人相当普遍地保留野蛮的奴隶制关系来看,事实毋宁说是相反。"④ 因此"暴秦"结局也是极其凄惨的。

《史记·鲁仲连列传》载,战国晚期齐国人鲁仲连在赵国劝说魏国使者新垣衍说:"彼秦者,弃礼义而上首功之国也,权使其士,虏使其民。彼即肆然而为帝,过而为政于天下,则连有蹈东海而死耳,吾不忍为之民也。"⑤ 鲁仲连认为秦国是毫无礼仪只崇尚战功的国家,用权诈之术驾驭士卒,奴役百姓,如果让其恣意称帝进而统治天下,那么自己只有赴东海而死,绝不做其顺民。众多的"徐福们"既没有贵族鲁仲连那样的道德理念,也没有后人想象的为齐国报仇那种宏伟的目标,他们只是在遇到危及生存的政治变动时首选逃命而已。这正是徐福东渡故事背后的历史真相。

然而,大陆沿海居民的海外移民,并不是秦统一后为避暴政才出现的,至少可以上溯好几个世纪。

二 吴越与"吴越文化因素"

徐福东渡寻求仙药的目的地,是蓬莱、方丈、瀛洲等传说中的仙山,但对于北起山东半岛南至浙江沿海的"徐福们"而言,如若海外移民,能够前往的目的地就只有今朝鲜半岛和日本列岛。这也是徐福东渡在这两个地区留下众多传说和遗迹的根本原因。那么,"徐福们"在大陆生活的区域,又具有什么样的区域特色及区域文化呢?简言之,虽然经历了春秋战国时期的争战与融合,但"徐福们"在大陆生息的区域,山东半岛至江淮之间,是中国上古时期东夷人的聚居区,长江以南的华南东部地区则是百越人的聚居区,其文化的根底分别是东夷文化和吴越文化,两者经春秋以来不断融合最终形成的文化复合体,本文称之为"吴越文化",其具象的体现,称为"吴越文化因素"。

浙江余姚河姆渡遗址是太湖—杭州湾地区时代较早的新石器时代遗址,在距今6000

① 《史记》卷八十三《鲁仲连邹阳列传》,第2461页。
② 〔英〕崔瑞德、鲁惟一编《剑桥中国秦汉史》,杨品泉等译,中国社会科学出版社,1992。
③ 《史记》卷八《高祖本纪》,第362页。
④ 李学勤:《中国古代文明十讲》,复旦大学出版社,2005。
⑤ 《史记》卷八十三《鲁仲连邹阳列传》,第2459页。

年左右的第三文化层中采集到了两具完整头骨。据体质人类学的研究，这两具人骨一方面具有南亚蒙古人种的性状，但同时也具有部分澳大利亚—尼格罗人种的性状（肤黑拳发，身材较矮，后世中国历史文献中常称其为"昆仑"）。特别是在颅形上，与福建、广东新石器时代遗址出土的人类头骨形状接近。研究中用于比较的福建、广东组，主要有福建闽侯县石山新石器晚期组和广东增城金兰寺新石器时代遗址采集的人骨资料。昙石山文化（距今 5500~4000 年）晚期可供测量研究的 3 个男性头骨和 6 个女性头骨，从形态与测量的比较，都表明与现代蒙古人种的东亚和南亚人种比较接近。但在很多性状方面，更多地具备了南亚蒙古人种的特性。广东增城金兰寺新石器时代遗址（距今 4000 余年）采集的人骨资料则显示，生息在这里的先民，混杂了澳大利亚—尼格罗人种的成分。能够得出同样结论的人骨材料还有广东佛山河宕、海南鱿鱼岗、广西桂林甑皮岩等颅骨组。体质人类学家给以上先民的体质特征做了如下描述：长颅形、低面、阔鼻、低眶、突颌、身材比较矮小。[1] 他们在体质特征上，与现代华南地区的绝大多数居民（包括南方汉族和部分少数民族）均有所不同，而与东南亚一带的居民如印度尼西亚及大洋洲的现代土著比较接近。这种类型的居民在史前至先秦时期广布于大陆东南沿海的浙江、福建、广东、广西地区。基于上述研究，体质人类学家朱泓先生将这种体质类型命名为"古华南类型"，并根据历史文献记载的民族分布，视其为广义的"古越人"种系。[2]

太湖—杭州湾地区位于中国东南地区的最北端，这里可供古人类学研究的资料，及基于资料之上的研究成果并不多，但常州戚墅堰圩墩马家浜文化与崧泽文化墓葬出土的人骨，经测定其形状与蒙古人种南亚类型较为接近；上海青浦崧泽遗址新石器时代墓葬出土的人骨，经测定也具有南亚蒙古人种的形状。因此，有着马家浜文化—崧泽文化—良渚文化这一完整发展序列的太湖—杭州湾地区，史前先民的体质特征也应该属于南亚蒙古人种，与今天几乎涵盖长江下游地区所有人口的东亚蒙古人种之间有着较大的差异。[3]

高度发达的良渚文化在距今 4200 年前后突然消失。与良渚文化的分布几乎处于同一范围即太湖—杭州湾地区，在良渚文化消失后取而代之的是马桥文化。马桥文化的时代距今 3900~3200 年，前后延续约 700 年，相当于中原地区的夏商时期。小型青铜器的出土，显示马桥文化已经进入青铜时代。尽管马桥文化与良渚文化的分布范围基本相同，上海马桥遗址的马桥文化层下也叠压着良渚文化层，文化面貌上也继承了少量的良渚文化因素，但良渚文化因素在马桥文化中不占主导地位，良渚文化和马桥文化之间不存在直接的嬗承关系。简单地说，发达的良渚文明没有被马桥文化所继承，马桥文化总体上要落后于良渚文化。

随着考古资料的不断发现，研究者现在更多地倾向于马桥文化源自今闽、浙、赣交会

---

① 韩康信、潘其风：《古代中国人种成分研究》，《考古学报》1984 年第 2 期。
② 朱泓：《中国南方地区的古代种族》，《吉林大学社会科学学报》2002 年第 3 期。
③ 陈声波：《良渚文化与华夏文明》，江苏人民出版社，2019。

地带的肩头弄考古学文化类型。① 由于马桥文化的文化面貌与稍早于马桥文化的肩头弄类
型最为接近，有研究者甚至提出了"马桥—肩头弄文化"这一学术命题。② 虽然这一命题
能否成立尚需进一步的研究，但从中不难看出，研究者之间在马桥文化源头这个问题上已
经达成了基本共识。

肩头弄文化类型所处的区域，不用说是百越人聚居的区域。这里的一部分越人，在良
渚文化衰落甚至消失后逐渐北迁，来到钱塘江下游地区，后逐渐扩散至整个太湖—杭州湾
地区，填补了良渚文化消失后的空白。随着中原商周文明向周边地区的扩散，这一部分越
人在先进文明的影响下逐渐走上文明化的道路，最终形成了早期政治实体——于越、於
越。马桥文化趋于消亡，而"后马桥文化"就是我们熟悉的越文化。

据迄今为止的研究，极具特色的"百越文化因素"大致包含以下一些内容：经济生活
以稻作为主；居住形式以干栏式建筑为主；生产工具以有段石锛、有肩石器及骨木质农具
为主；生活用具以木器及几何印文陶为特色；社会习俗上流行文身、拔牙；丧葬采用崖葬
或土墩、土墩石室的形式；信仰上有蛇崇拜、鸟崇拜及鸡卜等；语言为有别于中原华夏语
的壮侗语系侗台语族；等等。基于长江下游南岸地区的地理位置、马家浜文化以来的水稻
田遗址、干栏式建筑遗存、"断发文身"的历史记载等，我们有理由将生活在这一带的史
前先民归入南亚蒙古人种（带有部分澳大利亚—尼格罗人种的部分特征）的"古越人"
或"百越民族"系统中去。③

其中的水稻种植，又是最显著的特征。中国东部地区的水稻驯化与人工栽培，最早以
余姚河姆渡遗址的发掘广为所知。随着考古工作的展开，江西、湖南等地也均有距今七八
千年以上的稻作遗存发现。但就迄今所知的资料而言，今浙江地区的史前稻作遗存最为丰
富。除余姚河姆渡距今六七千年的稻作遗存外，著名的还有萧山跨湖桥发现的距今八九千
年的稻作遗存、余姚田螺山遗址发现的距今六千余年的稻作遗存。除这些著名的遗址之
外，近年为人们熟知的就是浙江浦阳江流域的上山遗址。

上山遗址是中国迄今发现年代最早的新石器时代遗址之一，经 ^{14}C 测定，年代距今
10000~8500 年。据发掘资料，上山遗址可判断为环壕聚落遗址。遗址范围内还发现了建
筑遗存，据木柱腐烂后遗留的柱洞遗迹判断，其建筑类型属干栏式建筑。此外，最重要的
发现是水稻种植的痕迹。水稻种植的迹象存在于以下几个方面：一，陶器胚土的植物羼和
料中夹有水稻的颖壳及稻茎、稻叶；二，陶器表面有大量的谷壳印痕；三，通过浮选法，
在早期地层中筛选出了数粒炭化稻米；四，出土了石刀、石镰等摘穗工具。从谷粒的谷壳

① 宋建：《马桥文化探源》，《东南文化》1988 年第 1 期；李伯谦：《马桥文化的源流》，载田昌五、石兴邦主编
《中国原始文化论集》，文物出版社，1989。
② 宋建：《马桥文化原始瓷和印纹陶研究》，《文物》2000 年第 3 期。
③ 陈国强、蒋炳钊、吴绵吉、辛土成：《百越民族史》，中国社会科学出版社，1988；彭适凡主编《百越民族研
究》，江西教育出版社，1990；邹衡：《江南地区诸印纹陶遗址与夏商文化的关系》，载《文物集刊》第三辑，
文物出版社，1981；杨楠：《江南土墩墓遗存研究》，民族出版社，1998。

形态、小穗轴、水稻的运动细胞硅酸体形状判断，上山遗址出土的水稻遗存属经人工选择的早期栽培稻。① 上山遗址水稻遗存的年代，比河姆渡遗址出土 7000 年前的人工栽培水稻的纪录提前了 3000 多年。可见，在距今 10000 年左右，在中国大陆东部地区水稻已是食物的主要来源之一。

每一次早期稻作遗存的发现，都会引起水稻起源问题的争论。上山遗址具备了定居生活、出土稻米以及生产工具等所有早期农耕生产的考古证据。因此，学者认为只有上山遗址可以从农业起源的角度来探讨稻作农业的起源问题。浦阳江流域能否确定为栽培水稻的起源地，这一点虽然还需经长期的研究及新出资料的验证才能定论，但从数量不菲的考古资料而言，有一点毋庸置疑，那就是中国大陆东南地区自新石器时代以来一直是水稻农业最发达的区域。对应前文所述，生息在这片土地上的先民就是古百越人。

以水稻种植为主要经济生活的百越文化因素，在新石器时代中晚期向四周传播，其中，在东亚稻作文明传播中最具意义的是北传。在长江以北，距今 7000~5000 年的江苏高邮龙虬庄遗址中筛选出了 4000 余粒炭化稻米。高邮龙虬庄附近的海安青墩遗址距今 6000~5000 年的中、下层地层中，不仅浮选出了偏粳型的炭化稻谷，还确认了干栏式建筑遗构，而其上层堆积已属良渚文化时期。原位于海岛之上距今约 4500 年的连云港藤花落遗址，同样也是具备了水田遗址、炭化稻米、环壕与干栏式建筑的稻作民聚落。近期发掘的兴化、东台之间的蒋庄良渚文化遗址，炭化稻米、干栏式建筑以及墓葬出土的陶器、玉器等随葬遗物，更是明确了百越文化北传的史实。

江淮地区的早期文化存在着南北不同谱系文化碰撞的过程。龙虬庄、青墩、藤花落、蒋庄等遗址的发掘，充分证明了百越文化因素北传江淮地区的史实。进入春秋中晚期，以吴王夫差、越王句践为代表的吴、越势力更是控制了江淮东部地区，尤其是从越王句践北上争霸至越王翳的近半个世纪间，越国的都城也迁至今苏鲁之间的琅琊，吴越文化因素对这一地区的影响就更加明显了。

前文主要谈论了以水稻种植及其北传为核心的百越文化因素，接下来简要交代本节标题"吴越文化因素"中"吴"的历史定位。关于吴人的迁徙，笔者已在《吴国历史的再思考——以近年来苏南春秋古城遗址的发掘为线索》② 《说"姑苏"——吴人的迁徙》③ 《从吴越文化到江南文化——苏州早期文化的发展轨迹》④ 等文稿中论及，此处不再赘述，仅取其核心内容以明其要。

司马迁《史记》首撰《吴太伯世家》叙述周太王长子太伯、次子仲雍避贤南奔荆蛮建立吴国之事后，千百年来从未受到过怀疑，成为叙述吴人和吴国历史的起点。经东汉袁

---

① 郑云飞、蒋乐平：《上山遗址出土的古稻遗存及其意义》，《考古》2009 年第 9 期，
② 张学锋：《吴国历史的再思考——以近年来苏南春秋古城遗址的发掘为线索》，载苏州博物馆编《苏州文博论丛》第 2 辑，文物出版社，2011。
③ 张学锋：《说"姑苏"——吴人的迁徙》，载上海建投书局编《江南纪》，学林出版社，2020。
④ 张学锋：《从吴越文化到江南文化——苏州早期文化的发展轨迹》，载苏州市吴中区博物馆编《吴中博物馆图录》，江苏凤凰文艺出版社，2020。

康、吴平《越绝书》和赵晔《吴越春秋》的铺陈，敷衍成了传统史学难以逾越的鸿沟。在近代考古学发展起来之前，人们无法怀疑《史记》《越绝书》《吴越春秋》的说法。然而，因近代考古学的发展壮大，地下出土的考古资料不断涌现，研究不断深入，吴人与吴国历史的真相得以逐渐浮出水面。[①]

据考古资料及研究成果，与古越人在太湖—杭州湾地区繁衍生息的马桥文化同时，相邻的西北部丘陵地带生活着另外一个族群，这个族群，就是我们今天称之为"吴人"的先民，他们创造的考古学文化被命名为"湖熟文化"。

近几十年来的考古学研究成果，可以确定湖熟文化的存续时间距今 3700~3000 年，是宁镇丘陵与皖南东部地区相当于中原殷商时代的青铜文化，进入西周以后，逐步发展演变成吴文化。然而，作为吴文化的直接源头，湖熟文化也不是宁镇皖东南地区最原始的土著文化。通过对其遗物的考察，湖熟文化可以溯源到主要分布于豫东、鲁西南、皖西北的龙山文化王油坊类型。王油坊类型属于东夷集团。东夷集团在古人种上属东亚蒙古人种，在这一点上与华夏集团应该是相近的，但在文化类型上却有着自己独特的传承。既然东夷是湖熟先民的族源，湖熟文化源于东夷文化，那么继承湖熟文化而形成的吴文化，其底色亦应是东夷。

湖熟先民与周边族群的交往，虽然历经的时间非常漫长，但比我们想象的要频繁得多。在湖熟文化遗留的器物中，除东夷文化的底色外，还可能有来自太湖—杭州湾地区马桥文化的影响。进入西周以后，在先进的西周文明影响下，湖熟先民也逐渐觉醒，踏上了文明化的征程。走向文明，亦即出现早期政治实体的湖熟先民与湖熟文化，就是我们今天所说的吴人和吴文化。公元前 6 世纪前叶，即传说中第 19 位吴王寿梦时，长期接受中原文化熏陶的吴人开始强大。寿梦在位时期，出奔晋国的楚国大夫申公巫臣父子代表晋国出使吴地，教吴人用兵乘车，吴国开始频繁与中原往来，从此登上以华夏为中心的中国历史大舞台。

文明化初期的吴国积极参与春秋中晚期的列国之争中。吴王寿梦以后的诸樊、余祭、余昧诸王，虽然没有放松对邻近的太湖平原的发展，但在中原诸侯的利诱下，争战的对象主要是江淮诸夷和江汉平原的楚国。与江淮诸夷、楚国相比，太湖平原的越人相对软弱。因此，在吴王频频因征伐而失利甚至丧生之后，吴国开始主要朝东发展，揭开吴、越争战的序幕。

夫差在夫椒之战中击溃越人，将越人势力驱逐出太湖东岸。为进一步压制越人，将都城从太湖北岸的今阖闾城迁到了今苏州市区西南郊太湖东岸的"姑苏"。夫差时建设的都城"姑苏"，作为吴国最晚期的都城，前后延续仅 20 余年。公元前 473 年，越灭吴。《国语·越语》中说范蠡率越军"至于姑苏之宫，不伤越民，遂灭吴"[②]。可见，吴王夫差在这

① 李伯谦：《吴文化及其渊源初探》，《考古与文物》1982 年第 3 期。
② 徐元诰：《国语集解》，中华书局，2002，第 588 页。

里建设"姑苏"以后,本地的主要居民依然以"越民"为主。在灭吴战争中,这里的"越民"得到越国很好的保护,而"姑苏"只是吴人建立的军政中心。吴国灭亡后,越王句践"徙治姑苏台",将越国都城迁到"姑苏"。从此,越人以"姑苏"为根据地占领吴国全土。

灭吴后,越王句践乘势北上争霸。在以越王为中心的越人核心集团北上争霸过程中,越国都城亦随之北移,最前线到达今苏北鲁东南一带的琅琊。公元前380年,越王翳又将都城迁回"姑苏",直至句践以后第六代越王无强末年(前323)为楚所灭。可见在战国早中期的百余年间,越国的政治中心一直在钱塘江以西的"姑苏","姑苏"作为越国的都城或最重要的城市长期繁荣,因此有"吴越共都"之说。

关于马桥文化以后太湖平原越人与宁镇地区吴人的文化交流,宋建先生指出,太湖—杭州湾地区走出马桥文化进入越文化时代,新出现了中原商周文化因素和宁镇地区湖熟文化因素。① 李伯谦先生更是明确地指出,太湖地区走出马桥文化以后,原先马桥文化的典型器物在这里基本不见了,反倒与宁镇地区的同时期遗存相同。因此认为马桥文化发生了分解,大部分因素被淘汰,少部分因素被吴文化所吸收并与之融合。在太湖平原地区形成了一个具有地方特色又与宁镇地区不同的吴文化新类型。② 笔者的理解是,这种具有地方特色的吴文化新类型,就是吴、越文化逐步融合的产物。

春秋中后期,随着吴人东下,吴、越之间不可避免地兵戎相见。在以苏州为中心的太湖地区,先是吴人步步逼近,越人步步败退,后是越人反击,吴国灭亡,越人迁都"姑苏",重新成为这里的主人。在这场百年争战中,血腥无法避免,但文化的交融也是加速的。越人再次成为太湖平原的主人并占据宁镇地区以后,吴人还得在越人的"国度"里生活,越人也不得不面对大量的吴国遗民。吴、越之间的融合更是大踏步向前。到战国中晚期,吴、越之间的界线越来越模糊,尤其是对身处北方的中原人来说,可能已经很难分出吴、越之间的差异了,因此,"夫吴之与越也,接土邻境,壤交通属,习俗同,言语通"③之类的叙述频频出现,秦汉以后,"吴越之俗,断发文身"④、"吴越为邻,同俗并土"⑤、"吴越二邦,同气共俗"⑥ 等认识成为一般常识,"吴""越"逐渐演化成"吴越",成为长江下游以南地区的通称,同时也应该是这个区域地域文化的称谓。⑦

吴、越相继灭亡后,作为吴越故地的太湖平原与宁镇地区归楚国所有,楚文化的进入虽然不可避免,但吴越文化依然是这里的底色。⑧ 公元前221年秦统一全国,在全国推行

① 宋建:《马桥文化探源》,《东南文化》1988年第1期。
② 李伯谦:《马桥文化的源流》,载田昌五、石兴邦主编《中国原始文化论集》,文物出版社,1989。
③ (战国)吕不韦编,陆玖译注《吕氏春秋》,中华书局,2011,第864页。
④ (汉)王充著,黄晖撰《论衡校释》卷二十三《四讳篇》,中华书局,1990,第972页。
⑤ (东汉)袁康、(东汉)吴平著,徐儒宗注释《越绝书》卷六《越绝外传纪策考》,浙江古籍出版社,2013,第39页。
⑥ 《越绝书》卷七《越绝外传记范伯》,第43页。
⑦ 张敏:《吴越文化比较研究》,南京出版社,2018。
⑧ 毛颖、张敏:《长江下游的徐舒与吴越》,湖北教育出版社,2005。

郡县制，最初设置的三十六郡中就有会稽一郡。初置的会稽郡，辖境相当于今苏南、浙江和皖南东部地区，无疑这就是先秦时期的吴越之地。此后，随着郡县的增置，会稽郡保留了初置时的核心区域，"东接于海，南近诸越，北枕大江"①，这个范围正是先秦吴越的核心区域。

水田稻作、环壕式聚落、干栏式建筑等虽是百越文化中最显著的要素，但因其北传，这一文化因素早在新石器时代中晚期已经波及江淮地区，春秋晚期以后吴、越文化的逐渐融合，两国政治势力的北上争霸，长江以北地区吴越文化因素的色彩更加浓厚。因此，在探讨公元前 5 世纪以后稻作文明东传朝鲜半岛和日本列岛时，笔者认为用"吴越文化因素"来表述，符合当时大陆东部沿海地区的文化特征，而东渡的"徐福们"，正是这种文化因素的载体。

三 稻作的东传与弥生文化的起始

日本弥生文化的首要特征是稻作文明。稻米的传入，结束了日本以渔猎为主的绳纹文化时代，开启了农耕文明，进而迎来金属时代。因此，稻作的东传，对日本历史发展进程而言至关重要。

在探讨稻作文明东传问题时，学者最大的关注点是稻作东传的具体地点，基于不同的学科领域形成了多种观点，综合起来主要有以下四种观点。②

（一）自华北地区经今渤海湾北上，然后经朝鲜半岛南下，最终传到日本列岛，即所谓的"北方绕行路"。

（二）自华中地区经朝鲜半岛南下，最终传到日本列岛。这种观点又分为三类：1. 自山东和辽东半岛经朝鲜半岛南下；2. 从山东半岛直接渡黄海传入朝鲜半岛中部西海岸，然后南下；3. 自长江下游直接渡黄海，经朝鲜半岛南部西海岸，最终传入日本列岛，即所谓的"半岛路"。

（三）自长江下游地区直接跨越东海传入日本，即"直接传来说"。

（四）自华南地区经太平洋西部岛链传来，即所谓的"海上路"。

其中（一）（二）主要是考古学者的认识，关注的重点在于稻作传播路线沿途遗址及出土遗物之间的关联性；（三）（四）主要是农学者、民族（俗）学者的认识，关注的重点在于作物遗传学及基于稻作文明的民族与民俗学研究，以及海流及水稻生长环境的相

---

① （汉）班固：《汉书》卷六十四上《严助传》，中华书局，1962，第 2789 页。
② 〔日〕渡部忠世、樱井由躬雄编《中国江南的稻作文化》，日本放送出版协会，1984；〔日〕渡部忠世、高谷好一编《稲のアジア史 2 アジア稲作文化の展開》，小学馆，1997；〔日〕藤原宏志：《稲作の起源を探る》，岩波书店，1998；池桥宏：《稲作の起源——イネ学から考古学への挑戦》，讲谈社，2005；〔日〕大林太良：《海を越えての交流——東アジア世界の日本人》，中央公论社，1986。

似性。

寺泽薰先生在研究中指出，从历史的角度来探讨水稻的东传时，有必要将水稻最初期的传播路线与其后的传播路线，此外还有水稻技术与此前稻米的传播路线分开来加以思考。这为今天稻作东传问题的研究提供了重要的启示。换言之，正像前文所提示的那样，稻作的东传绝非一时一地的行为，而是"吴越文化因素"在长达数个世纪内逐渐东传的结果。

与基于文化史观的日本历史分期相比，朝鲜半岛历史发展阶段主要是按经济史观及历史文献的记载来划分的。稻作传入半岛并渐次取得发展的时期（相当于日本弥生时代），被分在了青铜器时代（无纹土器时代，约前1000~前300年）、铁器时代前期（约前300年~公元1年）和三国时代前期（原三国时代或铁器时代后期，公元1~300年）三个不同时期。

笔者曾在旧稿《"卑离"、"夫里"与"buri"》[①]和《从"狗邪"到"加罗"》[②]中，通过历史语言学对半岛西南部地名及遗址呈现出来的百越文化因素展开了论述。就半岛发现的稻作遗存而言，清原道小鲁里遗址（据检测最早年代距今15000~13000年前）及一山地区家瓦地遗址（距今6000~4000余年）、金浦佳岘里（距今约4000年前）的稻谷样本，因采集的地层问题，年代测定受到了韩国国内外的普遍质疑。除上述几例外，经检测，时代较早的水稻遗存多为陶器上的稻壳压痕。基于出土炭化米与陶器稻壳压痕两种对象检测的有京畿道骊州欣岩里居住遗址出土的炭化米，测定时代在公元前10~前8世纪；忠清南道扶余松菊里遗址，年代在公元前6~前4世纪；庆尚南道晋阳大坪里遗址出土稻壳压痕陶器，年代在公元前4~前3世纪。而光州新昌洞遗址的全面发掘，证明在公元前后半岛西南部荣山江流域已经进入非常成熟的稻作文化时代。半岛发现的公元前稻作遗存的地点，除平壤三石区湖南这一个地点外，其他地点均集中在面向黄海的半岛西南部，半岛北部及东部地区仍然以粟、黍、麦等多种旱作粮食为主。由于缺少水田稻作技术经陆路传入朝鲜半岛的明确证据，半岛西南部的稻作技术应该是由中国大陆东部沿海地区经海路传入的。这一现象，反映的正是半岛稻作农业的缘起与吴越文化因素之间的关联。

众所周知，1884年，东京本乡区向冈贝冢遗址出土的陶器因有别于此前绳纹时代的陶器，被命名为"弥生式陶器"。1920年，滨田耕作、山内清男等在大阪国府遗址发现的弥生式陶器，确定了这类陶器在遗址中的层位关系，基于陶器上的稻壳压痕，认定弥生时代是以稻作这一崭新的生产方式为基础的时代。相较于半岛，百余年来，日本基于考古学资料的弥生文化研究非常详细。在数量庞大的考古学资料和学术论文之外，2000年由讲谈社出版发行的系列丛书"日本的历史"第2卷《王权的诞生》[③]，由考古学家寺泽薰先生执笔，作者在大量研究成果的基础上，对弥生文化相关遗址及其所反映的社会变革为读者进行了概述。以下，主要依据寺泽薰的概说，将与本文相关的内容介绍如下。

---

① 张学锋：《"卑离"、"夫里"与"buri"》，载徐冲编《中国中古史研究》第5卷，中西书局，2015。
② 张学锋：《从"狗邪"到"加罗"》，载张伯伟编《域外汉籍研究集刊》第12集，中华书局，2015。
③ 〔日〕寺泽薰：《王权的诞生》，讲谈社，2000。

寺泽薰著作的核心内容，正如其书名所显示的那样是"王权的诞生"。所谓"王权的诞生"，寺泽薰将之定义为共同体之间战争的激化，从对峙、统合到最终形成国家。并且他强调，比王权诞生更重要的内容是王权诞生的前奏，而若想叙述王权诞生的前奏，又必须追溯到水稻传来的弥生时代，即公元前 6 世纪到公元 4 世纪末。寺泽薰的表述，一方面明确了弥生时代的起讫时间，另一方面强烈地表达了稻作农业给日本列岛社会变革带来的巨大冲击。换言之，水稻是日本文化的原点。

弥生文化遗址虽然最早发现在关东地区的东京，并以此来命名，但早期的主要遗址均集中在列岛西南部的九州岛，且以北部九州最为典型。1978 年发现的福冈板付遗址属弥生时代前期初段，出土了各种木质工具、磨制有段石锛、弯月形磨制石刀等。这些木质、石质工具，如果仅将目光集中在邻近的半岛，那么确实与韩国忠清南道安眠岛、庆尚南道泗州等遗址出土的器物非常相近，但如果将目光超越半岛南部，那么，不难看出这些遗物与新石器时代以来中国东南沿海地区水稻农耕的工具同样非常相似。

板付遗址还有一个非常重要的发现，这就是在弥生时代的水田遗址下层，叠压着绳纹时代晚期的水田遗址。这种现象，此后在板付遗址西南的佐贺县唐津市菜畑遗址也有发现，而且时代比板付遗址早，这一发现将列岛水田稻作的起始时代提到了公元前 5 世纪。此外，在福冈市野多目、壹歧岛玄界滩以及本州岛冈山县江道、大阪府茨木市牟礼等西部日本弥生文化遗址中也发现了绳纹时代晚期的水田遗址。毫无疑问，绳纹时代晚期即公元前 6 世纪末至公元前 4 世纪前叶，作为外来文明的水稻农耕文化在日本列岛出现了。但典型的早期弥生文化，只限定于北部九州一带，这同样显示出了弥生文化与大陆之间的密切关联。

综上所述，所谓"弥生文化"，就是从大陆传入的水田稻作等众多的大陆文化，在与绳纹文化对立的同时，融合、变容并逐渐稳定后形成的农耕文化。

包括寺泽薰在内的日本考古学研究者，基于明确的出土资料，出于严谨，他们理解的"大陆"往往多限定在朝鲜半岛南部。据寺泽薰的介绍，绳纹时代最晚期，有明确资料证明，最早传到朝鲜海峡东部壹歧岛玄界滩沿岸地区的水田稻作主要是半岛南部的移民带过来的，这为稻作传播的"半岛路"提供了坚实的依据。换言之，列岛最初的水稻，与前文介绍的其他传播路线之间的关系比较淡薄。那么，作为列岛稻作源头的半岛稻作又从何来？研究者也同时承认日本稻作文明的源头在长江中下游地区。寺泽薰本人即主张来自淮河下游地区新石器时代中国最北端的水稻农耕文明。这从传播地点上来看并无不妥，但时间设定似乎早了一点，与笔者提倡的"吴越文化因素"之间尚有不小的时间差。

列岛的水田稻作文明，其实并非来自一时一地，相关的考古资料可以支持这一观点。到达北部九州的移民（弥生人）与大陆同时代人的人骨比较研究也在展开，通过线粒体 DNA 分析等手段，可以得知其与山东半岛及江南地区出土的人骨之间有着高度的亲缘性。但同时，来到北部九州的移民又可细分为两大类：一类是身材稍高、脸部狭长的"北九州"类型，另一类是脸部较宽、脸部线条分明的"西北九州"类型。前者源自山东半岛—朝鲜半岛一线偏东北的地区，后者源自山东半岛—朝鲜半岛一线至长江流域的可能性很大。同时，和佐野喜久先生对中日炭化米的分析结果也表明，即使同为短粒米，朝鲜海峡中壹歧岛玄界滩沿岸地区的更加圆小，而九州岛西部有明海地区的则稍稍长大。前者与同时代朝鲜半岛的接近，后者与中国长江、淮河流域的接近。这个结果，与人骨的两种类型的分布基本吻合。这里，如果再将弥生文化的出现与发展阶段进行细化，则更能看出弥生时代水田稻作农耕传播的多个源头。

弥生文化一般可分为如下六期：第一期，公元前 5 世纪至公元前 4 世纪晚期，即绳纹文化晚期；第二期，公元前 4 世纪晚期至公元前 3 世纪中期，即弥生时代前期；第三期，公元前 3 世纪中期至公元前 2 世纪中期，即弥生文化陶器第二样式；第四期，公元前 2 世纪中期至公元前 1 世纪偏晚，即弥生文化陶器第三样式；第五期，公元前 1 世纪晚期至公元 1 世纪中期，即弥生文化陶器第四样式；第六期，公元 1 世纪中期至公元 3 世纪中期，弥生文化陶器第五样式。若将之换算成中国传统纪年，那么，第一期相当于春秋中晚期到战国前期，第二期相当于战国中期，第三期相当于战国晚期至西汉武帝时期，第四期至第六期相当于西汉中期至魏晋之际。不难看出，弥生文化的起始及其此后各个阶段的发展，均与中国先秦秦汉历史的发展演变密切相关。

绳纹时代晚期（即弥生文化第一期）稻作的传播历时较长，前后长达近两个世纪。这种传播不排除是人类的自然移动而引发的，但从政治变动来看，中国大陆发生了吴越争战及其随后的越国北上争霸、田氏代齐等政治变动，虽然因此而引发的移民规模可能不会很大，但正是因为大陆政治的变动，揭开了北部九州地区弥生文化的序幕。列岛发生巨大变动的，是进入弥生文化第二期以后，即战国中期。战国中期，大陆整体处在列国之争中，尤其是楚国的东进及楚灭越所引发的动荡，迫使东南沿海的吴越人更多地移向海外。出航地点的多元化，移民数量的增加，促使弥生文化第二期的文化面貌发生了巨大的改变。弥生文化第三期，即战国晚期至西汉武帝时期，就是本文篇首叙述的"徐福东渡"的时代。正如《史记·淮南衡山列传》中所见到的那样，人数规模"男女三千人"，携带"五谷种种"，农民之外尚有"百工"。故事所说虽然不无夸张，但移民的规模却仿佛眼前。众多的"徐福们"在半岛和列岛寻找到了繁衍生息的新天地。

人类学家松下孝幸先生通过对本州岛西端山口县土井滨遗址出土人骨的分析，发现男女的体质人类学特征显示的均只具大陆移民的特征。如果是征服者及其后代，那么应该是只有男性前来，在与当地女性结婚后，后代的体质人类学特征会发生改变。还有，如果是一次性大规模渡海而来，那么他们使用的生活和生产用具及文化因素就会大规模地残留下来，呈现"殖民地"的色彩。然而，土井滨遗址出土的人骨特征及遗物均不支持以上推测，因此可以推测这个遗址是以家族为单位甚至上下几代人分乘数艘船只渡海而来的，他们在这里建立了自己的聚落，经营着半农半渔的生活。他们正是"徐福们"的后代。

进入弥生文化第四期即西汉中期以后，半岛和列岛的形势因汉武帝设置辽东四郡尤其是在朝鲜半岛设置乐浪郡后，逐渐朝着早期国家的方向发展。这个过程，就是本节开头介绍的寺泽薰《王权的诞生》的核心内容，即共同体之间战争的激化，从对峙、统合到最终形成国家。其间，列岛最大规模的环壕聚落佐贺县吉野里遗址反映的正是公元前后"大共同体"的出现；公元前 1 世纪末期九州西北部的"大共同体"被西汉朝廷认可并受赐连弧纹"清白"铭铜镜、琉璃璧、带柄铜剑、重圈彩绘镜；公元 1 世纪前半叶，最早的"倭国"在九州北部出现并于公元 57 年接受了东汉朝廷"汉委奴国王印"的赐予等历史进程，都是我们耳熟能详的了。至此，中国历史文献中最初被总称为"倭人"的群体，在早期国家"倭国"共同体形成之后，逐渐成为东亚政治世界的一员。[①] 就日本历史的发展阶段而言，弥生文化亦将告终，迎来更高文明的古坟时代。

四　弥生文化的多重性格

——代结语

宫崎市定基于交通史观，认为日本的古代文化属于"终点站文化"，因为在贯通亚洲东西的交通大干线上，日本处于东方的终点。[②] 绳纹时代睡懒觉的日本人，在大陆文明传入以后，掀起了天翻地覆的大骚动。终点站文化最早就出现在弥生时代。

单就构成弥生时代最鲜明特征的农耕文化而言，就其双重性格，寺泽薰是这样来描述的：首先有与大陆北方式环壕聚落、杂谷旱作共存的水田稻作，从朝鲜半岛传向玄界滩，构成了弥生文化的骨骼；其次，有稍晚从大陆东南沿海地区传来的水田稻作的主体文化，可以说是亲水性的环壕聚落，这成为弥生文化的血肉。综观弥生文化的起源与发展，还可以看出，在第四期以后，随着秦汉势力对东亚地区的影响，弥生时代的政治板块发生了剧烈的变动，终于走向了国家的诞生。因此，可以说，弥生文化具有多重性格。

正像本文第二节叙述的那样，所谓"吴越文化因素"，也是在中国大陆东南地区经历数千年而逐步形成的，"吴越文化因素"中其实又涵盖了众多的文化因素。大野晋先生对日语起源的相关研究，既给我们提供了很好的启发，也给我们留下了反思的余地。

大野晋的相关论述可见其《日本语的起源（新版）》《日本语从何处来》《日本语的形成》等论著。就弥生文化的来源问题，大野晋在讲谈社"日本的历史"02 卷寺泽薰撰《王权的诞生》所附《日本历史月报 02》（2000 年 12 月 8 日）中所撰的《弥生时代之私见》里，重点阐述了日本语与泰米尔语的关系。

泰米尔语是南亚泰米尔人的语言，拥有近 2000 年的有记录历史，主要分布在印度南部、东南部和斯里兰卡的东部和北部地区，在缅甸、马来西亚等地也有部分人使用。泰米尔人属达罗毗荼人种，身材短小，肤色较黑，鼻子小而扁平，嘴唇厚，头发黑而浓密、卷曲，这让我们联想起前文所述长江以南地区古越人体质特征中包含的部分澳大利亚—尼格

---

① 刘可维：《丝路的最东端——从倭国到日本国》，商务印书馆，2019。

② 〔日〕宫崎市定：《宫崎市定亚洲史论考》，张学锋、马云超等译，上海古籍出版社，2017。

罗人性状及中国古文献中所见的"昆仑"。

大野晋比较了日语与泰米尔语的对应词汇后，认为弥生时代在日本最早出现的与水田稻作相关的词汇，有很大一部分来自泰米尔语，与纺织机械和金属相关的词汇中，也有不少与泰米尔语相通，日语的基础部分与泰米尔语可以对应。不仅如此，日语中代名词的近、中、远、疑称的分类，也与古代泰米尔语一致。因此大野晋主张在公元前数个世纪，泰米尔文明复合体来到了日本，不仅是水田稻作、纺织技术、金属工具，而且瓮棺葬、记事刻画符号等也随之进入日本。泰米尔文明是一种极具优势的文明，绳纹人接纳了它们，与其文明一起，泰米尔语的语法、单词也逐渐被接受，成为日语语源的重要组成部分。大野晋还同时认为，泰米尔语的语法、词汇特征与古典中国语不同，弥生时代的日本文明虽然也接受了中国、朝鲜的文明，但却没有接受其语言的基本信息。因此，大野晋认为，作为弥生文明骨骼的水田稻作、纺织技术、金属工具、墓葬制度等要素，比来自朝鲜、中国的文明更早，是泰米尔人传入的。

然而，不得不说大野晋对"古典中国语"的理解过于狭窄。大野晋所说的"古典中国语"应该是指一直保留至今的华夏语言系统。但是，在广袤的中国南方地区，曾经存在过有别于华夏语言系统的百越语系统，他们的语言系统虽然还有部分保留在壮侗语系中，但无疑已经属于死语言。越过中国南部地区，越过百越语，直接与孟加拉湾西南海岸的泰米尔语进行对比，并因此得出弥生文明来自泰米尔人，这样的"私见"不得不说失之偏颇。至于泰米尔语与日语代名词的近、中、远、疑称的分类，在百越语系统中同样存在，赵元任即认为吴语方言中有别于华夏语言系统指示代名词彼、此两称的"该葛"（gégeq）、"葛葛"（gegeq）、"归葛"（guégeq）的近、中、远三称，就是南岛语系的残留。①

不过，大野晋文中提出的"泰米尔文明复合体"这个概念却令人瞩目。笔者的理解，应该就是包含古代泰米尔人在内并旁及周边有亲缘关系的各文明的复合体，这与笔者主张的"吴越文化因素"相类，只是命名的出发点不同而已。如果站在稻作农耕传入日本，即弥生文化的起始与发展这个具体问题的立场上，弥生文化与"吴越文化因素"之间是最具直接的亲缘性。

弥生文化中的"吴越文化因素"，当然不止于稻作文明初传时期，在弥生文化第四、五、六期即西汉中期至魏晋时期表现得依然强劲。在秦汉政治文明通过朝鲜半岛逐渐影响列岛的同时，吴越地区的物质文明也不断地传向半岛和列岛。

《越绝书》卷二《记吴地传》中有"娄门外力士者，阖庐所造，以备外越"②，"娄北武城，阖庐所以候外越也"③，"富阳里者，外越赐义也"④，"秦始皇三十七年……因徙天

---

① 赵元任：《现代吴语的研究》，商务印书馆，2011。

② 《越绝书》卷二《越绝外传记吴地传》，第 11 页。

③ 《越绝书》卷二《越绝外传记吴地传》，第 13 页。

④ 《越绝书》卷八《越绝外传记越地传》，第 53 页。

下有罪谪吏民置南海故大越处，以备东海外越"① 等数处出现了"外越"一词，蒙文通先生即认为"外越"就是迁向海外的越人。② 虽然《越绝书》关于吴越争战时期的记述并不一定可信，但却保存了许多两汉时期吴越故地的话题。蒙文通先生的观点在稍后出现的文献中也能找到依据。

《三国志》卷三〇《魏书·东夷传·倭人》载倭人："男子无大小皆黥面文身。自古以来，其使诣中国，皆自称大夫。夏后少康之子封于会稽，断发文身以避蛟龙之害。今倭水人好沈没捕鱼蛤，文身亦以厌大鱼水禽，后稍以为饰。"③ 文中将倭人的"断发文身"与传说中越国的祖先"夏后少康之子"关联在一起。同书卷四七《吴书·孙权传》亦载："遣将军卫温、诸葛直将甲士万人，浮海求夷洲及亶洲。亶洲在海中，长老传言秦始皇帝遣方士徐福，将童男童女数千人入海，求蓬莱神山及仙药，止此洲不还。世相承有数万家。其上人民，时有至会稽货布（据《太平御览》卷六十九《地部》三十四《洲》所引《吴志》及《后汉书·东夷列传》、《括地志》卷四引文，"布"应为"市"之误），会稽东县人海行，亦有遭风流移至亶洲者。"④《三国志》文中除追叙徐福东渡的故事外，还记载了夷洲、亶洲居民经常往来浙东会稽郡贸易和会稽居民出海漂至夷洲、亶洲的史实。亶洲，通常认为就是耽罗，即今朝鲜半岛西南的济州岛，而夷洲则可能就是倭人共同体中的伊都（ITO）。《晋书》卷九十七《四夷传·倭人》称："男子无大小，悉黥面文身。自谓太伯之后，又言上古使诣中国，皆自称大夫。昔夏少康之子封于会稽，断发文身以避蛟龙之害，今倭人好沈没取鱼，亦文身以厌水禽。"⑤ 除了继续将倭人"断发文身"之俗与越人关联之外，还记叙了来访的倭人"自谓太伯之后"，即传说中吴人的后代。长期的移民及与大陆故土的交往，逐渐形成了这部分倭人（部分弥生人）的祖先记忆。

这里还想强调的一点是，正如《三国志·东夷传》所载马韩"其民土著，种植，知蚕桑，作绵布"⑥，"其男子时时有文身"⑦，弁韩"男女近倭，亦文身"⑧ 那样，朝鲜半岛西南部地区的稻作文化与北部九州地区的弥生文化之间无疑存在着频繁的交往，但就水田稻作文明的起始这一具体问题而言，与其争论谁早谁晚、谁影响谁，不如将之视为有着共同的源头，这个源头就是吴越文化。

文物研究虽然无法为我们描绘当时海外贸易的全景，也无法完整地叙述当时物质文化交流的全貌，但完全能够让我们窥斑见豹。

韩国首尔风纳土城、梦村土城等遗址出土了较多的中国东汉吴晋时期的陶瓷器，而以

① 《越绝书》卷八《越绝外传记越地传》，第 57 页。
② 蒙文通：《越史丛考》，人民出版社，1983。
③ 《三国志》卷三十《魏书·东夷传·倭》，第 855 页。
④ 《三国志》卷四十七《吴书·吴主传》，第 1136 页。
⑤ （唐）房玄龄等：《晋书》卷九十七《四夷传·倭人》，中华书局，1974，第 2535 页。
⑥ 《三国志》卷三十《魏书·东夷传·韩》，第 849 页。
⑦ 《三国志》卷三十《魏书·东夷传·韩》，第 852 页。
⑧ 《三国志》卷三十《魏书·东夷传·韩》，第 853 页。

吴晋时期的钱纹釉陶器和东晋以后的青瓷器为多。钱纹釉陶罐和钱纹釉陶瓮是长江下游地区吴晋时期常见的大型贮藏器，今浙江地区和南京周边地区的发现尤多。[①] 韩国境内以风纳土城为首的各遗址中出土的钱纹釉陶器，高度都在 50 厘米以上，很明显也是货物流通过程中的贮藏器。据报道，风纳土城出土钱纹釉陶器内部还留下了浓厚的鱼酱味。这些器物和食品应该是从会稽市场购回的货物。

日本列岛虽然没有发现较多的同时期的陶瓷器，但另一类文物——铜镜，镜背的纹饰及其"赤乌元年""赤乌七年""丹阳"等镜铭，也昭示着列岛与江南地区的交往。[②] 在聚讼之府的三角缘神兽镜研究中，"吴镜说"和"吴国工人日本渡来制作说"都是在这样的背景下提出的。[③]

编辑：刘可维

---

① 〔日〕川胜义雄：《六朝贵族制社会研究》，徐谷芃、李济沧译，上海古籍出版社，2007。
② 〔日〕冈村秀典：《鏡が語る古代史》，岩波书店，2017；〔日〕实盛良彦编《銅鏡から読み解く 2～4 世紀の東アジア》，勉诚出版，2019。
③ 〔日〕下垣仁志：《三角縁神獣鏡研究事典》，吉川弘文馆，2010；〔日〕岩本崇：《三角縁神獣鏡と古墳時代の社会》，六一书房，2020。

百济武宁王陵木棺树种原产地的再分析

——兼论日本金松棺研究的最新成果

〔韩国〕 赵胤宰（高丽大学）

张团伟　译（南京师范大学文物与博物馆学系）

[摘要] 1991 年对武宁王陵出土木棺的树种分析表明其为日本产的金松，此结果随即引起学界乃至一般大众的关注。此后金松原产地为日本的看法成为主流观点。本文对武宁王陵出土木棺分析的相关学术史进行回顾，并对比古代中国原生树木、棺具树种，以及葬制中赠赙行为，可以否定武宁王陵木棺来源于中国的可能性。金松棺作为百济王室成员的主要葬具，本文通过对其使用时间和相关例证的分析，进而对金松棺的使用制度及形成展开论述。

[关键字] 武宁王陵；金松棺；赠赙制度；古坟时代；南朝

一　绪论

1971 年 7 月 5 日，在对宋山里古坟群内 5 号坟和 6 号坟的排水沟进行施工时偶然发现了武宁王陵，王陵的发现不仅有利于百济史的研究，更是震撼了整个韩国考古学界。对韩国墓葬考古而言，武宁王陵无疑是独一无二的存在。由于此墓出有明确纪年的文物，武宁王陵也是整个韩国三国时期唯一一座可确认墓主身份和建墓信息的墓葬。武宁王陵的修建，究竟体现了武宁王的个人意愿，还是后继者的圣王意图，目前尚未可知。但可以明确的是，武宁王陵的墓葬结构乃至随葬品的组合方式，皆是按照中国南朝砖室墓的模式构筑而成。虽然在武宁王陵的陪葬品中百济传统器物也占有一定份额，但在百济社会中作为域外墓制的砖室墓，对当时的国人而言，其陌生感不言而喻。[1]

---

[1] 〔韩〕赵胤宰：《武宁王陵修建的始末以及对几点争议问题的再考察》，载《对武宁王陵的重新审视》，汉城百济博物馆，2019，第 157 页。

武宁王陵砖室墓的结构、随葬品以及镇墓兽等的输入，是该王陵遵从南朝主流墓制和陪葬体系的体现。武宁王陵和宋山里6号坟的营建，不仅反映了百济当时国内政治现状及葬制，砖室墓的植入更是百济考量与南朝交往关系的产物。武宁王陵的发现，让学界得以对熊津时期百济统治阶级的葬制有了全新的认识。武宁王陵不仅在墓葬结构方面，还在出土文物中也表现出浓厚的南朝因素。可以看出当时百济使者来到南朝，他们不仅对南朝砖室墓的相关情况有所涉足，对包括随葬品在内的南朝陵寝制度也有过全方位的了解。

虽然武宁王陵中能反映出南朝葬制及器物赗赙[①]，但随着木棺树种为日本金松这一结论的公布，斯麻王的葬礼上使用日本赗赙的棺材，说明当时百济王室构建了多重对外关系。通过分析[②]，木棺树种是仅产于日本的金松，伐木之后通过粗加工运送到百济。20世纪30年代已有日本学者指出，扶余陵山里古坟群中出土的木棺，其树种也极有可能为金松。[③]

武宁王陵发掘至今虽已过去了近一个甲子，但对金松仅产于日本的看法[④]，目前仍被中韩学界认可。[⑤] 目前，学界虽未就南朝与武宁王陵木棺之间有何关联性这一问题达成共识，但武宁王陵中显现出受中国南朝葬制和赗赙制度的深刻影响，或许也存在南朝赐赠百济棺木的可能性。下文将立足于以下两点展开研究：其一，对武宁王陵出土木棺分析的相关学术史进行回顾；其二，通过对古代中国原生树木、棺具树种，以及对赗赙等葬制进行探讨，基本可以否定武宁王陵木棺来源于中国的可能性。此外，金松棺作为百济王室成员的葬具，通过对其使用时间和相关例证的分析，进而对金松棺的使用制度与形成展开论述。

二　武宁王陵出土木棺的树种分析结果

1991年，韩国国立中央博物馆出版的古迹调查报告第23册《松菊里Ⅳ》中收录了《百济武宁王陵出土棺材的树种》一文，文中主要公布了对武宁王陵木棺木材组织的分析结果。国立公州博物馆提供了武宁王陵出土木棺试验样本，对木材年轮等进行了显微镜观察。[⑥] 通过对木材组织的分析，可判断该树种为松树属树种中仅具有"窗状壁孔"特征的珍贵树

---

① 指代为丧事给予帮助的赗仪。《荀子·大略》："货财曰赗，舆马曰赙，衣服曰襚，玩好曰赠，玉贝曰唅。赗赙，所以佐生也，赠襚，所以送死也。送死不及柩尸，吊生不及悲哀，非礼也。故吉行五十，奔丧百里，赗赠及事，礼之大也。"《礼记·文王世子》："五庙之孙，祖庙未毁，虽为庶人，冠娶妻必告，死必赴，练祥则告。族之相为也，宜吊不吊，宜免不免，有司罚之，至于赗赙承含，皆有正焉。"

② 〔韩〕朴相珍、姜爱庆：《百济武宁王出土棺材的树种》，《松菊里Ⅳ》，国立中央博物馆，1991，第241~247页。

③ 〔日〕尾中文彦：《古坟及其他古代遗迹中发掘出土的木材》，《木材保存》1939年第4卷，第115~123页。

④ 〔美〕S.E.施拉鲍姆、土屋巧：《基于杉科原种对日本金松染色体起源的研究》，《植物学报》1985年第146卷；詹姆斯·R.P.沃斯：《日本的森林树木地理遗传构造——金松（金松科金松属）》，《森林遗传育种》2016年第5卷。

⑤ 韩国植物志编辑委员会：《蕨类植物和裸子植物》，《韩国植物志》2015年第1卷；于永福、傅立国：《杉科植物的系统发育分析》，《植物分类学报》1996年第34卷。

⑥ 〔韩〕朴相珍、姜爱庆：《百济武宁王陵出土棺材的树种》，《松菊里Ⅳ》，国立中央博物馆，1991，第241~247页。

种。这类树种被归为金松属，是仅在北半球日本生长的 1 科 1 属 1 种的金松（图一、二）。

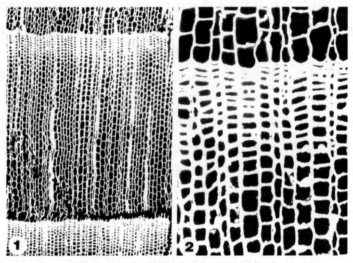

图一　显微镜观察下的武宁王陵木棺组织

1　　　　　　　　　　　　　　　2

图二　日本金松（左）与公州博物馆旧馆庭院金松（右）比较

　　《百济武宁王陵出土棺材的树种》中论及古代朝鲜半岛或许也生长有金松，但目前并未掌握金松在朝鲜半岛生长分布的相关证据。此外，1996 年研究人员再次对武宁王陵所出木棺及其余木片进行了检测，确认了木棺来源树种为日本金松无误，同时也检测出其余木片的原产地同为日本，树种为杉木。[①] 众所周知，在考古学中可以运用树木年轮学的方法对树木的采伐年代、季节、原产地、运输、加工、使用等诸多方面加以了解。[②] 由此，我们对武宁王陵出土木棺的树种问题有了定论。目前，木棺树种为金松的这一结论已被学者普遍接受。

---

　① 〔韩〕朴相珍、朴元圭、姜爱庆：《武宁王陵棺具材质和年轮构造解析的调查研究》，《百济论丛》1996 年第 5 辑。

　② 〔美〕纳什：《考古学树木年代测定》，《考古研究杂志》2002 年第 10 卷。

三 六朝时期的树木植被及赗赙制度

（一） 六朝时期树木的生长环境

对于古代中国树木的研究，主要依靠的是文献记载。目前，对出土木棺的分析，主要以战汉时期的墓葬为主。通过分析可知，当时主要使用的木棺树种有楠木、杉木、梓木等。[①] 其中，楠木做成的木棺一般为西汉时期的皇帝、诸侯王、皇室成员使用。杉木棺则较楠木棺低一等，据秦汉时期的文献所载，杉木被称为"柀"或"粘"。[②] 梓木为战汉时期常用的木棺树种，一般内棺、外椁、椁室枕木等皆用梓木。[③] 在江苏地区也出土有汉六朝时期的楠木[④]、杉木、梓木制作的木棺，其中南朝时期的木棺树种大部分为楠木和梓木[⑤]（图三～图五）。6 世纪初编撰的《齐民要术》中收录有众多树种，能够确认当时栽种的树种有桐、梓、松、柏等。这些树种在棺木制作和土木建筑中广泛使用，它们兼具耐用性和芳香性。

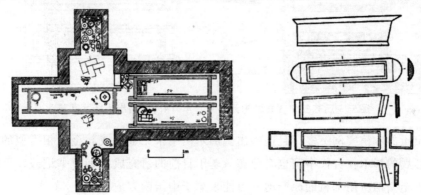

图三　江西省南昌市高荣墓出土木棺

---

① 唐汝明：《安徽天长县汉墓棺椁木材构造及材性的研究》，《考古》1979 年第 4 期；王树芝：《湖北枣阳九连墩 1 号楚墓棺椁木材研究》，《文物》2012 年第 10 期；吴达期等：《高邮神居山二号汉墓的木材鉴定》，《南京林业大学学报》（自然科学版）1985 年第 3 期；袁诚等：《徐州出土汉代棺木用材树种鉴定及其化学性质》，《林业工程学报》2019 年第 3 期；赵红英等：《河南信阳长台关七号墓出土棺木化学结构分析》，《林业科学》2008 年第 5 期。

② 《尔雅·释木》："柀，粘。"《说文解字》卷七《木部》："柀，粘也。"

③ 刘宏顾：《考古木材解剖学》，《自然杂志》1995 年第 1 期；林贻绵：《对战国古墓棺椁木材的鉴定》，《江西农业大学学报》1985 年第 3 期。

④ 镇江博物馆、句容市博物馆：《江苏句容春城南朝宋元嘉十六年墓》，《东南文化》2010 年第 3 期。

⑤ 何林：《江苏地区考古木材鉴定分析》，南京林业大学硕士学位论文，2015；扬州市文物考古研究所：《江苏扬州三星村西庄六朝墓葬及窑址发掘简报》，《东方博物》2016 年第 4 期；南京博物院：《南京中山门外苜蓿园东晋墓清理简报》，《考古通讯》1958 年第 4 期；王志高：《江苏江宁县下坊村东晋墓的清理》，《考古》1998 年第 8 期；安徽省文物考古研究所、马鞍山市文化局：《安徽马鞍山东吴朱然墓发掘简报》，《文物》1986 年第 3 期；江西省历史博物馆：《江西南昌市东吴高荣墓的发掘》，《考古》1980 年第 3 期；镇江博物馆、句容市博物馆：《江苏句容春城南朝宋元嘉十六年墓》，《东南文化》2010 年第 3 期。

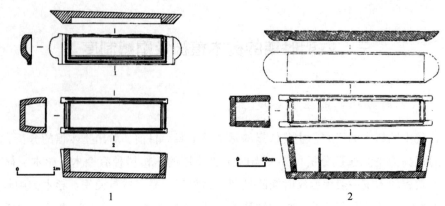

图四 出土木棺

1. 安徽省马鞍山朱然墓出土木棺；2. 江苏省江宁下坊村东晋墓出土木棺

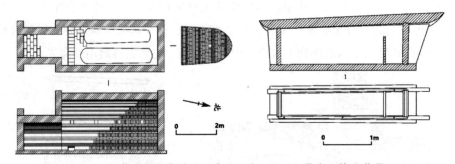

图五 江苏省句容春城宋元嘉十六年（439）墓出土楠木葬具

目前出土的木棺实例不多，且这些出土的木棺中未见金松或与金松相类似的树种。现仅能推测杉属的杉木在古代中国也有分布。基于目前的研究成果和史书记载，可以确定武宁王陵出土金松棺所用木材的原产地不可能来源于中国南方地区。

（二）南朝时期赗赙制度及棺具的赐赠

对武宁王陵木棺树种的科学分析固然重要，但当时百济对中国遣使朝贡的过程中，是否有来自中国赐赠的问题也需要加以考量。以下通过对萧梁时期的赗赙例证及"东园秘器"[1]中棺具赐赠记载的分析，从而对南朝时期是否在域外地区有过棺具赐赠行为展开讨论。

"赗赙制度"为古代葬制中的重要组成部分。其中，"赗"为"赠送"之意，意为向丧主赠以车马之器，协助完成丧事。"赙"为"赙送"之意，意为向丧主表示吊唁和哀悼。[2]

中国古代实施的赗赙制度，各朝代间或多或少存在差异。其中，先秦时期各诸侯国的

---

[1] 东园秘器为西汉时期少府下属的东园署制作，制作出的葬具会赐赠给皇室和贵族人员。魏晋南北朝时期一直沿用，直到唐代才消失。见韩国河《温明、秘器与便房考》，《文史哲》2003 年第 4 期。

[2] 《春秋公羊传·隐公元年》："秋，七月，天王使宰咺来归惠公、仲子之赗。宰者何？官也。咺者何？名也。曷为以官氏？宰士也。惠公者何？隐之考也。仲子者何？桓之母也。何以不称夫人？桓未君也。赗者何？丧事有赗。赗者盖以马，以乘马束帛。车马曰赗，货财曰赙，衣被曰襚。"《说苑·修文》："舆马曰赗，货财曰赙，衣被曰襚，口实曰唅，玩好曰赠。知生者赙赗，知死者赠襚；赠襚所以送死也，赙赗所以佐生也。"

施行各有不同，致使赗赙制度尤为复杂。春秋战国时期的赗赙制度，从墓葬出土的随葬品中可见一斑。① 两汉时期因相关文献记载的不足，我们对赗赙制度的具体情况尚不了解。② 进入魏晋南北朝时期以后，赗赙制度比两汉时期更为复杂。③

对武宁王陵营造前后的萧梁时期"赗赙制度"及其实例的分析，是把握特定时期棺具赗赙对象和范围问题的关键所在。根据相关文献记载，萧梁以皇亲国戚、开国功臣、世家大族为对象的"东园秘器"赐赠共 19 次之多，且主要集中在梁武帝在位期间。然未发现有对域外地区赐赠的记录。

"东园秘器"的赐赠对国家葬制而言极为重要，从正史记载上可窥见一二（表一）。④ 其中梁武帝对王暕、王分、王锡、王俭等琅琊王氏一族的礼遇最具代表性。对获封宁东大将军一职的斯麻王而言，其葬礼却未得到萧梁"东园秘器"的赐赠，这应与域外政权未包含在萧梁的赗赙制度之内有关。⑤ 即便如此，武宁王陵中出土的铁五铢钱或许与萧梁朝赗赙的物品有关。⑥ 除五铢钱之外，朝服赐赠的可能性也不能排除，但未能在武宁王陵中找到证据。萧梁朝廷对丧事的"赙钱"，不是支付丧事所需的全部费用，而仅是象征性的赗赙，这与萧梁时期罢用铜钱铸造铁钱所带来的通货膨胀也有一定关系。⑦

进入泗沘时期后，作为百济王陵园的扶余陵山里古坟群内也出有金松材质的木棺。⑧ 陵山里古坟群由三部分构成，即中央古坟群、东古坟群、西古坟群。1938 年，在东古坟群内发现有 5 座墓葬。⑨ 1917 年，在西古坟群内发现有 2 座墓葬。⑩ 东、西古坟群的墓葬结构、规模、营建方式皆与中央古坟群相似，墓室中所出木棺残片经树种分析后证实为金松。此外，在益山双陵中也出土了金松制木棺。⑪ 由此可以推测，熊津、泗沘时期百济王室金松葬具的使用标志着百济葬制的成熟。关于百济王室是否受到南朝的赗赙的问题，除萧梁未有相关发现之外，通过对南陈时期与赗赙有关文献的梳理，也未发现有对百济赗赙

---

① 曹玮：《东周时期的赗赙制度》，《考古与文物》2002 年第 6 期；韩国河：《秦汉魏晋丧葬制度研究》，陕西人民出版社，1999。

② 杜林渊：《西汉赗赙礼俗研究》，《延安大学学报》（社会科学版）2013 年第 3 期；杜林渊：《东汉赗赙制度研究》，《东南文化》2007 年第 2 期。

③ 张鸿亮：《魏晋时期赙赗制度探讨》，载洛阳市第二文物工作队编《洛阳汉魏陵墓研究论文集》，文物出版社，2009。

④ 除正史记载之外，梁朝萧敷（梁武帝萧衍兄之兄）之妻永阳敬太妃的墓志铭中能够确认其也获赐有东园秘器，应为特例。（明）陶宗仪：《古刻丛抄》所录《梁萧敷及王氏墓志铭》，中华书局，1985。

⑤ 梁普通元年（520）去世的永阳敬太妃王氏的秩级与武宁王的品阶相当，但是从赙赗施行与否上，则能看出明显的差别化现象。罗宗真：《梁肖敷墓志的有关问题》，《考古》1986 年第 1 期。

⑥ 邵磊：《百济武宁王陵随葬萧梁铁五铢钱考察》，《中国钱币》2009 年第 3 期。

⑦ 《南史》卷七《梁本纪》："（普通四年，523）十二月戊午，用给事中王子云议，始铸铁钱。"中华书局，1975，第 203 页。关于铁五铢钱具体形制的相关记载，南朝正史及《隋书》皆佚失，仅梁代顾烜《钱谱》中的部分内容被收录在宋代洪遵《泉志》中。

⑧ 朝鲜国立扶余博物馆：《扶余陵山里东古坟群》，日帝强占期资料调查报告第 32 辑，2019。

⑨ 朝鲜古迹研究会：《昭和十二年度古迹研究报告》，1938。

⑩ 朝鲜总督府：《大正六年度古迹调查报告》，1920；〔韩〕徐贤珠：《扶余陵山里古坟群》，2019。

⑪ 〔日〕尾中文彦：《古坟及其他古代遗迹中出土的木材残片》，《日本林学会志》1936 年第 18 卷，第 588~602 页；韩国国立全州博物馆：《益山双陵》，日帝强占期资料调查报告第 16 辑，2015。

的相关记载（表二）。

表一　萧梁时期赗赙相关墓例

姓名	官职	棺具赗赙	其他赗赙物品	年代	出处
何点	侍中	给第一品材一具	赙钱两万，布五十匹	天监三年（504）	《梁书》卷 51
谢朏	中书监、司徒、卫将军	给东园秘器	朝服一具，衣一袭，钱十万，布百匹，蜡百斤	天监五年（506）	《梁书》卷 15
郑绍叔	左将军、散骑常侍、司豫二州大中正	给东园秘器	鼓吹一部，朝服一具，衣一袭	天监七年（508）	《梁书》卷 11
吕僧珍	散骑常侍、领军将军	给东园秘器	朝服一具，衣一袭	天监十年（511）	《梁书》卷 11
萧颖达	散骑常侍、右骁骑将军	给东园秘器	朝服一具，衣一袭，钱二十万，布二百匹	天监九年（510）	《梁书》卷 10
韦睿	侍中、车骑将军	给东园秘器	赐钱十万，布二百匹，朝服一具，衣一袭	普通元年（520）	《梁书》卷 12
昌义之	护军将军、营道县开国侯	给东园秘器	朝服一具，赙钱两万，布二百匹，蜡二百斤	普通四年（523）	《梁书》卷 18
王暕	侍中、尚书左仆射、领国子祭酒	给东园秘器	朝服一具，衣一袭，赙钱十万，布百匹	普通四年（523）	《梁书》卷 21
王分	侍中、左光禄、丹阳尹	给东园秘器	赙钱四十万，布四百匹，蜡四百斤，朝服一具，衣一袭	普通五年（524）	《梁书》卷 21
周舍	散骑常侍、豫州大中正	给东园秘器	鼓吹一部，朝服一具，衣一袭	普通五年（524）	《梁书》卷 25
萧琛	侍中、金紫光禄大夫	给东园秘器	朝服一具，衣一袭，赙钱二十万，布百匹	中大通元年（529）	《梁书》卷 26
孔休源	御史中丞、金紫光禄大夫	赙第一品材一具	布五十匹，钱五万，蜡二百斤	中大通四年（532）	《梁书》卷 36
萧伟	侍中、中书令、大司马、南平王	给东园秘器	殓以衮冕，羽葆鼓吹一部，并班剑四十人	中大通五年（533）	《梁书》卷 22
王锡	给事黄门侍郎、尚书吏部郎中	给东园秘器	朝服一具，衣一袭	中大通六年（534）	《梁书》卷 15
徐勉	中卫将军、右光禄大夫	给东园秘器	朝服一具，衣一袭，赠钱二十万，布百匹	大同元年（535）	《梁书》卷 25
袁昂	侍中、司空、左光禄大夫	给东园秘器	鼓吹一部，朝服一具，衣一袭，钱二十万，绢布一百匹，蜡二百斤	大同六年（540）	《梁书》卷 31
臧盾	光禄大夫、领军将军	给东园秘器	朝服一具，衣一袭，赙布钱	大同九年（543）	《梁书》卷 24
王佥	戎昭将军、黄门侍郎	给东园秘器	朝服一具，衣一袭	太清二年（548）	《梁书》卷 21
羊侃	侍中、军师将军	给东园秘器	鼓吹一部，布绢各五百匹，钱三百万	太清二年（548）	《梁书》卷 39

表二　南陈时期赗赙相关事例

姓名	官职	棺具赗赙	其他赗赙物品	年代	出处
陈昌	散骑常侍、骠骑大将军	给东园温明秘器	前后部羽葆鼓吹，武贲班剑百人等	天嘉元年（560）	《陈书》卷 51
侯瑱	湘州刺史、零陵郡公	给东园秘器，配享高祖庙庭	加羽葆鼓吹，班剑二十人	永定二年（558）	《陈书》卷 9
沈恪	散骑常侍、金紫光禄大夫	给东园秘器	丧事所需，并令资给	太建十二年（580）	《陈书》卷 12
杜之伟	中书侍郎、大著作	赐棺一具	赙钱五万，布五十匹	永定三年（559）	《陈书》卷 34

四　日本古坟时代金松棺的使用

（一）日本出土的古坟时代金松棺

对日本出土古坟时代木棺的分析，是了解武宁王陵（图六）、扶余陵山里古坟群、益山双陵出土金松棺原产地问题的关键。日本各地出土的木制葬具，对其进行的解剖学观察和树种分析的结果，已通过相关研究成果的发表而公布。① 此前，对以京都净发寺 1 号坟、大阪府万年山古坟、滋贺县安养寺大冢越古坟等出土的木棺进行检测，证实均为金松。以此为据，推测日本近畿地区古坟时代前期的木棺大部分都应为金松材质。此后，日本各地墓葬中相继出土不少木棺，对木棺的树种分析也随之进行，为了解古坟时代日本全境的木棺树种奠定了基础。②

图六　武宁王陵木棺复原图

以此为基础，近期日本学者冈林孝作通过对古坟时代（3 世纪~7 世纪）的木棺所展开的树种分析，系统地概括了古代日本对木棺选材的具体倾向。③ 冈林孝作和吉井秀夫指出，通过对古坟时代前期墓葬中所出木棺进行的树种分析，能明显地看出使用金松棺的地

---

① 〔日〕尾中文彦：《古坟及其他古代遗迹中出土的木材》，《木材保存》1936 年第 7 卷，第 15~123 页。

② 〔日〕冈林孝作：《关于古坟时代木棺的用材选择的相关研究》，《"平成 15 年度—平成 17 年度科学研究经费研究（c）"研究成果报告书》，奈良县橿原考古学研究所，2006，第 15~19 页。报告书中收录了 165 座墓葬中出土木棺的树种分析结果。

③ 〔日〕冈林孝作：《古坟时代木棺的选材》，《古坟时代棺椁的构造和谱系》，同成社，2018。

域和等级,[1] 并且在此之后，金松棺的使用逐渐呈现集中化的趋势。尤其是在与武宁王陵同时期（6 世纪初）的西日本区域发现的大型墓葬中，金松棺的使用较为密集，木棺选材也都以珍贵的金松为主。由此可知，当时一直与日本保持密切联系的百济，其王室葬礼中有来自日本的金松赠赙现象也不无可能。

（二）金松的输入时间与赠贡形式

关于金松输入百济的时代问题，在武宁王生前或崩逝后输入皆有可能。但从武宁王停殡时间看，相较之下，武宁王去世后金松输入百济的可能性较大。武宁王和王妃木棺的制作特征和木材的具体使用情况也可作为佐证。

武宁王所属木棺的棺盖长 262 厘米，棺身宽 77 厘米，棺高 97 厘米、厚 5 厘米。棺盖的横断面为人字形，由 5 块板材构成。棺身是由短侧板和长侧板经木楔和木钉拼合而成。[2] 王妃所用木棺的棺盖长 252 厘米，棺身宽 75 厘米，棺高 94 厘米、厚 5 厘米。棺盖横断面也为人字形，且由 3 块板材构成，棺身由短侧板和长侧板经由木楔和木钉拼合而成。[3] 通过分析上述两具木棺的棺盖外部形态及曲率可知，棺盖由多块板材拼合而成。其原因在于金松在赠贡时日本方面并未直接做成棺材成品，而是为运送及加工方便直接以板材的形式输入百济。由此可以推断，大概在武宁王去世之后，王与王妃木棺所用的板材[4]才同时输入百济。王与王妃木棺的规格和形态方面存在不小的差异，这或许与王与王妃去世时间存在差异有关，即在武宁王下葬之后，王妃在 529 年才与武宁王合葬，王与王妃木棺的制作应为"同工异体"。

进入泗沘时期之后，为了满足金松棺的需求，并基于寿陵制度，为确保葬具原材料的供给，以扶余陵山里古坟群与益山双陵为代表的百济王陵，其木棺板材应在生前均已准备妥当。在近期的相关研究中，通过对百济王室与贵族所用棺具装饰的分析，可以认为棺具的装饰已呈现明显的等级化,[5] 此时百济的葬礼已经趋于制度化。再者，针对包括施行寿陵制度在内的百济王室丧事，或许已经出现掌管其事的专门化机构。如若百济金松棺的使用已实现制度化，自然会产生相应专职人员来管理金松输入百济等相关事宜。[6]

---

① 〔日〕冈林孝作：《关于古坟时代木棺的用材选择的相关研究》，《"平成 15 年度—平成 17 年度科学研究经费研究（c）"研究成果报告书》，奈良县橿原考古学研究所，2006，第 13 页；〔日〕吉井秀夫：《武宁王陵木棺》，载《百济斯麻王》，韩国国立公州博物馆，2001，第 173 页。

② 〔韩〕尹武炳：《武宁王陵的木棺》，《百济研究》1975 年第 6 辑，第 180~183 页。

③ 韩国国立公州博物馆：《国立公州博物馆常设展览图录》，2018。

④ 韩国国立公州博物馆在对武宁王陵内出土的 11 块木棺残片树种分析的报告中言及，因出土时 2 具木棺的残片混淆，难以分辨，便认为两具木棺质地应都为金松。〔韩〕朴相珍、朴元圭、姜爱庆：《武宁王陵棺具材质和年轮构造解析的调查研究》，《百济论丛》1996 年第 5 辑，第 102 页。

⑤ 〔韩〕姜元杓：《探讨宋山里古坟群出土木棺的等级性》，《逝去者的念愿，生者的祈愿——湖西地区墓葬与葬礼》，第 42 回韩国湖西考古学会学术大会，2020。

⑥ 〔日〕吉井秀夫：《武宁王陵木棺》，载《百济斯麻王》，韩国国立公州博物馆，2001，第 175 页。

结　语

　　根据武宁王陵出土墓志的记载，武宁王死于癸卯年（523），时年62岁。出生于461年（或462年），当盖卤王七年（或八年）。武宁王出生的相关记载被收录在《三国史记》和《日本书纪》中。据《三国史记·百济本纪》所载，武宁王为"牟大王（东城王）之第二子也"。但援引《百济新撰》的《日本书纪》记载，武宁王讳斯麻王，昆支王（盖卤王之弟）之子，与末多王是异母兄弟。《日本书纪·雄略记》中关于武宁王出生的相关记载为："加须利军（盖卤王）则以孕妇，嫁与军君（昆支）曰，我之孕妇，即当产月，若于路产，冀载一船，随至何处，速令送国……六月丙戌朔，孕妇果如加须利君言，于筑紫各罗岛产儿，仍名此儿曰岛君，于是军君即以一船，送岛君于国，是为武宁王，百济人呼此岛曰主岛也。"

　　虽然上述文献所载关于武宁王的血统和继位经过有出入，却皆与日本存在一定关联。按当时日本统治阶级的墓葬中普遍使用金松葬具，故武宁王的金松棺由日本输入的可能性极大。再者，关于金松是以何种形式输入百济，虽未见于史料记载，但基于赠赗的观念，以及对日本与百济关系的考量，金松应该是日本以"纳贡"的形式输入百济的，而非"赐赠"。

　　对于金松是否有可能来自中国赐赠的问题，通过对相关文献的梳理和对古代中国是否生长有金松的考察，可以排除这种可能性。因此，武宁王陵出土的金松棺的木材来源可确定为日本无疑。

编辑：桑栎

百济武宁王陵出土两面铜镜为温明配件考[*]

左凯文

（淮阴师范学院历史文化旅游学院）

[摘要] 韩国百济武宁王陵共出土三面铜镜，其中一面置于武宁王足部，另外两面分别置于武宁王和王妃的头部。结合铜镜的出土情况及相关文献，武宁王足部铜镜是一面妆容镜，而武宁王和王妃的头部铜镜很有可能是温明上的配件。

[关键词] 武宁王陵；铜镜；温明；百济

1971 年，韩国考古工作者在忠清南道公州宋山里发现了百济武宁王陵。该墓形制结构保存完整，出土文物精美而丰富，是朝鲜半岛 20 世纪重大考古发现之一。武宁王陵所出三面铜镜一直以来是学界关注的焦点，笔者之前亦对武宁王陵所出七子镜问题进行过探讨。[①] 本文将研究视角转移到铜镜出土的现场，试着通过考古发掘的遗迹现象，讨论三面铜镜的具体功能，同时观察南朝建康地区的丧葬文化对百济的影响。

一 武宁王陵三面铜镜出土情况

武宁王陵所发现的三面铜镜，自出土之日就引起了中外学界的高度关注，随之产生了一批学术成果。前贤的关注点集中在铜镜本身，多是纯粹的文物学研究，如形制[②]及其反

---

[*] 本文核心观点首次公布于 2021 年 7 月"纪念武宁王陵发掘 50 周年国际学术大会"（韩国忠清南道历史文化研究院主办），相关论文已在韩国发表。见王志高、左凯文：《百济武宁王陵出土文物研究二题》，《掀起百济史面纱的公州宋山里古坟群——以最新调查研究成果为中心》，纪念武宁王陵发掘 50 周年国际学术大会，2021。

[①] 左凯文：《韩国百济武宁王陵出土七子镜考——兼论四铢镜》，载《东亚文明》第 4 辑，社会科学文献出版社，2023，第 218~226 页。

[②] 〔日〕樋口隆康：《武宁王陵出土铜镜与七子镜》，《史林》（京都）第 55 卷（1972）第 4 号；周裕兴：《武宁王陵出土文物探析之二——以三枚铜镜为例》，《百济文化海外调查报告书Ⅴ：中国江苏省、安徽省、浙江省》，韩国国立公州博物馆，2005，第 86~105 页。

映的海东诸国间物质文化交流①，罕见基于出土位置等考古信息对武宁王陵出土镜的研究。造成这一现象的原因，主要在于国内学界缺乏对相关材料的认识——这体现在国内相关研究的资料来源主要是 1972 年日本学者樋口隆康的论文②，而非 1974 年韩国考古部门正式出版的武宁王陵考古报告③。

1972 年，日本学者樋口隆康在京都大学史学研究会主办的学术刊物《史林》第 55 卷第 4 号上，发表了《武宁王陵出土镜与七子镜》一文（以下称"樋口文"）。樋口隆康根据韩国考古部门出版的图录，向日本学界介绍武宁王陵出土镜的相关情况，并对"七子镜"问题进行了考证。这篇文章使得学界及时获得了武宁王陵出土镜的部分信息，相关观点对中国学界影响深远。但由于樋口氏仅通过图录进行研究，没有涉及与铜镜相关的大量信息。即便他后来受邀前往韩国见到了铜镜实物，并发表了《〈武宁王陵出土镜与七子镜〉的补正》一文④，但对三面铜镜的出土情况所言甚少，且并不准确。1974 年，《武宁王陵》考古报告韩文版与日文版分别由韩国三和出版社和日本学生社出版。该报告全面介绍了武宁王陵的发掘情况及相关文物的出土信息，相关内容较樋口隆康的论文而言更为权威。

故笔者拟先翻译《武宁王陵》考古报告日文版（以下称"考古报告"）中各铜镜的相关信息，以便于学界对这些铜镜有一个更为全面的了解，同时为下一部分讨论三面铜镜的功能做好铺垫。

1. 七乳四神禽兽纹镜⑤（图一：1）。该镜的出土信息，主要记录于考古报告墓室发掘部分：

> 王妃一侧情况如下。……这个颈饰的前端与冠饰重叠，其下有一面兽带镜。
> ……
> 综上所述，王妃与武宁王使用大小几乎相同的黑漆棺木，亦为仰身直肢葬。棺木内，王妃头部放置有铜镜、铜托盏等随葬品，足部西侧放置有铜熨斗及幼年时使用的金钏、颈饰等物。⑥

2. 宜子孙七乳禽兽纹镜⑦（图一：2）。考古报告墓室发掘部分对该镜出土位置有较为详细的记录：

---

① 杨泓：《吴、东晋、南朝的文化及其对海东的影响》，《考古》1984 年第 6 期；王仲殊：《东晋南北朝时代中国与海东诸国的关系》，《考古》1989 年第 11 期。

② 〔日〕樋口隆康：《武宁王陵出土铜镜与七子镜》；《史林》（京都）第 55 卷（1972）第 4 号。

③ 〔韩〕大韩民国文化财管理局编《武宁王陵》（日文版），（东京）学生社，1974。

④ 〔日〕樋口隆康：《〈武宁王陵出土镜与七子镜〉的补正》，《史林》（京都）第 55 卷（1972）第 5 号。

⑤ 考古报告称该镜为"兽带镜"，樋口文则记为"兽文缘细线式兽带镜"。"兽带镜"或"禽兽带镜"是日韩学界对此类镜的命名，国内学界常称之为"多乳禽兽纹镜"。三面铜镜的具体制式参见笔者《韩国百济武宁王陵出土七子镜考——兼论四铢镜》一文，兹不赘述。

⑥ 〔韩〕大韩民国文化财管理局编《武宁王陵》（日文版），（东京）学生社，1974，第 15~16 页。

⑦ 考古报告称该镜为"宜子孙兽带镜"，樋口文则称之为"唐草文缘薄肉刻七兽带镜"。

　　首先来看墓室东侧武宁王一边出土随葬品的情况。如前所述，头枕在离墓室东壁 10 厘米处，南北纵向放置。在其西约 20 厘米，距东壁 65 厘米，距棺床端部 37 厘米处有一面铜镜（直径 24 厘米）。该镜镜缘上，有一枚东西向放置的金三叉簪。金花、勾玉、金片等物散落在铜镜上。很明显，这面镜子和王妃一侧出土的铜镜一样，在埋葬时放置于逝者头部下。不过，这面铜镜不太可能位于头枕下，故推测其本应放置在头枕外、冠饰的正下方。……冠饰的下端和腰带之间的距离较短，仅 33 厘米。不过上文提到镜子所在的位置本是墓主头部，推测棺木倒塌时，头枕向东移动、冠饰向下移动，和发簪、镜子之间才产生了现在这样的间隔。①

　　3. 方格规矩神兽纹镜②（图一：3）。关于该镜出土位置，考古报告有两处提及，一处是在介绍墓室发掘情况部分：

图一　武宁王陵所出禽兽纹镜

1. 七乳四神禽兽纹镜　2. 宜子孙七乳禽兽纹镜　3. 方格规矩神兽纹镜

　　另一方面，在足座的正北边，一块侧板上发现了兽带镜。武宁王棺中，头部和足部放置的一大一小两面铜镜可能代表日月，是百济王的象征。

　　以上是武宁王一侧的情况。据此可知，武宁王的葬具为长 2.3~2.4 米，宽 0.7 米的黑漆木棺，葬式为仰身直肢葬。除了服装、饰品等直接穿戴在身上的物品外，武宁王头部和足部还各放置有一枚铜镜。③

另一处则是武宁王陵出土器物介绍部分：

　　（方格规矩神兽纹镜）出土于武宁王足座的北部，镜背朝上。从残留痕迹可以推

---

① 〔韩〕大韩民国文化财管理局编《武宁王陵》（日文版），（东京）学生社，1974，第 14 页。
② 樋口文称该镜为"浮雕人物兽纹四神镜"。
③ 〔韩〕大韩民国文化财管理局编《武宁王陵》（日文版），（东京）学生社，1974，第 15 页。

测，该镜原本应装在木箱中。①

二　武宁王足部铜镜

根据武宁王陵发掘报告，可知方格规矩神兽纹镜置于武宁王足部，而两面七乳禽兽纹镜则分别位于武宁王与王妃的头部（图二）。

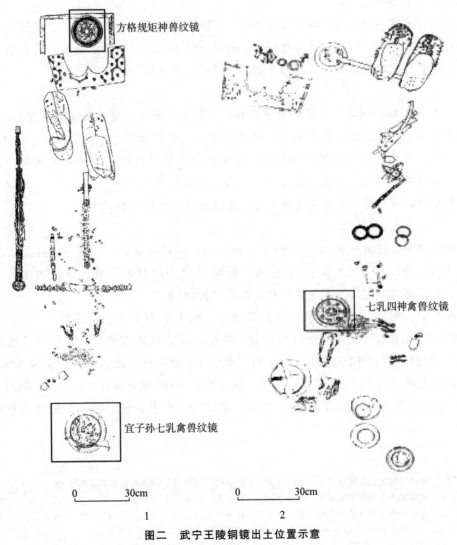

方格规矩神兽纹镜

七乳四神禽兽纹镜

宜子孙七乳禽兽纹镜

0　　　30cm　　　　　0　　　30cm

1　　　　　　　2

图二　武宁王陵铜镜出土位置示意

1. 武宁王棺内物品分布图　2. 武宁王妃棺内物品分布图

---

① 〔韩〕大韩民国文化财管理局编《武宁王陵》（日文版），（东京）学生社，1974，第35页。

关于方格规矩神兽纹镜所处的具体位置，发掘报告中有两种说法。在介绍墓室情况时，发掘者称：由于遗骸腐败，武宁王棺内陪葬品的位置发生了移动，其中足部的铜镜移动到足座北侧的一块棺板之上。[1] 发掘者进而认为："武宁王棺中，头部和足部放置的一大一小两面铜镜可能代表日月，是百济王的象征。"[2] 发掘者似乎暗示，武宁王棺中两面铜镜均位于遗体之上。而在遗物介绍部分，发掘者又称这面方格规矩神兽纹镜位于"足座的北部，镜背朝上。从残留痕迹可以推测，该镜原本应装在木箱中"[3]。从报告所附武宁王一侧遗物分布图来看，方格规矩神兽纹镜旁确为一木箱遗迹而非棺板。故足座北侧的木箱应当是武宁王足部这面铜镜的原始位置。因此，欲分析方格规矩神兽纹镜的用途，必须先要明晰铜镜旁木箱的功能。

从文献和考古发现来看，魏晋南北朝时，"镜奁"是常见的随葬品。"镜奁"是古人专门存放镜子的容器，汉代镜奁多为漆器，杨泓先生认为："以漆奁盛镜，直到晋时仍盛行。"[4]《晋书》载，睢陵公王祥在临终前留下遗嘱，要求薄葬：

> 及（王祥）疾笃，著遗令训子孙曰："夫生之有死，自然之理。吾年八十有五，启手何恨。不有遗言，使尔无述。吾生值季末，登庸历试，无毗佐之勋，没无以报。气绝但洗手足，不须沐浴，勿缠尸，皆浣故衣，随时所服。所赐山玄玉佩、卫氏玉玦、绥筒皆勿以敛、西芒上土自坚贞，勿用甓石，勿起坟垄。穿深二丈，椁趣容棺。勿作前堂、布几筵、置书箱镜奁之具，棺前但可施床榻而已。"[5]

王祥在遗令中所禁止的"沐浴""缠尸"，皆为这一时期的丧俗。而他专门提及"勿作前堂、布几筵、置书箱镜奁之具"，更说明"镜奁"是当时墓葬中普遍放置的随葬品。那么，武宁王足部放置铜镜的木箱是否有可能是"镜奁"？

目前在中国南方发现的东晋、南朝墓葬中，出土了不少"镜奁之具"。如王丹虎墓（象山 M3）所出铁镜上附着有丝织物残痕，发掘者推测可能为镜囊，镜旁"尚可见到圆形漆盒"，推测"原置于漆盒内"。[6] 又如，象山 M7 中所出三面铜镜上皆留有丝织痕迹，其中一面镜旁还出现了漆奁饰件。[7] 再如，贵州平坝马场南朝墓 M37 中，与铜镜同时出土的还有三件漆盒，其中一件或为镜奁。[8] 此外，象山 M2 出土铜镜上有"朱红漆片残迹"[9]，

① 〔韩〕大韩民国文化财管理局编《武宁王陵》（日文版），（东京）学生社，1974，第 15 页。
② 〔韩〕大韩民国文化财管理局编《武宁王陵》（日文版），（东京）学生社，1974，第 15 页。
③ 〔韩〕大韩民国文化财管理局编《武宁王陵》（日文版），（东京）学生社，1974，第 36 页。
④ 杨泓：《古物的声音：古人的生活日常与文化》，商务印书馆，2018，第 170 页。
⑤ （唐）房玄龄等：《晋书》卷三十三《王祥传》，中华书局，1974，第 989 页。
⑥ 南京市文物保管委员会：《南京象山东晋王丹虎墓和二、四号墓发掘简报》，《文物》1965 年第 10 期。
⑦ 南京市博物馆、栖霞区文管会：《江苏南京市白龙山南朝墓》，《考古》1998 年第 12 期。
⑧ 贵州省博物馆考古组：《贵州平坝马场东晋南朝墓发掘简报》，《考古》1973 年第 6 期。
⑨ 南京市文物保管委员会：《南京象山东晋王丹虎墓和二、四号墓发掘简报》，《文物》1965 年第 10 期。

南京高盖村 M3 出土铁镜表面有红色漆状残留物①，可能皆与镜奁有关。不过参考现存较为完整的东晋、南朝镜奁，形状多为圆形，除了王丹虎墓中发现的圆形漆镜奁外，考古人员还在江苏宜兴西晋周处家族墓 M5、M6 中发现了圆形铜质镜奁②。而从发掘报告所附线图来看，武宁王足部的木箱似为长方形，这未免令人感到困惑。因此该木箱或许还有其他的用途。

值得注意的是，武宁王足部发现一件铜镜，武宁王妃的足部则置有一件铜熨斗（图二：2）。③ 镜和熨斗这样的生活用具出现在墓主足部绝非偶然。南京江宁下坊村东晋墓中曾出土一具完整的木棺，棺内设有头箱，内置铁镜、书刀、漆耳杯、木梳、漆奁盒等日常生活用具。④ 结合目前发现的其他东晋、南朝墓，墓室内随葬品多置于墓主头部，故这一时期灵榇内或多设有头箱。因此，武宁王足部的"木箱"，亦可能是棺具内放置随葬品的空间，以其出现的位置，或可称之为"足箱"。

综上，无论武宁王足部的木箱是"镜奁"还是"足箱"，都可以确定其中放置的应是日常生活用具，故方格规矩神兽纹镜是一面具有实用功能的妆容镜。这一方面，可见发掘者提出的所谓武宁王棺中两面铜镜代表"日月"之说并不成立；另一方面，通过与中国的东晋、南朝的相关墓例进行对比，可发现武宁王陵的棺具、随葬品与其有一定相似性，这或许反映了东晋、南朝丧葬文化对百济的影响。

三　武宁王与王妃头部的两面铜镜

两面七乳禽兽纹镜分别发现于武宁王与王妃的头部，镜背皆朝上。其中武宁王一侧的铜镜上散落着金三叉簪、金花、琉璃、金片等饰品⑤，而王妃一侧的铜镜则位于冠饰之下⑥。根据两面铜镜的出土位置，笔者认为它们与方格规矩神兽纹镜不同，并非普通的妆容镜。

发掘者依据冠饰位于铜镜之上，进一步推测两面七乳禽兽纹镜原本垫于墓主头下。⑦ 这一观点值得商榷。从发掘报告的文字表述与器物分布图来看，武宁王的三叉簪和王妃的冠饰均位于镜缘处，并非完全覆盖于铜镜之上。另外，由于木棺和遗体腐坏，加之地下水等其他因素影响，棺内陪葬品必然会发生移动，武宁王一侧铜镜上的金花、琉璃和金片，

① 南京市博物馆、南京市江宁区博物馆：《南京江宁高盖村东晋墓发掘简报》，载南京市博物馆编著《南京文物考古新发现》第 3 辑，文物出版社，2014，第 85~94 页。
② 罗宗真：《江苏宜兴晋墓发掘报告——兼论出土的青瓷器》，《考古学报》1957 年第 4 期。
③ 〔韩〕大韩民国文化财管理局编《武宁王陵》（日文版），（东京）学生社，1974，第 39 页。
④ 南京市博物馆、江宁县文管会：《江苏江宁县下坊村东晋墓的清理》，《考古》1998 年第 8 期。
⑤ 〔韩〕大韩民国文化财管理局编《武宁王陵》（日文版），（东京）学生社，1974，第 14 页。
⑥ 〔韩〕大韩民国文化财管理局编《武宁王陵》（日文版），（东京）学生社，1974，第 34 页。
⑦ 〔韩〕大韩民国文化财管理局编《武宁王陵》（日文版），（东京）学生社，1974，第 14 页。

在木棺的其他位置亦多有发现。因此，墓主的冠饰置于铜镜之上，可能是由很多偶然因素造成的，发掘者所认为的两面铜镜垫于墓主头下的推测并不令人信服。

检索相关资料就会发现，铜镜位于墓主头部，且镜背朝外、镜面向内的情况，在中国南方汉墓中就曾出现过。扬州平山养殖场 M1 乙棺中共出土三面铜镜，皆位于墓主头部，且镜面向内。发掘者指出，这三面铜镜均为漆面罩上的配件，分别位于面罩内盝顶中心及两侧马蹄状气孔的上部（图三）。① 那么，武宁王陵中墓主头部的铜镜与漆面罩有关吗？

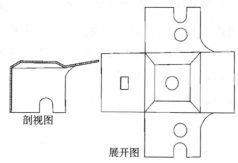

剖视图

展开图

图三 扬州平山养殖场汉墓所出漆温明示意图

漆面罩即温明，是西汉中期出现的一种殓具，覆于墓主头部。《汉书》卷六十八《霍光传》载，汉宣帝在霍光薨后，赐其"东园温明"。颜师古引服虔注云："东园处此器，形如方漆桶，开一面，漆画之，以镜置其中，以悬尸上，大敛并盖之。"② 而带有铜镜的温明在扬州等地区的汉墓中多次出土。除上文所举扬州平山养殖场 M1 外，扬州邗江姚庄M101 男棺中亦出土一件。该温明为木胎，长 70 厘米，宽 43.5 厘米，高 33 厘米。方形盝顶，盝顶前桥微折曲前伸。顶下三面立板，左右立板下开马蹄形孔。盝顶中心饰鎏金铜柿蒂，四角及边沿饰鎏金铜乳钉。内顶中部及马蹄形孔内上方各嵌铜镜一面。③ 明人郎瑛《七修续稿》引周密《癸辛杂识》曰："用镜悬棺，盖以照尸取光明破黑暗之义。"④ 此外，镜鉴还有辟邪之用，《抱朴子内篇》卷十七《登涉》载："是以古之入山道士，皆以明镜径九寸已上，悬于背后，则老魅不敢近人。"⑤ 孙机先生据此认为："温明嵌镜，当亦是此意。"⑥

那么，东晋、南朝时期温明是否还在使用？又是谁在使用呢？笔者系统地梳理了魏晋南北朝文献中关于温明的记载，选取两晋、南朝有代表性的文献罗列于下：

《晋书》卷三十七《司马孚传》："其以东园温明秘器、朝服一具、衣一袭、绯练百

① 扬州博物馆：《扬州平山养殖场汉墓清理简报》，《文物》1987 年第 1 期。
② （汉）班固：《汉书》卷六十八《霍光传》，中华书局，1962，第 2948 页。
③ 扬州博物馆：《江苏邗江姚庄 101 号西汉墓》，《文物》1988 年第 2 期。
④ （明）郎瑛：《七修续稿》，明刻本。
⑤ （晋）葛洪著，王明校释《抱朴子内篇校释》卷十七《登涉》，中华书局，1985，第 300 页。
⑥ 孙机：《汉代物质文化资料图说（增订本）》，上海古籍出版社，2008，第 472 页。

匹、绢布各五百匹、钱百万、谷千斛以供丧事。"①

《晋书》卷三十九《荀颉传》:"赐（荀颉）温明秘器、朝服一具、衣一袭。"②

《晋书》卷六十四《元四王》:"诏赐（武陵王司马遵）东园温明秘器，朝服一具，衣一袭，钱百万，布千匹，策赠太傅，葬加殊礼。"③

《晋书》卷一百十四《苻坚载记下》:"给（王猛）东园温明秘器，帛三千匹，谷万石。"④

《南齐书》卷四十《武十七王传》:"诏给（竟陵王萧子良）东园温明秘器，敛以衮冕之服。"⑤

《梁书》卷二十二《太祖五王传》:"给（临川靖惠王萧宏）温明秘器，敛以衮服。"⑥

《陈书》卷十四《衡阳献王昌传》:"给（衡阳献王陈昌）东园温明秘器，九旒銮辂，黄屋左纛，武贲班剑百人，辒辌车，前后部羽葆鼓吹。"⑦

由以上文献可见，两晋、南朝温明仍在使用，且皆由皇帝诏赐。这其实可做两种解释：一，温明是一种特殊殓具，仅得到皇帝赐予者方能使用；二，赏赐温明仅为一种特殊的礼遇，一定身份等级者皆能使用温明。另据上述文献，温明似有等级，至少可分为"温明"和"东园温明"两种，且结合出土温明的汉代墓葬，笔者认为第二种可能性更大，换言之，这一时期身份地位不同，所使用的温明等级亦不同。⑧

而据文献，魏晋南北朝时能使用温明者，身份地位不俗，以王爵者居多。其中，萧齐海陵王萧昭文是武帝萧赜之孙，隆昌元年（494）七月被立为帝，仅两个多月后便让位于萧鸾。萧昭文薨后，其葬仪"依东海王故事"。东汉东海王刘强是光武帝刘秀所立太子，后因母亲郭氏被废而主动放弃储君之位，他逝世后汉明帝"赠以殊礼"⑨。因此萧昭文的墓葬等级或高于普通宗室之王。由此可进一步推测，这一时期使用温明的墓葬等级，上可至帝陵等级，下能达荀颉、王猛等重臣贵族。《梁书》卷五十四《百济传》载，普通二年（521），梁武帝册封百济王余隆（武宁王）为"使持节、都督百济诸军事、宁东大将军、百济王"⑩。因此以武宁王与王妃的身份等级，完全有可能在薨逝后使用温明这种殓具。

遗憾的是，目前发现的南北朝墓葬中尚未发现温明。这一方面与温明多为木质，不易保存，且发掘者难以辨识相关遗迹现象有关；另一方面，南朝高等级墓葬多遭盗毁，几乎不可能留下相关遗迹。武宁王陵发掘报告中所提及的一些遗迹现象，很有可能与温明相

① （唐）房玄龄等:《晋书》卷三十七《司马孚传》，中华书局，1974，第1085页。
② （唐）房玄龄等:《晋书》卷三十九《荀颉传》，中华书局，1974，第1151页。
③ （唐）房玄龄等:《晋书》卷六十四《元四王传》，中华书局，1974，第1728页。
④ （唐）房玄龄等:《晋书》卷一百十四《苻坚载记下》，中华书局，1974，第2933页。
⑤ （南朝梁）萧子显:《南齐书》卷四十《武十七王传》，中华书局，1972，第701页。
⑥ （唐）姚思廉:《梁书》卷二十二《太祖五王传》，中华书局，1973，第341页。
⑦ （唐）姚思廉:《陈书》卷十四《衡阳献王昌传》，中华书局，1972，第209页。
⑧ 关于魏晋南北朝温明的使用情况，笔者已另撰文讨论，待刊。
⑨ （南朝宋）范晔:《后汉书》卷四十二《光武十王传》，中华书局，1965，第1424页。
⑩ （唐）姚思廉:《梁书》卷五十四《百济传》，中华书局，1973，第804页。

关。发掘报告称，棺板之下，是 3～4 厘米厚的腐木层，其中发现了装饰品、铜镜等物。①根据汉墓中出土的温明实物，其尺寸较大，一般能覆盖墓主的头部和胸部，腐烂后会叠压在相关陪葬品之上。因此，武宁王陵棺木下的腐木层，很可能是温明腐坏后产生的遗迹。

令人感兴趣的是，根据青岛土山屯 M147 所出温明，可知其外侧镶有大量玉片（图四）②。而在武宁王陵中，发现了不少不规则形状的金片（图五），学界尚不明确其用途。结合相关遗迹现象，笔者推测这些金片或许与玉片的作用相同，是武宁王和王妃所用温明外侧的饰件。

图四　青岛土山屯 M147 出土温明复原图

图五　武宁王陵出土不规则金片

综上所述，笔者认为武宁王和王妃头部出土的两面铜镜，或属温明配件。王志高教授曾据《三国史记》中百济请求内属萧齐的相关记载③，认为武宁王陵和宋山里 6 号坟等百

---

① 〔韩〕大韩民国文化财管理局编《武宁王陵》（日文版），（东京）学生社，1974，第 14 页。

② 青岛市文物保护考古研究所、黄岛区博物馆：《山东青岛土山屯墓群四号封土与墓葬的发掘》，《考古学报》2019 年第 3 期。

③ 《三国史记》卷二十六《百济东城王本纪》载："（东城王）六年春二月，王闻南齐祖道成册高句丽巨琏为骠骑大将军，遣使上表请内属。许之。"

济高等级墓葬以南朝葬制构筑，"很有可能就是内属时期的制度规定与要求之一"①。武宁王与王妃使用温明这种南朝殓具，显然是百济在内属时期，高等级墓葬采用南朝葬制的又一证明。同时，武宁王陵的相关发现，也为我们进一步认识南朝时期建康地区高等级墓葬的葬俗提供了重要线索。

附记：本文最初撰写于 2020 年 6 月，作为我博士一年级第二学期"汉唐考古"课程的作业。在这门课上，业师王志高教授与我共同对武宁王陵出土器物，尤其是三面铜镜进行了深入讨论，我们认为武宁王与王妃头部铜镜，可能是中国汉唐时期高等级殓具"温明"的组成部分。在王老师的鼓励与帮助下，我完成了本文，并作为课程作业提交给学院留档。2021 年 7 月，王老师与我一同参加了韩国忠清南道历史文化研究院主办的"纪念武宁王陵发掘 50 周年国际学术大会"，在会上王老师提出了我们的这一见解。2022 年初，我将这份课程作业加以扩充，并作为附录纳入了我的博士学位论文之中。步入工作岗位后，尽管王老师多次提醒我发表这篇文章，但因日常教学工作繁重，一直未能如愿。今年春，在王老师的敦促与鼓励下，我终于重新审视并完善了这篇论文。在本文的写作、修改过程中，王志高教授为我提供了直接的指导和极大的帮助与支持，再次致以诚挚的感谢！

编辑：王志高

---

① 王志高：《韩国公州宋山里 6 号坟几个问题的探讨》，《东南文化》2008 年第 4 期。关于内属制度问题，另见王志高、赵五正：《内属制度视角下百济与南朝的交往——以百济武宁王陵为中心》，载《东亚文明》第 4 辑，社会科学文献出版社，2023，第 227~235 页。

百济大通寺的营建及发掘始末

张团伟

（南京师范大学文物与博物馆学系）

[摘要] 韩国公州市古为百济熊津都邑期都城所在地，分布有作为百济宫城的公山城、王陵区的宋山里古坟群、国家祭祀性质的校村里石砌祭坛、官寺的大通寺。其中，大通寺的营建根据《三国遗事》所载"为梁帝创寺"可知，其与萧梁有着直接联系。关于大通寺的位置，济民川上以"大通"命名的大通桥和班竹洞内分布的与寺院有关的石幢杆，以及不断出土的"大通"铭文瓦，皆指明班竹洞应为百济大通寺所在地。随着近年考古发掘的推进，虽未能发现与大通寺直接相关的遗迹，但百济文化层的发现，以及泥塑像、莲花纹瓦当、铭文瓦砖等的出土，为明确大通寺的确切位置提供了坐标点。

[关键词] 百济；大通寺；班竹洞；空间布局；泥塑像

一 前言

关于佛教初传百济的时间，《三国史记·百济本纪》载："（枕流王）九月，胡僧摩罗难陀自晋至，王迎之，致宫内礼敬焉，佛法始于此。"[1] 可知，384 年胡僧摩罗难陀由东晋抵达百济为佛教在百济的滥觞。佛教初传百济后寺院始建于何时？据《三国史记·百济本纪》载："明年己酉，创佛寺于新都汉山州，度僧十人。"[2] 385 年佛寺创设于汉山，对于此处的"汉山"究竟为何处？有学者指出，根据《三国史记》近肖古王二十六年（371）移都汉山的记载[3]，推测"汉山"即现在位于首尔松坡区芳荑 2 洞的梦村土城。[4] 1989 年

---

[1] （高丽）金富轼：《三国史记》卷二十四《百济本纪第二》，吉林大学出版社，2015，第 294~295 页。

[2] （高丽）金富轼：《三国史记》卷二十四《百济本纪第二》，吉林大学出版社，2015，第 295 页。

[3] （高丽）金富轼：《三国史记》卷二十四《百济本纪第二》，吉林大学出版社，2015，第 293 页。

[4] 〔日〕田中俊明：《百济汉城时期王都的变迁》，《朝鲜古代研究》1997 年第 1 号；〔韩〕余昊奎：《汉城时期百济的都城制度与防御体系》，《百济研究》2002 年第 36 期。

在对梦村土城内的西南区域进行考古发掘中，清理出一处边长为 10 米的方形夯土台基，朴淳发通过对遗迹的形态和修筑技法的分析，推测此处为佛塔或楼阁类建筑基址。①

475 年高句丽长寿王南侵，盖卤王被杀，汉城陷落，同年百济文周王迁都熊津（现忠清南道公州市）。熊津都邑期的 63 年间，关于佛教寺院的相关记载仅见兴轮寺②和大通寺。其中，大通寺的营建与南朝有诸多关联，并且其空间布局推测应为南朝时期流行的前塔后殿式（一塔一金堂）。关于大通寺，《三国遗事》载："又于大通元年丁未，为梁帝创寺于熊川州，名大通寺。"③ 对于"熊川"，《三国遗事》原注云："熊川，即公州也。"④ "大通" 为梁武帝萧衍在位期间的年号，大通元年即公元 527 年。近年来随着考古发掘的逐步推进，大通寺的面貌渐趋清晰。鉴于大通寺在中韩古代交流史中占有的重要地位，有必要对历年大通寺考古发掘成果进行介绍。此外，本文通过对文献记载的梳理和相关出土文物的分析，尝试探明大通寺的营建始末，以及圣王营建大通寺的初衷。

二　大通寺发掘成果概述

为探寻百济大通寺的确切位置，明确寺院的空间布局与四至范围，从 1999 年开始，考古工作者以班竹洞石幢杆为中心，以济民川以西区域为重点，展开了相关考古发掘工作。二十余年间，对此区域的考古发掘虽在不断推进中，但碍于发掘面积有限，且皆是为配合建设的短期发掘，尚未发现与百济大通寺有直接关联的遗迹。虽然如此，但在对班竹洞 214-13、197-4、205-1、204-1、176、237-5 番地的发掘中皆清理出百济地层，所属地层中与大通寺有关的"大通"铭文瓦、泥塑像、莲花纹瓦当等遗物的出土，为寻找大通寺提供了坐标点。

1. 1999 年以班竹洞石幢杆为中心的考古发掘⑤

对大通寺的研究最早可追溯至日本殖民朝鲜半岛期间，日本学者轻部慈恩通过对公州市班竹洞一带采集到的"大通"铭文瓦和周围出土的众多石质建筑构件，以及此地分布的石幢杆和百济石槽等（图一）的综合分析，推测《三国遗事》中言及的大通寺即位于此处。⑥

为探究大通寺的具体位置和四域范围，1999 年 11~12 月，考古工作者以班竹洞石幢杆为中心的 6000 余平方米的区域内开展了为期 30 天的考古发掘。发掘结果显示，此地并未出土与大通寺相关的遗迹和遗物，也未发现百济时期的文化层。但通过对石幢杆底部地

① 〔韩〕朴淳发：《百济佛寺的肇始与大通寺》，《大通寺址的现状与课题》，2020，第 3 页。
② 〔韩〕李能和：《朝鲜佛教通史》，新文馆，1918，第 33 页。
③ （高丽）一然：《三国遗事》卷三《兴法》，岳麓书社，2009，第 228 页。
④ （高丽）一然：《三国遗事》卷三《兴法》，岳麓书社，2009，第 229 页。
⑤ 〔韩〕公州大学博物馆：《大通寺址》，公州大学博物馆学术丛书 00-04，2000。
⑥ 〔日〕轻部慈恩著，〔韩〕李基祥译《百济美术》，忠南学资料丛书⑥，忠清南道历史文化研究院，2023，第 102~106 页。

图一　公州市班竹洞石幢杆和石槽

层的观察，明确了此地并非石幢杆的原始位置。虽然此次发掘未能发现与大通寺相关的线索，但至少修正了前期轻部慈恩提出的观点。

2. 班竹洞 214-13 番地①

班竹洞 214-13 番地南距石幢杆 60 米，发掘面积 450 平方米。发掘结果显示，距地表 1 米以下为百济文化层，虽未发现与大通寺相关的遗迹，但所属地层中出土有百济时期的砖、陶祭台（残）、陶豆（残）。其中出土的砖为百济高等级建筑常用的建材，原报告推测应与大通寺有关。

3. 班竹洞 197-4 番地②

班竹洞 197-4 番地南距石幢杆 155 米，发掘面积 204 平方米。发掘结果显示，此处共清理出 5 个文化层，百济文化层中仅清理出一处竖穴遗迹和一处废瓦灰坑。相较于为数不多的遗迹而言，此地出土的大量文物中，有与寺庙相关的泥塑像（图二）和与高等级建筑有关的鸱吻，以及 "大通" 铭文瓦，皆指明此处应与大通寺有直接关系。除此之外，还出土有与熊津都邑期的都城公山城相同的莲花纹瓦当，以及与武宁王陵墓砖相同的斜格纹砖。

图二　班竹洞 197-4 番地出土的泥塑像残件

在出土的众多文物中，与寺庙有直接关联的要属 20 件泥塑残件。其中，可辨别出形态和纹饰的有 7 件，其中头部残块 4 件、躯体残块 1 件、衣纹残块 2 件，均呈砖红色，手工捏塑与模印并用。头部残件和衣褶间局部尚存彩绘痕迹。躯体残块内腔中空，内腔见有草本类植物杆茎束扎的芯骨痕迹。芯骨外敷泥由内、外两层构成，内

---

① 〔韩〕公州大学博物馆：《公州大通寺址探索调查》，公州大学博物馆学术丛书 12-05，2012。
② 〔韩〕韩赟文化遗产研究院：《公州班竹洞 197-4 番地遗址》，《2018 年度小规模发掘调查报告书》，2018。

层胎坯使用草拌泥，胎表多不平整，外层敷泥极细腻光滑。

　　根据对头部残块形态的分析，这些泥塑应有佛像、罗汉像、菩萨像。出土的 3 件头部残块中，一件内部尚留有一竖向方条木骨，似以方形木杆为骨连接头部与躯体部分。此种身、首分别制作后以方木杆为骨连接的制作技法还见于扶余定林寺出土的泥塑像中。此外，南京钟山南麓上定林寺遗址①和红土桥延兴寺遗址②中也发现同类泥塑像。通过对伴出的莲花纹瓦当等文物的类型学分析，这批泥塑的年代可确定为百济熊津都邑期（6 世纪初中叶）③。

4. 班竹洞 205-1 番地④

图三　班竹洞 205-1 番地出土的"大通"铭文瓦

　　班竹洞 205-1 番地南距石幢杆 200 余米，发掘面积142 平方米。发掘结果显示，在统一新罗所属的文化层下发现百济文化层，依据遗迹现象的差异和对出土文物的分析，百济文化层又被细分为上、下两层。上层百济文化层中清理出一处残长 2.32 米的石墙和一处类似礎墩的遗迹，出土有莲花纹瓦当（残）、陶砚（残）、"大通"铭文瓦（图三）等文物；下层百济文化层中仅清理出一处废瓦灰坑，出土有 2 件八瓣莲花纹瓦当等少量文物。

5. 班竹洞 204-1 番地⑤

　　班竹洞 204-1 番地南距石幢杆 200 余米，发掘面积178.6 平方米。该地共清理出 3 个文化层。根据 ^{14}C 测年的数据和对出土文物的分析，百济文化层被细分为熊

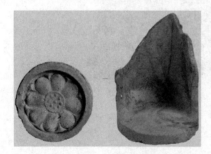

图四　班竹洞 204-1 番地出土的莲花纹瓦当和"大"铭文瓦

①　符永利：《南朝佛教造像的考古学研究》，南京大学博士学位论文，2012，第 151~152 页。
②　王志高、王光明：《南京红土桥出土的南朝泥塑像及相关问题研讨》，《东南文化》2010 年第 3 期。
③　〔韩〕韩赞文化遗产研究院：《公州班竹洞 197-4 番地遗址》，《2018 年度小规模发掘调查报告书》，2018，第 320~321 页。
④　〔韩〕韩国文化财财团：《公州班竹洞 205-1 番地遗址》，《2019 年度小规模发掘调查报告书》，2019。
⑤　〔韩〕嘉庆考古学研究所：《公州班竹洞 204-1 番地遗址》，《2019 年度小规模发掘调查报告书》，2019。

津期文化层（5 世纪中叶~6 世纪初）和泗沘期文化层（6 世纪中叶~7 世纪初）。熊津期文化层与泗沘期文化层中仅各清理出一处废瓦灰坑，出土有莲花纹瓦当和铭文瓦（图四），以及各类陶器残片。

6. 班竹洞 176 番地①

图五　班竹洞 176 番地出土的"大通寺"和"大通之寺"铭文瓦

班竹洞 176 番地南距石幢杆 152 余米，发掘面积 515 平方米。此处共清理出 5 个文化层，百济所属的地层中仅清理出 3 个竖穴遗迹。相较于为数不多的遗迹现象，遗址中出土有一万余件瓦、砖、陶器等遗物，其中有大量的百济时期"大通"铭文瓦、橼瓦、莲花纹瓦当，以及高丽时期地层中的"大通寺""大通之寺"铭文瓦（图五），暗示了此处与百济大通寺存在着密切联系。

图六　班竹洞 237-5 番地百济文化层出土各类瓦件

7. 班竹洞 237-5 番地②

班竹洞 237-5 番地南距石幢杆 130 余米，发掘面积 83 平方米。该地共清理出 3 个文化层。距地表 1 米以下为百济文化层，虽未发现任何遗迹现象，但大量砖、莲花纹瓦当、

---

① 〔韩〕忠清南道历史文化研究院：《公州班竹洞 176 番地遗址》，《公州大通寺址推测地（3 地区）发掘调查》，2021。

② 〔韩〕享有考古学研究所：《公州市厅——师大附高都市企划道路维修项目用地内遗址》，2022。

板瓦、筒瓦等高等级建筑材料的出土（图六），为大通寺四域范围的确认提供了坐标点。

三　大通寺的位置及空间布局

关于大通寺的具体位置，文献记载中并未言及，《三国遗事》仅言"创寺于熊川州（公州）"[①]。轻部慈恩通过对日占时期班竹洞一带出土的诸多与大通寺有关的遗迹和遗物的分析，认为大通寺应位于济民川以西、石幢杆北侧，寺院整体朝向是坐北朝南。[②] 关于大通寺的空间布局，轻部慈恩推测从南向北依次为塔、金堂、讲堂（图七）。从地面遗留的石构件尺寸推算得知，讲堂基址东西长 53 米、南北宽 25 米，讲堂前东西两侧各列置 1 个石槽，讲堂前为金堂，讲堂南面台阶南距金堂约 43 米，塔基应位于忠清南道警察官教习所（日占时期机关）浴室处，塔基南距石幢杆约 56 米。[③]

对于轻部慈恩的上述种种推测，李炳镐首先对讲堂的大小提出了质疑，泗沘时期的讲堂规模：定林寺 39.1 米×16.3 米、陵山里陵寺 37.4 米×18 米、军守里寺 45.5 米×18.2 米、王兴寺 46.8 米×19.2 米、弥勒寺 65.6 米×19.8 米，通过对比，他认为轻部慈恩所推测的大通寺讲堂大小完全不符合百济寺院讲堂的比例。[④] 其次，陵山里陵寺讲堂与金堂、金堂与木塔之间的间距[⑤]与轻部慈恩的推测也存在明显的差异。

截至目前，在以班竹洞为中心的区域内，考古工作者共对 20 余处地块展开了考古发掘，其中清理出百济地层的共有 6 处，且大都集中在连接大通桥与公州大学附属高中道路（大通 1 街）的北侧。班竹洞区域内虽然分布有众多的遗迹，但以 204-1 番地为基准，其以北区域内皆未发现百济文化层，由此可以判断大通寺的北界应该不会超过 204-1 番地。根据目前的考古成果推测，大通寺范围北部以 204-1 番地为界，南部以 237-5 番地为界，西部以公州大学附属高中为界，东部以济民川为界，构成大通寺的四至范围。

关于大通寺的空间布局，虽然历年的考古发掘未发现与大通寺相关的遗迹，但南京西营村南朝佛寺的发现，为探明大通寺的空间布局提供了可供借鉴的珍贵资料。西营村佛寺主体是前塔后殿式的布局，其建筑自南而北沿中轴线排列。百济泗沘时期的陵山里陵寺、王兴寺、定林寺、军守里寺等都同样为"前塔后殿式"的布局方式，这样的空间布局与百

① （高丽）一然：《三国遗事》卷三《兴法》，岳麓书社，2009，第 228 页。
② 〔日〕轻部慈恩著，〔韩〕李基祥译《百济美术》，忠南学资料丛书⑥，忠清南道历史文化研究院，2023，第 102~106 页。
③ 〔日〕轻部慈恩著，〔韩〕李基祥译《百济美术》，忠南学资料丛书⑥，忠清南道历史文化研究院，2023，第 104~105 页。
④ 〔韩〕李炳镐：《由公州班竹洞出土资料审视百济大通寺的地位》，《百济文化》2019 年第 50 辑，第 81~83 页。
⑤ 陵山里陵寺中讲堂南面台阶南距金堂北面台阶 16.3 米，距金堂南面台阶 32.5 米，金堂址南距木塔 21.1 米。见〔韩〕国立扶余博物馆《陵寺——扶余陵山里寺址发掘调查进展报告书》，《国立扶余博物馆遗迹调查报告书》第 8 册，2000。

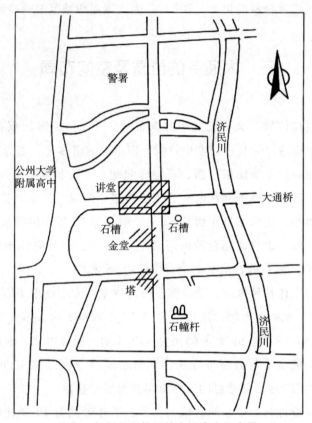

图七 轻部慈恩推测的大通寺空间布局

济佛教系出东晋南朝有关。大通寺的空间布局自然也脱离不了此种范式。

四 大通寺的营建时间与目的

关于大通寺的营建时间和目的，《三国遗事》载："又于大通元年丁未，为梁帝创寺于熊川州。"[①] 可知，527年百济圣王为梁武帝营建大通寺。这一年梁武帝不仅把年号由"普通"改为"大通"，还初次舍身同泰寺，并且在宫城开设"大通门"以对同泰寺之南门。[②] 大通寺的"大通"二字显然是以梁武帝年号命名的寺名，以年号作为寺名的情况还见于北魏的景明寺和正始寺。

对于大通寺的营建时间还存在另一种观点。《三国遗事》原注云："熊川，即公州也。

---

① （高丽）一然：《三国遗事》卷三《兴法》，岳麓书社，2009，第228页。

② "（大通元年）三月辛未，舆驾幸同泰寺舍身。甲戌，还宫，赦天下，改元。"见（唐）姚思廉《梁书》，中华书局，1973，第71页；"初，帝创同泰寺，至是开大通门以对寺之南门，取反语以协同泰。自是晨夕讲义，多由此门。"见（唐）李延寿《南史》，中华书局，1975，第205页。

时属新罗故地也。然恐非丁未（527）也，乃中大通元年（529）己酉岁所创也。始创兴轮之丁未，未暇及于他郡立寺也。"① 可知，一然法师认为大通寺应修建于529年，其原因是新罗在527年营建兴轮寺时无暇同时营建大通寺，并认为公州为新罗属地。然而从百济的历史脉络着眼，此时的公州为百济熊津都邑期的国都所在地，一然法师的推测显然有误。

大通寺的营建目的除为梁武帝之外，还可从武宁王陵出土两方墓志中武宁王与王妃的死亡和入葬时间着眼，武宁王癸卯年（523）去世，乙巳年（525）入葬王陵；王妃丙午年（526）去世，己酉年（529）与武宁王合葬王陵。527年，圣王为梁武帝营建大通寺时正值百济"国丧"期间，因此作为国家大寺的大通寺在功能上或许还兼具"陵寺"的功能。萧梁时期为逝去父母祈福建寺的先例，还见于520年梁武帝为其父文帝萧顺之和母文献张皇后分别于钟山营建大爱敬寺和青溪边营建智度寺。②

此外，赵景彻认为大通寺的营建应与圣王常以"转轮圣王"自居有关，是为供奉转轮圣王之子大通智胜如来而营建的。③ 赵源昌与朴渊瑞对此观点持怀疑态度，认为假若作为国家大寺的大通寺中供奉的主尊佛是大通智胜如来的话，其佛像的制作和信仰方面自然会对百济社会产生广泛且深远的影响，然而圣王在位期间赠予日本的佛像中并无大通智胜如来像，且迁都泗沘后皆以释迦佛和弥勒佛为主要信仰对象，因此，赵景彻的观点难以让人信服。④

结　语

百济的熊津都邑期共计63年，历五王。迁都初期，北有劲敌高句丽虎视眈眈，对南朝的遣使又因高句丽从中作梗数次未能成行；百济内部因权臣擅权，文周王与三斤王相继被杀。之后继位的东城王出于打破外交困局与稳定国内政局的目的，于484年遣使南齐表请内属⑤，齐高帝萧道成欣然应允。对于百济与南朝内属关系的瓦解时间，王志高认为"侯景之乱"的爆发是其关系走向破裂的转折点，在此之后，百济抛弃对南朝一边倒的外交策略，转而实施对南北朝的多边外交⑥。在内属期间，圣王抛弃了百济石室墓的墓制传

---

① （高丽）一然：《三国遗事》卷三《兴法》，岳麓书社，2009，第229~230页。
② "（太清三年五月）及居帝位，即于钟山造大爱敬寺，青溪边造智度寺，于台内立至敬等殿，又立七庙堂。"见（唐）李延寿《南史》，中华书局，1975，第222页。
③ 〔韩〕赵景彻：《百济的支配势力与法华思想》，《韩国思想史学》1999年第12卷；〔韩〕赵景彻：《百济圣王大通寺营建的思想背景》，《国史馆论丛》2002年第98辑，第113~122页。
④ 〔韩〕赵源昌、朴渊瑞：《大通寺址出土百济瓦当的类型与编年》，《百济文化》2007年第36辑，第46页。
⑤ "（东城王）六年春二月，王闻南齐祖道成册高句丽巨琏为骠骑大将军，遣使上表，请内属，许之。"见（高丽）金富轼《三国史记》，吉林大学出版社，2015，第309页。
⑥ 王志高、赵五正：《内属制度视角下百济与南朝交往——以百济武宁王陵为中心》，载《东亚文明》第4辑，社会科学文献出版社，2023，第230~231页。

统，转而为其父修建了"建康模式"的砖室墓，武宁王陵内部随葬品的摆放位置及其反映的祭祀行为，皆深受南朝影响。[①] 此外，宋山里 6 号砖室墓和 527 年圣王为梁武帝营建的大通寺，也被认为是百济"内属"的表现。[②]

百济圣王为梁武帝创建大通寺的举动，在古代中韩文化交流史上占有重要的地位。对大通寺营建始末的探究，是了解"内属"期间百济内部如何对待与南朝"内属"关系的关键。

关于大通寺的确切位置，历年的考古发掘虽然未发现与大通寺相关的遗迹，但百济地层的发现，以及所属地层中"大通"铭文瓦、泥塑像、莲花纹瓦当等的出土，皆指明了此处应与大通寺有直接的联系。此外，清水昭博通过对班竹洞一带出土的莲花纹瓦当的纹饰和造瓦技术与南朝之间的比较，认为其来源皆为萧梁[③]，以大通寺的营建为契机，萧梁的转轮修胎制瓦技术和以瓣端突起为特征的莲花纹瓦当传入百济，并把此类瓦当称为"大通寺式"瓦当。[④] 其次，关于大通寺的修建目的，一方面是为梁武帝所建，另一方面，通过对武宁王陵出土的两方墓志中王与王妃死亡及下葬时间的考量，527 年营建大通寺时值百济"国丧"期间，作为国家大寺的大通寺或许还兼具"陵寺"的功能。

编辑：王志高、刘可维

---

① 张团伟：《中国南朝砖室墓文化与百济砖筑墓比较研究》，韩国首尔市立大学大学院博士学位论文，2024，第 166~172 页。

② 王志高：《韩国公州宋山里 6 号坟几个问题的探讨》，《东南文化》2008 年第 4 期；李磊：《百济的天下意识与东晋南朝的天下秩序》，《华东师范大学学报》（哲学社会科学版）2014 年第 2 期。

③ 〔日〕清水昭博：《百济"大通寺式"瓦当的形成与传播——中国南朝系统造瓦技术的传播》，《百济研究》2003 年第 38 辑，第 57~73 页。

④ 六朝瓦当的成形系在转轮上完成，因范型被固定在转轮上，旋转后瓦当的背面会留下旋涡痕迹或同心圆痕迹。见〔日〕井内洁《中国六朝瓦概说——六朝的制瓦技术》，《中国六朝瓦图谱》，2012，第 100~101 页。

韩国公州水村里出土马具与中国马具的比较研究

周梦圆　周保华　苏　舒

（南京市考古研究院）

[摘要]　韩国公州水村里墓葬的时代约为公元 5 世纪中后叶，出土的金属马镫、马衔、马镳与带扣和中国境内的高句丽、三燕马具在形制上有极大的相似性，且其不仅受到北方草原骑马民族马具的影响，更是直接从中国三国两晋南朝的非骑马民族学习了"中原传统"的马具技艺，融合吸收后再加以改进创造，形成了具有本土特色的马具文化。可以说，中国三国两晋时期的马具在马具发展史上有着承前启后的地位，也是 4 世纪以后完备马具与装饰马具的源头和前身。

[关键词]　公州水村里；高句丽马具；三燕马具

水村里发掘的墓葬中，共有 14 座出土了金属马具，仅有马镫、马衔、马镳、带扣这四种类型①，时代为公元 5 世纪中叶至 5 世纪后叶。本文将中国境内的高句丽马具、三燕马具、三国两晋时期的马具以及一些模型马具与水村里出土的马具进行初步对比与研究。

一　中国境内高句丽马具的分型分期

在中国境内发现的高句丽遗存主要集中在今吉林集安和辽宁桓仁地区。就出土单位而言，共有 40 座墓葬（群）、9 处城址出土了马具。

（一）马镫的分型

在中国境内发现的高句丽马镫数量较多，按其材质可分为两类：第一类为木芯外包金属片（有铜质、鎏金铜质、铁质等）；第二类为铁质。根据马镫镫柄的长度可分为两型。

----

①　带扣是否属于马具在学界存在一定的争议，关键在于较难分辨其是人用带具，还是马用带具，本文不对带扣性质做更细致的辨析，仅将伴出马具的带扣作为马具的一部分进行简单探讨。

A型：长柄镫。根据横向穿孔的位置分为两个亚型。

Aa型：长柄，柄的上端稍宽，顶部有一横向穿孔，可悬系。

如七星山M96出土马镫一副2件①。马镫为木芯，外包裹鎏金铜片，用细长的铆钉将铜片固定在木芯上；镫柄较长，镫柄的上端有一横向穿孔，孔内还残留一块干朽的皮条，应是用此穿系悬挂于马鞍上；镫环大致呈椭圆形，踏脚处略微凸起（图一：1）。再如太王陵1件②。镫柄长13厘米、宽3.4~4厘米，横穿长2.5厘米，镫环内横长13.2厘米、宽2.5~2.7厘米、高10.8厘米。镫柄较长，柄上宽下窄，顶部有一横穿，镫环为椭圆形，踏脚处中心略微凸起，内外压条共有五个铜部件（图一：2）。

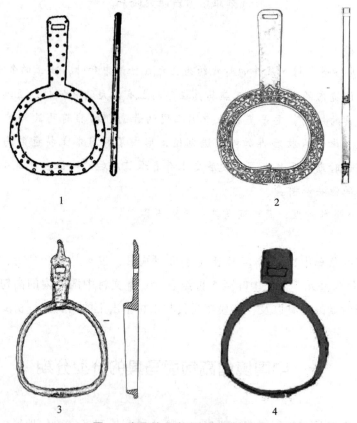

图一 中国境内高句丽马镫的分型
1. Aa型 2. Aa型 3. Ab型 4. B型

Ab型：长柄，柄上的横向穿孔位置下移。

如五女山城四期文化采集的1件③。长25厘米、宽18.9厘米。镫柄较长，中部增宽，有长方形横穿，其顶端出尖锥状，下部收窄。镫环原本有木芯，现已朽，其外用铁片围

① 吉林省文物考古研究所编著《吉林集安高句丽墓葬报告集》，科学出版社，2009，第48~53页。
② 吉林省文物考古研究所、集安市博物馆编著《集安高句丽王陵》，文物出版社，2004，第306页。
③ 辽宁省文物考古研究所编著《五女山城》，文物出版社，2004，第217页。

圈，上面留有穿孔和铆钉（图一：3）。

B 型：短柄镫。

如石台子山城高句丽墓葬 M3 出土的铁马镫 1 件[1]，长 17 厘米、宽 12.6 厘米、厚 0.8 厘米。镫柄较短，有横向穿孔，其位置偏下。镫环呈椭圆形，脚踏处宽平，中部略下凹（图一：4）。

（二）马衔的分型

在中国境内出土的高句丽马衔均为铁质，根据其形制可分为两型。

A 型：由铁线或铁条拧绕成绳索状。

如临江墓出土马衔 1 件[2]，残长 18 厘米，铁环直径 3.5 厘米（图二：1）。又如集安洞沟禹山墓区出土马衔 1 件[3]，残长 22 厘米（图二：2）。再如集锡公路积石墓出土的马衔 2 件[4]（图二：3）。

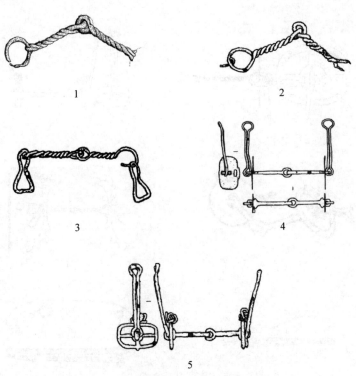

1   2

3   4

5

图二　中国境内高句丽马衔的分型

1.A 型 2.A 型 3.A 型 4.B 型 5.B 型

① 辽宁省文物考古研究所、沈阳市文物考古研究所编著《石台子山城》，文物出版社，2012，第 349 页。
② 吉林省文物考古研究所、集安市博物馆编著《集安高句丽王陵》，文物出版社，2004，第 60 页。
③ 吉林省文物考古研究所编著《吉林集安高句丽墓葬报告集》，科学出版社，2009，第 264 页。
④ 吉林省文物考古研究所编著《吉林集安高句丽墓葬报告集》，科学出版社，2009，第 221 页。

B 型：由多节铁质短杆套接而成。

如五女山城铁器窖藏出土马衔 2 件[1]，JC：32 长 19 厘米、宽 2.6 厘米。由两节铁杆套接而成，套杆的另一端向外分节递减，外连接有马镳衔（图二：4）。JC：33 形制同 JC：32，长 19.1 厘米、宽 2.5 厘米，外端圆环内有隔挡（图二：5）。

（三）马镳的分型

在中国境内出土的高句丽马镳有骨质、铜质、铁质三类，铜质马镳有 5 件，骨质马镳仅有 1 件，其余皆为铁质，按其形状可分四型。

A 型：呈"田"字形。

如万宝汀 M78 出土的铜质马镳 1 件[2]。马镳外缘为圆角长方形，中有"十"字形隔梁将其分割为"田"字形，十字交叉处为一圆形铜片，铜片上有一圆环，马衔通过此环与镳连接（图三：1）。又如五女山城窖藏出土 1 件，JC：33，为五女山城第四期文化遗物（图三：2）。

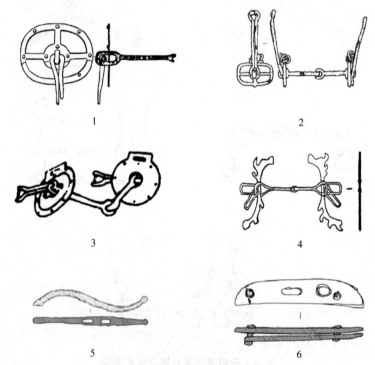

图三　中国境内高句丽马镳的分型

1. A 型 2. A 型 3. B 型 4. C 型 5. C 型 6. D 型

B 型：状如短颈直领罐。

①　辽宁省文物考古研究所编著《五女山城》，文物出版社，2004，第 173 页。

②　吉林省文物考古研究所编著《吉林集安高句丽墓葬报告集》，科学出版社，2009，第 37~39 页。

如七星山 M96① 出土的马镳为一铜薄片，铜片形状近似短颈直领罐，上部有一长方形穿孔，用于连接革带或缰绳，铜片上有一圆环，马衔通过此环与马镳之环相套接（图三：3）。

C 型：呈"S"形。

如万宝汀 M242 出土的铁镳 1 件②，镳弯曲呈"S"形，有镂空花纹装饰，镳的两侧各有两个长方形环（图三：4）。又如石台子山城出土的铁镳 1 件③。长 16.7 厘米、直径 0.9 厘米。镳弯曲，平面呈"S"形，顶端皆为实心半球形，中间有两个长方形穿孔，素面无纹（图三：5）。

D 型：半椭圆形。骨质。

仅有一件。此件骨镳出土于石台子山城，长 8.2 厘米、宽 1.5 厘米、厚 1 厘米。为两块半椭圆形的骨板相铆合而成，上有圆形及椭圆形的穿孔各 1 处（图三：6）。

（四）带扣的分型

在中国境内出土的高句丽马具带扣有铜质和铁质两大类，按扣针的形状可分为两型。

A 型："T"字形扣针。按照扣环与扣尾的不同又可分为四个亚型。

Aa 型：扣环大致呈椭圆形，扣针位于扣环中间。

如万宝汀 M78 出土的鎏金铜带扣 4 件，皆为"T"字形扣针，扣环呈椭圆形（图四：1）。

Ab 型：扣环前端大致呈圆角矩形或椭圆形，后端向内收束，窄于带头。

如禹山 M540④ 出土的鎏金铜带扣 8 件，皆为附着于活梁的"T"字形扣针，扣环呈圆角矩形，前端略宽，后部稍窄，与一纵向梁组成扣尾（图四：2）。又如五女山城窖藏出土的铁带扣 2 件⑤，皆为"T"字形扣针，扣环呈圆角矩形，后端向内收束较多（图四：3）。

Ac 型：扣环前端大致呈圆角矩形或椭圆形，后端向内收束，窄于带头，且扣尾处连接圆泡形的挡头或圆泡饰。

如七星山 M96 出土的鎏金铜带扣 1 件，为"T"字形扣针，扣环呈圆角矩形，后端向内收束较多，扣尾处连接圆泡形的挡头（图四：4）。

Ad 型：扣环前端大致呈圆角矩形或椭圆形，后端向内收束，窄于带头，且后端连接有各种形状的金属片。

如太王陵 M541 出土带扣 1 件⑥。长 3.3 厘米、宽 1.6 厘米。后端连有半圆形铜片，上带铆钉（图四：5）。又如集安禹山 M540 出土带扣 4 件⑦，通长 7.8 厘米。后端套接三叶形饰，饰片中间带三角形镂空（图四：6）。

① 魏存成：《高句丽马具的发现与研究》，《北方文物》1991 年第 4 期。
② 吉林省文物考古研究所编著《吉林集安高句丽墓葬报告集》，科学出版社，2009，第 89 页。
③ 辽宁省文物考古研究所、沈阳市文物考古研究所编著《石台子山城》，文物出版社，2012，第 148~185 页。
④ 吉林省文物考古研究所、吉林大学：《集安禹山 540 号墓清理报告》，《北方文物》2009 年第 1 期。
⑤ 辽宁省文物考古研究所编著《五女山城》，文物出版社，2004，第 174~178 页。
⑥ 吉林省文物考古研究所、集安市博物馆编著《集安高句丽王陵》，文物出版社，2004，第 307 页。
⑦ 吉林省文物考古研究所编著《吉林集安高句丽墓葬报告集》，科学出版社，2009，第 313 页。

B 型："一"字形扣针。按照扣尾的不同又可分为两个亚型。

Ba 型：扣环大致呈圆角矩形或椭圆形，后端向内收束，窄于带头。

如集锡公路墓葬群出土的铜带扣 1 件①，为"一"字形扣针，穿于扣环后端，可旋转活动，扣环大致呈圆角矩形，后端向内收束（图四：7）。

Bb 型：扣环大致呈圆角矩形或椭圆形，后端向内收束，窄于带头，且后端连接圆泡形的挡头或圆泡饰。

如集锡公路 M2891 出图的鎏金铜带扣 2 件，为"一"字形扣针，穿于扣环后端，可旋转活动，扣环大致呈圆角矩形，后端连接圆形的泡饰（图四：8）。

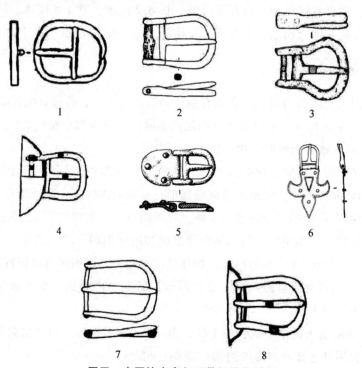

图四　中国境内高句丽带扣的分型

1. Aa 型 2. Ab 型 3. Ab 型 4. Ac 型 5. Ad 型 6. Ad 型 7. Ba 型 8. Bb 型

（五）马具的分期

根据中国境内高句丽马具的出土情况，可将其分为四期。

第一期以桓仁 M15、M19，七星山 M211，万宝汀 M242 丸都山城等遗迹为代表，大致年代为公元 1 世纪至公元 3 世纪末期；第二期以麻线沟 M2100、万宝汀 M78、七星山 M96、西大墓、集安 M0001 等遗迹为代表，大致年代为公元 3 世纪末期至公元 4 世纪中叶；第三期以千秋墓、太王陵、禹山 M2112、麻线沟一号壁画墓、五女山城四期文化等遗

① 吉林省文物考古研究所编著《吉林集安高句丽墓葬报告集》，科学出版社，2009，第 190~232 页。

迹为代表，大致年代为公元 4 世纪中末期至公元 5 世纪末期；第四期以禹山下 M1080、万宝汀 M873、五盔坟四号墓、集安东大坡 M217 等遗迹为代表，大致年代为公元 5 世纪末至公元 6 世纪中期。

二 中国境内三燕马具的分型分期

在中国境内发现的三燕遗存主要集中在今辽宁朝阳、锦州、本溪以及河南安阳等地。就出土单位而言，共有 25 处墓葬出土了马具，其他三燕遗址未见出土马具。

（一）马镫的分型

在中国境内发现的三燕马镫按其材质可分为两类：第一类为木芯外包金属片；第二类为铜质。根据马镫镫柄的长度可分为两型。

A 型：长柄镫，镫柄上端有横穿，又可根据镫环的形状分为两个亚型。

Aa 型：长柄，镫环呈椭圆形。

如孝民屯 M154 出土马镫 1 件。木芯，包鎏金铜片，系挂在马鞍左前方；长柄，柄长 14.5 厘米、宽 3.1 厘米，柄端有横穿，径 1.2~1.5 厘米，镫环呈椭圆形，脚踏处微凸，镫环外径 1.64 厘米、环宽 1.8 厘米、通高 27 厘米、厚 0.4 厘米（图五：1）。

Ab 型：长柄，镫环呈近圆形，整个马镫状如网球拍。

仅有在喇嘛洞 M266 出土的马镫 1 副 2 件。平面作网球拍状，木芯，镫环脚踏部位凸起，长柄，镫长 33.5 厘米、宽 17 厘米、环孔径 10.6~11.3 厘米（图五：2）。

B 型：短柄镫。

仅有在冯素弗墓出土的马镫 1 副 2 件。桑木芯外包鎏金铜片，镫环近三角形，短柄，柄上有横穿，镫的外面包钉鎏金铜片，镫孔内面钉薄铁片，复原尺寸为：高 23 厘米、宽 16.8 厘米（图五：3）。

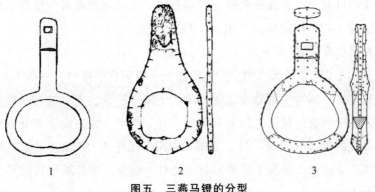

图五　三燕马镫的分型

1. Aa 型 2. Ab 型 3. B 型

（二） 马衔的分型

在中国境内出土的三燕马衔均为铁质，目前可辨认的仅一种形制。

A 型：由两条两端有环、拧成绳索状的铁条套接而成。

如喇嘛洞 M101 出土的马衔 1 件，链节长 9.6 厘米、环径 3.5 厘米。组成马衔的每节两端都有环，外侧两环内各有一马镳（图六：1）。再如朝阳王子坟山腰 M9001 出土的马衔，组成马衔的每节两端都有环，外侧连接有引手（图六：2）。

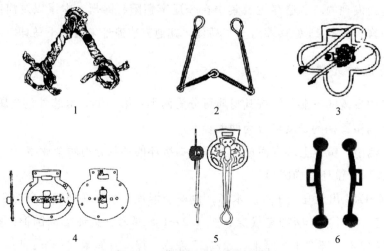

图六　三燕马衔及马镳的分型

1. A 型马衔 2. A 型马衔 3. A 型马镳 4. B 型马镳 5. B 型马镳 6. D 型马镳

（三） 马镳的分型

在中国境内出土的三燕马镳有铁质、铜质两类，按其形状可分为四型。

A 型：呈带蒂三叶花形。

如十二台乡砖厂 88M1 出土的铜马镳 1 副 2 件。铜镳鎏金，镳高 9.2 厘米、宽 11 厘米。整体呈带蒂三叶花形，正面外轮廓有一周凸棱。上缘花蒂处有一横穿，用于和辔头相连，中部有一竖穿，用于固定引手（图六：3）。

B 型：状如短颈直领罐。

如三合成墓出土铜马镳 1 副 2 件[①]。铜质鎏金，短颈直领罐形，总高 7.5 厘米、直径 8 厘米。正面外轮廓有一周窄条铜鎏金边框，用 7 个铆钉铆合。上缘处有一横穿，长 1.8 厘米、宽 0.6 厘米。中间有一竖穿，长 2.7 厘米、宽 1 厘米。穿内尚存部分铁质衔环，背面残存 4 个用来固定的铆钉（图六：4）。又例如安阳孝民屯 M154 出土的铜马镳 1 件，短颈直领罐形，通高 7.5 厘米、领高 1 厘米。上缘处有一横穿，腹部雕透成蛙形，中间有一竖

---

① 于俊玉：《朝阳三合成出土的前燕文物》，《文物》1997 年第 11 期。

穿，穿内铁衔已朽，外侧为铜引手（图六：5）。

C 型：呈"S"形。

仅有喇嘛洞 M101 出土的一件铁马镳，马衔两环内各衔一段略呈"S"形的条状镳。

D 型：呈弯曲哑铃状。

仅有北票喇嘛洞墓地采集的 1 件。鎏金，长 13.4 厘米。两端为球状铃，以一略曲的六棱体铜条相连，中部凸出一穿（图六：6）。

（四）带扣的分型

在中国境内出土的三燕马具带扣有铜质和铁质两大类，按扣针的形状可分为两型。

A 型："T"字形扣针。

如土城子前燕墓 M1 出土的铜带扣 1 件[①]。通长 13.4 厘米、宽 3.2 厘米。以粗铜丝弯制出扣环，大致呈圆角矩形，从中端开始向内收束，窄于带头。扣针及转轴连为一体呈"T"字形。后端连接有对折的横圭形铜片，上面还保存有多个铆钉，背面有多个穿孔（图七：1）。

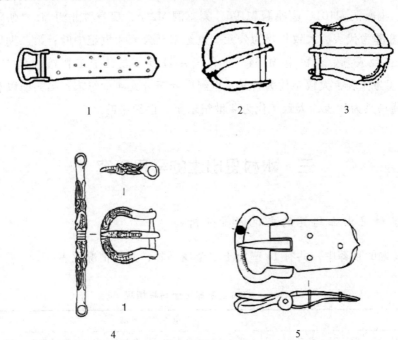

图七　三燕带扣的分型

1. A 型 2. Ba 型 3. Bb 型 4. Bb 型 5. Bc 型

B 型："一"字形扣针。按照扣环与扣尾的不同又可分三个亚型。

Ba 型：扣环前端大致呈圆角矩形或椭圆形，扣针位于扣环中间。

如十二台乡砖厂 88M1 出土的铜带扣 4 件，形制相同。扣环前端稍宽，圆角，后端方

---

① 辽宁省文物考古研究所、朝阳县文物管理所：《辽宁省朝阳县土城子两座前燕墓》，《北方文物》2015 年第 2 期。

角，开口一侧两端有扁穿孔，固定一横轴，轴上穿一活动的扣针（图七：2）。

Bb 型：扣环前端大致呈圆角矩形或椭圆形，后端向内收束，窄于带头。

如三合成墓出土的铜带扣 1 件。长 3.3 厘米、宽 2.8 厘米。铜制鎏金（图七：3）。又如朝阳奉车都尉墓出土的 1 件铜质带扣[①]，长 3.2 厘米、宽 2 厘米。由三条龙形圆雕构成。一条龙为卡舌，另两条龙首相向分衔一物的两端（图七：4）。

Bc 型：扣环前端大致呈圆角矩形或椭圆形，后端向内收束，窄于带头，且后端连接有金属片。

如冯素弗墓出土的一件带扣，长 5.7 厘米、前宽 3.2 厘米、后宽 2.2 厘米，银质。扣环大致呈圆角矩形，从中端开始向内收束，窄于带头。扣尾后端连接有对折的横短圭形银片，上面还保存有三个铆钉，将其固定在革带上（图七：5）。

（五）马具的分期

根据中国境内三燕马具的出土情况，可将其分为三期。

第一期以喇嘛洞 M101、喇嘛洞 M196、喇嘛洞 M266、房身村北沟 M8、朝阳王子坟山腰 M9001 等墓葬为代表，大致年代为公元 3 世纪末至公元 4 世纪中叶；第二期以十二台乡砖厂 88M1、三合成墓、孝民屯 M154、袁台子 4 号墓、袁台子东晋壁画墓 M1、土城子 M1、西沟村墓为代表，大致年代为公元 4 世纪中叶至公元 4 世纪末；第三期以袁台子北燕墓和冯素弗墓马具为代表，大致年代为 4 世纪末至 5 世纪中叶。

三　水村里出土的马具研究

（一）水村里出土马具的文化因素分析

水村里发掘的墓葬中，共有 14 座出土了金属马具，具体情况见表一。

表一　水村里墓葬出土马具情况

出土单位	出土马具类型
1 号土圹墓	镫、衔（高句丽 B 型）、镳（高句丽 B 型或三燕 B 型）、带扣（高句丽 Ba 型和三燕 Bb 型）
2 号土圹墓	衔（高句丽 B 型）、镳（残）（无法分辨）、带扣（残）（无法分辨）
3 号石椁墓	镫、衔（高句丽 B 型）、镳（高句丽 B 型或三燕 B 型）、带扣（高句丽 Ba 型和三燕 Bb 型）
4 号石室墓	镫（高句丽 A 型或三燕 A 型）、衔（高句丽 B 型）、镳（高句丽 B 型或三燕 B 型）、带扣（高句丽 Ab 型和高句丽 Ba 型）
5 号石室墓	镫（三燕 B 型）、衔（高句丽 B 型）、镳、带扣（高句丽 Ba 型）

① 田立坤：《朝阳前燕奉车都尉墓》，《文物》1994 年第 11 期。

出土单位	出土马具类型
7 号石椁墓	衔（高句丽 B 型）、带扣（高句丽 Ba 型）
8 号石椁墓	镫
10 号石室墓	镫（残）（无法辨认）、衔（高句丽 B 型）
11 号土圹墓	衔（高句丽 B 型）
11 号石椁墓	衔（高句丽 B 型）
13 号土圹墓	镫、衔（高句丽 B 型）
14 号石室墓	镫（残）（无法分辨）
20 号土圹墓	衔（高句丽 B 型）
21 号土圹墓	衔（高句丽 B 型）

从以上表格可以看出，水村里出土的马具在各方面都与高句丽马具和三燕马具有很高的相似度：4 号石室墓出土了与高句丽 A 型或三燕 A 型类似的马镫（图八：1）；5 号石室墓出土了与三燕 B 型类似的马镫（图八：2）。除未出马衔的 8 号石椁墓和 14 号石室墓外，其他墓葬都出土了与高句丽 B 型类似的马衔（图八：3~6）。1 号土圹墓、3 号石椁墓、4 号石室墓出土了与高句丽 B 型或三燕 B 型类似的马镳（图八：3，5）。1 号土圹墓、3 号石椁墓出土了与高句丽 Ba 型和三燕 Bb 型类似的带扣（图八：7~8）；4 号石室墓出土了与高句丽 Ab 型和高句丽 Ba 型类似的带扣（图八：9）；5 号石室墓、7 号石椁墓出土了与高句丽 Ba 型类似的带扣（图八：10，11）；2 号土圹墓出土的带扣有残损，无法准确判定，但据其残余部位可推测也与高句丽 Ba 型带扣类似（图八：12）。

就马镫而言，4 号石室墓出土的马镫与高句丽 A 型或三燕 A 型类似，两者基本一致，都是长柄镫，镫柄的中上部有一横穿，镫环多为椭圆形，质地为木芯外包皮革或金属片及铜质。5 号石室墓出土的马镫与三燕 B 型类似，马镫柄变短，镫的外面包有铜片，镫内面钉有薄铁片。另，无论这批马镫在型式上有何不同，有一处细节是较为一致的，即在镫的踏受部上面钉了 5 个方头钉用以防滑，这种做法与高句丽马具是相同的，如万宝汀 M78 出土的 2 副 4 件马镫①（图九：1），高 24 厘米、宽 18 厘米。镫的上部有一横向的穿孔，用以悬系，脚镫为不规则圆形，上有 5 个方头钉。由此可见，公州水村里出土的部分马镫不仅能看到三燕文化通过高句丽地区传播到百济的痕迹，也可能受到高句丽马具制作技术的直接影响。

此外，水村里 1 号土圹墓、3 号石椁墓、8 号石椁墓和 13 号土圹墓所出的马镫（图九：2~5）与高句丽和三燕马具有较大的区别。8 号石椁墓所出的马镫长柄，镫环近圆形，但镫柄处无穿，笔者怀疑其上端有所缺失，故在此不对其做类型学分析。1 号土圹墓及 13 号土圹墓所出马镫镫环的下半部分是镂空的，其踏受部上下面的两层金属片由 5 个方头钉

---

① 吉林省文物考古研究所编著《吉林集安高句丽墓葬报告集》，科学出版社，2009，第 38 页。

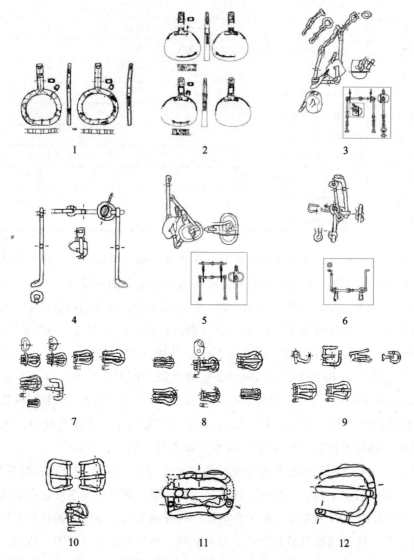

图八　韩国公州水村里出土的马具

1.4 号石室墓，马镫　2.5 号石室墓，马镫　3.1 号土圹墓，马衔与马镳　4.2 号土圹墓，马衔与马镳
5.4 号石室墓，马衔与马镳　6.5 号石室墓，马衔　7.1 号土圹墓，带扣　8.3 号石椁墓，带扣　9.4 号石室
墓，带扣　10.5 号石室墓，带扣　11.7 号石椁墓，带扣　12.2 号土圹墓，带扣

连接。其镂空部分虽已缺失，但可推测其原来应当是一块有机质（可能是木制或革制）的
镫板，这种镫板既能增加马镫的踏受面积，也符合镫环下部的形状设计，还能解释方头钉
的固定作用。类似的马镫在庆州皇南洞 109 号墓 4 号椁也有出土。3 号石椁墓所出的马镫
则更有特色，在镫环的前侧加了一道弧形的金属条，称"壶镫"。壶形马镫借助这一金属
条在外包裹皮革或金属，状似拖鞋，能在踩踏马镫时保护脚的前半部分且能避免脚在脱镫
时被绊住。类似的马镫不见于高句丽或三燕马具，却在 5 世纪后叶及 6 世纪以后的日本各

地古坟皆有发现。① 可见，这种制作壶镫的技艺是百济的独特做法，并传播到日本，对日本的马镫制作产生了较大影响。

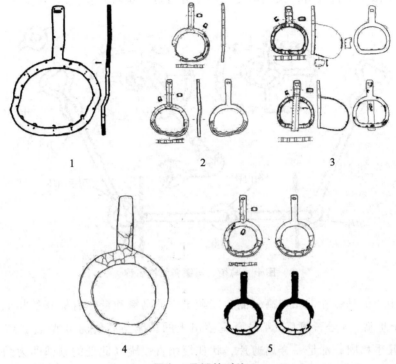

图九　马镫的对比

1. 万宝汀 M78 出土马镫　2. 水村里 1 号土圹墓，马镫　3. 水村里 3 号石椁墓，马镫　4. 水村里 8 号石椁墓，马镫　5. 水村里 13 号土圹墓，马镫

　　就马衔而言，公州水村里出土的马衔皆是与高句丽 B 型类似的马衔，主体都是由两节铁质短杆套接而成，但两者细部结构还是存在一定差异，这种差异性主要体现在引手与套接方式上。由于中韩学界对马衔各部分的称呼并不一致，为了便于理解本文所述的名词，须先对马衔各结构的名称作具体说明（图十）：衔在马口中，镳在马口两侧，引手在镳外，与衔的两端相连接。部分衔镳中间有游环。在引手方面，高句丽与三燕的引手皆是用一根金属条弯折成两股，引手的一端与马衔相套接，另一端称"引手壶"（图六：2、图三：3），且引手壶皆与引手在同一水平面上。水村里出土的引手则有多种形制：1 号土圹墓的引手由三节铁链套接而成，引手壶为圆形环状，与引手在同一水平面上（图八：3）；2 号土圹墓的引手为一金属杆，引手壶为圆形环状，且向外侧撇出，与引手平面呈钝角（图八：4）；4 号石室墓的引手为一金属杆，引手壶为圆形环状，与引手在同一水平面上（图八：5）。在套接方式方面，高句丽与三燕马衔与引手的套接方式为直接法，即引手内环直接与马衔外环套接。水村里出土的马衔与引手则是通过游环套接的。"游环"这一结构还见于其他出土了马具的

① 　王巍：《从出土马具看三至六世纪东亚诸国的交流》，《考古》1997 年第 12 期。

百济遗址和日本古坟中，却没有在高句丽与三燕文化器物中发现过。以往有研究者指出，有了小环的存在，更方便大量生产马衔。[①] 这种带游环的衔镳流行时间应当晚于不带游环的衔镳，但受限于考古资料，其渊源与谱系还有待进一步研究。

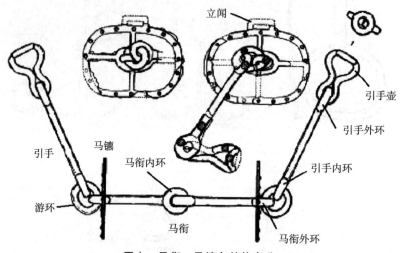

图十　马衔、马镳各结构名称

水村里出土的马镳和带扣与高句丽、三燕出土的马镳和带扣有极高的相似性。就马镳而言，1 号土圹墓、3 号石椁墓、4 号石室墓出土的马镳与高句丽 B 型或三燕 B 型基本一致，这两者几乎相同，都是一金属薄片，状如短颈直领罐（此处的颈部即为图十中所称的"立闻"），上部有一长方形穿孔，用于连接革带或缰绳，铜片上有一圆环，马衔可通过此环与马镳相连接。就带扣而言，1 号土圹墓、3 号石椁墓出土了与高句丽 Ba 型和三燕 Bb 型类似的带扣；4 号石室墓出土了与高句丽 Ab 型和高句丽 Ba 型类似的带扣；5 号石室墓、7 号石椁墓出土了与高句丽 Ba 型类似的带扣。概括而言，水村里出土的"一"字形带扣多属高句丽 Ba 型或三燕 Bb 型，两者基本一致，带扣的扣环大致呈圆角矩形或椭圆形，后端向内收束，窄于带头；"T"字形带扣多属高句丽 Ab 型，扣环前端大致呈圆角矩形或椭圆形，后端向内收束，窄于带头。

总之，水村里出土的马具受到高句丽和三燕马具文化的强烈影响，继承了前两者的许多技艺与风格，又在细节处有本土化的做法，改进了结构，完善了细节，并对日本马具产生了深远影响。

（二）再探马具源流

朝鲜半岛南部的马具受到了三燕系马具的强烈影响，且直接或间接有着高句丽文化因素的痕迹，这一点基本成为各国学界的共识，此文仅是借公州水村里的材料拾遗补阙，但更值得探讨的是三燕系马具的源流。笔者认为，中国三国两晋时期的马具在马具发展史上

---

① 〔韩〕金斗哲：《韩国古代马具研究》，东义大学博士学位论文，2001。

有着承前启后的地位，是 4 世纪以后完备马具与装饰马具的源头和前身。

马镫的起源一直是学术研究的热点，中国发现的早期马镫图像与实物是较为明确的。此前，中国发现最早的单边马镫形象是长沙西晋永宁二年墓所出陶骑俑上的装备①（图十一：1），双镫则见于南京象山 7 号墓所出陶俑②（图十一：2）。马镫实物的发现则要更晚一些，较早的代表性资料是在辽宁北票、朝阳出土的一批带有三燕及鲜卑文化特征、形态和制造技术均相近的双边扁圆形长柄镫。但是去年，由笔者发掘的一组孙吴家族墓葬出土了新的考古资料：南京市考古研究院对位于南京市北郊幕府山南麓的地块进行勘探时发现六朝时期砖室墓葬 4 座（M2～M5）③，其中 M3 为孙吴大将丁奉及其夫人的合葬墓，该墓有明显的二次合葬痕迹，共出土 5 方买地券，其中 3 方载丁奉卒年为建衡三年（271），另 2 方载丁奉夫人卒年为太元元年（251）。M3 中还出土了一组釉陶骑马俑，其中有一件的一侧贴塑了一只三角形马镫（图十一：3），这组俑应当是属于丁奉的随葬品，以公元 271 年（即建衡三年）来考量，这件骑马俑上贴塑的马镫应当是目前发现的最早的单边马镫形象，比长沙西晋永宁二年墓所出陶俑早了 31 年。

图十一　中国早期马镫模型

1. 长沙西晋永宁二年墓陶俑 2. 南京象山 M7 陶俑 3. 南京丁奉家族墓 M3 陶俑

这件骑马俑上贴塑的单只马镫呈三角形，不见镫革，贴塑在马鞍左下侧残存的障泥上。骑俑坐在马鞍上，左足缺失，镫内也没有残留的足部，故难以判断骑俑的足是否踏在镫里。但这件俑只在左侧系一小镫，右侧不见装镫，且骑俑右足足尖向下倾斜，足尖低于足跟，显是足部自然放松而非踩镫的状态。若要表现骑乘者骑行过程中的踩镫动作，即使不塑造马镫，骑俑也应当足尖向前，足面与地面平行以模仿这种姿态。由以上现象推测，这种单边镫是供上马时踏足的，骑上马后脚即脱出，不再踏镫了，并不具备上马后稳定身体的功能。关于这种单边镫的辅助上马作用，从文献中亦可得到侧面佐证。《三国志·吕岱传》中记载，赤乌二年（239），奋武将军张承致信吕岱："……又知上马辄自超乘，不由跨蹑，如此足下过廉颇也。"④ 张承恭维其上马动作利索，不用借助"跨蹑"这种辅助

① 湖南省博物馆：《长沙两晋南朝隋墓发掘报告》，《考古学报》1959 年第 3 期。
② 南京市博物馆：《南京象山 5 号、6 号、7 号墓清理简报》，《文物》1972 年第 11 期。
③ 周保华、周梦圆：《南京市鼓楼区幕府山两座东吴墓的发掘》，《考古》2023 年第 9 期。
④ （晋）陈寿撰，（南朝宋）裴松之注《三国志集解·吴书》，上海古籍出版社，2009，第 3540 页。

上马的借力工具，当时还未有"马镫"之名，此处的"跨蹑"很可能就是这种原始的三角形小镫在当时的名称。[①]

这一则新资料带来了另一个思考，即马镫是由骑马民族为了骑乘方便而发明的，还是由不擅长骑马的民族为了上马方便而发明的。从目前的考古资料来看，虽然不能排除马镫有多处起源地的可能性，但恐怕后者的可能性更高一些。首先，中国两晋南朝时期没有出土过金属马镫实物，多是体现在陶俑模型上，这与当时以模型明器随葬的葬俗有关，但也从侧面反映了当时的马镫也许都是由木或皮革等有机材料制成的，难以留下实物。丁奉墓所出的陶俑上无法分辨马镫是否带镫柄，长沙西晋永宁二年墓所出陶骑俑上的马镫可看到马镫有镫柄，但镫柄上没有穿孔，是带着一定角度垂在障泥之上的，似是由某种可弯折的有机材料制作而成的。其次，在三燕与高句丽文化中，不仅有单马镫实物，且外包金属片的木芯马镫相当常见，用金属包边的目的是加固马镫，但用木质做镫芯却并非必然事件，尤其是在木芯镫与纯金属镫共存的情况下，为什么不全部使用纯金属镫呢？或许是因为从不擅长骑马的民族传播过去的就是木质镫，而这种木质镫是用来辅助上下马的，对于上下马很熟练的骑马民族来说，马镫在上马后稳定身体的作用更重要，这种木质镫不耐磨损，不能满足其日常需求，就对木镫做了金属包边的处理，并对镫环和镫柄加以改进，才形成了这种外包金属片的木芯马镫。

就马衔与马镳而言，虽然公州水村里所出的马衔均为两节铁质短杆套接而成，马镳皆为短颈直领罐形的金属薄片，未见其他形制，但放眼百济文化，马衔与马镳的形制还是非常多样的，如忠清北道清州新凤洞土圹墓的马衔就分是否由铁丝拧就两种[②]，忠清南道天安龙院里遗址也出土了环板状（即"田"字形）、圆板状（即短颈直领罐形）两种形制的马镳[③]。无论是铁丝拧就的马衔、铁质短杆套接而成的马衔还是带立闻的椭圆形板状镳，大都可以在三国两晋的墓葬中找到相似的马具。如安阳西高穴村 M2 就出土了两件马衔[④]（图十二：1），马衔由两节构成，每一节都是用三根铁丝拧成的；铁质短杆套接的马衔虽不见于三国两晋墓葬中，但可于更早时期的墓葬中觅得踪迹，如西安理工大学西汉壁画墓出土的铜质马衔就是此种形制[⑤]（图十二：2）；又如东晋时期象山 7 号墓出土的陶马嘴两侧就有圆板状镳（图十一：2）。需要说明的是，虽然三国两晋的墓葬中出现了这些形制的衔镳，但这远不是他们出现的最早时间节点，拧成式与非拧成式的马衔最早可追溯到战国晚期，带立闻的椭圆形板状镳则最早可追溯到西周时期。可以说，三燕与高句丽流行的衔

① 此段引自笔者的另一篇论文：周梦圆、周保华《南京东吴丁奉墓出土釉陶骑马俑及相关问题探讨》，《考古》2023 年第 9 期。

② 〔韩〕李隆助、车勇杰：《清州新凤洞百济古坟群发掘调查报告书——1982 年度调查》，中北大学博物馆，1983；〔韩〕车勇杰、禹钟允等：《清州新凤洞百济古坟群发掘调查报告书——1990 年度调查》，中北大学博物馆，1990。

③ 〔韩〕李康烈：《百济马具检讨》，公州大学校硕士学位论文，2001。

④ 河南省文物考古研究院编著《曹操高陵》，中国社会科学出版社，2016。

⑤ 寇小石、呼安林、王保平等：《西安理工大学西汉壁画墓发掘简报》，《文物》2006 年第 5 期。

镳并非凭空产生的，而是一种由来已久的"中原传统"。

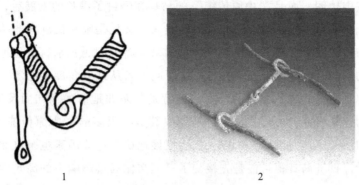

图十二　中国早期马衔

1. 安阳西高穴村 M2 马衔 2. 西安理工大学西汉壁画墓马衔

　　本文研究了水村里出土的大量带扣，受限于资料没有探讨束带及马具饰品的问题。实际上，由于质地问题，束带很难保存下来，与马具同出的带扣可能就是用来固定束带的，而各种马具饰品就附着缀连在束带上。通过水村里同一座墓葬出土带扣的数量，我们可以推测当时已经使用了网状束带。此前，中国发现最早的网状束带形象出现在长沙西晋永宁二年墓所出陶骑俑上，丁奉墓的材料发表后，其所出的釉陶骑马俑上有了更早的网状束带形象：马鞍被胸前一横、尻后绕尾的一横两纵或一横四纵的网状鞯带（束带）固定在马背上（图十三：1），这种结构较为完备的鞯带更有利于鞍具的固定。此外，这组俑的全部鞯带和部分鞍桥上满饰着圆泡饰。这些泡饰大多起装饰的作用，少数特殊位置上的则可能有实用功能：鞍桥边缘的泡饰或有连接鞍桥与鞍板的作用；鞯带连接点处的泡饰或有固定鞯带的作用；有的鞯带连接点处有结状飘带（图十三：2）。这些例证都改变了马具的复杂装饰起源于三燕系马具的传统理念，或许在三国两晋时期，网状束带的出现就已经为数量繁多、华丽精致、非战斗属性的马具装饰奠定了基础。

图十三　南京丁奉家族墓 M3 出土陶俑

1. 陶俑上的网状鞯带 2. 陶俑上的结状飘带

至此，我们可以得出如下结论：对水村里遗址所出马具有着深刻影响的三燕及高句丽马具文化并非空中楼阁，而是"中原传统"的马具在经过了漫长的发展后，传播至北方进行改造后的本土化成果。换言之，三燕及高句丽马具文化是骑马民族向非骑马民族学习后的产物，前者与后者有着诸多相似性。这样就带来了新的问题：水村里遗址，甚至是百济文化所接受到的影响，高句丽及三燕是唯一来源吗？若从地缘角度来思考，多数学者认为百济马具的来源是中国北方的草原骑马民族，特别是东北地区的高句丽及三燕文化马具。但是通过本文的比较研究，可以发现百济马具中其实有很多的"中原传统"，只是因为这些传统也被高句丽及三燕所继承，所以人们会惯性地认为这些因素也来自北方。如果从文化因素的角度看，百济马具很可能是先接受了三燕文化马具影响下的高句丽马具，且同时直接学习了中国东晋和南朝的马具之后，通过融合和改造等吸收过程，创造了具有独特特征的百济马具。[①] 事实上，在 4 世纪的汉江流域遗存中，常可见到我国两晋时期的遗物。[②]如风纳土城曾出土过与南京象山 7 号墓所出青铜鐎斗相似者，忠清南道天原郡花城里也有发现东晋时期的青瓷盘口壶，公州水村里墓葬出土的鸡首壶和碗等器物是东晋中期至南朝刘宋时期的产品，这应当与百济在 4 世纪后叶曾多次向东晋朝贡，并接受东晋的册封有关。此外，百济古坟中砖室墓的突然出现，被学者公认是受南朝特别是梁代葬制的直接影响。[③] 除了遗物遗迹外，文献也记载百济与中国东晋、南朝是有直接交流的。在此背景下，百济直接从东晋、南朝习得马具技艺也就不足为奇了。

余　论

本文将中国境内高句丽、三燕、三国两晋南北朝墓葬所出马具与水村里所出马具进行对比研究，分析了水村里马具中不同的文化因素，认为其不仅受到北方草原骑马民族的马具影响，更是直接从非骑马民族学习了马具技艺，融合吸收后再加以改进创造，形成了具有百济特色的本土化马具。囿于各种主客观因素，本文对于水村里出土马具的研究还不全面，如马具的组合和墓主人身份的关系、金属马具的来源与冶炼制造工艺等问题还有待进一步研究。

编辑：韩茗

---

① 　吴珍锡：《三燕文化及其与高句丽、朝鲜半岛南部诸国文化交流的考古学研究》，吉林大学博士学位论文，2017。

② 　王巍：《从考古发现看四世纪的东亚》，《考古学报》1996 年第 3 期。

③ 　王志高：《韩国公州宋山里 6 号坟几个问题的探讨》，《东南文化》2008 年第 4 期。

集安高句丽王陵墓主人身份考定[*]

孙炜冉

（通化师范学院高句丽研究院）

[**摘要**] 在集安市区（国内城）附近共埋葬 11 位高句丽王，分别是太祖大王（麻线墓区 2378 号墓）、新大王（山城下墓区砖厂 36 号墓）、故国川王（麻线墓区 626 号墓）、山上王（七星山墓区 871 号墓）、东川王（临江墓，即禹山墓区 43 号墓）、中川王（禹山墓区 2110 号墓）、西川王（七星山墓区 211 号墓〈初次葬墓〉和禹山墓区 992 号墓〈再次葬墓〉）、美川王（西大墓即麻线墓区 500 号墓〈初次葬墓〉和将军坟即禹山墓区 1 号墓〈再次葬墓〉）、故国原王（麻线墓区 2100 号墓）、故国壤王（千秋墓，即麻线墓区 1000 号墓）、广开土王（太王陵，即禹山墓区 541 号墓），长寿王之后的高句丽王基本都葬于平壤，宝臧王葬于长安，其他诸王葬于国都外行宫周边。

[**关键词**] 高句丽；集安；王陵

　　高句丽（前 37~668 年）是汉唐时期东北亚重要的民族政权，集安作为高句丽国祚中历时最久的都城所在地（3~427 年），这里保留了中国境内最集中的高句丽遗迹，埋葬了数量最多的高句丽国王，但是对于究竟具体有多少位高句丽王埋葬于此，各王对应的是哪一座陵墓，至今仍是学界争议不休的议题。^① 笔者对此有一个初步的探索，以求对集安现

---

* 本文系国家社科基金专项项目"高句丽文化研究"（编号：17VGB009）、教育部哲学社会科学研究重大委托项目"高句丽史之通沟学案研究"（编号：16JZDW007）阶段性成果。

① 相关研究参见〔日〕田村晃一著，刘兴国译《高句丽积石墓的年代与被葬者问题》，《东北亚历史与考古》1985 年第 2 期；方起东：《千秋墓、太王陵、将军坟墓主人的推定》，《博物馆研究》1986 年第 2 期；〔日〕浜田耕策：《高句麗広開土王陵墓比定論の再検討》，《朝鲜学报》1986 年第 119、120 合辑；〔韩〕金昌镐：《高句麗 太王陵의 主人公 問題》，《향토문화》1991 年第 6 辑；〔韩〕姜晛求：《高句麗康王陵考》，《韩国上古史学报》1995 年第 20 号；李淑英、耿铁华：《高句丽王陵及相关问题研究》，《社会科学战线》2003 年第 2 期；吉林省文物考古研究所、集安市博物馆编著《集安高句丽王陵》，文物出版社，2004；〔韩〕李道学：《太王陵과 将军塚의 被葬者问题再论》，《高句丽研究》2005 年第 19 辑；〔韩〕余昊奎：《集安地域 고구려 超大型積石墓의 전개과정과 被葬者 문제》，《韩国古代史研究》2006 年第 41 号；孙颢：《集安高句丽积石墓王陵研究》，吉林大学硕士学位论文，2006；魏存成：《集安高句丽大型积石墓王陵研究》，《社会科学战线》2007 年第 4 期；张福有、孙仁杰、迟勇：《高句丽王陵通考》，香港亚洲出版社，2007；〔韩〕이도학：《高句麗王陵에 관한 몇 가지 檢討》，《전통문화논총》2008 年第 6 号；〔韩〕정호섭：《高句麗 壁畵古（转下页注）

存王陵级别的墓葬有一个较为清晰的认识和相对准确的定位。

一　归葬于国内城附近的高句丽王考定

高句丽前中期有着死葬同地的传统，高句丽王室基本上都遵循这样的原则，所以在离宫（距离国都较远）薨逝的一些君主应当都未葬于国内城附近地区（集安市区附近）。[①]现就就可能归葬集安市区周边的高句丽诸王展开分析。

高句丽开国始祖邹牟系流亡塞外被杀，首级被传入长安，其尸体新莽政权不可能还给高句丽，所以所谓东明圣"王升遐……葬龙山"[②]只能是后人的托词，其在高句丽根本无墓，只有大武神王时期为其建的"东明王庙"。[③]

高句丽第二位王琉璃明王死于豆谷离宫，葬于豆谷东原，此豆谷乃多勿谷（鹘川、鹘岭）的同音异写，而多勿国（都）乃沸流国故地，所以豆谷离宫、豆谷东原都是在高句丽国发祥地卒本地区，即应在今桓仁地区求之。

高句丽第三位王大武神王和第十七位王小兽林王在葬地问题上有着一定的联系，两者一武一文，堪称高句丽历史上的"武王"和"文王"，被后世并称为大、小"解朱留王"。但是，参读文献可知，二人所葬之地与其他诸王亦有差异，大武神王葬于"大兽村"，小兽林王葬于"小兽林"，在《三国史记》的校勘中注明大兽村原之"村"，筑波抄本眉批："村，林之误。"[④]笔者认为，无论是"村"也好，"林"也罢，都与其他诸王归葬地的"谷""原"表述有异，不似正常所指的高岗台地。在讨论高句丽早期特殊葬俗问题时，笔者做过详细论证，即如慕本村这样的地名，当是远离国都所在的地区。[⑤]即便不远，那么也不是在国内城附近，距离国内城当有一定距离。所以，谈及"大兽村原"之语，似与琉璃明王之豆谷离宫和豆谷东原一般，应当是高句丽王的行宫或离宫所在，离宫、行宫则势必远离国都地区，即大武神王和小兽林王应当都是在远离国都国内城的大、小兽村（林）行宫薨逝的，所以其埋葬地亦不在国内城附近。

（接上页注①）墳의 銘文과 被葬者에 관한 諸問題》，《高句丽渤海研究》2010 年第 36 辑；王飞峰：《关于千秋墓、太王陵和将军坟的几个问题》，《边疆考古研究》2011 年第 10 辑；魏存成：《好太王的陵墓再确认及相关问题》，《史学集刊》2016 年第 1 期；〔韩〕李道学：《將軍塚과周邊高句麗王陵比定問題》，《역사문화연구》2016 年第 58 辑。

① 孙炜冉、苗威：《高句丽独特丧葬习俗探析》，《古代文明》2015 年第 3 期。

② （高丽）金富轼撰，杨军校勘《三国史记》卷十三《高句丽本纪·东明圣王》，吉林大学出版社，2015，第177 页。

③ （高丽）金富轼撰，杨军校勘《三国史记》卷十四《高句丽本纪·大武神王》，吉林大学出版社，2015，第184 页。

④ （高丽）金富轼撰，杨军校勘《三国史记》卷十四《高句丽本纪·大武神王》，吉林大学出版社，2015，第190 页。

⑤ 孙炜冉、苗威：《高句丽特殊丧葬习俗探析》，《古代文明》2015 年第 3 期。

高句丽第四位王闵中王之归葬地在远离国内城的闵中原石窟，高句丽王凡狩猎之地，必定远离国都，所以闵中原本身便不在国内城附近，加之其是高句丽前期诸王中唯一一个反传统不以陵寝埋葬而葬于石窟的国王，与历代高句丽王陵规制有着极大不同。

高句丽第五位王慕本王、第十四位王烽上王都是在异地被杀之君，慕本王的问题笔者曾做过详尽论述，证明其并未葬于高句丽国都附近。[1] 烽上王之情况与闵中王、慕本王非常相似，其是外出狩猎之际被杀，所以亦不可能葬在国内城附近，并且其是断嗣之君，无后人祭祀，因此更不可能葬于国都附近。而次大王又与慕本王、烽上王一样，即便是葬在国内城附近，但三者可能都享受不到国王级别和规模的葬制。[2]

关于高句丽第二十位王长寿王，学界普遍认为现今集安市区东北 7.5 公里的"将军坟"（JYM0001）是长寿王陵。[3] 长寿王在位长达 79 年，其中在集安生活了 15 年，其余 60 余年都居住在平壤。因此，笔者不认为其会归葬集安，更不会在集安修建一座工程量如此庞大的"虚宫"。[4] 况且，如魏存成先生考证的那样："长寿王之后，积石墓已不再流行。"其实积石墓不再流行的时间并不是在长寿王之后，早在长寿王在位时期的 5 世纪（413~491），积石墓便已基本退出高句丽历史舞台，取而代之的是封土墓，这从 5 世纪中期的冉牟墓已经是封土墓的情况便可窥知。长寿王继位时间是 5 世纪初，此时他为其父广开土王（好太王）修建的积石墓，恐怕是高句丽最后一座大型积石墓了。而到长寿王薨逝的 5 世纪末，显然已经是封土墓盛行的时代，更加不可能再出现如此大型的积石墓。至于所谓"高句丽王尽早开始自己大型陵墓的修筑则是更必要的"[5] 是没有任何文献依据的，笔者在《高句丽特殊丧葬习俗探析》一文中已做了论述，[6] 这里不再累述。所以，长寿王墓葬并不在集安，而在平壤。

综此，归葬于今集安市区附近，即葬于麻线墓区、七星山墓区、禹山墓区和山城下墓区的高句丽王只有十一位，即太祖大王[7]、新大王、故国川王、山上王、东川王、中川王、西川王、美川王、故国原王、故国壤王、广开土王。但据《集安高句丽王陵》考证，集安上述墓区内共认定了 13 座王陵，为何会多出两座王陵呢？那是因为在高句丽存续期间，

① 孙炜冉、苗威：《高句丽特殊丧葬习俗探析》，《古代文明》2015 年第 3 期。
② 吉林省文物考古研究所、集安市博物馆：《集安高句丽王陵》，文物出版社，2004，第 369 页（以下简称《集安高句丽王陵》）。
③ 〔日〕鸟居竜藏：《南满洲调查报告》，秀英舍，1910（后收于《鸟居竜藏全集（第 8 卷）》，朝日新闻社，1976）；〔日〕池内宏：《通沟》（上），日满文化协会，1938；〔日〕三上次男：《古代朝鲜の歴史的推移と墳墓の変遷》，《日本の考古学Ⅳ-古墳時代（上）》，河出书房新社，1966，第 573-602 页；方起东：《千秋墓、太王陵和将军坟墓主人的推定》，《博物馆研究》1986 年第 2 期；魏存成：《高句丽考古》，吉林大学出版社，1994；耿铁华：《高句丽墓上建筑及其性质》，载《高句丽研究文集》，延边大学出版社，1993；王飞峰：《关于千秋墓、太王陵和将军坟的几个问题》，《边疆考古研究》2011 年第 10 辑。
④ 魏存成：《集安高句丽大型积石墓王陵研究》，《社会科学战线》2007 年第 4 期。
⑤ 魏存成：《集安高句丽大型积石墓王陵研究》，《社会科学战线》2007 年第 4 期。
⑥ 孙炜冉、苗威：《高句丽特殊丧葬习俗探析》，《古代文明》2015 年第 3 期。
⑦ 太祖大王之王陵，笔者认为是麻线墓区 2378 号墓（JMM2378），则紧邻其北的麻线墓区 2381 号墓（JMM2381）很有可能就是次大王之墓。

西川王和美川王之陵墓在战争中被严重破坏,所以作为后世高句丽的统治者,一定会对其进行再葬,那么,其中有两座墓葬便是西川王和美川王的第二座葬墓。

二 集安高句丽王陵的认定及其原则

集安高句丽王陵的认定,是考古工作者经过几十年努力研究和总结的成果。从当前的考古调查来看,集安境内有着数十处高句丽墓葬群,广布于集安诸地,但是经过考古工作者对这些陵墓形制和规模的分析,可得出结论,具备王陵考古特征的墓葬只在城区周边,即高句丽都城周边。[①] 笔者曾数次对集安境内的高句丽墓葬群遗址实地踏查,完全认同考古工作者的如上结论。

高句丽王陵规制是一个逐步成熟的演变过程,"集安高句丽王陵的最显著的考古学特征是:其一,这些王陵是同时期墓葬规模最大、形制最完整的代表。其二,是陵墓上有瓦。但这种覆盖瓦的墓葬极少,结合文献中'唯官署、寺庙、宫室乃用瓦'的记载,可知高句丽人对瓦的使用有严格的限制。此特征有诸多已知王陵的实例可以为证。特征之三是有陪葬墓和祭台。随着王权意识的深化和外来影响,祭台的出现、祭台与传统陪葬墓共存、专用祭台等成为其又一明显标志。特征之四是葬地选址具有传统习俗与风水思想结合的特点。早期王陵高踞崖边,中期下移至一级阶地之高阜,还保留着较浓厚的旧俗。中期以后因墓周开阔,礼制完善,其墓域亦随之增大。中期后端始见陵垣、建筑址(宫殿)等。最后一个特征是发现的遗物中有特殊的象征王权、仪仗之类文物。但此特征因条件有限,不具有普遍性"[②]。在如上特征的原则下,经过考古学者长达半个多世纪的不懈努力和积累,"调查采取从已知探未知,从完善形塑阶段形的方式,共列入 24 座墓葬为王陵及备选调查对象"。

通过 1990~2003 年集安高句丽王陵调查,在《集安高句丽王陵》一书中,考古学者认定高句丽王陵基本具备七项考古学特征,以此为依据推定了 13 座陵墓为高句丽王陵。[③]

1. 高句丽王陵是同时期墓葬中规模最大、埋葬设施最为完备的。高句丽王陵是高句丽墓葬规制形式演变的代表,是高句丽丧葬文化最有特点和最高规格的典范。所以,在不同时期高句丽墓葬制度的变化和发展都集中展现在王陵之中,并因其为当时规模最大,且受保护、受重视最高的陵墓,得以流传下来。因此,在同时期内,具有规模最大、埋葬设施最完备特点的陵墓,是判定其为高句丽王陵的最重要因素之一。

2. 墓上有瓦。瓦在高句丽建筑中的使用非常特殊,因为史料明确记载:高句丽"皆

---

① 吉林省文物考古研究所、集安市博物馆编著《集安高句丽王陵》,文物出版社,2004,第 373 页。

② 吉林省文物考古研究所、集安市博物馆编著《集安高句丽王陵》,文物出版社,2004,第 4 页。

③ 吉林省文物考古研究所、集安市博物馆编著《集安高句丽王陵》,文物出版社,2004,第 364 页。需要说明的是,并非所有王陵都具备这些特征,因为在高句丽陵墓的演进中,有些特征是从无到有、从雏形向完善变化的。

以茅草葺舍，唯佛寺、神庙及王宫、官府乃用瓦"①。可见，高句丽人对于瓦的使用有着极为严苛的规定，瓦和瓦当在高句丽社会是等级和身份的显著特征。所以，使用瓦的建筑物，必定是代表了政府最高规格的墓主人身份的象征。②

3. 有陪葬墓和祭台。王陵作为高句丽历代君主归葬之地，在高句丽存续期间，必定受到后代子孙的祭奠和悼念，这便是为何说有的断嗣的国王，如慕本王、次大王和烽上王之陵寝很难认定的一大问题，就是这些国王基本都没有享有国王级别的归葬待遇，所以可能未有诸如祭台这样的设施，以供后王祭祀。另外，在国王薨逝后，其后妃、宠臣被信赖者，必然有幸陪葬王陵左右，这些都是中原王朝皇陵存在的基本形式，高句丽很早便学习并推行。而且，"高句丽早期王陵保持了较为浓厚的原始血缘传统，族葬的表现形式首先就是陪葬墓。随着王权意识的深化和埋葬制度的演化，祭台的出现和规格化成为王陵的明显特征"。③

4. 葬地高敞。越来越多的考古证据表明，高句丽的王陵选址受到了同时期的汉魏帝陵制度的影响，其陵墓选址方式日趋与中原的王权意识、风水思想逐渐结合起来。表现在高句丽王陵的选址变化中便是，其早、中、晚墓葬的选址逐渐呈现从山麓、陡崖的高处，向平底高阜的转移。

5. 独立为陵，均有墓域。任何制度都有一个逐步发展、日臻完善的过程，高句丽王陵亦不例外，早期的高句丽王陵还比较重视族葬的传统，聚众群葬的传统还比较浓重，但是到了2世纪以后，随着王陵选址开始向相对开阔的地带逐渐转移，其葬制也发生变化，显著特点就是墓域意识越发明显，王陵独据一块高地的情况成为制度，彰显了王者的地位。

6. 陵寝遗迹逐渐完备。随着高句丽国力的增强，国王王权的逐步巩固，体现在陵寝制度上便是其陵墙、陵寝建筑和其他建筑的出现和日臻完善。目前所见的王陵陵寝遗迹主要有墓上立石板、陪葬墓、祭台、陵垣及垣门建筑址等。这些遗迹的出现、发展和成熟，虽然亦有突变的情况，但大致与墓葬形制的分期基本吻合，这可以从更为宏观的视角考察高句丽王陵的演进过程及其内涵的历史背景。④

7. 有与王族地位相符的遗物。除了在墓葬中出现建筑构件以外，一些王陵还出土了代表当时历史阶段最高生产力水平和王族专用的遗物，甚至一些铭文砖瓦等，这些出土文物成为认定王陵身份的重要参考证据。

通过对集安市区附近上述24座具有王陵规格的大型墓葬的发掘和研究，基本可以确

---

① （北宋）欧阳修、宋祁等：《旧唐书》卷一百九十九上《高丽传》，中华书局，1975，第5520页。
② 吉林省文物考古研究所、集安市博物馆：《集安高句丽王陵》，文物出版社，2004，第364页。考古工作者虽然认定了墓上覆瓦及瓦当是高句丽王陵的重要依据，但也提出："有瓦就意味着有建筑物，但封石的墓顶不见任何建筑用的基础、础石以及砖、钉等高句丽常见的建筑构件。在易于流动的封石堆上修筑高大的建筑也不合常理，这使王陵上的建筑为何种形式成为一个值得探讨的问题。"笔者认为，高句丽建筑当时以大型立木为建筑础柱，采用一种类似今天亭榭式建筑于墓上，故没有或少有砖、钉遗物，而原木础柱系在封石前立于墓室上方，以封石挤压，保证其牢固。高句丽亡国后的一千五百多年间，无论是受到外来破坏，还是自然侵蚀，都使得该木质础柱或被移走别做他用，或被破坏自然蚀朽，经过千百年的洗礼而不见踪迹。
③ 吉林省文物考古研究所、集安市博物馆编著《集安高句丽王陵》，文物出版社，2004，第364页。
④ 吉林省文物考古研究所、集安市博物馆编著《集安高句丽王陵》，文物出版社，2004，第375~377页。

定其中 13 座为王陵，自东向西分别为：将军坟、临江墓、太王陵、禹山 992 号墓、禹山 2110 号墓、山城下砖厂 36 号墓、七星山 871 号墓、七星山 211 号墓、麻线 2100 号墓、麻线 2378 号墓、千秋墓、麻线 626 号墓、西大墓。[①]

三 高句丽诸王与王陵的对应认定

前文已述，笔者认为归葬于国内城附近的高句丽王只有 11 位，而其他诸王均未葬于此地，他们要么葬于离宫附近，如琉璃明王、大武神王和小兽林王；要么葬于其他远离国内城的地区，如闵中王、慕本王、次大王和烽上王；要么葬于最后的国都平壤，如长寿王到荣留王 8 位国王。而根据考古学者的成果，加之笔者对文献的分析推测，13 座王陵的对应情况如下。

（一）经考古工作者认定，麻线墓区 2378 号墓和山城下墓区砖厂 36 号墓以及麻线墓区 626 号墓都是高句丽早期墓葬，且三座墓在形制、结构上都有相似之处，同属于高句丽早期墓葬的范畴。三座墓葬基本处于公元 1~2 世纪，综合《三国史记》来看，2 世纪末最后在位的高句丽王为故国川王（197 年薨逝），根据笔者考定均是后王为前王修墓的传统，公元 2 世纪下限之王陵当为故国川王，太祖大王之前的高句丽诸王均未葬于国内城附近，次大王被弑未享国王级别下葬待遇，所以此阶段三墓基本可以认定是太祖大王、新大王和故国川王的陵墓。

1. 太祖大王之墓——麻线墓区 2378 号墓

麻线墓区 2378 号墓地处麻线，眺望鸭绿江，就埋葬地点来看，处于较高的崖边，葬地较高，墓上有瓦，为绳纹瓦，形制较为古朴，与同时期汉瓦极其相似。在墓的北侧依次排列着两大两小四座陪葬墓，亦出土有部分陶器残片，从陶器情况可以认定陪葬墓的年代为 2 世纪左右。[②] 笔者根据文献记载认为，次大王被弑杀后，其两子莫勤、莫德（二人并非太祖大王之子，而是其孙，乃次大王之子）一同被杀，故 2378 号墓北侧的 2379 号墓等两座小墓应为莫勤、莫德之墓；而 2381 号墓有许多王陵特征，如有瓦，有陪葬陵等，选址和墓室形制上亦趋近王陵特点，但其规模较小，笔者认为 2381 号墓应为次大王之墓，其北侧陪葬墓墓 2378 号墓可能是让国君邹安之墓。

2. 新大王之墓——山城下墓区砖厂 36 号墓

山城下砖厂 36 号墓地处国内城北侧，位于国内城和丸都山城之间，通沟河东侧、禹山西麓，其周围集中了 4 座疑似的高句丽陵墓（笔者认为该 4 座陵墓除 3319 号墓为崔毖之墓[③]外，其余 3 座可能都是葬于国内城地区之外的其他王陵被破坏后，而采取再次葬的陵墓）。

① 吉林省文物考古研究所、集安市博物馆编著《集安高句丽王陵》，文物出版社，2004，第 365 页。
② 张福有、孙仁杰、迟勇：《高句丽王陵通考》，香港亚洲出版社，2007，第 25 页。
③ 孙仁杰、迟勇：《集安高句丽墓葬》，香港亚洲出版社，2007，第 127 页；张福有：《长白山文化述要》，《长白学刊》2007 年第 5 期。

该陵墓未见随葬品，考古报告只认定其年代约在 1 世纪，墓主人身份还待进一步认定。根据张福有的考证，认为其当是新大王之墓，① 笔者从其时间断代来看，亦认为是新大王伯固之墓的可能性较大，但亦不排除其为山上王之墓，而七星山 871 号墓为新大王之墓的可能性。

3. 故国川王之墓——麻线墓区 626 号墓

麻线墓区 626 号墓的墓主人身份认定得益于麻线墓区 610 号墓的存在，麻线墓区 610 号墓在考古调查中，很早便排除了王陵身份的可能，该墓无瓦，规模较小，但具有早期高句丽王陵的许多特点。虽然排除了王陵的可能性，但可认定其埋葬者是贵族。因墓室中曾出土过 100 余枚西汉至新朝时期的铜钱，② 笔者起初认为其可能是最早被新莽诱杀的朱蒙的衣冠冢，但是参考高句丽后代诸王均远赴卒本祭祀的习俗一直延续到亡国，所以又排除了该可能性。而且参考麻线墓区 610 号墓并非王陵身份来看，其陪葬钱（瘗钱）很可能并不是当时通用的钱币，而是旧币、废币，以防止盗墓的行为。③《猗觉寮杂记》便载："汉晋人葬多瘗钱，往往遭发掘之祸。"这种盗取随葬钱币的行径，早在高句丽建国前便存在于中原地区，"会人有盗发孝文园瘗钱"④。为防止死后被盗墓，世人采取多种瘗钱的变体，如"汉以来葬丧皆有瘗钱，后世里俗稍以纸寓钱为鬼事"⑤，用纸钱取代瘗钱。麻线墓区 610 号墓因非王陵，所以没有用当时的货币作为瘗钱。但其身份高贵，所以还是陪葬瘗钱，而这些瘗钱用的是西汉和新莽的旧钱，便可理解了。那么 610 号墓是谁的墓呢？有两个人最有可能，一个是故国川王的信臣乙巴素，另一个就是改嫁山上王的两朝王后于氏。史载，故国川王十三年（191），国内城发生贵族叛乱，就在国家岌岌可危之际，故国川王启用乙巴素为国相，渡过难关，故国川王生前对乙巴素评价颇高，乙巴素当是故国川王在世之时最为倚重的重臣。《三国史记》中金富轼还少有地对其有"论"，可见其在高句丽史上的极高地位。⑥ 山上王七年（203），乙巴素卒，⑦ 按照其生前被故国川王的信赖程度，其当葬于故国川王陵墓附近。610 号墓正好与 626 号墓距离非常接近。而 610 号墓另一个可能的墓主人就是故国川王和山上王两朝王后于氏。于氏在临终时曾留下遗言，要求葬在山上王陵之侧（该山上王陵，绝然不是山上王之陵的意思），此山上王陵乃是被称为"国壤（襄）"的故国川王之陵，群臣遂其愿，但巫者告之世人，言故国川王托梦告诉他，愤恚于氏葬在其陵侧，遂在两陵墓中间种植了七重松树，显然这是东川王对于于氏生前欲谋害其母子的泄愤之辞，但却反映了于氏的墓邻近故国川王，且两者之间有七重松

---

① 张福有、孙仁杰、迟勇：《高句丽王陵通考》，香港亚洲出版社，2007，第 101~104 页。
② 吉林省文物考古研究所、集安市博物馆编著《集安高句丽王陵》，文物出版社，2004，第 368 页。
③ 王陵有专门的守陵人（国烟、看烟），而非王陵则很难专门派人世代守护。
④ （汉）司马迁：《史记》卷一百二十二《酷吏列传·张汤》，中华书局，1959，第 3142 页。
⑤ （北宋）欧阳修、宋祁等：《新唐书》卷一百零九《王屿传》，中华书局，1975，第 4107 页。
⑥ （高丽）金富轼撰，杨军校勘《三国史记》卷十六《高句丽本纪·故国川王》，吉林大学出版社，2015，第 203 页。
⑦ （高丽）金富轼撰，杨军校勘《三国史记》卷十六《高句丽本纪·山上王》，吉林大学出版社，2015，第 205 页。

树可以隔开的距离，正好应合了 626 号墓与 610 号墓之间的位置和关系。所以笔者认为麻线墓区 626 号墓当为故国川王之墓，而 610 号墓最大可能是于氏之墓，不然便是乙巴素之墓。

（二）整个 3 世纪归葬国内城的高句丽王应有四位，即山上王（227 年薨逝）、东川王（248 年薨逝）、中川王（270 年薨逝）和西川王（292 年薨逝）。考古报告认定在这个区间，即 2 世纪左右、3 世纪以内的高句丽王陵主要有七星山墓区 871 号墓、临江墓（JYM043）、禹山墓区 2110 号墓、七星山墓区 211 号墓。其中只有七星山墓区 211 墓考古报告明确认定其为西川王之墓。以此为坐标，前面三座墓笔者分别将其比定为山上王、东川王和中川王之墓，此与魏存成之考证契合。[①]

1. 山上王之墓——七星山墓区 871 号墓

七星山墓区 871 号墓位于通沟河西侧、七星山东麓的高坡之上，地理位置优越，陵域开阔，有祭台[②]、陵垣、墓域铺石板等设施。这反映东川王初期国力较强，且与中原王朝关系紧密，所以效法中原汉魏皇陵制度来安葬其父山上王。此时是高句丽王陵制度高度发展的一个阶段。而且，从七星山墓区 871 号墓的自身情况来看，基本可以排除有陪葬墓的存在。这符合山上王伊夷模王后于氏并未与其合葬或陪葬，其仅有东川王一个儿子的历史情况。所以，东川王仅是将父王与母亲酒桶村出身的小后合葬，又撵走了于氏，让于氏葬于其第一任丈夫、东川王伯父故国川王之侧。从现存情况来看，871 号墓亦有被破坏的迹象，有人认为其可能是毌丘俭攻占丸都后为震慑东川王而进行的破坏。[③] 笔者认为不乏这种可能性的存在，但如若是为了震慑，则应破坏当政国王直系父亲之墓，而不是破坏与其毫无情感联系的某一位先祖之墓。后来烽上王时慕容氏破坏西川王墓、故国原王时，慕容氏又发美川王墓盖用此术。所以，更验证了东川王时被曹魏破坏的应该是其父山上王的墓葬。如若山上王的墓葬（七里山墓区 871 号墓）在东川王时期曾被破坏，则高句丽后人绝不可能坐视不理，必定还要再次埋葬，但就当前掌握的文献和考古证据还很难对其再次埋葬进行认定。当然，因高句丽亡国距今已 1300 多年之久，所以也可能七星山墓区 871 号墓被破坏是在高句丽亡国后，[④] 那么便不存在山上王再次葬墓的可能。

2. 东川王之墓——临江墓

临江墓是迄今所见高句丽王陵中占地面积最大者，昭示了该墓所埋葬者在高句丽人心目中极高的地位。《三国史记·高句丽本纪》记载东川王爱民如子、德高志远，虽其在位

[①] 魏存成认为："根据墓葬所在位置和出土遗物，七星山 871 号的墓主人可考虑山上王，临江墓可考虑东川王，禹山 2110 号可以考虑中川王。"魏存成：《集安高句丽大型积石墓王陵研究》，《社会科学战线》2007 年第 4 期。

[②] 考古工作者对于墓北遗迹究竟是祭台还是陪葬墓表示存疑，墓北建筑遗址虽然曾在 1966 年被编号为七星山墓区 1307 号墓，但 1997 年普查测绘时因其形状难辨而将其注销。笔者实地考察认为，该遗迹应该是祭台而非陪葬墓，考古工作者也认定墓北遗址"与其他王陵祭台的考古迹象也有相同之处。"吉林省文物考古研究所、集安市博物馆编著《集安高句丽王陵》，文物出版社，2004，第 47 页。

[③] 张福有、孙仁杰、迟勇：《高句丽王陵通考》，香港亚洲出版社，2007，第 98 页。

[④] 曹魏军队在攻破高句丽都城后，"毌丘俭令诸军，不坏其墓，不伐其树，得其妻子，皆放遣之"。因此，该墓更有可能是在高句丽亡国之后被破坏的。（高丽）金富轼撰，杨军校勘《三国史记》卷十七《高句丽本纪·东川王》，吉林大学出版社，2015，第 210 页。

时遭受几近亡国的危机，但凭其坚忍的性格，稳定了高句丽的东疆，维系了国祚。因此，东川王在高句丽人心中有着不亚于广开土王的历史地位。史载，东川王死后，"国人怀其恩德，莫不哀伤。近臣欲自杀以殉者众，嗣王以为非礼，禁之。至葬日，至墓自死者甚多。国人伐柴以覆其尸，遂名其地曰柴原"①。这也符合其墓葬如此雄阔的特征。通过考古发掘，基本认定临江墓即为东川王之墓。②

3. 中川王之墓——禹山墓区 2110 号墓

禹山 2110 号墓位于禹山南麓，国内城东北 2 公里处，基本处于临江墓（东川王墓）和七星山墓区 211 号墓（西川王墓）中间位置，是禹山脚下规模较大的一处王陵。关于禹山墓区 2110 号墓的墓主人身份，考古报告没有明确指定，但给出了年代推测，即 2 世纪左右，学界普遍认定其为中川王墓。③

4. 西川王之墓——七星山墓区 211 号墓（一次葬墓）和禹山墓区 992 号墓（再次葬墓）

七星山墓区 211 号墓位于七星山墓区最南端。七星山墓区 211 号墓是七星山墓区中规模最大的一座，从遗址现今情况明显可以看出曾被破坏。结合文献，高句丽存续期间，明载于文献中被破坏的两座王陵分别是西川王之墓和美川王之墓，而从现在情况来看，七星山 211 号墓不是西川王之墓便是美川王之墓。根据考古报告推测，该墓的年代不会晚于 3 世纪，而美川王薨逝是在 4 世纪 30 年代，所以考古报告明确认定，该墓应该是西川王之墓，④ 学界亦普遍认同该认定。⑤

西川王再次葬墓和故国原王的陵墓，朝鲜学者一直认为在平壤，而不是中国境内。⑥但从当时的历史条件来看，平壤地区尽管已经被高句丽攻取，但其稳定性很差，随时可能遭受百济等敌对势力的攻击。在这样的情况下，无论如何高句丽统治者是不会冒着祖陵随时遭受破坏的威胁而冒险将王陵葬于该区域的，这也是为何其直到广开土王稳定朝鲜半岛北部疆域之后，长寿王时期才迁都平壤。对于西川王的再次葬墓，笔者将在后文与美川王再次葬墓一并论述。

5. 美川王之墓——西大墓（一次葬墓）和将军坟（再次葬墓）

西大墓是麻线墓区最西端的一座大型王墓，同时也处于整个国内城附近的最西侧，所

① （高丽）金富轼撰，杨军校勘《三国史记》卷十七《高句丽本纪·东川王》，吉林大学出版社，2015，第 211 页。
② 孙颢：《集安高句丽积石墓王陵研究》，吉林大学硕士学位论文，2005，第 28、33 页；魏存成：《集安高句丽大型积石墓王陵研究》，《社会科学战线》2007 年第 4 期。
③ 持支持意见者有孙颢《集安高句丽积石墓王陵研究》（吉林大学硕士学位论文，2005，第 28、33 页）和魏存成《集安高句丽大型积石墓王陵研究》（《社会科学战线》2007 年第 4 期）等，只有张福有、孙仁杰、迟勇《高句丽王陵通考》认为其为故国川王之墓（香港亚洲出版社，2007，第 105~106 页）。笔者实地考察结合文献考证后赞同禹山墓区 2110 号墓为中川王之墓的观点。
④ 吉林省文物考古研究所、集安市博物馆编著《集安高句丽王陵》，文物出版社，2004，第 97 页。
⑤ 孙颢：《集安高句丽积石墓王陵研究》，吉林大学硕士学位论文，2005，第 28、33 页；魏存成：《集安高句丽大型积石墓王陵研究》，《社会科学战线》2007 年第 4 期。
⑥ 持该观点的朝鲜学者主要有朴真煜《关于安岳 3 号墓的墓主问题》，《东北亚历史与考古信息》1992 年第 2 期；孙永钟《高句丽壁画坟的墨书铭和被葬者》，《东北亚历史与考古信息》1999 年第 2 期。

以清末流民到此开荒发现它时便以"西大墓"称之，该称谓一直沿用至今。西大墓不仅规模巨大，而且出土了许多可以判定其身份的文物，考古工作者根据文献记载，明确判定其当是故国原王时期被前燕发掘破坏、载尸而去的美川王之墓。^① 对此学界亦基本没有异议。

但是，随之而来的便是高句丽人如何处理这两座遭到破坏的陵墓的问题。倘若是亡国之际被破坏的王陵，那么民迁国去，前朝王陵被荒废于野很好理解，但是该两座墓葬系于高句丽存国中叶被破坏，其子孙不可能坐视其荒废而不顾，无论是对其尸骨的处置还是墓葬的重建都是在情理之中。从现有情况来看，七星山墓区 211 号墓和西大墓遭到破坏后，高句丽人没有旧墓重修，相信其一定是择址重建了墓冢，而不会置祖先尸墓于不顾。那么其择址重修的墓冢便会混迹在其他王陵之中，所以才造成国内城地区勘定的王陵多于实际被埋葬的国王数量。

备受学界关注的是美川王的再次葬墓，而对西川王的再次葬墓学界却少有人关注。这里，首先要对西川王的再次葬墓进行合理推测（表一、图一）。

表一　集安地区高句丽王陵的规模对比

陵墓名称	陵墓类型	考古报告认定时间或墓主人	陵墓周长（米）
麻线墓区 2378 号墓	前圆后方形阶墙积石墓	约 1 世纪	(46+30)×2=152
山城下墓区砖厂 36 号墓	前圆后方形阶墙积石墓	约 1 世纪	29.5+31.5+28+37=126
麻线墓区 626 号墓	前圆后方形阶墙积石墓	约 1~2 世纪	42+42+41+48=173
七星山墓区 871 号墓	阶墙积石墓	不晚于 2 世纪	46+48+46+40=180
临江墓（JYM043）	大型阶坛圹室积石墓	不晚于 3 世纪末	(76+71)×2=294
禹山墓区 2110 号墓	长方形阶坛积石墓	2 世纪左右	(66.5+45)×2=223
七星山墓区 211 号墓	大型阶坛积石墓	不晚于 3 世纪 西川王	(71+61)×2=264^① (58+66)×2=248^②
西大墓（JMM500）	阶坛积石墓	美川王	53.5+53.5+56.7+62.5=226.2
禹山墓区 992 号墓	阶坛积石圹室墓	4 世纪左右 故国原王	37.5+38.5+36.5+36.1=148.6
麻线墓区 2100 号墓	方形阶坛积石墓	4 世纪中期至 4 世纪末 小兽林王	33+32.2+29.6+33=127.8
千秋墓（JMM1000）	巨型阶坛积石石室墓	故国壤王	67+60.5+62.6+71=261.1
太王陵（JYM0541）	大型阶坛积石石室墓	好太王	62.5+68+66+63=259.5
将军坟（JYM0001）	大型阶坛积石墓	长寿王	33.1+31.8+32.6+31.7=129.2

※本表根据《集安高句丽王陵》相关数据绘制。

注：①吉林省文物考古研究所、集安市博物馆编著《洞沟古墓群 1997 年调查测绘报告》，科学出版社，2002，第 128 页。

②吉林省文物考古研究所、集安市博物馆编著《集安高句丽王陵》，文物出版社，2004，第 86 页。

① 吉林省文物考古研究所、集安市博物馆编著《集安高句丽王陵》，文物出版社，2004，第 117 页。

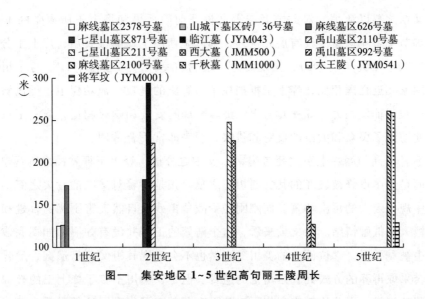

图一　集安地区 1~5 世纪高句丽王陵周长

从表一可见，高句丽王陵的规模是随着其国力的增强、制度的完善逐渐增大的。王陵规模的大小也是考古工作者判定墓葬是否为王陵的一个重要标准。但是，可以明显看出，4~5 世纪，国内城附近有三座规模突然缩小的王陵，其占地周长甚至小于初期王陵规模。显然，从同期乃至后来平壤地区的高句丽王陵来看，虽然高句丽王陵后来由积石墓向封土墓演变，但其周长基本保持在 250 米左右的规模，并没有将封土（封石）规模减小的趋势。那么为何会出现如禹山墓区 992 号墓、麻线墓区 2100 号墓和将军坟这样虽然规模变小，但其规制却依旧是王陵传统的墓葬呢？

根据考古报告判定，禹山墓区 992 号墓是 4 世纪左右的墓葬，其墓室还是 3 世纪出现的圹室墓，难能可贵的是其墓上出土了写有"戊戌"字样的纪年瓦当。根据考古判定，该戊戌纪年当是在 3~4 世纪，而堪合该时段在位于戊戌年（278、338、398）的君王，唯西川王、故国原王和广开土王三人。但因考古工作者已将七星山墓区 211 号墓判定为西川王墓、太王陵为广开土王墓（且该墓出土其他文物亦与广开土王在位时期的 4、5 世纪交界情况不符），所以将其比定为故国原王之墓。[1] 笔者一向主张高句丽中前期时，其丧葬传统为死后营造墓地，而且是后人为前人造墓，而不是国王生前造墓。[2] 即便出现铭文瓦当，亦不能推定为当政者，而只能往后推为继任者为前王烧造。所以，以"戊戌"纪年瓦当来推定禹山墓区 992 号墓主人，笔者认为还要结合文献记载。七星山墓区 211 号墓被认定为西川王墓并不能否定禹山墓区 992 号墓就不可能是其再次葬墓。况且，其墓葬规制有王陵特征，却唯独规模突然变小，这不能不引起学者的诸多疑问。

众所周知，西川王墓被破坏于烽上王五年（296），系因慕容氏未能攻破国内城，而发

---

① 吉林省文物考古研究所、集安市博物馆编著《集安高句丽王陵》，文物出版社，2004，第 138 页。

② 孙炜冉、苗威：《高句丽独特丧葬习俗探析》，《古代文明》2015 年第 3 期。

掘烽上王父亲之墓以泄愤，对此笔者曾著文论证前因后果和烽上王所遭受的不白之冤。[①]
但是另一细节笔者在该文中没有展开论述，那就是西川王墓葬被毁后，烽上王分别于在位
第七年（298）、第九年（300），强发民力"增营宫室""修理宫室"。[②] 与东川王时期丸
都被屠、国家几近亡国相比，烽上王抵挡住了慕容氏的进攻，成功保卫了国内城。而与东
川王国都被破后征发民力"筑平壤城"[③] 获得民众的爱戴和响应相比，烽上王只是营建和
修缮宫室便遭到了民众和大臣的反对和仇恨，想来非常不合常理。

综合笔者《高句丽烽上王之死考辨》一文中之分析，烽上王征发民力所营建的可能并
非宫室，而是意图重修被破坏的其父西川王之墓。正是怀着对父亲的亏欠之意，烽上王意
图修建一座规模宏大的再次葬墓，而刚刚经受战争摧残及自然灾害困扰的百姓和大臣必然
对此怀有极大的抵触情绪。从文献来看，这个浩繁的工程并没有如愿和如期完成，烽上王
便在政变中被弑杀了。继位而立的美川王当然也不会坐视其祖父墓室遭掘、尸骨无安葬之
所，故亦会采取再葬的方式处置西川王的遗骨。但是，美川王鉴于烽上王的教训从而微缩
了再次葬墓的规模，以此给后来高句丽王陵再次葬制定了标准。这便是禹山墓区 992 号墓
规模突然变小的原因所在。

至于"戊戌"纪年瓦当，笔者认为可能有两种情况：一是如考古报告中猜测的那样，
的确是西川王时期烧造，留于原七星山墓区 211 号墓（西川王墓）使用，但因该墓被破
坏，美川王再建再次葬墓时秉承一切从简和灵魂再归禹山墓区 992 号墓的初衷，故将原本
七星山墓区 211 号墓上的一些遗存移置再次葬墓的禹山墓区 992 号墓之上；另一种可能
是，故国原王在位时期曾烧制一批建筑构件，对包括禹山墓区 992 号墓在内的一些前王墓
葬统一做过维护，而禹山墓区 992 号墓上的铭文瓦当有幸得以保留而已。

与西川王再次葬墓不太受学界关注相反，美川王的再次葬墓备受学界瞩目。通常来
看，中韩学界普遍认为美川王的再次葬墓还是在国内城地区，而朝鲜学者则普遍认为美川
王被葬于平壤附近。最初，朝鲜学者普遍认为美川王的再次葬墓是安岳三号墓，[④] 后来还
有人认为是台城里三号墓。[⑤] 但是，参考故国原王后期百济尚可直接出兵攻打平壤，并且
造成故国原王的战殁可知，在广开土王之前（5 世纪前），高句丽对平壤地区的控制是并
不稳固的。该地随时可能成为战场或遭受敌国侵扰，相信在 4 世纪时，高句丽当政者决然
不会将国王安葬在这样一块不稳定的区域。中韩学界虽然认定美川王的再次葬墓当是在国

① 孙炜冉：《高句丽烽上王之死考辨》，《延边大学学报》（社会科学版）2014 年第 3 期。
② （高丽）金富轼撰，杨军校勘《三国史记》卷十七《高句丽本纪·烽上王》，吉林大学出版社，2015，第
214、215 页。
③ （高丽）金富轼撰，杨军校勘《三国史记》卷十七《高句丽本纪·东川王》，吉林大学出版社，2015，第
210 页。
④ 〔朝鲜〕조선사회과학원：《미천왕릉》，사회과학출판사，1966 년；〔朝鲜〕朱荣宪著，常白山、凌水南译：
《高句丽文化》，吉林省文物考古研究所内部刊印。
⑤ 〔朝鲜〕金仁哲著，尚求实译《关于台城里 3 号墓壁画墓的筑造年代及其主人公问题》，《东北亚历史与考古
信息》2002 年第 2 期。

内城，但具体是哪座陵墓却没有明确考定。笔者考定，美川王的再次葬墓其实就是现在所谓的"将军坟"。

将军坟当前被认定为长寿王陵基本已经是学界的共识。[①] 但是，魏存成在承认其应该是长寿王陵的同时，进一步提出其可能只是"虚宫"而未被启用的可能。[②] 笔者非考古工作者出身，对于考古工作中所认定的问题不敢妄言，仅从文献来看，我非常赞同魏存成的考古判断。因为就长寿王仅在国内城生活15年，其余60余年都生活在更为富庶平阔的平壤地区来看，很难相信其会将死后的陵墓回葬到国内城地区。[③] 对此，学界早有人提出质疑和否定，[④] 笔者亦赞同高句丽并不存在所谓回葬传统。从高句丽所有王陵现存情况来看，经过千年的岁月摧残和战争洗礼，唯有将军坟屹立不倒，基本保持了原貌。

将军坟与其他王陵有一个特别显著的不同，那就是其构造全部都采用大型方石垒筑，而其他王陵只能做到护坛基座部分用大型方石，上部或以碎石、鹅卵石封顶，规模宏大者或用小型石条垒筑，这便决定了后来将军坟不似其他陵墓那般容易遭破坏。从其选材情况便可看出将军坟在构建之初便意图永固。将军坟海拔近260米，可以鸟瞰整个集安平原，周围无大型岩石，所以其使用的大型石材均系由遥远的山中采石场运来，工程量非常浩繁。长寿王若真以此为墓，决然不会弃之不用，即便要弃用，也不会在完工后再弃用。况且，长寿王在位时间非常漫长，基本横亘了整个5世纪。他在5世纪初继位时高句丽还在使用积石墓，但是在他在位的70余年间，高句丽受到中原文化影响极深，及至其薨逝的5世纪末，封土墓已然广布于高句丽。从考古学者对于王陵判定的一个标准可知，王陵代表了同时期高句丽墓葬的最先进水平。从5世纪初期便有冉牟墓这样的封土墓来看，到了5世纪后期，长寿王是决然不会再以积石墓作为安葬方式的。而且，越来越多的证据表明，长寿王当是葬于平壤，而非国内城。那么，作为国内城地区最雄伟壮丽的一座陵寝，将军坟究竟是虚宫还是某一位身份地位特殊的国王呢？

史载，故国原王十二年（342），高句丽遭受了其建国历史上一件极为羞耻的事件，不仅国都被破，而且故国原王父亲王陵被掘、尸体被载走，母亲被俘为人质。[⑤] 这在高句丽历史上是从来没有发生过的事情，这次打击不仅让高句丽国体受损，并且使故国原王颜面无存。为了给亡父一个交代，重振国家声名，并不好战的故国原王在晚年主动用兵百济。

① 方起东：《千秋墓、太王陵和将军坟墓主人的推定》，《博物馆研究》1986年第2期；耿铁华：《高句丽墓上建筑及其性质》，载《高句丽研究文集》，延边大学出版社，1993；魏存成：《集安高句丽大型积石墓王陵》，载《青果集》，知识出版社，1993；赵福香：《将军坟是高句丽长寿王陵》，载《高句丽历史与文化研究》，吉林文史出版社，1997；孙金花：《长寿王迁都及其陵墓考论》，《通化师范学院学报》2000年第6期；王飞峰：《关于千秋墓、太王陵和将军坟的几个问题》，载《边疆考古研究》第10辑，科学出版社，2011。

② 魏存成：《集安高句丽大型积石墓王陵研究》，《社会科学战线》2007年第4期。

③ 持回葬说的学者主要有李殿福《高句丽贵族有回葬茔之习俗，集安五盔坟应为王陵》，《东北史地》2005年第4期；孙仁杰《从泉氏墓志墓地看高句丽的回葬》，《东北史地》2005年第4期。

④ 苗威：《对高句丽"回葬"习俗的质疑》，《北方民族大学学报》（哲学社会科学版）2009年第3期。

⑤ （高丽）金富轼撰，杨军校勘《三国史记》卷十八《高句丽本纪·故国原王》，吉林大学出版社，2015，第220页。

而在国内，他给美川王重新选址再葬，并且新的陵墓要坚固到难以被破坏。与美川王简单再葬祖父西川王不同，故国原王再葬美川王不仅出于父子感情特别是不能保护父亲王陵的歉疚，更重要的是要昭示高句丽国家实力和社稷基业不毁。因此，该工程应该是耗费了故国原王中后期的所有时光，成就高句丽王陵中唯一一座全部采用大型方石材料的王陵。

而且，细心观察便可发现，虽然将军坟构造更为稳固，选材更为精心，但却没有违背美川王在再次葬西川王时所制定的传统，即再次葬墓要远远小于相邻时期其他初次葬墓的占地规模。在将军坟西南，考古工作者曾发现建筑遗址，通过发掘认为："遗址也未曾建完或并未付诸使用。"① 此为"虚宫"说的重要佐证。但笔者却认为，这是故国原王四十一年（371）意外死亡而造成的。② 为父亲美川王及其母亲周氏建造一座千年不朽、万年永固，不易被破坏的新陵，是故国原王在世时不懈追求的目标。无论是规制还是内部构造都达到了高句丽当时技术的极致，相信所耗民力、国家财富亦是惊人的。但是，随着故国原王在平壤战场的突然离世，其主持的新王陵工程虽然几近尾声，但亦会戛然而止。这便是将军坟西南建筑呈现给现今世人的面目。

还有一证可以看出将军坟修建的经过。将军坟的陪葬墓所呈现出的高句丽早期墓制形态，让考古工作者难以解释。③ 但是，结合故国原王之母周氏的经历便可看出端倪。将军坟的陪葬墓呈现出典型的辽东支石墓的外形特点。周氏被俘，被带回前燕作为人质以后，故国原王一直对前燕表现出恭顺臣属的态度。其中除了因为前燕的武力威慑外，一个重要的原因就是其母周氏在燕为质。周氏当是在辽东生活了 13 年之久，那么其身边必有辽东内侍侍候其左右。而这些有恩于周氏者，或者是辽东本土人，或者是高句丽随周氏被俘者。相信在其死后，他们得以陪葬在美川王再次葬的陵墓旁，而复古的辽东支石墓的外貌形态就是为了纪念他们在周氏辽东落难之际的陪伴之情（或悼念其辽东人身份）。

另一个让考古工作者难以理解的现象是，"祭台的认定在早于将军坟的其他诸陵已有了充分证据。祭台与墓葬同在一排，是将军坟特殊的地方。目前所知，高句丽早期王陵可能只有陪葬墓而无祭台，发展过程中的祭台又不易与陪葬墓区分。到禹山 992 号墓时，祭台才真正成熟。太王陵的祭台是规模最大、特征最明显的专门祭台，为何将军坟又出现了陪葬墓与祭台相混杂的现象，这种反复出现的复古现象值得研究"④。其实，这种祭台和陪葬墓混杂的情况说明，将军坟的年代远没有太王陵晚。

最后一个可以看出将军坟在时间上无法对应长寿王历史的证据是其墓室之中没有壁画。高句丽古墓壁画的出现时间虽然还存在争议，但普遍认为 4 世纪中叶高句丽墓葬中壁

① 王志刚、赵明星、王青彬、赵昕：《集安将军坟西南建筑遗址的考古发掘》，《边疆考古研究》第 10 辑，科学出版社，2011。

② （高丽）金富轼撰，杨军校勘《三国史记》卷十八《高句丽本纪·故国原王》，吉林大学出版社，2015，第221 页。

③ 吉林省文物考古研究所、集安市博物馆编著《集安高句丽王陵》，文物出版社，2004，第 362 页。

④ 吉林省文物考古研究所、集安市博物馆编著《集安高句丽王陵》，文物出版社，2004，第 362 页。

画已经广泛出现,[1] 并且最先和最普遍使用在王公贵族的墓葬中。到了 5 世纪，高句丽境内已经涌现出大量技艺精湛的墓葬壁画，国王作为高句丽最高权力所有者，墓葬中不仅要使用壁画，而且壁画还应规模最大、体现技艺最高超。长寿王死时已经是 5 世纪末，如果将军坟是其墓葬，作为高句丽国力最强阶段，在同时期普遍使用封土石室墓，且配有精美壁画的状况下，将军坟居然仅为单室的积石石室墓，而且其石室还没有壁画，显然不合常理。故而，笔者相信将军坟的建造时间要早于高句丽壁画墓特别盛行的时期，定位在 4 世纪中期的美川王二次葬墓应该是相对准确的。

6. 故国原王之墓——麻线墓区 2100 号墓

麻线墓区 2100 号墓是高句丽中期又一座具有王陵规制，但其占地却相对较小的王陵。起初笔者认定其为西川王再次葬墓，但通过实地考察和出土文物断代分析，结合文献情况，认定其为故国原王之墓。故国原王当是死于平壤，但是平壤此时政局不稳，随时遭受外敌威胁，倘若葬于此地，则墓冢有遭受外敌破坏的威胁，所以才反传统地运回国内城归葬。[2] 相信这是故国原王弥留之际所留下的遗诏。故国原王是高句丽历史上唯一一位在战场上被敌人杀死的君王，其归葬形式势必有特殊之处。

首先，故国原王此时还在营建其父美川王的二次葬墓，该墓的情况前面已经论述，其耗费了高句丽巨大的国力和民力，倘若故国原王的陵墓还要采用恢宏的规制，想必会对国政造成一定的冲击。这点不仅应是弥留之际的故国原王能考虑到的，其继任者小兽林王亦会考虑到这一点；其次，故国原王在位期间是高句丽极为蒙羞的阶段，不仅国都被破、父陵被掘、王太后被俘，而且其本人还战殁。因此无论是故国原王生前遗愿，还是死后继任者的决定，其陵墓都不会太过招摇。这便是其墓与西川王和美川王再次葬墓占地规模一般大小的原因所在。从随葬物品和陵上建筑的判断来看，麻线墓区 2100 号墓的墓主都指向了故国原王。

（三）千秋墓和太王陵是高句丽以国内城为都期间最后的两座大型方坛积石墓，其墓主身份认定尽管亦有些争议，但从现有情况来看，学界基本判定了其一为故国壤王之墓，一为广开土王之墓的身份。[3] 学界论证已十分详尽，这里不再累述。

1. 故国壤王之墓——千秋墓

2. 广开土王之墓——太王陵

---

① 耿铁华：《高句丽壁画研究》，吉林大学出版社，2017，第 110~115 页。
② 孙炜冉、苗威：《高句丽独特丧葬习俗探析》，《古代文明》2015 年第 3 期。
③ 持该观点的学者有方起东《千秋墓、太王陵和将军坟墓主人的推定》，《博物馆研究》1986 年第 2 期；耿铁华：《高句丽墓上建筑及其性质》，载《高句丽研究文集》，延边大学出版社，1993；魏存成：《高句丽考古》，吉林大学出版社，1994；王飞峰：《关于千秋墓、太王陵和将军坟的几个问题》，《边疆考古研究》2011 年第 10 辑；〔日〕东潮：《高句丽考古学研究》，吉川弘文馆，1997；〔日〕桃崎佑辅：《高句麗太王陵出土瓦·馬具からみた好太王陵説の評価》,海交史研究学考古学论集刊行会《海と考古学》，六一书房，2005，第 99 页；吉林省文物考古研究所、集安市博物馆编著《集安高句丽王陵》，文物出版社，2004，第 216、334~335 页等。

高句丽王陵墓情况如表二所示。

表二　高句丽王陵情况

高句丽王	在位时间	笔者认定王陵	墓葬类型	考古报告认定墓葬时间	考古报告认定王陵主人
东明圣王	前 7~12 年	无墓有庙			
琉璃明王	12~18 年	豆谷东原（桓仁境内）？			
大武神王	18~44 年	大兽村原？			
闵中王	44~48 年	闵中原石窟？			
慕本王	48~53 年	慕本原？			
太祖大王	53~121 年	麻线墓区 2378 号墓	前圆后方形阶墙积石墓	约 1 世纪	—
次大王	121~142 年	麻线墓区 2381 号墓？			
新大王	142~190 年	山城下墓区砖厂 36 号墓	前圆后方形阶墙积石墓	约 1 世纪	—
故国川王	191~197 年	麻线墓区 626 号墓	前圆后方形阶墙积石墓	约 1~2 世纪	—
山上王	197~227 年	七星山墓区 871 号墓	阶墙积石墓	不晚于 2 世纪	—
东川王	227~248 年	临江墓（JYM043）	大型阶坛圹室积石墓	不晚于 3 世纪末	—
中川王	248~270 年	禹山墓区 2110 号墓	长方形阶坛积石墓	2 世纪左右	—
西川王	270~292 年	七星山墓区 211 号墓（一次葬墓）	大型阶坛积石墓	不晚于 3 世纪	西川王
		禹山墓区 992 号墓（二次葬墓）	阶坛积石圹室墓	4 世纪左右	故国原王
烽上王	292~300 年	烽山？			
美川王	300~331 年	西大墓（JMM500）（一次葬墓）	阶坛积石墓	—	美川王
		将军坟（JYM0001）（二次葬墓）	大型阶坛积石墓	约 5 世纪	长寿王
故国原王	331~371 年	麻线墓区 2100 号墓	方型阶坛积石墓	4 世纪中期至 4 世纪末	小兽林王
小兽林王	371~384 年	小兽林原？			
故国壤王	384~391 年	千秋墓（JMM1000）	巨型阶坛积石石室墓	—	故国壤王
广开土王	391~412 年	太王陵（JYM0541）	大型阶坛积石石室墓	—	好太王
长寿王	412~491 年	平壤地区			

※表中"？"表示疑似，并不代表最终定论。

《集安高句丽王陵》一书撷取了 24 座疑似王陵，可以认定的王陵有 13 座，其余 11 座中明确可以排除的是禹山墓区 3319 号墓，其应为晋时投奔高句丽的平州刺史崔毖的墓。[①]其余 10 座墓中可能亦有一次葬时未埋葬于国内城地区，但是墓葬受战争等破坏，再葬时

---

① 吉林省文物考古研究所、集安市博物馆：《集安高句丽王陵》，文物出版社，2004。

葬于国内城地区者。

结　语

综上可知，在集安市区（国内城）附近共埋葬 11 位高句丽王，分别是太祖大王（麻线墓区 2378 号墓）、新大王（山城下墓区砖厂 36 号墓）、故国川王（麻线墓区 626 号墓）、山上王（七星山墓区 871 号墓）、东川王（临江墓，即禹山墓区 43 号墓）、中川王（禹山墓区 2110 号墓）、西川王［七星山墓区 211 号墓（一次葬墓）和禹山墓区 992 号墓（再次葬墓）］、美川王［西大墓即麻线墓区 500 号墓（一次葬墓）和将军坟即禹山墓区 1 号墓（再次葬墓）］、故国原王（麻线墓区 2100 号墓）、故国壤王（千秋墓，即麻线墓区 1000 号墓）、广开土王（太王陵，即禹山墓区 541 号墓），长寿王之后的高句丽王基本都葬于平壤，宝藏王葬于长安，其他诸王葬于国都外行宫周边。

编辑：刘可维、王志高

科技考古

江苏沭阳吕台遗址周代动物遗存研究

陈　曦（南京师范大学文物与博物馆学系）

伍苏明（宿迁市博物馆）

[**摘要**]　本文鉴定了江苏沭阳吕台遗址 2018 年出土的 59 件周代动物骨骼，种类包括鱼尾楔蚌、弓背蚌属未定种、家犬、猪、黄牛、水牛、亚洲象、梅花鹿和麋鹿。该动物群指示遗址周边有大片的湿地生境，家猪饲养水平较高，黄牛饲养可能已具规模，生产方式的进步尚未导致人地关系的明显紧张。

[**关键词**]　江苏北部；周代；湿地；家猪；黄牛

一　引言

吕台遗址位于江苏省沭阳县桑墟镇，是一处两周至汉唐时期的墩台遗址。2018 年，宿迁市博物馆对吕台遗址进行试掘，发掘面积 38 平方米，布设探沟 3 条，发现西周墓葬 2 座和三国水井 1 口；主要文化堆积属两周时期，文化因素受到北方宗周文化和南方吴越文化的共同影响。① 吕台遗址的三国水井（吕台井）已有专门报道②，井内动物群的时代为唐代，包括扬子鳄、乌龟、中华鳖、锦蛇属未定种、雉亚科未定种、东方田鼠、豹猫、貉、欧亚水獭、江獭、狗獾、家犬、獐和梅花鹿等种类③。

吕台遗址发掘过程中获得两周时期脊椎动物骨骼 51 件，软体动物壳体 8 件。考虑到苏北平原东部尚未报道过周代动物遗存，这些材料对探讨当时的生态环境和生业经济具有一定的学术意义。

为使行文简洁，文中用 I、C、P、M 分别代表上门齿、上犬齿、上前臼齿和上臼齿，i、c、p、m 分别代表下门齿、下犬齿、下前臼齿和下臼齿，上、下乳齿各前缀以 D、d。

---

①　宿迁市博物馆、宿迁市文物研究所：《江苏沭阳吕台遗址考古勘探和试掘简报》，《东南文化》2019 年第 5 期。

②　宿迁市博物馆、宿迁市文物研究所：《江苏沭阳吕台三国水井发掘简报》，《东南文化》2020 年第 6 期。

③　陈曦、伍苏明、徐秋元：《江苏沭阳吕台遗址水井出土唐代扬子鳄及伴生动物的研究》，《南方文物》2023 年第 5 期。

"SLT" 为吕台遗址动物骨骼标本的编号前缀。本文的测量方法参考 von den Driesch[1]，测量单位皆为 mm。

二 动物遗存描述

（一）软体动物

吕台遗址共采集 8 件蚌壳，分属鱼尾楔蚌（*Tchangsinaia piscicula*）（图一：A）和弓背蚌属未定种（*Gibbosula* sp.）（图一：B）。沭阳地区是鱼尾楔蚌的现代分布区。弓背蚌属的材料不完整，暂不能鉴定到种。

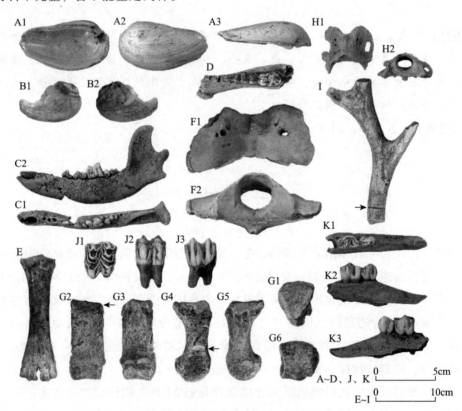

图一 吕台遗址周代动物遗存

A1~A3：鱼尾楔蚌，左壳，内视、外视、顶视；B1~B2：弓背蚌属未定种，左壳，内视、外视；C1~C2：家犬，左下颌骨带 p3~m2，冠面视、颊侧视；D：家猪，右下颌骨带 dp3~m1，冠面视；E：黄牛，左掌骨，背视；F1~F2：水牛，寰椎，背视、后视；G1~G6：亚洲象，左第三跖骨，近端视、背视、掌视、内视、外视、远端视，箭头示意砍痕；H1、H2：梅花鹿，寰椎，背视、后视；I：麋鹿，角枝，箭头示意锯痕；J1~J3：麋鹿，左 M1/M2，冠面视、舌侧视、颊侧视；K1~K3：麋鹿，左下颌骨，冠面视、舌侧视、颊侧视。

---

① von den Driesch, A. "A guide to the measurement of animal bones from archaeological sites," *Peabody Museum Bulletin*, no. 1, 1976, pp. 1-137.

（二）脊椎动物

1. 家犬 （*Canis lupus familiaris*）

材料：1 件右侧上颌骨带 P1~M2，1 件右侧上颌骨带 P3、P4，1 件左侧下颌骨带 p3~
m2（图一：C）。

测量：数据见表一、表二、表三。

武庄根据 m1 长/下颌骨全长，将家犬分为五种体型：小型（<17/<113）、中小型（17~
19/114~124）、中型（19~21/125~135）、中大型（21~23/136~146）、大型（>23/>
147）。[①] 先秦时期，我国东部地区以中型犬或中小型犬为主。吕台遗址家犬 m1 长 19.4，
下颌骨（SLT-033）全长 125.8，属于商周时期淮河下游地区常见的中型犬。吕台井出土
的一件唐代家犬下颌骨（SLJ-004），测量数据（表二、表三）与吕台遗址的标本十分接
近。到了宋代，在同处苏北的泗洪小龙头遗址，一件家犬下颌骨（11SXH2-789）的线粒
体 DNA 显示出其与中东古代家犬较近的遗传关系[②]。小龙头遗址家犬下颌骨、牙齿的各项
测量数据（表二、表三）显著地大于吕台遗址和吕台井标本，属于中大型犬。这种家犬新
品种的出现或许与宋代海上丝绸之路的繁荣有关。

表一　吕台遗址家犬上牙测量数据

	P2 长	P2 宽	P3 长	P3 宽	P4 长	P4 宽	M2 长	M2 宽	P1~P4 长	M1~M2 长	P1~M2 长
SLT-020	10.1	3.9	11.6	4.4	18.3	9	6.5	8.5	46.9	16.3	60.5
SLT-023			9.6	3.9	15.4	7.7					

表二　吕台遗址、吕台井、小龙头遗址家犬下颌骨测量数据

	长 1	长 2	下颌髁宽	上升支高	p1 前高	p1 前厚	p3 前高	p3 前厚	m1 前高	m1 前厚	m2 前高	m2 前厚
SLT-033	125.8	123.5	21.3	45.4	17.5	12.1	18.6	9.6			20.7	10.8
SLJ-004					17.8	11.7	18.5	9.8	20.4	11.2	21	9.5
11SXH2-789			24.7	59.7					26.8	13.2		

注：长 1：全长，下齿点（Id）至下颌髁长；长 2：下齿点（Id）至下颌角突长。

表三　吕台遗址、吕台井、小龙头遗址家犬下牙测量数据

	c 长	c 宽	p3 长	p3 宽	p4 长	p4 宽	m1 长	m1 宽	m2 长	m2 宽	p1~p4 长	m1~m3 长	p1~m3 长
SLT-033			8.9	4.4	10.9	5.6	19.4	8	7	5.7	37.4	30.7	67.4
SLJ-004	8.9	5.7	9.3	4.6	10.5	5.5			8.6	6.4	36.2	32.5	68
11SXH2-789			10.3	5.1	12.3	6.1+	20.6+	8.5	8.5	8.5	38.7	35.5	74.4

① 武庄：《先秦时期家犬研究》，中国社会科学院研究生院博士学位论文，2014，第 87 页。
② Zhang et al.，"Ancient Mitogenomes Reveal the Maternal Genetic History of East Asian Dogs," *Molecular Biology and Evolution*，2024，41（4）：1-13.

2. 猪 (*Sus scrofa*)

材料：5 件下颌骨（图一：D），1 件下犬齿，2 件下门齿。最小个体数为 5。

测量：数据见表四。

体型逐渐缩小是家猪驯化过程中的显著特征。在吕台遗址周边地区，新石器时代至历史时期的猪下牙尺寸也呈现逐渐变小的趋势（表四）。吕台遗址的 5 件下颌骨中，SLT-024、SLT-030、SLT-035 的牙齿测量数据落入或略小于苏北汉—宋代家猪的变异范围，说明这些个体的驯养程度已经较高。SLT-031 和 SLT-034 的尺寸较大，甚至超过距今 8000 年前顺山集遗址的平均值，应当是野猪。

表四　吕台遗址家猪下颌骨测量数据

标本号	dp4 长	dp4 宽	m1 长	m1 宽	m2 长	m2 宽	m3 长	m3 宽	年龄（月）
SLT-024			15.4	9.9					12~18
SLT-030			15.4	9.9	19	13	32.1	14.2	24~36
SLT-035			15.3	10.1	20.2	12.9			12~18
SLT-031			17.6	12.9	26.5	17.6			12~18
SLT-034	19.8	8.9	18.7	11.7					6~12
顺山集 新石器中期			17.5 15.1~19.3	12.4 11.5~13.3	23.3 20.6~26.3	15.8 13.6~18.5	41.3 36.9~45.3	18.1 16~20.3	
尉迟寺 新石器晚期	19.7 18.7~20.8	9.1 8.5~9.5	16.9 14.2~19.5	11.3 10.2~12.6	21.7 18~26.8	14.6 12.4~16.7	36.5 28.2~44	16.4 15.3~19.2	
前掌大 商—东周	18.9 17.4~23.3	8.8 7.2~13.2	16.1 14.1~18.1	10.8 9.3~12.7	20.7 18.2~25	14.1 11.5~16.8	31.8 28~38.8	15.3 13.7~20	
苏北 汉—宋代	16.9 16.5~17.7	8.2 7.5~8.6	16.6 15.6~17.8	10.7 9.6~11.4	20.3 18.6~23.2	13.2 12.4~13.9	32.3	15.5	

数据来源：顺山集遗址引自陈杰、刘羽阳《江苏泗洪顺山集遗址动物考古学分析》，载南京博物院、泗洪县博物馆编著《顺山集——泗洪县新石器时代遗址考古发掘报告》，科学出版社，2016，第 330~350 页。尉迟寺遗址引自罗运兵、吕鹏、杨梦菲、袁靖《动物骨骼鉴定报告》，载中国社会科学院考古研究所、安徽省蒙城县文化局编著《蒙城尉迟寺》，科学出版社，2007，第 306~328 页。前掌大遗址引自袁靖、杨梦菲《前掌大遗址出土动物骨骼研究报告》，载中国社会科学院考古研究所《滕州前掌大墓地》，文物出版社，2005，第 728~810 页。苏北汉—宋代标本包括徐州卧牛山汉墓、泗洪小龙头遗址和宿豫黄庄遗址 10 件下颌骨的待发表数据。

3. 黄牛 (*Bos taurus*)

材料：共 22 件标本，包括 1 件角心、1 件头骨残块、1 件下颌骨残块、4 件游离齿、1 件寰椎、2 件枢椎、3 件腰椎、1 件桡骨远端、1 件股骨远端、1 件胫骨近端、2 件髋骨残块、1 件掌骨（图一：E）、3 件跖骨。最小个体数为 3。

测量：枕骨大孔最大宽 37.8，枕骨大孔高 39.9。掌骨最大长 196.4，近端宽 59.6，近端厚 35.3，骨干宽 32.6，骨干厚 23，远端宽 61.7，远端厚 34.1。跖骨最大长 226.4，近端宽 54.8，近端厚 50.9，骨干宽 29.5，骨干厚 30.3。

黄牛和水牛的骨骼鉴定是我国动物考古学研究的难点。最近，崔士豪依据泗洪小龙头遗址出土的大量宋代家养黄牛、家养水牛标本，系统比较了两者的骨骼形态差异。[①]参照该标准，我们将前述标本归入家养黄牛。

4. 水牛（*Bubalus* sp.）

材料：2件寰椎（图一：F）、1件肱骨近端、1件桡骨近端。

测量：桡骨近端最大宽107.9，近端关节面宽96.6，近端关节面厚53.4。寰椎后关节面宽111.6，从前关节面到后关节面的最大长90.2，背侧弓长60.6，高91+。

寰椎背侧的椎间孔和翼孔为不相连的独立小孔，寰椎翼宽大且边缘倾斜；后关节面与腹侧结节不相连，之间为一处条形凹陷。桡骨的尺寸大于黄牛，近端内侧关节面在前侧较尖。

吕台遗址标本的上述形态特征与家养水牛一致，而与家养黄牛不同[①]，因此可以归入水牛属（*Bubalus*）。但由于野生圣水牛（*B. mephistopheles*）和家养水牛的形态差异尚未明确，所以暂将这些标本定为水牛属未定种（*Bubalus* sp.）。根据刘莉等人的研究，周代是我国野生水牛逐渐灭绝和家养水牛可能出现的关键时期。[②]吕台遗址水牛标本的性质值得在今后的工作中做进一步检验。

5. 亚洲象（*Elephas maximus*）

材料：1件右侧第三跖骨（SLT-019）（图一：G）。

测量：长125.4，近端宽51.8，近端厚63.4，骨干宽49.9，骨干厚33.9，远端厚56.8。

黄淮流域的全新世象类遗存通常被归入亚洲象，如安阳殷墟的标本。[③]但李冀等人认为全新世我国北方仍有更新世孑遗的古菱齿象（*Palaeoloxodon* sp.）。[④]李文证据之一是河北阳原丁家堡水库出土的两件象类臼齿属于古菱齿象。这两件臼齿最初被鉴定为亚洲象，伴出树木的测年为距今约3830±85年或3630±90年（未校正），曾被认为是亚洲象纬度最高的分布记录。[⑤]确实，丁家堡水库的象类臼齿齿板在磨蚀后呈现清楚的"菱形结构"，应归入古菱齿象。但近年对丁家堡水库象臼齿的直接[14]C测年结果大于距今50300年[⑥]，表明丁家堡水库的象化石与树木并非同时，而是被水流侵蚀后再沉积的结果，故不能作为全新世存在古菱齿象的证据。李文证据之二是商周青铜器上的象鼻造型，即：北方青铜器上象鼻的"鼻指"为"双指"，与古菱齿象的近亲非洲象一致；而南方青铜器上的"鼻指"为单指，与现生亚洲象一致；因此，商周时期的北方"野象"应属于残存的古菱齿象。该论述在方法上存在明显缺陷。在利用出土器物进行动物分类时，只有高度写实的造型才是

---

①　崔士豪：《江苏泗洪小龙头遗址动物遗存研究》，南京师范大学本科毕业论文，2024，第20~21、29页。

②　刘莉、杨东亚、陈星灿：《中国家养水牛起源初探》，《考古学报》2006年第2期。

③　德日进、杨钟健：《安阳殷墟之哺乳动物群》，中国古生物志丙种第十二号，1936，52~53页。

④　Li Ji, Hou Yongjian, Li Yongxiang, Zhang Jie, "The latest straight-tusked elephants (Palaeoloxodon)? 'Wild elephants' lived 3000 years ago in North China," *Quaternary International*, 2012 (281), pp. 84-88.

⑤　贾兰坡、卫奇：《桑干河阳原县丁家堡水库全新统中的动物化石》，《古脊椎动物与古人类》1980年第4期。

⑥　Samuel T. Turvey, Haowen Tong, Anthony J. Stuart, Adrian M. Lister, "Holocene survival of Late Pleistocene megafauna in China: a critical review of the evidence," *Quaternary Science Reviews*, 2013 (76), pp. 156-166.

可靠的。而李文所指出的"鼻指"为"双指"的青铜器皆不写实,如陕西宝鸡茄家庄 M1 的西周象形尊实为象鼻猪身①,说明工匠对大象认知的局限和艺术创作的想象成分。相反,"鼻指"为"单指"的象形尊多为写实造型。综上,现有证据不支持我国全新世仍存在古菱齿象的观点。

由于缺乏古菱齿象的第三跖骨作为对比材料,我们将吕台遗址标本与古菱齿象的近亲非洲象进行了对比。吕台遗址的标本明显不如非洲象的纤细,且其近端腹侧的结节居于中部,而非洲象则偏向外侧。② 更重要的是,古菱齿象体型庞大,吕台遗址标本的尺寸与之相差甚远。综合形态和尺寸特征,吕台遗址的象类第三跖骨应归入亚洲象。此外,在其背侧近端和内侧中段都见有清晰的砍痕,是古人类利用的直接证据。

6. 梅花鹿（*Cervus nippon*）

材料:1 件自然脱落的角枝残段、1 件带 m1~m2 的右侧下颌骨、1 件寰椎（图一:H）。

测量:角环前后径 35.1,内外径 29.4,眉枝分叉处距角环高 35.6。m1 长 15.3,m2 长 17.4。寰椎翼最大宽>87,前关节面宽 55.1,后关节面宽 52.6,从前关节面到后关节面的最大长 63.6,背侧弓长 34.5,高 43.9。

梅花鹿是地理分布最广的鹿科动物之一,生境多样导致该物种的演化和分类较为复杂。③ 梅花鹿骨骼在考古遗址中十分常见,若能持续积累相关的形态和测量数据,则有潜力成为探讨古生态的重要资料。在沭阳地区,梅花鹿的生存时代至少可延续至唐代。④ 至于其绝迹时间,还有待更多的动物考古证据。

7. 麋鹿（*Elaphurus davidianus*）

材料:6 件角枝残段（图一:I）、2 件 M1/M2（图一:J）、1 件下颌骨带 p2、p3（图一:K）、1 件肩胛骨远端。

测量:2 件 M1/M2 长 25.1、25.2,宽 28.8、24.3。p2 长 13.2,前宽 6.9,后宽 7.9;p3 长 17.3,前宽 9.5,后宽 10.2。

麋鹿角枝尺寸较大,兼具硬度和韧性,是先秦时期重要的骨角器制作原料。吕台遗址发掘报告中提及的鹿角铲⑤,即是用麋鹿角制成。本研究涉及的角枝残段上也多有砍、锯等加工痕迹,推测是制作骨角器的中间产品。

麋鹿在江苏淮河以北地区的历史可追溯到晚更新世的嶂山遗址。⑥ 新石器时代,麋鹿

① 马承源等:《中国青铜器全集·第 6 卷·西周 (二)》,文物出版社,1997,第 166 页。

② Malie M. S. Smuts, A. J. Bezuidenhout, "Osteology of the pelvic limb of the African elephant (Loxodonta africana)," *Onderstepoort Journal of Veterinary Research*, 1994 (61), pp.51-66.

③ 郭延蜀、郑惠珍:《中国梅花鹿地史分布、种和亚种的划分及演化历史》,《兽类学报》2000 年第 3 期。

④ 陈曦、伍苏明、徐秋元:《江苏沭阳吕台遗址水井出土唐代扬子鳄及伴生动物的研究》,《南方文物》2023 年第 5 期。

⑤ 宿迁市博物馆、宿迁市文物研究所:《江苏沭阳吕台遗址考古勘探和试掘简报》,《东南文化》2019 年第 5 期。

⑥ 陈曦、伍苏明、王平、王宣波、晁剑虹:《江苏宿迁嶂山地点晚更新世脊椎动物化石》,《人类学学报》2020 年第 2 期。陈曦、王平:《江苏宿迁嶂山地点晚更新世麋鹿化石补记》,载《东亚文明》第 4 辑,社会科学文献出版社,2023,第 267~270 页。

仍是万北遗址中占比最高的野生动物。① 吕台遗址的证据证明，直至周代麋鹿仍分布在江苏淮北地区的东部。麋鹿在苏中沿海地区的记录可延续至清代②，但在淮北地区的消失时间还有待研究。

三 讨论与结语

吕台遗址共鉴定出 9 种动物，包括鱼尾楔蚌、弓背蚌属未定种、家犬、猪、黄牛、水牛、亚洲象、梅花鹿和麋鹿。仅从物种组成看，蚌类、水牛、麋鹿都指向湿地环境，尤其是麋鹿的生存依赖大片的湿地，表明吕台遗址周边曾是湖沼广布的环境。而根据吕台井发现的龟鳖、扬子鳄、江獭、欧亚水獭等动物③，该区域的湿地生境至少可延续到唐代，很可能在宋代黄河夺淮入海之后才发生明显改变。另外，亚洲象的体型巨大，需要相当开阔的栖息地，因而与农业生产之间有着难以调和的矛盾。亚洲象在吕台遗址的出现，意味着周边人口可能还较为稀少，尚有大面积未开垦的自然生境。

吕台遗址可确定的家养动物有家犬、家猪和黄牛，水牛的家养或野生性质还需要研究。吕台遗址家猪的体型与苏北汉—宋代的家猪一致，明显小于新石器时代的同类，反映当时的饲养水平已经较高，很可能出现了新的饲养方式（如严格的圈养）。吕台遗址的黄牛骨骼数量较多（43.1%），暗示其饲养可能已较具规模。黄牛除了可以提供肉食，更重要的是作为耕作、牵引、运输的役力，意味着农业生产方式的重大革新。两周时期，黄牛在我国北方已十分常见，吕台遗址在这一点上与中原、海岱地区完全一致。

综合上述，吕台遗址动物群显示先民的生产方式已较为进步，但对周边环境，尤其是湿地景观的改造还相当有限，总体上保持了一种相对和谐的人地关系。

后记：中国科学技术大学科技史与科技考古系王娟副研究员帮助鉴定蚌类标本，南京师范大学文物与博物馆学系曹欣玥同学帮助校对初稿，在此表示衷心感谢！

编辑：徐良

① 李民昌：《江苏沭阳万北新石器时代遗址动物骨骼鉴定报告》，《东南文化》1991 年第 3~4 期。

② 曹克清编著《麋鹿研究》，上海科技教育出版社，2005，第 156~157 页。

③ 陈曦、伍苏明、王宣波、徐秋元、师宏伟、李权、江左其杲：《江苏沭阳唐代江獭的发现——兼论江獭分布变迁》，《第四纪研究》2023 年第 3 期。陈曦、伍苏明、徐秋元：《江苏沭阳吕台遗址水井出土唐代扬子鳄及伴生动物的研究》，《南方文物》2023 年第 5 期。

平湖庄桥坟遗址墓葬出土石器岩性鉴定分析[*]

姬　翔　徐新民

（浙江省文物考古研究所）

[摘要] 本文基于岩石学，利用肉眼观察方法，对平湖庄桥坟遗址墓葬出土的 300 多件石器进行了整理和岩性鉴定。庄桥坟墓葬中出土石器主要是石镞和石钺，另外还有少量石刀、石锛、网坠、钻芯等；石器岩性以泥岩、砂岩、斑点角岩为主，还有少量的硅质岩、凝灰岩等。不同石器的岩性组成情况也存在一定的差异性，石镞以泥岩为主，石刀以斑点角岩为主，石锛则主要是硅质岩，石钺岩性构成相对复杂，可能源于其明器属性。此外，还根据资料对其石料来源进行了合理推测，认为主要来源于遗址西部的天目山地区，少部分可能来自西北部的太湖附近；本地虽有零星山体，但墓葬中有石器本地来源的可能性较低。

[关键词] 庄桥坟遗址；石器；岩性鉴定；石料来源

一　遗址概况

庄桥坟遗址位于浙江省平湖市林埭镇群丰村，在杭州湾以北约 5 公里。该遗址发现于 2003 年，由浙江省文物考古研究所和平湖市博物馆联合发掘。庄桥坟遗址也是自 1936 年发现良渚遗址以来，目前发现的最大的良渚文化墓地，共出土陶器、石器、玉器、骨角器、象牙器、木器等各类随葬器物近 2600 件（组），以陶器为主。石器主要有石钺、石镞、石刀、石锛、石犁、石镰、耘田器等。[①]

本文主要利用传统地质学的方法，利用肉眼、放大镜、硬度笔等对墓葬出土石器进行岩石学观察和鉴定分析，共鉴定石器 346 件，其中石刀 12 件、石钺 192 件、石锛 2 件、石

* 本文为国家重点研发计划课题"中华文明起源进程中的生业、资源与技术研究"（项目编号：2020YFC1521606），国家文物局重大专项课题"考古中国：长江下游区域文明模式研究"阶段性成果。
① 徐新民、程杰：《浙江平湖市庄桥坟良渚文化遗址及墓地》，《考古》2005 年第 7 期。

镞 135 件、网坠 1 件、钻芯 1 件、磨石 1 件、不明石器 2 件。另外还有一件石环（M87：8），经观察应该为陶质，故未做统计。

二 石器岩性组成

（一）石刀

12 件石刀中，1 件为单孔石刀（M47：24），顶部靠近一侧可见一残孔，可能为改制，2 件为三孔石刀，8 件为双孔石刀，1 件为残石刀。涉及的岩性主要有斑点角岩、角岩化粉砂质泥岩（归入斑点角岩）、砂岩等。

斑点角岩，共 10 件，其中 1 件为单孔石刀，1 件为残石刀，6 件为双孔石刀，2 件为三孔石刀，举例描述如下。

M85：21 三孔石刀，斑点角岩，黑色带红色，表面光洁，细粒粒状变晶结构，块状构造，硬度 4 左右，放大镜下可见细小的黑点，可能为堇青石或红柱石。

M93：5 双孔石刀，斑点角岩，土黄色，风化较强，保存状况较差，细粒粒状变晶结构，块状构造，硬度 3 左右，黄底黑点，可能为堇青石或红柱石。

M116：19 双孔石刀，角岩化粉砂质泥岩，灰黑色，细粒粒状变晶结构，表面可见不明显的白点，可能发生了角岩化作用。

砂岩，共 2 件，均为双孔石刀，属于两种不同的砂岩，描述如下。

M66：8 双孔石刀，白云质砂岩，灰白色，表面粗糙，砂状结构，可见较多细小平直的石英脉突起于表面，这些石英脉可能是在成岩过程中，石英热液沿岩石节理渗入形成。

M68：16 双孔石刀，纹层状泥质粉砂岩，灰色，表面较粗糙，粉砂结构，水平层理构造，层理与刀平行，硬度 2~3。泥质与粉砂质互层，泥质淋失后，形成线状凹槽。

（二）石锛

共鉴定了 2 件石锛，均为泥质硅质岩，描述如下。

M42：16，泥质硅质岩，灰黑色，表面光滑，泥质结构，具不明显的波状层理构造，层理与石器刃部垂直，硬度 3~4。

M248：6，泥质硅质岩，青灰色-灰白色，表面光滑，泥质结构，石器边部可见到贝壳状断口，应为制作过程中打击所致。

（三）石镞

石镞共有 135 件，其岩性主要有泥岩、粉砂岩、斑点角岩、凝灰岩几种。其中泥岩、粉砂岩多为泥质粉砂岩或粉砂质泥岩，为泥岩、砂岩的过渡类型，也可不做区分。

泥岩，共 119 件，除了颜色上的差异，还有是否具有层理的差别。

M30：17，粉砂质泥岩，青灰色，粉砂质泥质结构，表面光滑，硬度 2~3。

M19：11，粉砂质泥岩，灰黑色，表面光滑，硬度 2~3。

M23：17，纹层状粉砂质泥岩：青灰色，粉砂质泥质结构，层理构造，纹层与石镞脊部平行，表面光滑，硬度 2~3。

粉砂岩，共 2 件，描述如下。

M31：18，泥质粉砂岩，青灰色，表面光滑，泥质粉砂质结构，硬度 2~3。

M248：22，泥质粉砂岩，黑色，表面光滑，粉砂质结构，硬度 2~3。

斑点角岩，共 10 件，举例描述如下。

M198：18，斑点角岩，青灰色，表面光滑，灰底白点，放大镜下观察发现，白点多为淋失孔。细粒粒状变晶结构，硬度 2~3。

M110：6，斑点角岩，灰黑色，细粒粒状变晶结构，硬度 2~3。表面隐约可见小白点，大小 0.2 毫米左右。

M110：8，斑点角岩，表皮灰黑色，风化面土黄色，风化较强。表皮为灰底白点，风化面上为黄底黑点，硬度 2~3。推测表面的白点与风化面上的黑点呈对应关系，黑点应为堇青石、红柱石矿物。

凝灰岩，共 4 件，均出土于 M132，举例描述如下。

M132：6，叶腊石化熔结凝灰岩，黑色，表面光滑，石器表面见有白色不规则脉状叶蜡石，大小 3 毫米，硬度 2~3，偶见红色小斑点，大小 1~2 毫米。推测原岩可能为熔结凝灰岩，长石浆屑发生了叶腊石化作用。

（四）石镞

石镞共 192 件，占据了所鉴定石器的一半以上，其岩性构成也是最为复杂的。鉴定过程中见到的岩石类型主要有以下几种：泥岩、粉砂岩、硅质岩、斑点角岩、凝灰岩等。

泥岩，共 19 件，举例如下。

M7：5，泥岩，灰白色带土黄色，表面粗糙凹凸不平，风化较强，一面有残留青灰色表皮。泥质结构，硬度 2 左右。

M69：19，硅质泥质岩，表面灰色，新鲜面灰黑色，泥质结构，表面光滑，硬度 2.5~3。

M76：37，硅质泥质岩，一面黑色，一面灰白色，表面光滑-光洁，细腻，黑色面分布较多不规则网状粉砂质或泥质物质。泥质结构，硬度 2~3。

M112：10，纹层状泥岩，灰黑色，风化较强，泥质结构，水平层理构造，硬度 2 左右。石器表面可见波状或同心圆弧状条带，可能是石器主面与层理面斜切所致。

M160：24，粉砂质泥岩，灰黑色，表面光滑，粉砂质泥质结构，硬度 2~3。

粉砂岩，共 71 件，举例描述如下。

M17：4，细砂粉砂岩，青灰色-青黑色，表面光滑-光洁，细砂粉砂结构，不明显的层理构造，纹层与石器主面平行，硬度 2 左右，边部刃部隐约可见玻璃光。

M18：16，硅质粉砂岩，灰黑色，表面光滑-光洁，硬度 3 左右，粉砂质结构。近刃部石钺两侧有微微弯曲，石钺顶部有打磨痕迹。

M21：2，泥质粉砂岩，灰黑色，表面光滑，泥质粉砂质结构，水平层理构造。纹层与石器主面斜切，导致石器主面出现弧状条纹。层理由粉砂质和泥质组成，主要为砂质，硬度 2~3。

M269：11，糜棱岩化泥质粉砂岩，灰白色，表面光洁，一侧有较强龟裂纹。非龟裂纹面可见较多透镜状白色粉砂质小团块，定向排列，垂直刃部可能发生了糜棱岩化作用。硬度 3~4。

硅质岩，共 20 件，举例如下。

M5：7，粉砂质硅质岩，灰白色-灰黑色，表面光滑-光洁，边刃部可见玻璃光。粉砂状结构，层理构造。表面可见交错层理，分为三层。一层和三层为光洁部分，灰黑色，硬度较高，可达 6~7，主要为硅质；中间光滑-粗糙部分，灰白色，硬度 3~4，为粉砂质。

M27：5，粉砂质硅质岩，灰白色-青灰色，表面光洁，可见玻璃光，硬度 4 左右，粉砂结构，水平层理构造，层理与刃部垂直。黑色白色纹层互层，纹层宽度一般不到 1 毫米，黑色纹层最宽约 2 毫米。一面近孔处有凹坑，应为前期打坯残留。此外石钺顶端，也有打击形成的贝壳状断口。

M60：13，碳质泥质硅质岩，黑色，偶见铁锈色，表面光滑，泥质结构，硬度 3~4，可能为荷塘组泥质硅质岩，但黄铁矿含量可能相对较低。

斑点角岩，共 50 件，举例如下。

M20：16，斑点角岩，灰黑色，细粒粒状变晶结构，表面光滑，黑底白点，层面脱落后，风化面呈土黄色底黑点，硬度 2~3。

M144：17，角岩化泥质粉砂岩，灰黑色，粉砂结构，表面光滑，一面具有较强龟裂纹，硬度 2~3。石器主面有不明显的断续小条纹，黑色，宽度 0.1~0.2 毫米，平行于刃部。放大后隐约可见小黑点。

M76：25，角岩化粉砂质泥岩，灰黑色，表面光滑-光洁，硬度 3 左右，细粒粒状变晶结构，黑色小斑点较为密集，层理构造。一面见有波状条纹，可能是层理与石器主面近平行斜切所致。石器上部有一条浅棕黄色条纹，宽度 4 毫米左右。

M85：11，纹层状斑点角岩，表面黑色，风化面土黄色，细粒粒状变晶结构，层理构造，硬度 2~3。部分表皮风化脱落后，露出的土黄色部分呈条纹状，应为层理与石器主面斜切所致。黑色部分黑底白点，土黄色部分可见较多细小芝麻状黑点。

凝灰岩，共 22 件，举例如下。

M20：18，角砾晶屑凝灰岩，灰黑色，表面光滑，凝灰结构，块状构造，硬度 3 左右。石器表面见有角砾，最大约 8 毫米。此外，还可看到较多溶蚀孔洞，大小 2~10 毫米，可能为角砾脱落所致。

M33：38，沉凝灰岩，白色，硬度 3~4，凝灰结构，比重较轻，一面有大片肉红色云朵状斑块，放大后可见表面有较多纤维状附着物，疑似石膏/石棉，可能非石器本身物质。

M44：6，玻屑凝灰岩，暗紫红色加灰白色，少部分白色呈黄褐色（可能是埋藏过程中形成），颜色呈斑杂状，质地细腻，表面光滑，硬度 3 左右。主要由玻屑火山尘等细粒级火山物质组成。

M53：22，叶腊石化熔结凝灰岩：形貌与"花"石钺相似。表面光滑，具有微弱的玻璃光，偶见溶蚀孔洞。颜色斑驳，主体为黄色，硬度 2~3，成分可能为叶蜡石；另外夹杂有蓝灰色条带，呈定向排列，硬度 4 左右，可能为熔结条带，后发生蚀变作用，成分未明。

其他，岩性主要有闪斜煌岩、辉绿岩、绿片岩、石英岩、灰岩等，共 10 件，举例如下。

M208：3，闪斜煌岩，灰绿色，表面光洁，有玻璃光。颜色斑驳，分布有较多白色柱状晶体，硬度不低于 7，这些晶体呈不规则交织状。煌斑结构。还有暗色矿物，可能为角闪石。石器整体硬度 6~7。

M47：21，辉绿岩，绿色，表面光滑，一面有较多铁锈色，硬度 4 左右，辉绿结构。主要由辉石和斜长石组成。表面见有较多板柱状绿色透明晶体，大小 0.5 毫米×3 毫米左右，可能为绿泥石（由辉石或角闪石蚀变形成）和绿帘石（由斜长石蚀变形成）。

M136：13，绿片岩，绿色，有较多长石晶屑，短柱状，大小 1.5 毫米×4 毫米左右，表面光滑。长石晶屑呈定向排列，与刃部呈 60 度角。硬度 2~3。表面有较多短柱状淋失孔，可能是长石淋失后形成。长石可能发生了高岭土化，导致硬度降低。

M33：37，石英岩，白色，含较多黑色斑点，大小 4~25 毫米，表面光滑，可见玻璃光，硬度较高，7 左右。放大观察，白色和黑色部分都是石英。

M83：27，灰岩，灰黑色加灰白色，颜色斑驳，表面光滑，黑色呈连续不规则状，硬度 2~3。

M42：17，安山玢岩，灰绿色，表面光滑，表面有细小溶蚀孔洞。有较多白色带绿色斑晶，硬度 3 左右，斑状结构，斑晶大小 3~8 毫米。

（五）其他石器

除了刀、锛、镞、钺外，还有少量其他石器。

1. 网坠。1 件，编号 M82：2，泥岩，灰白色，泥质结构，表面光滑，硬度 3~4。

2. 钻芯，1 件，编号 M55：20，泥质粉砂岩，青灰色，泥质粉砂质结构，表面光滑，硬度 3 左右。

3. 磨石，1 件，编号 M92：1，白云质砂岩，白色，细砂结构，硬度 3 左右，一面见有打磨痕迹。

4. 石块，1件，编号 M13：7，晶屑熔结凝灰岩，灰色，凝灰结构，块状构造，坚硬致密，硬度近 7。表面见有较多小凹坑，可能为长石淋失后形成。标本磨圆度较好，近圆状，可能为采集的卵石。此件岩性存疑，石器表面因埋藏过程中风化受沁导致特征不明显，在没有新鲜面的情况下，只能依据表面状况进行推测。

5. 石片，1件，编号 M256：9，粉砂岩，一面灰黑色，一面灰白色，灰黑色面具玻璃光，硬度 4~5；灰白色面硬度较低，为 2~3。存在这种差异，可能是在埋藏过程中石器两面所处环境存在差异，如贴近墓主人的一面，所处环境的有机物和酸碱性可能更为复杂。

表一　石器岩性统计

单位：件

| 石器 | 岩性 | | | | | | | | | | | | |
| | 沉积岩 | | | | 火山碎屑岩 | 变质岩 | | | 火成岩 | | | | |
	泥岩	砂岩	硅质岩	灰岩	凝灰岩	斑点角岩	石英岩	绿片岩	辉绿岩	闪斜煌岩	霏细岩	安山玢岩	合计
石刀	/	2	/	/	/	10	/	/	/	/	/	/	12
石锛	/	/	2	/	/	/	/	/	/	/	/	/	2
石镞	119	2	/	/	4	10	/	/	/	/	/	/	135
石钺	19	71	20	2	22	50	1	2	2	1	1	1	192
网坠	1	/	/	/	/	/	/	/	/	/	/	/	1
钻芯	/	1	/	/	/	/	/	/	/	/	/	/	1
磨石	/	1	/	/	/	/	/	/	/	/	/	/	1
石块	/	/	/	/	1	/	/	/	/	/	/	/	1
石片	/	1	/	/	/	/	/	/	/	/	/	/	1
合计	139	78	22	2	27	70	1	2	2	1	1	1	346

三　石器选料与石料来源

表一和图一对所鉴定石器的岩性进行了梳理（表一、图一）。可以看到，石器中涉及的岩石类型以沉积岩为主，共 241 件，占石器总量的 69.65%，包含了泥岩、砂岩、硅质岩、灰岩等。其中，又以泥岩数量最多，139 件，占了石器总量的 40.17%；砂岩次之，共有 78 件，占了总量的 22.54%。另外，还有少量的硅质岩（22 件）和零星出现的灰岩（2 件）。变质岩也在石器总量中占据了一定比例，共 73 件，且绝大多数为斑点角岩，有

70 件，占了石器总数的 20.23%。除此之外，还有 27 件凝灰岩材质的石器，且其中有 22 件为石钺，4 件为石镞，1 件为石块（存疑）。最后，还有零星几件火成岩材质的石器，全部为石钺。

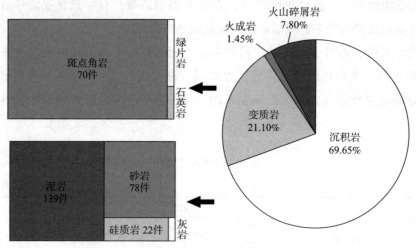

图一　石器总体岩性组成

图二对墓葬中出土的四种主要石器的岩性组成情况进行了对比。通过对比可以发现，就岩性组成的复杂程度而言，石镞的构成最为简单，全部为硅质岩；其次，则是石刀，大部分由斑点角岩制作而成，少部分材质为砂岩。石镰则绝大多数是泥岩，少部分为斑点角岩、凝灰岩和砂岩。石钺的岩性组成最为复杂，砂岩和斑点角岩所占的比例较高，然后还有少量的凝灰岩和零星出现的其他种类的岩石。由此可见，石刀、石镞、石镰等在用料上具有明确的偏好，石钺则相对而言不那么明显。这或许与石器的功能属性有关，石刀、石镞、石镰更多的是作为实用器，不像石钺那样具有鲜明的明器属性。

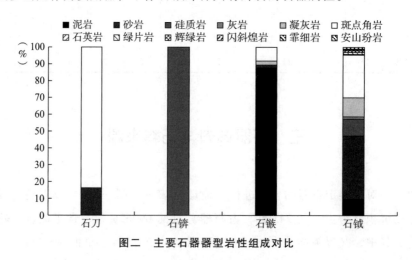

图二　主要石器器型岩性组成对比

就实用器而言，其原材料除了要具备与石器功能相匹配的物性外，个人认为还应具有以下几个特点：1. 易获取；2. 易加工；3. 耐用。当然，不是所有石器的原材料都需要同时满足这三个条件，但至少满足其中的一条。此处的易获取，有两层含义，一是资源量大，二是取料方便。从几种主要石器（石刀、石锛、石镞）的岩性组成可以反推当时的选料依据。石刀主要是由斑点角岩构成，角岩又称"角页岩"，是一种由黏土岩、粉砂岩、火成岩或火山碎屑岩等经过热接触变质作用形成的变质岩，致密坚硬，其中的斑点一般是红柱石、堇青石、石榴子石、夕线石的变斑晶。[①] 由于未对其斑点成分进行测定，故统称斑点角岩，学者也曾将此种岩性命名为斑点板岩或红柱石/堇青石角岩。[②] 庄桥坟遗址墓葬出土的斑点角岩石刀，其原岩很可能是泥岩或者粉砂岩，斑点可能是堇青石或者红柱石的变斑晶。斑点角岩坚硬致密，且具有一定韧性，较为结实耐用。而且对于石刀这种主要用来切割的石器来说，斑点角岩部分继承了原岩的一些特征，不管是利用节理从基岩上撬取还是直接采集卵石，获取的原料多呈板片状，便于加工成形。前面提到，石刀中也有 2 件材质为砂岩，均为双孔石刀。一件为白云质砂岩，另外一件为纹层状泥质粉砂岩。个人认为，这件白云质砂岩石刀可能并不具有实用功能，其颗粒较粗，若作为石刀进行切割，其刃部会损耗过快，它很有可能是一件纯粹的明器。

石锛只出土了 2 件，全部为泥质硅质岩，一件带有纹层，一件没有。硅质岩一般硬度尚可，结构致密。良渚文化的石锛很多都是用硅质岩制作而成，其中相当比例是带有水平或平行层理，且层理多垂直或斜切刃部。石镞主要是泥岩制作而成，这个比较好理解，因为其本身也属于耗材，需求量和消耗量都较大。泥岩质软，不管是取料还是加工制作都比较容易。同时，由于质软，若要利用泥岩制作大件石器，在加工和使用过程中都容易碎裂，难以使用。斑点角岩和凝灰岩材质的石镞，可能是在加工石刀以及石钺时产生了一些形状较好的碎片，顺势而为，制作成了石镞，所以占比并不高。

庄桥坟遗址附近并没有广袤的山体分布，岩石资源十分匮乏（图三）。遗址附近的山体主要是位于钱塘江北岸距其约 6 公里的九龙山，以及在其西南部约 5 公里的北斜尖山和 8 公里处的瓦山。其中，北斜尖山和瓦山面积很小，均不足 0.5 平方公里，九龙山的面积则相对较大，约 5 平方公里。现在卫星地图上，北斜尖山的位置已经变成了厂房。根据现有公开的地质资料[③]，北斜尖山主体是泥盆系唐家坞组的长石石英砂岩，瓦山分布的则是寒武系杨柳岗组的白云质灰岩和白云岩；九龙山主体是侏罗系高坞组的酸性熔结凝灰岩，西部则分布有石英二长玢岩，中间零星分布了侏罗系大爽组的中、酸性火山岩夹沉积岩。从岩性名称而言，周边零星的几座山体中包含了长石石英砂岩、灰岩、凝灰岩、石英二长

① 地质矿产部地质辞典办公室编辑《地质辞典》，地质出版社，1986。
② 浙江省文物考古研究所：《文家山》，文物出版社，2011，第 147～152 页。浙江省文物考古研究所：《卞家山（上）》，文物出版社，2014，第 456～468 页。
③ 李晨阳、王新春、何春珍、吴轩、孔昭煜、李晓蕾：全国 1：200000 数字地质图（公开版）空间数据库（V1），中国地质调查局发展研究中心；中国地质调查局［创建机构］，1957，全国地质资料馆［传播机构］，2019－06－30.10.23650/data. A. 2019. NGA120157. K1. 1. 1. V1；http://dcc. ngac. org. cn/geologicalData/rest/geologicalData/geologicalDataDetail/7d7ac63df9805f39a92591d105b7b0f2。

玢岩等岩石资源。其中与石器石料可能相关的有长石石英砂岩、灰岩、凝灰岩、沉积岩等。由于尚未进行现场地质调查，不便判断其岩石特征是否与出土石器相似。但根据地质资料①中的描述，唐家坞组砂岩多呈紫红色，与石器中见到的并不一致，据此可以初步排除石器石料与北斜尖山的关系。而地质资料中九龙山的沉积岩命名太过宽泛，且分布区块极小（面积不足 0.1 平方公里）、体量有限，石器中虽然出现了泥岩、砂岩等沉积岩，但其内部又存在一定的差异性（如前描述，有的具有层理，有的不明显，颗粒粗细和颜色等也存在差异），在这样小的范围内很难出现此种多样性。所以，不管是从体量还是从多样性而言，墓葬出土的大量沉积岩类石器原料来自此处的可能性极低，即便有也不会很多。那么可能与庄桥坟墓葬出土石器相关只剩下瓦山的白云质灰岩和九龙山的凝灰岩了，不过还需要实地考察才能进一步判断。即便墓葬中出土的灰岩和凝灰岩类石器全部来自这两处山体，数量一共只有 29 件，占石器总量的 8.38%。所以，基本可以认为庄桥坟墓葬出土的石器石料主要还是来源于外部区域。

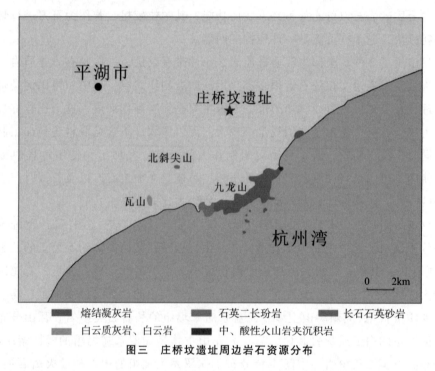

图三　庄桥坟遗址周边岩石资源分布

　　除了遗址附近的几座小型山体，距离此处较近的是西南部约 38 公里位于钱塘江北岸的海宁南北湖景区的山体，然后就是北部 70 多公里的太湖附近和西部 100 多公里的天目山脉。而南北湖周边主要是凝灰岩和花岗岩，与庄桥坟石器的相关性也不是很大。太湖周边主要分布的是灰岩，另外还有少量的砂岩和硅质页岩（与鉴定石器中具有纹层的硅质泥质岩相近），也有零星的一些小岩体（石英斑岩、花岗岩、闪长岩等）。庄桥坟遗址墓葬

―――――――――――

① 　浙江省地质矿产局编著《浙江省岩石地层》，中国地质大学出版社，1996。

出土石器中的一些砂岩、泥岩、灰岩，可能会有一部分来自此处。

石器中占了一定比例的斑点角岩在周边山体基岩中并没有分布，其石料来源可能更远。笔者也曾在浙江、江苏的一些其他遗址的考古报告[①]中见到此类材质的石器，一些报告中的岩性命名虽不同，但根据照片观察，应为同种岩性。

总体而言，庄桥坟遗址墓葬出土的石器石料可能主要来自西部天目山地区，少量可能来自西北部的太湖地区。

结　语

本文利用传统地质学的方法，对庄桥坟遗址墓葬出土的石器进行了鉴定和整理。发现庄桥坟墓葬中出土的石器类型以石镞、石钺、石刀为主，岩性则以泥岩、砂岩和斑点角岩为主。不同石器在岩性构成上具有明显的差别，石刀的岩性主要是斑点角岩，石镞则主要是泥岩，石钺的岩性组成相对复杂，以砂岩和斑点角岩为主，还有少量的泥岩、凝灰岩以及偶尔出现的火成岩。庄桥坟遗址石器石料主要为外部输入，多来自西部天目山地区，部分可能来自北部太湖地区。此外，个人认为外部输入的主要为石料或坯料，最后的加工成型很可能还是在本地完成的。

需要再次明确的是，本文中关于石器岩性的鉴定，基本依赖于肉眼观察。而石器在埋藏过程中其外观会产生变化，在某种程度上，会对鉴定造成干扰。虽然所有的鉴定都是有据可循的，但囿于本人的学术水平，多少会有纰漏之处，还望读者海涵。

编辑：孟诚磊

---

① 南京博物院编著《赵陵山（下）》，文物出版社，2012，彩版四六等；浙江省文物考古研究所、海宁市博物馆《小兜里（下）》，文物出版社，2015，第3~138页等；南京博物院、常州博物馆、溧阳市文化广电体育局编著《溧阳神墩（下）》，文物出版社，2016，彩版一七六等；南京博物院、江阴博物馆：《高城墩》，文物出版社，2009，彩版五二；浙江省文物考古研究所、桐乡市文物管理委员会：《新地里（下）》，文物出版社，2006，彩版一七等；浙江省文物考古研究所、湖州市博物馆：《毘山》，文物出版社，2006，彩版二九等。

田野考古报告

南京市六合姚庄墓地六朝墓葬发掘简报

王富国　李　翔

（南京市考古研究院）

[摘要] 2021 年 8 月~2023 年 9 月，南京市考古研究院在六合区姚庄墓地清理了 550 多座墓葬。其中在中部发掘区清理了 7 座六朝时期砖室墓，出土遗物较为丰富，其器型与装饰风格显示出典型的六朝早期特征。M158 的排水沟底部铺设套接的由两块筒瓦对接而成的排水管道，较为少见。M284 出土的纪年铜镜，为这批墓葬的断代提供了依据，也对于六朝时期铜镜铸造工艺及铭文研究具有重要意义。而东西一字排列的四座墓葬，两两成组，反映出孙吴至西晋时期丧葬习俗的连续性与家族性，为研究六朝早期葬制、葬俗及区域历史提供了新的实物资料。

[关键词] 南京；孙吴；西晋；家族墓

姚庄墓地位于南京市六合区马鞍街道城西社区，东至招兵河、西至宁连高速、南至极乐北路、北至赵营河。中心点地理坐标北纬 32°21′36.108″，东经 118°49′8.58″，高程 8 米（图一）。为配合基本建设，南京市考古研究院于 2021 年 8 月至 2023 年 9 月报请国家文物局同意后对墓地进行发掘，共清理墓葬 550 多座，出土各类遗物 2500 多件，年代从战国晚期一直延续至清晚期，相关发掘简讯已发表。① 中部发掘区墓葬分布最为集中，近 500座，其中六朝时期砖室墓 7 座（图二，编号 2022NLYM158、2022NLYM284、2022NLYM461、2022NLYM479~2022NLYM481、2022NLYM502，以下简称 M158、M284、M461、M479~M481、M502）。虽经盗扰，但仍出土青瓷洗、青瓷鸡首壶、青瓷四系罐、铜钱、铜镜等各类遗物，时代特征明显，现将其发掘情况简报如下。

---

① 王富国、李翔：《江苏南京六合区姚庄墓地》，《大众考古》2023 年第 2 期；王富国、李翔：《江苏省南京市六合区姚庄墓地》，载国家文物局主编《2023 中国重要考古发现》，文物出版社，2024，第 91~96 页。

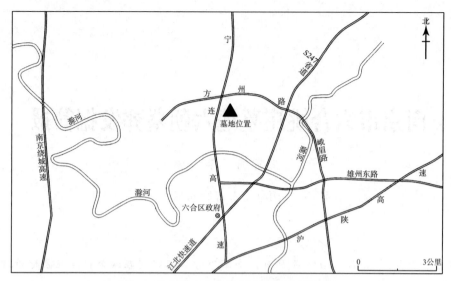

图一　南京市六合区姚庄墓地位置示意图

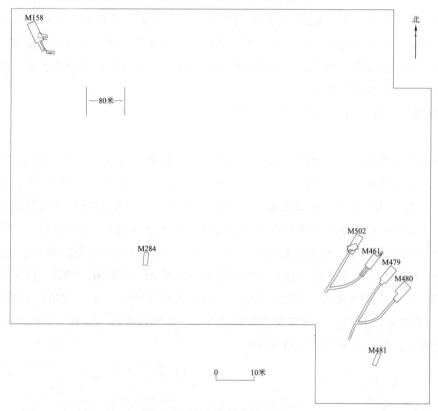

图二　中区六朝墓葬分布图

一 墓葬形制

中区发掘的 7 座墓葬，均为砖室墓，多数因盗扰仅存墓底，仅 M284 和 M481 两座叠涩顶砖室墓保存较好。

M158 砖室平面呈凸字形，方向 155 度（图三）。由墓坑、排水沟、墓道和砖室四部分组成。墓坑长 5.4 米、宽 2.34 米、残深 0.4 米。排水沟残长 3.42 米，起自封门东侧底部，贯穿墓道向南延伸，被 M176 打破。建造方式为先挖沟槽，底部铺设套接的筒状排水管。沟槽宽 0.34~0.58 米，排水管道采用两块筒瓦对接形式构成，筒瓦表面模印绳纹，长 27 厘米、直径 14 厘米。墓道平面呈长方形，残长 2.5 米、宽 1.02 米、残深 0.4 米。直壁，底部斜坡状，坡度 9 度。砖室由封门、甬道和墓室组成，全长 5.2 米、宽 2 米。盗扰严重，仅存底部结构，铺砖为 "人" 字形组砖。封门墙砌筑于甬道口，由单砖砌筑，残存一层顺砖，宽 1 米、残高 0.03 米、厚 0.14 米。甬道宽 1 米、进深 0.6 米。墓室平面形状近似长方形，二侧壁受挤压内弧，内长 4.5 米、内宽 1.74 米、残高 0.09 米。墓葬用砖均为长方形素面砖，规格为长 28 厘米、宽 14 厘米、厚 3 厘米。

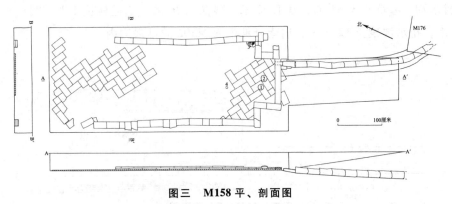

图三 M158 平、剖面图

1. 青瓷器盖 2. 青瓷洗 3. 铜钱 4. 铜镜

M284 砖室平面呈长方形，方向 185 度（图四）。由墓坑和砖室两部分组成。墓坑长 3.2 米、宽 1.2 米、残深 0.56 米。砖室平面近似长方形，东、西二侧壁因受挤压内弧，内长 2.65 米、内宽 0.81 米、残深 0.72 米。顶部已坍塌，四壁采用顺砖错缝平铺砌筑，底部铺砖为 "人" 字形组砖。墓葬用砖均为长方形素面砖，部分为 "⋈" 字文砖，规格相同，有两种：一种长 30 厘米、宽 14 厘米、厚 4 厘米，一种长 28 厘米、宽 14 厘米、厚 4 厘米。

M461、M502、M479 和 M480 保存较差，因盗扰均未出土遗物。四座墓葬规模大小相近。排水沟砌筑方法相同，系先挖沟槽，宽 0.46~0.6 米，后用长方砖砌筑排水孔道。砌筑方式为：底部顺铺一层，中间两侧各顺铺一层，其上再顺铺一层，最上部横向平压半砖，排水孔道 4~6 厘米、高 5 厘米。墓葬用砖均为长方素面砖，规格为长 30 厘米、宽 14

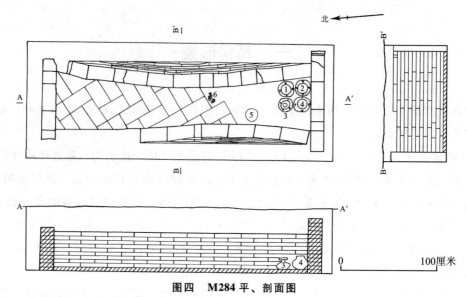

图四　M284 平、剖面图

1、2、4. 青瓷四系罐 3. 青瓷鸡首壶 5. 铜镜 6. 铜钱

厘米、厚 4 厘米。

M461 土坑平面形状呈凸字形，方向 212 度，被 M460 打破（图五）。仅存墓坑、部分墓道及排水沟。墓坑长 3.64 米、宽 1.62 米、残深 0.26 米。墓道残长 2 米、宽 0.8 米、残深 0.08 米，排水沟残长 12.3 米，向南延伸汇入 M502 的排水沟内。

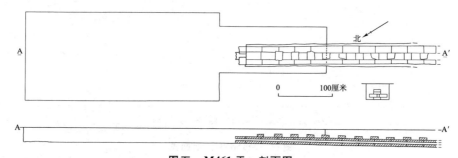

图五　M461 平、剖面图

M502 土坑平面形状呈长方形，方向 220 度，被 M464 打破（图六）。残存墓坑、砖室后部以及排水沟。墓坑长 4.8 米、宽 1.6 米、残深 0.44 米。排水沟残长 9.22 米。砖室仅存后部底砖，内宽 1.22 米，侧壁采用"三顺一丁"方式砌筑，残高 0.2 米。墓底铺砖为"人"字形组砖。

M479 砖室平面呈刀形，方向 240 度（图七）。由墓坑、排水沟、墓道和砖室组成。墓坑长 5.14 米、宽 1.98 米。墓道残长 1.3 米、宽 0.82 米。排水沟残长 14 米。砖室仅剩底部，由封门、甬道和墓室组成，通长 4.74 米。封门单砖砌筑，宽 0.9 米。甬道宽 0.78 米、进深 0.76 米。墓室内长 3.7 米、内宽 1.34 米，后壁采用"三顺一丁"方式砌筑，残高 0.34 米。墓底铺砖为"人"字形组砖。

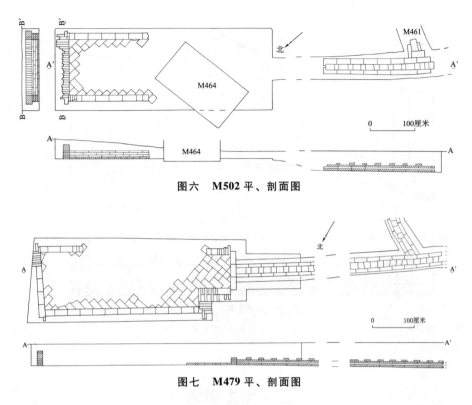

图六　M502 平、剖面图

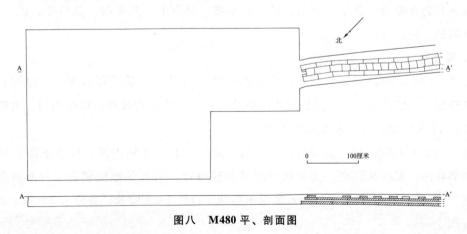

图七　M479 平、剖面图

M480 土坑平面形状呈刀形，方向 225 度（图八）。残存墓坑、墓道和排水沟。墓坑长 3.6 米、宽 2.9 米、残深 0.2 米。墓道残长 1.76 米、宽 1.6 米、残深 0.14 米。排水沟残长 14 米，向南延伸汇入 M480 的排水沟内。

图八　M480 平、剖面图

M481 形制与 M284 相同，方向 210 度（图九）。由墓坑和墓室组成，墓坑长 3.4 米、宽 1.38 米、残深 0.5 米。砖室两侧壁因受挤压内弧，内长 2.98 米、内宽 1.04 米、残高 0.48 米。顶部已坍塌，四壁采用顺砖错缝平铺砌筑。底部为一层"人"字形组砖。墓葬用砖均为长方形素面砖，规格有两种：四壁用砖规格为长 30 厘米、宽 14 厘米、厚 4 厘米。铺底砖规格为长 28 厘米、宽 14 厘米、厚 4 厘米。

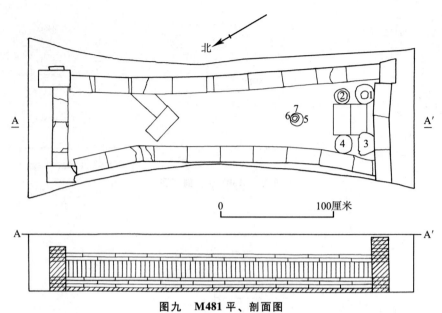

图九　M481 平、剖面图

1、3. 青瓷双系罐 2. 青瓷盘口壶 4. 青瓷钵 5. 铜镜 6. 青瓷盂 7. 铁销

二　出土遗物

因盗扰严重，M461、M502、M479 和 M480 未出土任何遗物，其余三座墓葬共出土遗物绝大多数为青瓷器，器型有器盖、洗、四系罐、鸡首壶、双系罐、盘口壶、钵、盂等，另见有铜钱、铜镜等。

1. 青瓷器

器盖　1 件（M158∶1）。圆形，中部凸起呈平台状，泥条半环形纽，斜壁近直，子口。顶部饰二周凹弦纹，口沿处饰二周凹弦纹。灰胎，器表施青釉，釉层均匀，内壁未施釉。口径 11.8 厘米、高 2.8 厘米（图十）。

洗　1 件（M158∶2）。微敛口，尖圆唇，弧腹下收，平底内凹。口沿下饰二周凹弦纹，肩部装饰一周联珠纹和一周网格纹组成的纹饰带。肩部等距贴塑三个兽面铺首。灰胎，内、外壁施青釉，外壁近底处及底部未施釉。口径 14.8 厘米、底径 7.2 厘米、高 5.2 厘米（图十一）。

四系罐　3 件。直口微敛，圆唇，斜直领，溜肩，鼓腹下收。肩部饰四对称泥条横系。肩部饰一周菱形回纹宽带。灰胎，胎中泛红，外施青釉，腹下部近底处及底未施釉。M284∶1，平底。口沿下饰凹弦纹一周，肩部饰一周凹弦纹。口径 10.4 厘米、底径 10.8 厘米、腹径 17.6 厘米、高 11.8 厘米（图十二）。M284∶2，平底微凹。口沿下部饰凹弦纹一周，肩部饰二周凹弦纹。口径 10.4 厘米、底径 10.2 厘米、腹径 17.4 厘米、高 12.4 厘

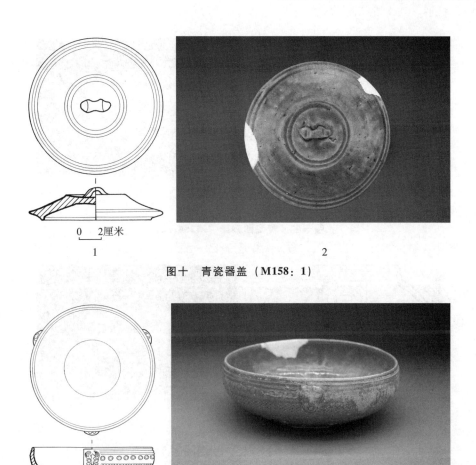

图十　青瓷器盖（M158：1）

图十一　青瓷洗（M158：2）

米（图十三）。M284：4，平底微凹。口沿下部饰一周凹弦纹。口径 10 厘米、底径 11.2 厘米、腹径 18 厘米、高 12.6 厘米（图十四）。

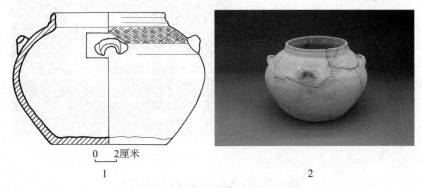

图十二　青瓷四系罐（M284：1）

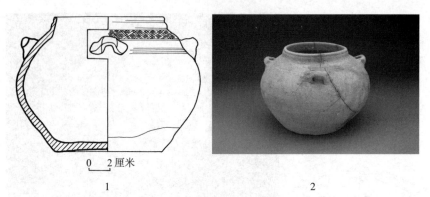

图十三 青瓷四系罐 (M284：2)

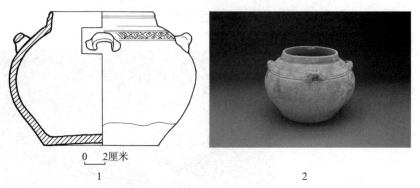

图十四 青瓷四系罐 (M284：4)

鸡首壶 1件 (M284：3)。浅盘口，圆尖唇，矮束颈，溜肩，圆鼓腹，最大径在上腹部，平底。肩部贴附二对称泥条竖系，系面饰蕉叶纹。另一侧对称置一鸡首和鸡尾。鸡首昂立，鸡冠高耸。口沿下部饰二周凹弦纹，肩部饰一周联珠纹和二周凹弦纹组成的纹饰带。灰胎，口、颈及外壁施青釉，釉不及底，局部脱釉。口径 10 厘米、底径 8.4 厘米、腹径 14.8 厘米、高 13.6 厘米（图十五）。

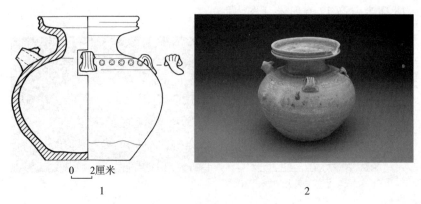

图十五 青瓷鸡首壶 (M284：3)

双系罐　2件，肩部饰有两个对称泥条竖系。按有无铺首分为二型。

A型，无铺首。1件（M481：1）。侈口，尖圆唇，矮领外撇，束颈，鼓肩，弧腹下收，平底微凹。口沿下饰一周凹弦纹，肩部饰由二周凹弦纹和一周网格纹组成的纹饰带。灰胎，胎中泛红，口部及外壁施青釉，釉不及底，部分脱釉。口径9.2厘米、底径6.8厘米、腹径14.8厘米、高10厘米（图十六）。

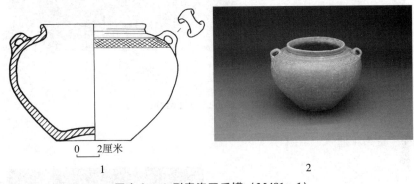

图十六　A型青瓷双系罐（M481：1）

B型，肩部置二对称兽面铺首。1件（M481：3）。直口，方唇，厚唇沿，矮领，束颈，溜肩，鼓腹下收，平底内凹。系面饰蕉叶纹。口沿下饰一周凹弦纹，肩部饰三周凹弦纹和一周网格纹组成的纹饰带。灰胎，胎中泛红，口沿及外壁施青釉，釉不及底，局部脱釉。口径13.2厘米、底径10.4厘米、腹径21厘米、高16.8厘米（图十七）。

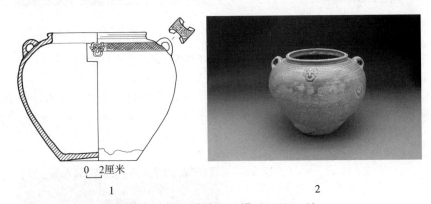

图十七　B型青瓷双系罐（M481：3）

盘口壶　1件（M481：2）。浅盘口，尖圆唇，矮束颈，溜肩，弧腹下收，最大径在上腹部，平底内凹。肩部置有对称的四个泥条横系。口沿下部装饰一周凹弦纹，肩部装饰一周凹弦纹和网格纹组成的纹饰带。灰胎，胎中泛红，口、颈及外壁施青釉，釉不及底，釉层厚薄不均，部分脱釉。口径9.2厘米、底径9.2厘米、腹径13.6厘米、高13.2厘米（图十八）。

钵　1件（M481：4）。侈口，圆唇，弧腹下收，内底微凸，外底微内凹。口沿下饰一周凹弦纹。灰胎，内外壁施青釉，内、外底未施釉，釉层大部脱落。口径15.6厘米、底

图十八 青瓷盘口壶（M481：2）

径 11.4 厘米、高 5.4 厘米（图十九）。

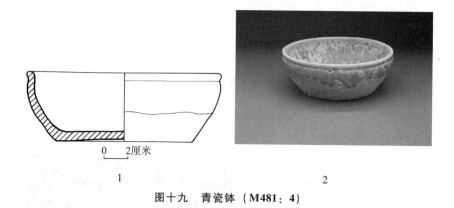

图十九 青瓷钵（M481：4）

盂 1件（M481：6）。敛口。平沿微凹，丰肩，扁圆腹，最大腹径在上腹部，平底。灰胎，外壁施青釉，釉不及底。口径 3.6 厘米、底径 3 厘米、腹径 7.2 厘米、高 3 厘米（图二十）。

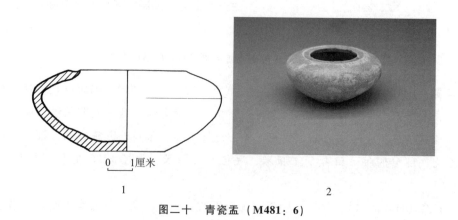

图二十 青瓷盂（M481：6）

2. 铜器

铜钱　多为五铢钱，其次为剪轮五铢，货泉仅1枚。均为圆形，方孔，篆书。

五铢钱　正面模印篆书"五铢"二字，"朱"字头方折，"五"字弯交。M158：3-1，直径2.5厘米、孔径1厘米、厚0.1厘米，重2.0~2.6克（图二十一）。M284：6，正面有外郭，无内郭，背有内外郭。直径2.5厘米、孔径1厘米、厚0.1厘米，重2.1~2.5克（图二十二）。

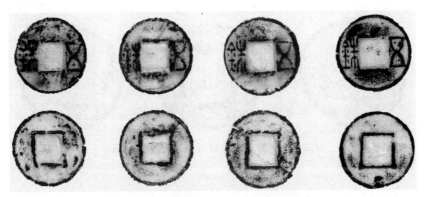

图二十一　五铢钱（M158：3-1）拓本

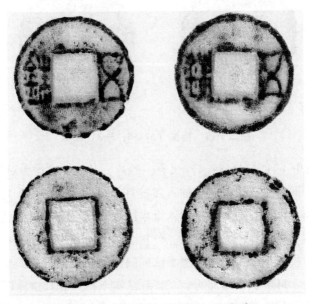

图二十二　五铢钱（M284：6）拓本

剪轮五铢（M158：3-2），"朱"字头方折，"五"字弯交。直径2.3~2.5厘米、孔径0.9~1厘米、厚0.1厘米，重1.5~1.9克（图二十三）。

货泉（M158：3-3），正面有外郭，无内郭，背有内外郭。篆书"货泉"。直径2.3厘米、孔径0.7厘米、厚0.1厘米，重1.6克（图二十四）。

图二十三　剪轮五铢钱（M158：3-2）拓本

图二十四　货泉（M158：3-3）拓本

　　铜镜　3 件。其中 1 件（M158：4）仅剩一残片。其余 2 件均为对置式神兽镜，圆形，镜面微凸。扁圆纽，圆纽座。纽座外四仙人四神兽相间配置，四仙人均为对置式端坐，披帛高举。四仙人四神兽外侧有八个方枚和八个半圆枚相间环绕构成的纹饰带。每个方枚上均有一字，锈蚀不清。再外为一圈栉齿纹。外区为一圈铭文带。M284：5，四神兽均侧身转头，躯体丰腴。方枚和半圆枚之间以圆圈纹间隔。半圆枚上饰有涡纹。外区铭文因铸造太浅，不可全部辨认，可辨识出铭文为："宝鼎二年十一月廿日造竟□龙白虎□□□服□万国五恙同□同□乐□□□□"。直径 11.9 厘米、缘厚 0.4 厘米，重 290 克（图二十五）。M481：5，四神兽两两兽首相对。方枚、半圆枚以及外圈铭文带上的铭文和纹饰因锈蚀而无法辨认。直径 10.4 厘米、缘厚 0.4 厘米，重 182.6 克（图二十六）。

　　另发现铁销 1 件（M481：7），残碎，锈蚀严重。

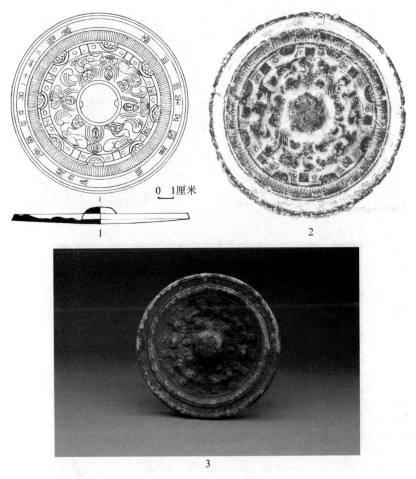

图二十五　铜镜（M284：5）

结　语

姚庄墓地中区发掘的 7 座六朝墓葬，仅 M284 出土的铜镜铭文上有明确纪年，能够确定年代上限。其余大多结构不全，可通过墓葬形制、出土遗物与其他纪年墓葬材料对比分析，确定其年代。

M158 排水管道由两个筒瓦对砌而成，年代较早。目前见于江宁黄家营第五号六朝墓①、仙鹤山孙吴墓 M4 与 M5 的排水总渠②、郎家山元康三年墓③等墓葬，李蔚然先生认

①　江苏省文物管理委员会：《江宁县黄家营第五号六朝墓清理简报》，《文物参考资料》1956 年第 1 期。

②　南京市博物馆、南京师范大学文物与博物馆学系：《南京仙鹤山孙吴、西晋墓》，《文物》2007 年第 1 期。

③　李蔚然：《南京六朝墓清理简报》，《文物》1959 年第 4 期。

图二十六 铜镜（M481：5）

为："从出土遗物和有纪年文字的墓砖来看，砖砌水沟较瓦管水沟为晚，前者应为东晋及其以后的形式，后者约为东晋以前的形式。"此外 M158 出土的青瓷洗与上坊孙吴墓（M1：16）[①] 中所出器型相近，洗上装饰的由联珠纹、网格纹及三个等距离的兽面铺首组成的纹饰带在丁墙村"天册元年"东吴墓的青瓷罐（M1：17，公元 275 年）[②] 上亦能见到，因此可见 M158 的年代可能为孙吴时期。

M284 和 M481 墓葬形制相同，均为叠涩顶砖室墓，出土器物装饰联珠纹、网格纹以及菱形回纹宽带，系上装饰蕉叶纹，多见于孙吴、西晋时期。同时 M284 出土的铜镜铭文"宝鼎二年十一月廿日造竟"，宝鼎二年，即公元 267 年，为吴末帝孙皓的第三个年号，可见 M284 的年代上限为孙吴末期。此外 M284 所出四系罐与江宁咸墅村"太康五年"墓

① 南京市博物馆、南京市江宁区博物馆：《南京江宁上坊孙吴墓发掘简报》，《文物》2008 年第 12 期。

② 南京市博物馆、雨花台区文化局：《南京丁墙村"天册元年"东吴墓》，载南京市博物馆编《南京文物考古新发现：南京历史文化新探贰》，江苏人民出版社，2006，第 24~28 页。

（M1：4，公元 284 年）①、江宁天册元年墓（M1：17，公元 275 年）②、板桥镇石闸湖晋墓（公元 302 年）③、镇江东吴西晋墓（高·化 M1 出土的 I 式青瓷罐，公元 295 年）④ 等纪年墓中出土的同类器相近或相同，鸡首壶与南京富贵山（M4：62）⑤、杭州地区汉—六朝墓（M34：9，公元 280 年）⑥ 等相近。M481 出土的 A、B 型青瓷双系罐、青瓷盂与江宁孙吴天册元年墓（M1：9、12、14）器型相近。盘口壶与南京滨江开发区建衡二年墓（M3：6，公元 286 年）⑦、板桥镇石闸湖晋墓（M1：7，公元 302 年）等墓中器物相近。综上所述，我们将这两座墓葬的年代推定为孙吴末期至西晋时期。

M461、M502、M479 和 M480 四座墓葬东西向一字排列，两两成组，规模相当，排水沟形制相同，两两相汇，用砖规格相同，可见墓地应是经过统一规划，且埋葬时间间隔并不是很长，应为同时期家族墓葬。此外，排水沟相汇的墓葬从刊发的材料来，以孙吴西晋时期的墓葬最为多见，如前文中提到的仙鹤山孙吴墓、雨花台区定坊村孙吴墓⑧，较晚见于东晋时期雨花台区后头山张迈家族墓⑨。另外这四座墓葬的用砖规格与 M284、M481 相同。综上，我们将这四座墓葬的年代推断为孙吴西晋时期。

六合，古之棠邑。孙吴时属广陵郡，西晋初属临淮郡，西晋元康七年分临淮置淮陵郡，以堂邑置堂邑郡，可见其在六朝早期地理位置的重要性。目前，六合区发掘的六朝早期墓葬数量少且分布零散，而姚庄墓地这批六朝墓葬虽经盗扰，但分布集中，时代特征明显，反映出孙吴至西晋时期丧葬习俗的连续性与家族性，为研究六朝早期葬制、葬俗及区域历史提供了新的实物资料。此外，M284 出土的纪年铜镜，对于六朝时期铜镜铸造工艺及铭文研究亦具有重要意义。

附记：本次发掘项目负责人李翔；资料整理王富国、祝乃军、周平战、刘文权、王福乐等，绘图董补顺、靳鑫；拍照、拓片祝乃军。

编辑：刘可维

① 东南大学艺术学院、江宁区博物馆：《南京江宁咸墅村两座西晋"太康五年"墓发掘简报》，《东南文化》2019 年第 4 期。
② 南京市江宁区博物馆：《南京江宁孙吴"天册元年"墓发掘简报》，《东南文化》2009 年第 3 期。
③ 南京市文物保管委员会：《南京板桥镇石闸湖晋墓清理简报》，《文物》1965 年第 6 期。
④ 镇江博物馆：《镇江东吴西晋墓》，《考古》1984 年第 6 期。
⑤ 南京市博物馆、南京市玄武区文化局：《江苏南京市富贵山六朝墓地发掘简报》，《考古》1998 年第 8 期。
⑥ 浙江省文物考古研究所：《杭州地区汉、六朝墓发掘简报》，《东南文化》1989 年第 2 期。
⑦ 南京市江宁区博物馆：《南京滨江开发区 15 号路六朝墓清理简报》，《东南文化》2009 年第 3 期。
⑧ 南京市考古研究院：《南京市雨花台区定坊村孙吴墓发掘简报》，《东南文化》2024 年第 2 期。
⑨ 南京市考古研究所：《南京市雨花台区后头山东晋墓发掘简报》，《东南文化》2017 年第 4 期。

江苏常州钟楼区慈墅村遗址宋代古井发掘简报

肖 宇

（常州市考古研究所）

[摘要] 2021 年 4 至 9 月，南京博物院、常州市考古研究所对江苏省常州市钟楼区永红街道宣塘村南部的慈墅村遗址进行考古发掘，发现周代土墩及六朝至清代墓葬、水井等遗迹，其中宋代古井 5 口。宋代古井的形制结构可分为土圹井、土圹砖券井，出土陶器、釉陶器、瓷器和木器等各类遗物 52 件。慈墅村遗址宋代古井的发掘，为研究长江下游地区宋代凿井技术、水井形制、生活环境等问题提供了实物资料。

[关键词] 常州；宋代；水井

慈墅村遗址位于江苏省常州市钟楼区永红街道宣塘村南部原慈墅村，南侧紧邻中吴大道，东侧临近白云南路，北距桂花园居民小区 0.3 公里，西距皇粮浜 0.5 公里（图一）。地理坐标为东经 119°54′16″，北纬 31°45′45″。2021 年 4~9 月，为配合基本建设，南京博物院、常州市考古研究所对慈墅村遗址进行了考古发掘。发掘周代土墩（D1）1 座，六朝至清代墓葬 106 座，宋代、明代古井 9 口。其中，宋代古井 5 口，集中分布于遗址东南（图二），编号为 2021CZCJ1~2021CZCJ5（以下简称 J1~J5）。现将慈墅村遗址宋代古井的发掘情况简报如下。

一 古井形制及井内堆积

因晚期扰动破坏，宋代古井开口于表土层下，打破生土。依据古井形制结构，可分为土圹井、土圹砖券井两类。

1. 土圹井

土圹井 2 口，包括 J3、J4。

J3 井口平面近圆形，口大底小，井壁斜直，壁面光滑，井底较平。井口直径 1.22 米，井底直径 0.82 米，深 3.82 米。井内堆积大致可分为两层：①层为灰黄色土，夹杂灰

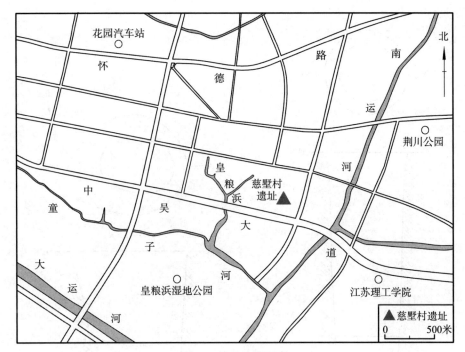

图一　遗址位置示意

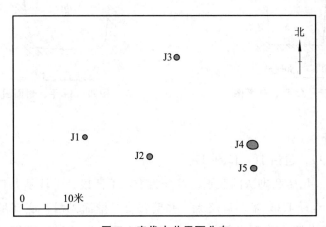

图二　宋代古井平面分布

白色土，土质疏松，厚 2.61 米，包含较多砖瓦残块、陶瓷残片；②层为灰黑色淤土，土质黏软，底部含沙量较大，厚 1.21 米，包含少量陶瓷残片（图三）。

J4 井口平面呈不规则椭圆形，口大底小，井壁斜直，东侧上部井壁外弧，壁面光滑，井底近平。井口直径 1.86~2.36 米，井底直径 1.01~1.4 米，深 3.23 米。井内堆积大致可分为两层：①层为灰黄色土，夹杂褐色土，土质疏松，厚 1.52~1.76 米，包含大量陶瓷残片；②层为黄褐土，夹杂灰白色土，土质较硬，厚 1.47~1.71 米，包含少量碎砖（图四）。

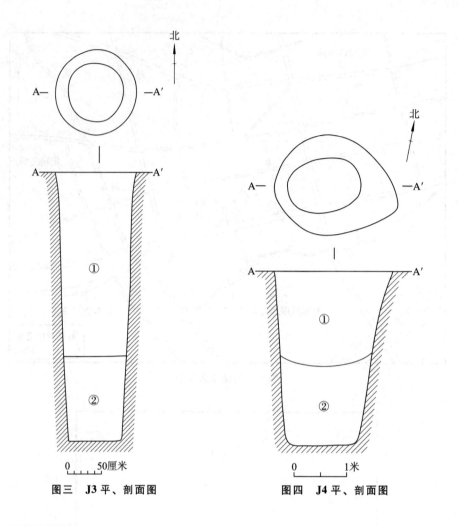

图三 J3 平、剖面图　　　　图四 J4 平、剖面图

2. 土圹砖券井

土圹砖券井 3 口，包括 J1、J2 和 J5。

J1　依据井壁、用砖和砌法的区别，可分为上、下两段。上段从井口下至 1.73 米处，井口平面近圆形，直径 1.02 米，口略大，井壁斜直，壁面光滑，底部呈台阶状收缩。距井口 1.12 米见砖砌井圈，井圈内径 0.52 米，共 12 层，平砖错缝砌筑，为便于砌成圆弧形，所用皆为截去一段残砖，残砖厚 4.8 厘米，宽窄、长短不一，部分砖已磨圆或脱落。下段从井口下 1.73 米至 3.61 米，直筒形，直径 0.62 米，上下等大，壁面光滑，底部较平。紧贴圹壁砖砌井圈，井圈内径 0.52 米，共 12 层，侧砖错缝砌筑，整砖长 32 厘米、宽 15 厘米、厚 4 厘米，使用了少量残砖。井内堆积大致可分为两层：①层为灰黄色土，土质疏松，厚 2.84 米，包含大量碎砖和陶瓷片；②层为灰色淤土，土质较软，含沙量较大，厚 0.77 米，包含少量的碎砖、炭灰（图五）。

J2　依据井壁、用砖和砌法的区别，可分为上、下两段。上段从井口下至 1.79 米处，井口平面呈椭圆形，直径 1.18～1.28 米，井壁斜直，漏斗状，壁面光滑，底部呈台阶状收

缩。距井口 0.3 米见砖砌井圈，上端井圈明显变形，北侧部分井圈垮塌，井圈内径 0.39
米，共 34 层，平砖砌筑，所用皆为残砖，砖的尺寸大小不一，砖厚 4 厘米左右，砌筑较
为杂乱，夹杂细小碎砖。下段从井口下 1.79 米至 3.91 米，直筒形，直径 0.58 米，上下
等大，壁面光滑，底部较平。紧贴圹壁砖砌井圈，井圈内径 0.47 米，共 16 层，用榫卯梯
形砖横立错缝砌筑，窄面向内，斜口相对，榫卯相接，砖窄面长 22 厘米、宽 12 厘米、厚
4 厘米。井内堆积大致可分为两层：①层为灰褐色土，土质较硬，厚 2.9 米，包含大量砖
瓦残块；②层为灰色淤土，土质较软，含沙量较大，厚 1.01 米，未见包含物（图六）。

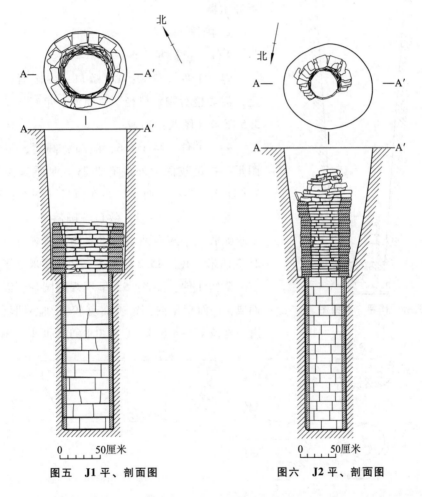

图五　J1 平、剖面图　　　　　图六　J2 平、剖面图

　　J5　井口平面呈椭圆形，口大底小，井壁斜直，漏斗状，壁面光滑，底部较平。井口
直径 1.26~1.38 米，井底直径 0.72~0.83 米，深 3.89 米。距井口 3.25 米见砖砌井圈，井
圈内径 0.49 米，共 5 层，用砖横立错缝砌筑，砖长 20 厘米、宽 13 厘米、厚 4 厘米。井内
堆积大致可分为两层：①层为灰黄色土，土质疏松，包含物有少量陶瓷残片，厚 1.75 米；
②层为灰色土，土质疏松，包含物有少量陶瓷残片、木块，厚 2.14 米（图七）。

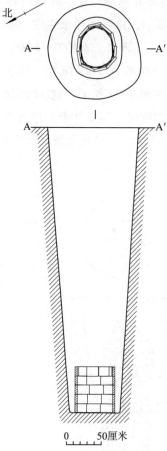

图七 J5 平、剖面图

二 出土器物

井内出土陶瓷残片数量较丰，仅有少数为完整器，以瓷为主，釉陶次之，瓷碗、釉陶罐和釉陶瓶最为常见。复原器物 52 件，可分为陶器、釉陶器、瓷器和木器。

1. 陶器

4 件 包括盏、碗、盆和陶饼。

盏 1 件。J2②：1，敞口，尖圆唇，弧壁，卧足，泥质橙黄陶。口径 7.2 厘米、足径 3.2 厘米、高 3.5 厘米（图八：1）。

碗 1 件。J4①：6，敞口，圆唇，斜弧壁，矮圈足，挖足较深，外底有凸脐，泥质灰黑陶。口径 7.8 厘米、足径 3 厘米、高 5 厘米（图八：3）。

盆 1 件。J4②：1，敛口，圆唇外卷，口沿宽厚，下腹弧收，平底内凹，泥质灰陶，器表有土沁。口径 21.3 厘米、底径 15.2 厘米、高 7.6 厘米（图八：4）。

陶饼 1 件。J2②：5，呈不规则圆形，以陶片打磨而成，一面稍稍内凹，表面有较多细小凹坑，泥质灰陶。直径 4.6~4.8 厘米、厚 0.8~1.1 厘米（图八：2）。

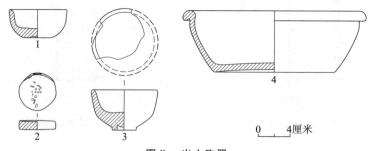

图八 出土陶器

1. 盏（J2②：1） 2. 陶饼（J2②：5） 3. 碗（J4①：6） 4. 盆（J4②：1）

2. 釉陶器

8 件 包括盏、壶和罐。

盏 1 件。J4①：11，敞口，圆唇外卷，弧壁，外壁有瓦楞状旋刮痕，平底内凹。红褐胎，施紫褐釉，外底露胎。口径 8.9 厘米、底径 4 厘米、高 3.4 厘米（图九：1）。

壶 1 件。J2②：2，直口，尖圆唇外卷，直颈，溜肩，肩部一侧有流，对侧有把手，并捏塑两个对称的竖系，流、把手和系残，弧腹，下腹弧收，平底内凹，腹部有瓦楞状旋刮痕。灰胎，施黄褐釉，釉不及底，有流釉痕。口径 7.8 厘米、腹径 14 厘米、底径 7.6 厘米、高 22.2 厘米（图九：2）。

罐 6 件。依据腹部形态，可分为二型。

A 型 3 件。圆鼓腹。侈口，圆唇外卷，短束颈，溜肩，肩部捏塑四个对称的竖系，下腹弧收，平底内凹，腹部有瓦楞状旋刮痕。紫褐胎，施青灰釉，釉不及底。J1②：1，口部不周正，其中一系残。口径 8.4 厘米、腹径 18.2 厘米、底径 9.4 厘米、高 20.8 厘米（图九：3）。J1②：3，口径 8 厘米、腹径 18.5 厘米、底径 9.5 厘米、高 22.3 厘米（图九：4）。J1②：4，口部不周正。口径 7.8 厘米、腹径 17.8 厘米、底径 9.4 厘米、高 20.6 厘米（图九：5）。

B 型 3 件。深弧腹。敛口，尖圆唇外卷，内侧唇下内凹，溜肩，肩部捏塑四个对称的竖系，下腹弧收，平底内凹，腹部有瓦楞状旋刮痕。J1②：5，紫褐胎，施青灰釉，釉不及底。口径 8.2 厘米、腹径 16 厘米、底径 9.3 厘米、高 23.8 厘米（图九：6）。J2②：3，其中一系残。紫褐胎，施灰黄釉，釉不及底。口径 8 厘米、腹径 15.1 厘米、底径 9.8 厘米，高 27.4 厘米（图九：7）。J2②：4，系均已残。紫褐胎，施灰黄釉，釉不及底。口径 8.4 厘米、腹径 13.8 厘米、底径 9 厘米、高 28 厘米（图九：8）。

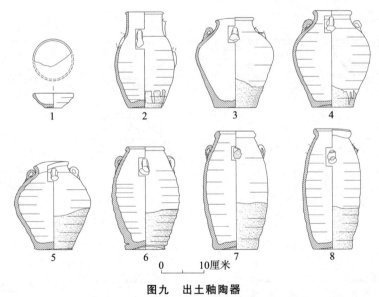

图九 出土釉陶器

1. 盏（J4①：11） 2. 壶（J2②：2） 3~5. A 型罐（J1②：1、J1②：3、J1②：4） 6~8. B 型罐（J1②：5、J2②：3、J2②：4）

3. 瓷器

39 件 包括粉盒、盏、钵和碗。

粉盒 1 件。J4①：4，缺盖。盒身子口内敛，尖圆唇，浅直腹，腹部刻划竖线纹，平底。白胎，施青白釉，釉面开片，口沿及底无釉，余满施釉。口径 5.2 厘米、底径 6.7 厘米、高 2.4 厘米（图十：8）。

盏 6 件。依据外壁形态，可分为二型。

A 型 4 件。弧壁，外壁口沿下一周稍稍内凹。敞口，圆唇，矮圈足，挖足较浅。黄灰胎，施黑釉，釉不及底，有流釉痕。J4①：1，口径 9.5 厘米、足径 3.4 厘米、高 5.3 厘米（图十：1）。J4①：3，口部一周呈锈斑色。口径 10.9 厘米、足径 3.9 厘米、高 5.4 厘米（图十：2）。J4①：9，口径 10.7 厘米、足径 3.9 厘米、高 5 厘米（图十：3）。J4①：12，口部一周呈锈斑色。口径 10.7 厘米、足径 4 厘米、高 5.3 厘米（图十：4）。

B 型 2 件。斜弧壁。敞口，尖圆唇，矮圈足，挖足较浅。黄灰胎，施黑釉，釉不及底，有流釉痕。J4①：2，口径 11.3 厘米、足径 3.4 厘米、高 5.7 厘米（图十：5）。J4①：7，内底上凸。口部一周呈锈斑色，有流釉、积釉现象，蓝色窑变釉痕。口径 11 厘米、足径 4.2 厘米、高 5.5 厘米（图十：6）。

钵 1 件。J4①：22，直口，圆唇，弧壁，平底内凹。灰褐胎，施青釉，内外壁釉不及底，内底有支钉痕、釉滴痕。口径 15 厘米、底径 7.3 厘米、高 5.2 厘米（图十：7）。

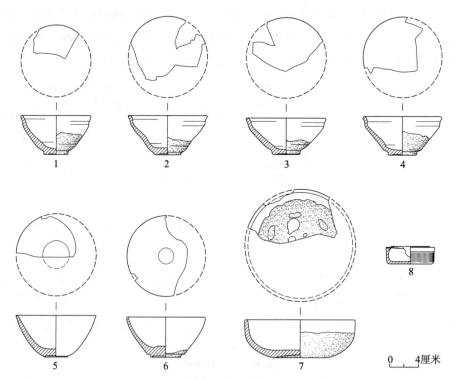

图十 出土瓷器

1~4. A 型盏（J4①：1、J4①：3、J4①：9、J4①：12） 5、6. B 型盏（J4①：2、J4①：7） 7. 钵（J4①：22） 8. 粉盒（J4①：4）

碗 31 件。依据唇部形态，可分为三型。

A 型 21 件。尖圆唇。J1②：2，侈口，弧壁，内底有支钉痕，圈足，足墙外撇。紫褐胎，施灰薄釉，釉不及底。口径 16.5 厘米、足径 9 厘米、高 6 厘米（图十一：1）。J4

①：5，敞口，弧壁，内壁口沿下有弦纹，矮圈足。黄褐胎，施青釉，有流釉痕，釉不及底。口径15.3厘米、足径4.8厘米、高5.6厘米（图十一：2）。J4①：8，侈口，弧壁，外壁下腹部有两道弦纹，内底下凹，圈足。灰白胎，施黄灰釉，釉不及底。口径15.6厘米、足径5.2厘米、高5.8厘米（图十一：3）。J4①：10，敞口，斜壁，内底下凹，圈足。灰白胎，施黄灰釉，釉不及底。口径16.2厘米、足径7.4厘米、高4.3厘米（图十一：4）。J4①：13，敞口，斜壁，圈足，足墙内倾。黄灰胎，施青灰釉，内外壁釉不及底。口径15厘米、足径6.8厘米、高4厘米（图十一：5）。J4①：14，敞口，弧壁，内壁以三线"S"形纹分隔，其间刻划缭绕状云彩，矮圈足。黄灰胎，施青釉，釉面光亮，外底露胎。口径16厘米、足径6.2厘米、高7.4厘米（图十一：6）。J4①：15，敞口，弧壁，内底有楷书刻款"金玉满堂"，圈足，足墙外撇。黄灰胎，施青釉，釉面光亮，外底露胎。口径17厘米、足径7.1厘米、高7.5厘米（图十一：7）。J4①：16，敞口，弧壁，内壁刻划卷草纹，内底下凹，内底刻划莲花纹，矮圈足。灰白胎，施青白釉，外底露胎。口径19.3厘米、足径5.9厘米、高6.8厘米（图十一：8）。J4①：17，敞口，斜弧壁，内壁刻划草叶纹，内底刻划菊花纹，圈足。白胎，施青灰釉，外底露胎。口径18厘米、足径6.2厘米、高6.1厘米（图十一：9）。J4①：18，侈口，弧壁，圈足。黄灰胎，施青釉，外底露胎。口径15.6厘米、足径5.6厘米、高5.6厘米（图十一：10）。J4①：19，敞口，弧壁，内壁以三线"S"形纹分隔，其间刻划缭绕状云彩，内底刻划兰草纹，矮圈足，足墙外撇。灰白胎，施黄釉，釉面开片。口径17.3厘米、足径6.2厘米，高7.4厘米（图十一：11）。J4①：20，敞口，口沿不周正，弧壁，内底刻划草叶纹，内底下凹，圈足。灰白胎，施灰釉，外底露胎。口径18.6厘米、足径6.7厘米、高7.2厘米（图十一：12）。J4①：21，侈口，弧壁，内壁刻划卷草纹，内底下凹，圈足。灰白胎，施灰釉，外底露胎。口径18.3厘米、足径6.2厘米、高6.6厘米（图十一：13）。J5①：3，敞口，弧壁，外壁刻划折扇纹，内底下凹，圈足。灰白胎，施青釉，外底露胎。口径14.5厘米、足径4.9厘米、高6.6厘米（图十一：14）。J5①：6，敞口，弧壁，圈足。灰白胎，施青白釉，釉不及底。口径11.2厘米、足径4.4厘米、高4.6厘米（图十一：15）。J5①：7，侈口，弧壁，圈足，足墙外撇。灰白胎，施青灰釉，外底露胎。口径15.4厘米、足径6厘米、高6.6厘米（图十一：16）。J5①：8，敞口，斜弧壁，矮圈足。灰白胎，施青釉，釉不及底。口径16.4厘米、足径6.1厘米、高5.5厘米（图十二：1）。J5②：1，侈口，斜弧壁，圈足，挖足较浅，足墙外撇。灰白胎，施黄灰釉，釉不及底。口径11.4厘米、足径4.4厘米、高5厘米（图十二：2）。J5②：2，敞口，斜弧腹，圈足挖足较浅，足底斜削。灰白胎，施青釉，釉不及底。口径12.2厘米、足径4.9厘米、高3.8厘米（图十二：3）。J5③：2，敞口，弧壁，圈足。灰白胎，施青灰釉，釉不及底。口径15.1厘米、足径6厘米、高6.6厘米（图十二：4）。J5③：3，侈口，弧壁，内底下凹，内底有一圈支钉痕、旋涡痕，圈足，足墙外撇。灰褐胎，施酱釉，釉不及底。口径15厘米、足径7.8厘米、高6.4厘米（图十二：5）。

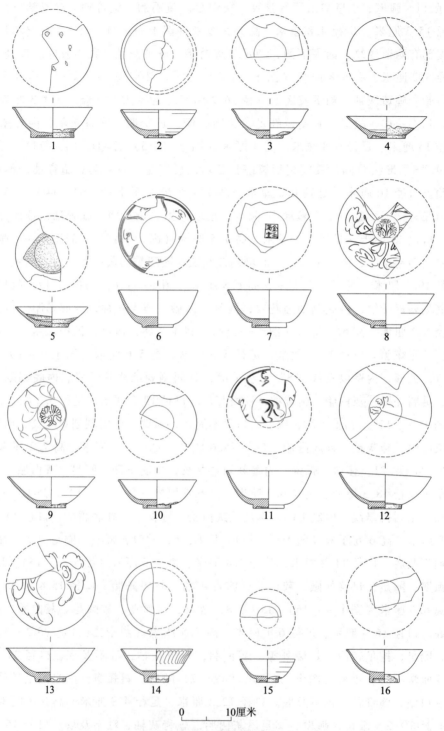

0   10厘米

图十一　出土 A 型瓷碗（一）

1.J1②：2　2.J4①：5　3.J4①：8　4.J4①：10　5.J4①：13　6.J4①：14　7.J4①：15　8.J4①：16
9.J4①：17　10.J4①：18　11.J4①：19　12.J4①：20　13.J4①：21　14.J5①：3　15.J5①：6　16.J5①：7

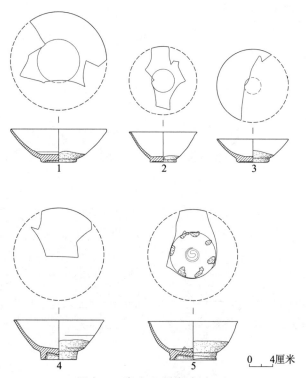

图十二　出土 A 型瓷碗（二）
1. J5①：8　2. J5②：1　3. J5②：2　4. J5③：2　5. J5③：3

B 型　8 件。尖圆唇外卷。J3②：2，敞口，弧壁，外壁口沿下一周稍稍内凹，刻划莲瓣纹，纹饰随意，饼状足。灰白胎，施青灰釉，外底露胎。口径 16.1 厘米、足径 5.4 厘米、高 5.8 厘米（图十三：1）。J5①：1，敞口，斜弧壁，外壁有旋刮痕，圈足，足墙挖撇，足底斜削，挖足较浅。白胎，施青灰釉，釉不及底。口径 15.3 厘米、足径 6.4 厘米、高 6.6 厘米（图十三：2）。J5①：2，敞口，弧壁，圈足，挖足较浅。灰白胎，青灰釉，釉不及底。口径 15.4 厘米、足径 6.4 厘米、高 5.9 厘米（图十三：3）。J5①：4，敞口，弧壁，圈足。灰白胎，青灰釉，釉面开片，外底露胎。口径 16.2 厘米、足径 6.2 厘米、高 6.8 厘米（图十三：4）。J5①：9，敞口，弧壁，圈足，挖足较浅。灰黄胎，青灰釉，釉不及底。口径 15.4 厘米、足径 6.4 厘米、高 5.8 厘米（图十三：5）。J5①：10，敞口，弧壁，圈足，挖足较浅。灰白胎，青灰釉，釉面开片，釉不及底。口径 15.6 厘米、足径 6.8 厘米、高 5.6 厘米（图十三：6）。J5③：1，敞口，弧壁，圈足，挖足较浅。灰白胎，青灰釉，釉不及底。口径 16.2 厘米、足径 6.8 厘米、高 5.4 厘米（图十三：7）。J5③：4，敞口，弧壁，饼状足。灰白胎，青黄釉，釉不及底。口径 15.9 厘米、足径 6.6 厘米、高 6 厘米（图十三：8）。

C 型　2 件。圆唇外卷。敞口，弧壁，圈足。J3②：1，深腹。白胎，施青白釉，外底露胎，釉面开片。口径 10.9 厘米、足径 3.4 厘米、高 5.8 厘米（图十三：9）。J5①：5，口沿不周正，矮圈足，足墙外撇。灰白胎，施青灰釉，釉不及底。口径 15.5 厘米、足径 6

厘米、高 6.1 厘米（图十三：10）。

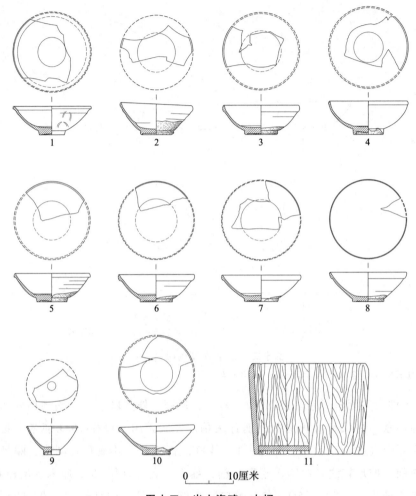

图十三　出土瓷碗、木桶

1～8. B 型瓷碗（J3②：2、J5①：1、J5①：2、J5①：4、J5①：9、J5①：10、J5③：1、J5③：4）　　9～
10. C 型瓷碗（J3②：1、J5①：5）　11. 木桶（J5③：5）

4. 木器

桶 1 件。J5③：5，筒形，敞口，尖圆唇，口大底小，斜直壁，桶壁由十块木板拼合
而成，桶底为一块圆木板。口径 25 厘米、底径 23 厘米、高 18.5 厘米（图十三：11）。

结　语

慈墅村遗址 J1～J5 出土器物中，除瓷钵（J4①：22）为唐代遗物，其余均属宋代，常
见于周边宋代墓葬或遗址。井内出土器物时代以北宋时期为主，B 型釉陶罐与常州排姆村

遗址宋墓[1]出土同类器相同，陶盆（J4②：1）、瓷碗（J4①：17、J4①：21、J5①：3）与东台辟郎村遗址[2]出土同类器基本一致，瓷碗（J1②：2）还见于东台北海村遗址[3]。此外，还有少量龙泉窑瓷器为南宋时期，瓷碗（J4①：14、J4①：19）以三线"S"形纹为装饰特征，瓷碗（J4①：15）内底饰"金玉满堂"方印，龙泉东区窑址发掘者将这些瓷碗归为窑址的二期四段，时代为南宋中晚期[4]。因此，慈墅村遗址宋代古井的使用和废弃过程应从北宋延续至南宋。

慈墅村遗址宋代古井的形制结构多样，包括土圹井、土圹砖券井，土圹砖券井又可分为两类，一类土圹和砖砌井圈上下一致，另一类土圹和砖砌井圈上下不同，土圹上段宽、下段窄，上下段之间阶梯状收缩，上段井圈平转垒砌，下段井圈紧贴圹壁立砖垒砌，这种形制结构还见于泰州稻河古井群[5]。井内出土器物以平民日常生活用器为主，其中瓷碗数量最多，基本为残器，推测为使用破损后丢弃于井中。釉陶器数量也较多，以各类壶、罐为大宗，用于汲水、储水和饮水。此外，还有用于汲水的木桶，镇江大市口宋井也有木桶出土[6]。

慈墅村遗址位于常州古城的西南郊，明清时期地属怀南乡，邻近南宋《毗陵志》中所记载的"黄林"。慈墅村遗址宋代古井的发掘，验证了宋代常州近郊地区的开发历史，反映了宋代长江下游地区凿井技术、水井形制和生活环境等方面的问题，为相关研究提供了重要实物资料。

附记： 本次考古发掘领队为张华，现场负责人为肖宇，参与发掘的有肖宇、范德刚、吕晓辉（厦门大学）、陈家俊（江西师范大学）、王鹏林（河南大学）、谢可欣、熊芷含（安阳师范学院）等，器物由肖宇修复，线图由熊艳玲、杨小悦、陈媛萍、肖宇绘制。

编辑：彭辉

① 南京博物院、常州市考古研究所：《江苏常州经济开发区排姆村遗址宋代墓葬发掘简报》，《东南文化》2021年第4期。

② 南京博物院、无锡市文化遗产保护和考古研究所、东台市博物馆：《东台辟郎村》，文物出版社，2020，第151、155、161、177页。

③ 南京博物院、淮安市博物馆、东台市博物馆：《江苏东台北海村唐宋遗址发掘简报》，《东南文化》2019年第6期。

④ 浙江省文物考古研究所编《龙泉东区窑址发掘报告》，文物出版社，2005，第393~402页。

⑤ 张伟、郭正军、杭涛：《泰州市海陵区稻河古井群遗址》，载江苏省考古学会编《江苏省考古学会文集（2015—2016）》，上海古籍出版社，2018。

⑥ 镇江古城考古所：《镇江市大市口宋代水井清理简报》，《南方文物》1996年第1期。

江苏苏州吴中区郭家村遗址发掘简报[*]

陈　璟

（苏州市考古研究所）

[摘要] 2023 年 6 月~8 月，苏州市考古研究所对位于苏州市吴中区木渎镇丹枫路以南、胥江以北、金枫美地以东、建业科技园以西地块内的郭家村遗址进行了考古发掘。该遗址是一处以唐宋时期为主的微型聚落遗址，主要由灰坑、柱洞和水井等生活类遗迹，以及墓葬共同组成。其中，M2 出土的石砚采用木渎本地所产嵯村石制作，反映了当时苏州发达的砚雕制作工艺，也将嵯村石砚的历史提前到五代时期，为苏派砚雕非遗技艺的历史增添了新的实物资料；相关发现亦为研究苏州木渎古镇地区社会历史提供了有意义的考古学资料。

[关键词] 苏州；木渎；聚落遗址；五代；嵯村石

2023 年 6 月~8 月，苏州市考古研究所对位于苏州市吴中区木渎镇丹枫路以南、胥江以北、金枫美地以东、建业科技园以西地块（图一）进行了考古发掘。遗址南临胥江，西邻木渎古镇，因发掘区附近原属郭家村，故将该遗址命名为"郭家村遗址"。

本次考古发掘累计发掘 1000 平方米，主要发现唐宋至明清时期的遗迹现象 34 处，包括灰坑 16 处、柱坑 11 个、水井 5 口及墓葬 2 座。累计出土完整及可复原遗物 72 件。现将考古发掘情况及主要收获做以下介绍。

一　层位堆积

发掘结果表明，该遗址各部分的文化层堆积大致相同，平均厚度约 1 米左右。现以 T0306 西壁剖面（图二）为例，详情介绍如下：

第①层：表土层，土质疏松，厚度约 0.3~0.5 米，包含大量建筑垃圾和生活垃圾，初步推测为现代扰乱垫土层。

---

*　本文为江苏地域文明探源工程唐宋元明港口与对外交流课题阶段性成果。

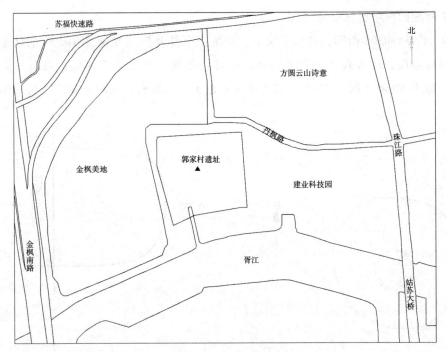

图一 遗址位置示意图

第②层：灰褐色土层，土质较疏松，厚度约 0.14~0.25 米，包含青花瓷片、铜镜及少量碎砖瓦片，初步推测为明清时期生活堆积层。

第③层：黑灰色土层，土质较致密，厚度约 0.2~0.4 米，包含少量单色釉瓷片及碎砖瓦片，初步推测为唐宋时期生活堆积层。

③层下即为黄褐色自然层，带有黑色水锈斑，土质致密，无包含物。

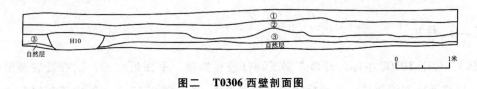

图二 T0306 西壁剖面图

二 典型遗迹

（一）灰坑

H3 位于 T0307 中部偏北，开口③层下，打破自然层，平面近圆形，剖面及底面呈圜底，口部及底部较明显。坑口直径 0.57 米、深 0.16 米，坑内填土呈内外两圈分布，内圈为灰褐色土，外圈为黑褐色土，均夹杂少量红烧土颗粒，较致密。经清理，坑底中部出土 1 件夹砂红陶钵。根据灰坑的开口层位，结合器物形制及周围柱坑分布情况，初步推测可能与唐宋时期的房屋奠基有关（图三）。

　　H10　位于 T0306 南部，开口②层下，灰坑西半部分叠压在探方 T0206 东隔梁下，打破③层与自然层，已揭露平面近半圆形，口部较明显，壁面呈弧线形，圜底。长 0.84 ~ 1.03 米、宽 0.99 米、深 0.41 米。坑内填灰褐色土，较致密，坑内未发现遗物（图四）。

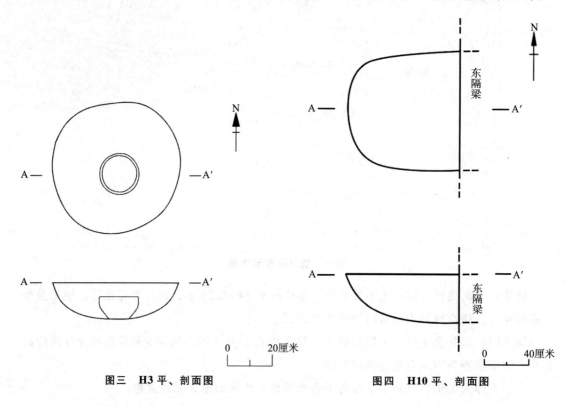

图三　H3 平、剖面图　　　　　　　　　图四　H10 平、剖面图

（二）柱坑

　　ZK3　位于 T0307 中部，开口③层下，打破自然层，平面近圆形，剖面及底面呈筒形平面，口部及底部较明显，壁面略倾斜。口径 0.16 米、深 0.12 米。坑内填灰褐色土夹杂少量红烧土颗粒，较致密，柱坑内未发现遗物（图五）。

　　ZK11　位于 T0307 中部，开口③层下，打破自然层，平面近圆形，剖面及底面呈筒形平面，口部及底部较明显，壁面略倾斜。口径 0.26 米、深 0.30 米。坑内填灰褐色土夹杂少量红烧土颗粒，较致密，柱坑内未发现遗物（图六）。

（三）水井

　　J1　位于 T0308 中部偏西南，开口③层下，打破自然层，平面呈圆形，井体分上下两层，其中上层为六层砖券结构，下层为土结构。井口距地表深约 0.65 米、口径 1.4 米、井深 0.39 米、底径 1.22 米。井砖尺寸规格不一，多为残砖拼凑而成，较为平整的一面均朝向井内，并交错砌筑起券。井底出土瓷执壶1件（图七）。

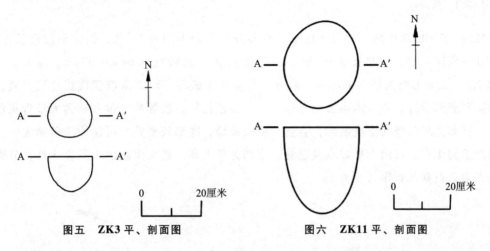

图五　ZK3平、剖面图　　　　　　图六　ZK11平、剖面图

J2　位于T0306东南角，开口③层下，打破自然层，平面呈圆形，该水井由上下部分组成，上部为土结构喇叭形井口，下部为砖券结构柱状井体。井口距地表深约1.2米，口径0.73米、底径0.73米，井深3.20米，其中井口土坑深0.45米、砖砌井体深2.75米。井砖尺寸规格一致，均为长21厘米、宽14厘米、厚2.8厘米的青灰色井砖砌筑而成，单面两侧倒角磨平，共22层，每层砖均为11块。其中，第一层、第二层为顺面砌筑，至第三层为平铺丁砖面，至下逐层均为顺面砖砌筑。井口填土内出土瓷器2件，井深1.85米处出土瓷碗1件（图八）。

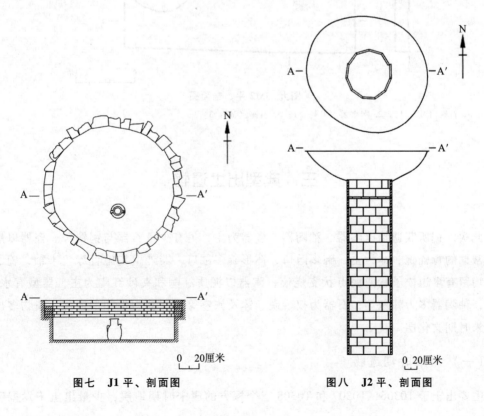

图七　J1平、剖面图　　　　　　图八　J2平、剖面图

（四）墓葬

M2 位于 T0207 中部，开口③层下，墓葬开口距地表约 0.73 米，整体平面近长方形，近东北—西南走向，南北长 3.93 米、南宽 1.81 米、北残宽 0.64~0.97 米、深 0.26 米，方向 72°。墓葬形制为竖穴土坑墓，墓葬上部被严重破坏，西北角被现代扰动坑打破，仅残存墓葬底部少许。墓室内填黄褐色花土，土质较松软，较湿黏，包含物为大量青灰色碎砖块。墓葬土圹为竖穴土坑结构，直壁，壁面粗糙，底部较平整，可能原为砖铺地面，因扰动严重而无存。墓内未见葬具及遗骨，推测为单人葬。墓室南侧出土器物 3 件，分别为红陶水盂、石砚及石座（图九）。

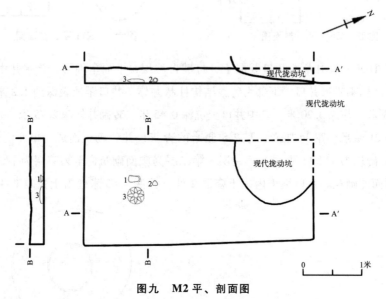

图九　M2 平、剖面图

1. 石砚（M2：1）；2. 陶水盂（M2：2）；3. 石座（M2：3）

三　典型出土遗物

此次发掘所获遗物以陶器、釉陶器、瓷器为主，另有少量石器与铜钱等。瓷器以唐宋时期常见的青瓷碗、钵为主，碗多敞口，钵形碗多敛口，器外壁均施青绿色半釉，碗心及底部均留有多道松子状或泥点状支烧痕；陶器以泥质红陶和夹砂红陶为主，器型有水盂、钵等；釉陶器多为韩瓶等；石器为权、砚、钵及帐座等；铜器为带扣、铜镜。遗物多出土于唐宋时期文化层。

（一）唐宋时期遗物

主要出土于 T0306、T0307 和 T0308 三个探方的唐宋时期地层，少量出土于发掘区中部探方的晚期文化层内，可能为后期扰动所致。

1. 陶瓷器

碗 8件。瓷7件，陶1件。根据器物口沿形态分为A、B两型。

A型 6件。侈口，弧腹或斜弧腹。

J2：2，红褐胎。侈口，斜壁，平底内凹。器内壁施釉，外壁施半釉。内底残存9个泥点支烧痕。口径19.6厘米、底径10.3厘米、高5.8厘米（图十：1）。

J2：3，红褐胎。侈口，尖圆唇，五缺花口，外壁花口下压印直线，斜弧腹，圈足。内底及足缘上均留有16个松子形泥点支烧痕。通体施青釉。口径17.4厘米、底径7.9厘米、高6.8厘米（图十：2）。

J4：1，灰胎。侈口，弧腹，假圈足。器内壁施釉，外壁施酱色半釉。口径15.6厘米、底径4.4厘米、高6.2厘米（图十：3）。

T0306③：3，红褐胎。侈口，斜腹，假圈足。器内壁施釉，外壁施青绿色半釉。内底残存4个条带状支烧痕。口径16.3厘米、底径8.1厘米、高5.7厘米（图十：4）。

T0308③：9，灰白胎。侈口，凹沿，弧腹，假圈足。器内壁及外壁均饰花瓣纹。整器施青釉，底部涩胎。口径16.7厘米、底径5.5厘米、高6.4厘米（图十：5）。

T0308③：11，灰褐胎。侈口，凹沿，弧腹，假圈足。腹部饰花瓣纹。整器施青釉，底部涩胎。口17.1厘米、底径5.5厘米、高6.8厘米（图十：6）。

B型 2件。敛口，弧腹，平底内凹，钵形碗。

H3：1，夹砂红陶，敛口，深弧腹，平底内凹。腹部饰数道凸弦纹。口径8.7厘米、底径9.7厘米、高10.8厘米（图十：7）。

J2：1，红褐胎。敛口，弧腹，平底内凹。器内、外壁施绿色半釉。内底见4个支钉痕迹，外底见4个。口径17.1厘米、底径8.1厘米、高5.5厘米（图十：8）。

陶水盂 1件。M2：2，红陶，小口，垂腹，平底内凹。腹部饰数道凸弦纹。口径2.3厘米、底径4.2厘米、高7厘米（图九：2、图十：9）。

壶 3件。瓷1件，釉陶2件。根据口部、腹部形态及肩部系数可分为A、B、C三型。

A型 1件。J4：3，红褐胎。侈口，尖唇，凸沿，鼓腹，平底内凹。肩附两个对称的桥纽。器表施酱釉，剥蚀严重。口径5.4厘米、底径5厘米、高11.5厘米（图十：10）。

B型 1件。J4：2，红褐胎。小直口，茧形身，平底内凹。肩附两组四个对称的竖系，腹部饰数道凸弦纹。器表施酱釉。口径5.4厘米、底径6厘米、高21.5厘米（图十：11）。

C型 1件。J1：1，灰白胎。喇叭形侈口，颈部较高，颈壁内凹，腹部微弧，腹壁下部内收，假圈足，内凹底。八棱形短流，流口向上，内中空，肩部附拱形銴。器表施青白釉，流下及腹部晕染釉下绿彩草叶纹饰，底部涩胎。口径9.4厘米、底径12.7厘米、高21.4厘米（图十：12）。

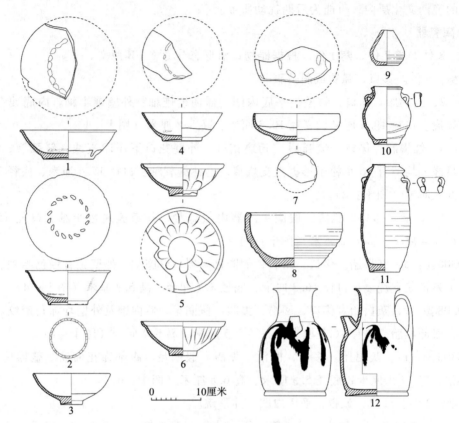

图十　唐宋时期陶瓷器

1~6. A 型碗（J2：2、J2：3、J4：1、T0306③：3、T0308③：9、T0308③：11）；7、8. B 型碗（H3：1、J2：1）；9. 陶水盂（M2：2）；10. A 型壶（J4：3）；11. B 型壶（J4：2）；12. C 型壶（J1：1）

2. 石器

石钵　1 件。T0206③：3，石质。敛口，弧腹，平底。外壁有削刮加工痕迹。口径 10.3 厘米、底径 2.9 厘米、高 3.6 厘米（图十一：3）。

石砚　1 件。M2：1，箕形，澄泥页岩质。砚首弧形宽缘，砚尾弧形，两侧砚缘细窄，与砚首和砚尾相连，墨池内凹，与砚堂连成一体，呈斜坡状，平底无足。砚面周圈近砚缘处饰阴刻连弧纹及折枝花卉纹。通长 19.8 厘米、宽 9.7~12.5 厘米、高 4.2 厘米（图九：1、图十一：2、图十二）。

石座　1 件。M2：3，石质。平面呈圆形，正面饰覆莲纹，十朵莲瓣以阴刻弧线勾勒相连，中心为一圆形穿孔，直壁，平底。直径 27.1 厘米、孔径 7.3 厘米、高 5.4 厘米（图九：3、图十一：1）。

3. 铜器

铜带扣　1 件。T0308③：3，铜质，器身简素，扣环为扁圆形，长条状扣针，扣身如牌形。通体锈蚀严重，局部残存黑色髹漆痕。长 5.2 厘米、厚 0.7 厘米（图十一：4）。

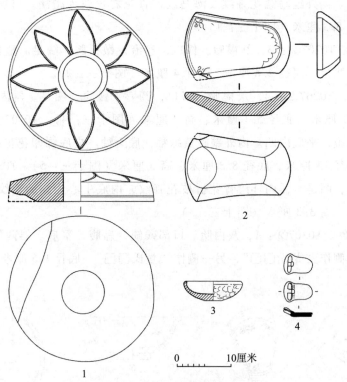

图十一　唐宋时期石器及铜器

1. 石座（M2：3）；2. 石砚（M2：1）；3. 石钵（T0206③：3）；4. 铜带扣（T0308③：3）

图十二　M2 出土石砚（M2：1）

（二）明清时期遗物

1. 陶瓷器

瓷碗　2 件。T0207②：6，红褐胎。侈口，卷沿，弧腹，器内外壁施青釉，底部涩胎。口径 16.1 厘米、底径 6.1 厘米、高 7 厘米（图十三：6）。T0306①：1，灰白胎。侈口，弧腹，圈足。内外绘写意花卉纹及海马纹，青花着色较为暗淡。口径 11.9 厘米、底径 5.2 厘米、高 5.3 厘米（图十三：1）。

瓷杯 1 件。T0207②：3，红褐胎。侈口，卷沿，微折腹，圈足。整器施青釉，底部涩胎。口径 7.5 厘米、底径 2.8 厘米、高 4.4 厘米（图十三：2）。

瓷盘 3 件。T0207②：4，灰褐胎。侈口，圆唇，弧腹，圈足。器内、外壁施青釉，底无釉。口径 11 厘米、底径 5.1 厘米、高 3 厘米（图十三：4）。T0207②：5，红褐胎。方唇，凹沿，弧腹，平底内凹。内外壁施黄绿釉，底无釉。内底饰印花花卉纹，内壁周圈饰数道箆纹。口径 21 厘米、底径 8.3 厘米、高 5 厘米（图十三：5）。T0309②：4，灰白胎。侈口，弧腹，圈足。器内环绘青花折枝花卉纹，内底中心为露胎鱼纹。口径 11.8 厘米、底径 4 厘米、高 3.3 厘米（图十三：3）。

小瓷瓶 1 件。T0307②：1，灰白胎。口部残缺，扁腹，平底。器两侧釉下均以青花釉书写四字，一侧作"龙光□□"，另一侧作"董氏□□"。底径 1.5 厘米、残高 2.8 厘米（图十三：7）。

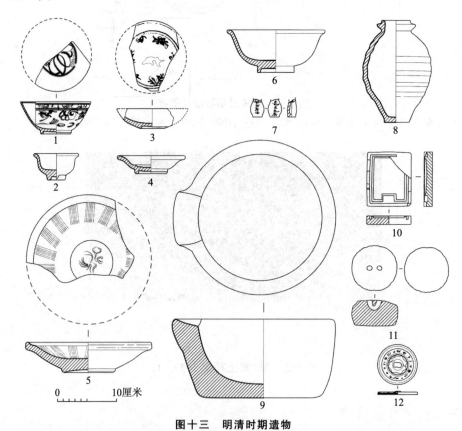

图十三 明清时期遗物

1、6. 瓷碗（T0306①：1、T0207②：6）；2. 瓷杯（T0207②：3）；3～5. 瓷盘（T0309②：4、T0207②：4、T0207②：5）；7. 小瓷瓶（T0307②：1）；8. 釉陶壶（J5：1）；9. 石钵（T0309①：2）；10. 石砚（T0309②：1）；11. 石杈（T0209②：1）；12. 铜镜（T0308②：1）

釉陶壶 1件。J5：1，红褐胎。尖唇，凸沿，鼓腹，平底。腹饰数道凸弦纹。整器施酱釉。口径 4.6 厘米、底径 4.1 厘米、高 16.9 厘米（图十三：8）。

2. 石器

石权 1件。T0209②：1，石质。平面呈圆形，顶部微隆，顶部穿系为 2 个圆形孔组成，呈 U 形对称，腹部微鼓，平底。通体严重腐蚀。口径 7.7 厘米、厚 4.3 厘米（图十三：11）。

石砚 1件。T0309②：1，石质。砚体呈长方形，砚堂呈"凹"字形，砚堂四周为浅槽状砚池，砚缘及砚底光素。砚体一侧残损。长 9 厘米、宽 7.4 厘米、厚 1.4 厘米（图十三：10）。

石钵 1件。T0309①：2，石质。圆口，口沿一侧有宽流，深弧腹，平底。口径 20.9 厘米、底径 19 厘米、高 13 厘米（图十三：9）。

3. 铜器

铜镜 1件。T0308②：1，圆形，铜质。圆钮座。仿汉式日光连弧铭带镜，八内向连弧纹，圈带铭文为："见日之光，天下大明。"字间隔以圆涡纹及菱纹。素缘。通体锈蚀严重。直径 6.7 厘米、缘厚 0.45 厘米、高 0.5 厘米（图十三：12）。

结　语

发掘结果表明，郭家村遗址是一处以唐宋时期为主的微型聚落遗存，遗迹主要分布于发掘区东侧的 T0307 和 T0308 两个探方，主要由灰坑、柱洞和水井等生活类遗迹，以及墓葬共同组成。T0307 内共发现 11 个柱坑及多处灰坑等遗迹，土质包含物亦多见颗粒状红烧土，根据遗迹单位的开口层位及柱坑分布等特征分析，相关遗迹可能与唐宋时期的房址有关。

由于 J1 井体深度较浅，从功能上考虑其或为蓄水池一类遗迹，井内出土的青白釉绿彩执壶所采用渲染、写意的施釉方法，具有唐代晚期长沙窑产品的典型特征，与长沙唐墓第四期执壶[①]、望城县长沙窑遗址出土的 B 型Ⅳ式壶[②]基本相同。J2 出土的青瓷花口碗（J2：3）为五缺花口，内底及足缘留有松子形支烧痕，器型与寺龙口窑出土 A 型Ⅱ式花口碗[③]基本相同，应同为越窑系产品，后梁开平三年（909）高继蟾墓[④]、契丹会同五年（942）耶律羽之墓[⑤]亦见相同器型出土，据此初步推断该水井的使用年代为唐代晚期至五

① 周世荣：《长沙唐墓出土瓷器研究》，《考古学报》1982 年第 4 期。
② 长沙市文物考古研究所：《湖南望城县长沙窑 1999 年发掘简报》，《考古》2003 年第 5 期。
③ 浙江省文物考古研究所等：《浙江越窑寺龙口窑址发掘简报》，《文物》2001 年第 11 期。
④ 洛阳市文物工作队：《洛阳后梁高继蟾墓发掘简报》，《文物》1995 年第 8 期。
⑤ 内蒙古文物考古研究所等：《辽耶律羽之墓发掘简报》，《文物》1996 年第 1 期。

代时期。

M2 出土石砚（M2：1）与上海青浦福泉山 T3M1 北宋早期墓出土石砚①形制基本一致，为唐代箕形砚向宋代抄手砚演变的过渡时期产物。经鉴别，砚材为苏州木渎灵岩山所产的澄泥页岩，即"嶂村石"。灵岩山，原名砚石山，因盛产砚台石材而闻名，《吴郡图经续记》中即有"其山出石，可以为砚，盖砚石之名不虚也"②的记载。M2 墓室内出土的石座可能是支撑葬具四周帷幕的帐座。结合地层情况及出土器物特征判断，M2 可能为五代时期墓葬，其时间下限不晚于北宋早期。

后梁乾化三年（913），吴越王钱镠命其子钱元璙镇守苏州③，开启了苏州城镇发展的繁荣时期，也是奠定"人间天堂"基础的时期。吴越钱氏重视农桑，兴修水利设施，鼓励社会生产，大力发展经济，人口增长迅猛，正如北宋时人所叹"井邑之富，过于唐世，郛郭填溢，楼阁相望，飞杠如虹，栉比棋布，近郊隘巷，悉甃以甓。冠盖之多，人物之盛，为东南冠"④。

总之，郭家村遗址的形成，与唐宋之际苏州地区城市发展或者城镇扩张密切相关。遗址紧邻木渎古镇，临近胥江运河，这些有利的条件为古人的生产生活及交通运输提供了便利。关于郭家村名称的由来，在《木渎小志》中"木渎东市"下即有"郭家"⑤的记载，应指遗址所在地。尽管该遗址并非城镇中心区，反映的文化面貌也较为有限，但不失为唐宋之际苏州城镇社会发展的重要缩影。特别是 M2 出土石砚，采用木渎本地所产嶂村石制作，反映了当时苏州发达的砚雕制作工艺，也将嶂村石砚的历史提前到五代时期，为苏派砚雕非遗技艺的历史增添了新的实物资料；相关发现亦为研究苏州木渎古镇地区社会历史提供了有意义的考古学资料。

附记：本次发掘项目负责人：闻惠芬；参与发掘的人员：陈璟、刘文钦、程国平、郝铭洋、邹文凯；摄影：陈璟、郝铭洋；绘图：刘宏昊、谭诗诗、郝铭洋、陈璟。M2 出土石砚的石材鉴别得到蔡春生先生的帮助，特致谢忱。

编辑：陈声波

① 上海博物馆编著《上海唐宋元墓》，科学出版社，2014，第 133 页。
② （宋）朱长文：《吴郡图经续记》，江苏古籍出版社，1986，第 43 页。
③ （宋）钱俨：《吴越备史》卷一，载傅璇琮编《五代史书汇编》第 10 册，杭州出版社，2004，第 6208 页。
④ （宋）朱长文：《吴郡图经续记》，江苏古籍出版社，1986，第 6 页。
⑤ 张郁文辑《木渎小志》，《中国方志丛书·华中地方》第 411 号，成文出版社，1983，第 34 页。

西安缪家寨墓地宋金墓发掘简报

陈钦龙　黄圣茜　岳文祺　张佳豪（郑州大学考古与文化遗产学院）

郭永淇（西安市文物保护考古研究院）

[摘要] 2018~2022 年，西安市文物保护考古研究院与郑州大学考古系联合对西安缪家寨墓地进行考古发掘。共清理墓葬 1290 座，其中 31 座宋金墓葬随葬品种类丰富，包括陶器、瓷器、铁器等，为研究西安地区宋金墓葬的葬制、葬俗、随葬品等提供了新资料，且 M1213 出土的墓志补充了北宋文官周诩的家族史料。

[关键词] 西安；缪家寨；宋金墓

2018~2022 年，为配合基本建设，西安市文物保护考古研究院与郑州大学考古系联合对缪家寨墓地进行考古发掘，共清理墓葬 1290 座。墓地位于西安市南郊，北邻南三环路，南邻翔悦路，西邻登高路，东邻西安植物园，距杜陵约 3 公里，与唐长安城南郭城墙的直线距离约 3.6 公里（图一）。墓地以汉唐墓葬为主，其中 31 座宋金墓葬随葬品种类丰富，

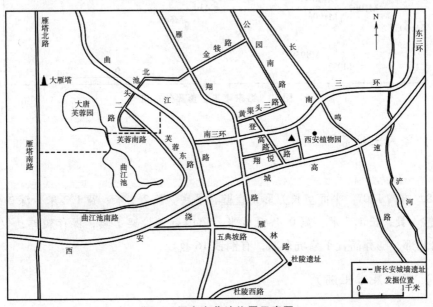

图一　缪家寨墓地位置示意图

包括陶器、瓷器、铁器等，现将其发掘情况简报如下。

一　墓葬形制

墓葬形制可分为竖穴土坑墓和竖穴墓道土洞墓两类（图二）。

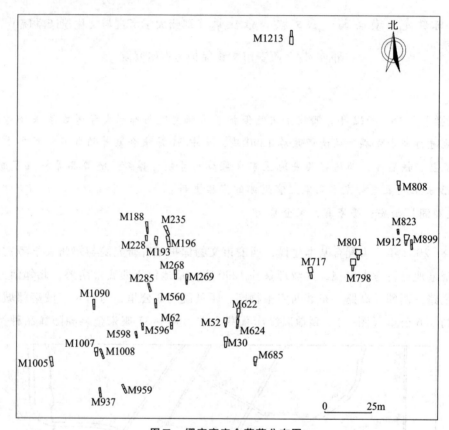

北

M1213

M808

M188　M235
M228　M196
M193
M801　M823
M912　M899
M268
M285　M269
M717
M798
M1090
M560
M622
M62
M52
M598　M596
M624
M1007　M30
M1008
M1005
M685

M959
M937

0　　　25m

图二　缪家寨宋金墓葬分布图

（一）竖穴土坑墓

1 座。

M228　方向180°。平面呈长方形，直壁，平底。长 2.7 米、宽 1.2 米、深 2.2 米（图三）。木棺 1 具，长 1.7 米、宽 0.4～0.6 米。棺内有人骨架 1 具，保存较差，仅存腿骨，位于棺内北部。随葬品置于墓坑东部，有铜钱 16 枚。

（二）竖穴墓道土洞墓

30 座。根据墓道结构不同可分为两型。

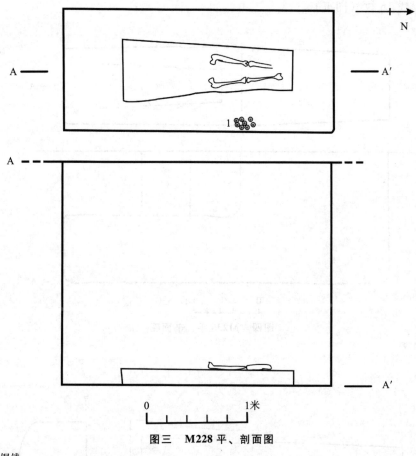

图三　M228 平、剖面图

1. 铜钱

A 型　12 座。竖井墓道。依据墓道与墓室的宽窄关系，可分两个亚型。

Aa 型　6 座。墓道和墓室近等宽。

M235　方向 165°。墓道平面呈长方形，长 2.3 米、宽 1~1.2 米、深 2 米。墓室平面呈长方形，拱顶，直壁，平底。长 2.7 米、宽 1.16~1.2 米、高 1 米。木棺 1 具，仅存部分痕迹，长 1.9 米、宽 0.5~0.68 米。盗洞 1 处，平面呈椭圆形，直径 0.68~0.74 米。随葬品置于棺内，有铜钱 4 枚（图四）。

Ab 型　6 座。墓道窄于墓室。

M596　方向 178°。墓道平面呈梯形，长 2.5 米、南宽 0.88 米、北宽 1.08 米、深 4.6 米。南部东、西壁各排列有 3 个脚窝，平面呈三角形，脚窝宽 0.3 米、高 0.18~0.22 米、进深 0.1 米、间距 0.68 米。北部东、西两壁各排列有 2 个脚窝，平面呈半椭圆形，脚窝宽 0.28 米、高 0.04 米、进深 0.06 米、间距 0.74 米。墓室平面呈近梯形，拱顶，直壁，平底。长 2.65 米、宽 1.5~1.76 米、高 1.3 米。木棺 2 具，仅存棺痕。东棺长 2.06 米、宽 0.42~0.54 米，西棺长 2.06 米、宽 0.46~0.54 米。棺内底铺青灰。盗洞 1 处，平面呈近圆形，直径 0.62 米。随葬品集中于墓室东北部和西南部，有陶釜 4 件、陶瓶 4 件、陶罐 2 件, 铜钱 16 枚 (图五)。

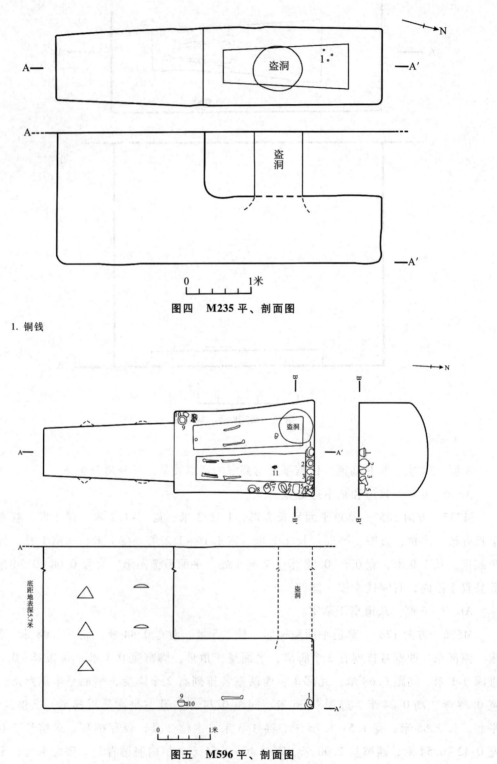

图四　M235 平、剖面图

1. 铜钱

图五　M596 平、剖面图

1、6、8、9 陶釜；2、7. 陶罐；3、4、5 陶瓶；10. 陶瓶；11. 铜钱

B 型　18 座。竖井斜坡墓道，依据墓道与墓室的宽窄关系，可分两个亚型。

Ba 型　10 座。墓道和墓室近等宽。

M269　方向 186°。墓道平面长方形，长 2.2 米、宽 1 米、深 4 米，斜坡长 2.2 米。墓室平面呈长方形，拱顶，直壁，平底。长 2.3 米、宽 1~1.04 米、高 1.2 米。木棺 1 具，长 1.9 米、宽 0.52~0.7 米。棺内底部有 3~5 厘米厚的草木灰。骨架 1 具，保存较好，头向北，仰身直肢葬。随葬品位于棺内，有铜笄 1 件，铜钱 3 枚（图六）。

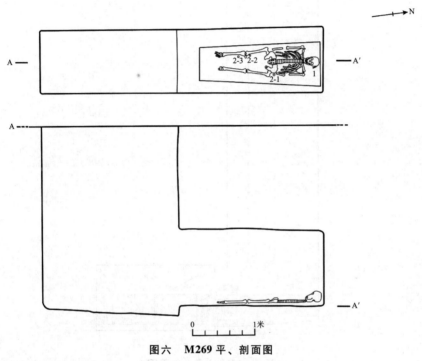

图六　M269 平、剖面图

1. 铜笄；2. 铜钱

Bb 型　8 座。墓道窄于墓室。

M1213　方向 5°。墓道平面略呈梯形，长 2.74 米、宽 0.76~0.96 米、深 9.82~10 米，坡长 2.46 米。墓道北部与南部东、西两壁各纵向排列 13 个脚窝。封门位于墓道南端，2 排砖砌成。宽 0.88~0.96 米、残高 1.24 米、厚 0.76 米。条砖长 38 厘米、宽 19 厘米、厚 9 厘米。封门上方刻划有菱形几何纹。甬道长 0.38 米、宽 0.88 米、高 1.6 米。墓室平面呈梯形，拱顶，直壁，平底。长 3.54 米、宽 1.62~2 米、高 1.92 米。石椁 1 具，内长 2.51 米、内宽 0.8~0.86 米、内高 0.88 米，石板厚 0.16~0.2 米。顶部盖板 4 块，上分别墨书"上一""上二""上三""上四"。石椁内底部铺有厚 4 厘米的青灰。盗洞 1 处，直径 0.6~0.8 米。随葬品位于墓道南部、墓室南、北部及椁内，有陶盏 1、陶釜 4、陶罐 1、陶瓶 5、瓷盏 2、瓷瓶 3、铜镜 1、铁牛 1、铁猪 1、铁鸡 1、石砚 1、镇墓石 4 件，石墓志 1 合，铜钱 41 枚（图七）。

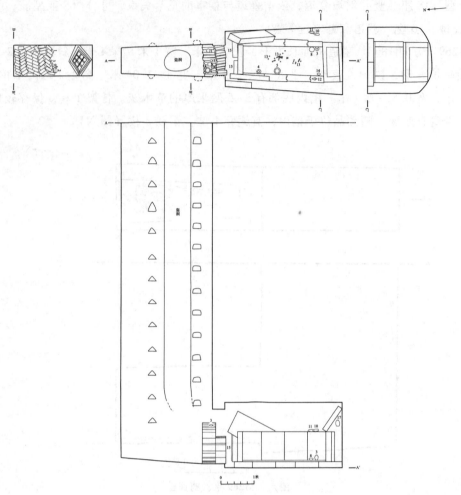

图七　M1213 平、剖面图

1. 陶盏；2、5、21、22. 陶釜；3、4、17、18、19. 陶瓶；20. 陶罐；6、8 瓷盏；7、23、24. 瓷瓶；9. 铜镜；10. 铁牛；11. 铁猪；12. 铁鸡；13. 铜钱；14. 镇墓石；15. 石墓志；16. 石椁；25. 石砚

二　出土器物

共出土器物 139 件（套），主要包括陶器、瓷器、铜器、铁器、石器等，另有铜钱 360 枚。

（一）陶器

共 74 件。以泥质灰陶为主，另有泥质红陶和泥质黄陶。器类主要包括釜、罐、盖罐、双系罐、单系罐、瓶、双系瓶、壶、盆、三足炉、盏、枕、墓志等。

釜　22件。敛口，矮领，平底。依据腹部和整体形态可分为三型。

A型　20件。口沿有一圈向外突出的窄檐，弧腹，腹部可见凸棱纹和轮旋痕迹。标本M30：1，口沿上有两周凹印纹。口径11.1厘米、檐径16.1厘米、底径4.6厘米、高9.9厘米（图八：4）。

B型　1件（M798：7）。口沿有一圈向外突出的窄檐，折腹内收。口径8厘米、檐径11.5厘米、底径4.5厘米、高6.4厘米（图八：5）。

C型　1件（M30：8）。无檐，圆鼓腹渐内收。肩部有三周凸棱纹，其下均匀布置九道凹印纹至中腹部，形似莲花。器身可见轮旋痕迹。口径10厘米、腹径15.1厘米、底径6.1厘米、高10.4厘米（图八：2）。

罐　17件。根据整体形态分为四型。

A型　14件。口微侈，矮束颈，弧肩，腹部最大径在三分之二处，平底微凹。依据腹部特征分为三个亚型。

Aa型　6件。鼓腹下收。标本M596：2，口径12.4厘米、腹径16.5厘米、底径7.3厘米、高14厘米（图八：6）。

Ab型　2件。瓜棱腹。标本M596：7，腹部均匀布置七道凹印纹。口径11.2厘米、腹径13.3厘米、底径6.3厘米、高7.8厘米（图八：1）。

Ac型　6件。曲腹。标本M823：1，口径7.6厘米、腹径10.3厘米、底径4.9厘米、高7.4厘米（图八：7）。

B型　1件（M268：1）。仅存部分口沿及底部，体型较大。侈口，窄平沿，方唇，矮束颈，溜肩，弧腹，平底。口径21.8厘米、腹径23.5厘米、底径17.4厘米、复原高16.7厘米（图八：8）。

C型　1件（M624：1）。侈口，圆唇，束颈，溜肩，圆鼓腹，下腹内收，饼足微凹。口径9厘米、腹径12厘米、底径5.2厘米、高11.5厘米（图九：5）。

D型　1件（M1213：20）。敛口，卷沿，圆唇，斜颈，圆肩，瓜棱腹，平底。腹部均匀布置九道凹印纹，罐底有叠烧痕。口径8厘米、腹径11.9厘米、底径5.1厘米、高9.6厘米（图八：3）。

盖罐　12件。器盖中间圆形隆起，上有一圆尖形纽，子母口。器身圆肩，圆鼓腹，腹部最大径在三分之二处，下腹内收，平底内凹。根据器盖及颈部高度可分为两型。

A型　6件。器盖高于5厘米，颈部较高。标本M598：1，盖径10.7厘米、盖高5.4厘米，罐口径8.4厘米、腹径15.1厘米、底径6.7厘米、高12.6厘米、通高17.3厘米（图九：1）。

B型　6件。器盖矮于5厘米，颈部较矮。标本M801：14，盖径10.4厘米、盖高3.5厘米、罐口径9.3厘米、腹径15.1厘米、底径7.1厘米、高12.2厘米、通高15.1厘米（图九：3）。

双系罐　2件。侈口，尖圆唇，束颈，鼓腹，平底微凹。肩部附对称双系。标本

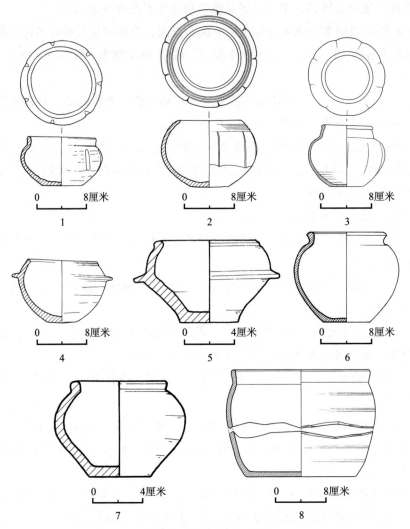

图八 出土陶器（一）

1. Ab 型罐（M596：7）；2. C 型釜（M30：8）；3. D 型罐（M1213：20）；4. A 型釜（M30：1）；5. B 型釜（M798：7）；6. Aa 型罐（M596：2）；7. Ac 型罐（M823：1）；8. B 型罐（M268：1）

M717：3，口径 14.1 厘米、腹径 18.1 厘米、底径 8.5 厘米、高 15.9 厘米（图九：2）。

单系罐 1 件（M622：2）。制作粗糙，器型已变形。敛口，尖圆唇，斜颈微鼓，圆鼓腹，下腹微曲，平底。颈至中腹部置一宽带桥形系。器身轮制，系模制后黏接，有按压痕迹。口径 8.9 厘米、腹径 11.6 厘米、底径 4.4 厘米、高 11.3 厘米（图九：4）。

瓶 11 件。侈口，矮颈，弧肩。按照腹部形态分为两型。

A 型 7 件。长弧腹。根据底部形态分为两亚型。

Aa 型 假圈足。标本 M1213：3，口径 4.7 厘米、腹径 11.4 厘米、底径 7.8 厘米、高 16.5 厘米（图十：1）。

Ab 型 平底。标本 M62：2，口径 3.8 厘米、腹径 7.7 厘米、底径 4.5 厘米、高 10.3 厘

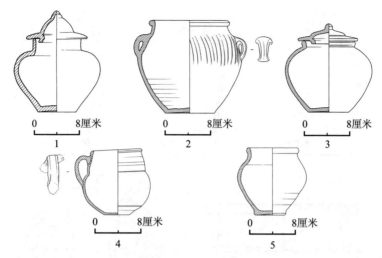

图九　出土陶器（二）

1. A 型盖罐（M598：1）；2. 双系罐（M717：3）；3. B 型盖罐（M801：14）；4. 单系罐（M622：2）；
5. C 型罐（M624：1）

米（图十：3）。

B 型　4 件。斜直腹，平底。标本 M596：3，器身可见轮旋痕迹。口径 4.9 厘米、腹径 11.2 厘米、底径 8.1 厘米、高 18 厘米（图十：2）。

双系瓶　2 件。只见颈部之上，器表磨光呈黑色。口微敞，双唇加厚，长束颈，颈部附对称龙形系，龙首怒目圆睁，獠牙外露，作吞吐状。器身可见轮旋痕迹。标本 M801：11，口径 9.1 厘米、残高 12.1 厘米（图十：5）。

壶　1 件（M801：10）。只见颈部之上。直口，宽平沿，方唇，长束颈。口径 13.4 厘米、残高 5.5 厘米（图十：4）。

盆　1 件（M801：16）。浅钵形，敞口，弧腹，小平底。模制。口径 12.9 厘米、底径 4.4 厘米、高 4.1 厘米（图十：7）。

三足炉　1 件（M717：8）。直口，宽平沿，方唇，矮颈，扁圆腹，下有三尖状足。器身可见轮旋痕迹。口径 11.8 厘米、腹径 12.8 厘米、足高 2.7 厘米、通高 11.1 厘米（图十：8）。

盏　1 件（M1213：1）。敞口，圆唇，斜直腹，平底。口径 10 厘米、底径 4.3 厘米、高 3.3 厘米（图十：6）。

枕　1 件（M912：3）。平面呈长方形，枕面微凹，两端上翘，壁斜立。枕前部有一气孔。底长 20.8~23.6 厘米、底宽 9.8 厘米、枕面长 23.6~31 厘米、枕面宽 14.2 厘米、高 11.4~14.7 厘米（图十一：1）。

墓志　2 件。方形。标本 M823：6，上有朱书文字，大多已模糊不清，可见"付""何"等字。边长 29.6 厘米、厚 4.9 厘米（图十一：2）。

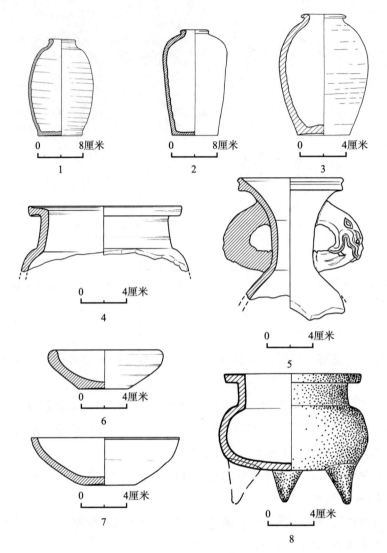

图十 出土陶器（三）

1. Aa 型瓶（M1213：3）；2. B 型瓶（M596：3）；3. Ab 型瓶（M62：2）；4. 壶（M801：10）；5. 双系瓶（M801：11）；6. 盏（M1213：1）；7. 盆（M801：16）；8. 三足炉（M717：8）

（二）瓷器

共 24 件（套）。釉色有黑、白、青、青白、青花等，以黑釉为主。器类主要包括瓶、罐、双系罐、盒、碗等。

1. 黑釉器

共 19 件（套），器类主要包括瓶、罐、双系罐、碗等。

瓶　11 件。根据腹部及整体形态可分为三型。

A 型　8 件。侈口，束颈，丰肩，筒形腹，下腹内收，圈足。通体施釉不及底。标本

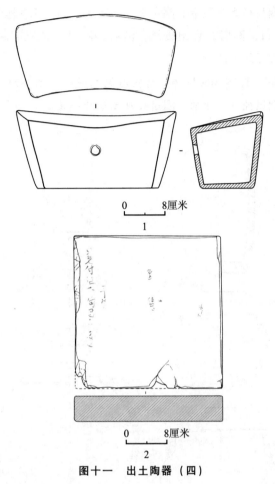

0　　　　8厘米

1

0　　　　8厘米

2

图十一　出土陶器（四）

1. 枕（M912：3）；2. 墓志（M823：6）

M1213：23，口径 5.3 厘米、腹径 11.1 厘米、圈足径 6.5 厘米、圈足高 1.2 厘米、通高 17.6 厘米（图十二：2）。

B 型　2 件。侈口，束颈，平肩，筒形腹，假圈足。通体施釉不及底。标本 M808：6，口径 2 厘米、腹径 3.9 厘米、底径 3.1 厘米、通高 7.4 厘米（图十二：1）。

C 型　1 件（M801：2）。仅见肩部以下。器型修长，溜肩，鼓腹下收，矮圈足。中腹部饰凸棱纹。器身施黑釉，釉色不纯，肩部一周未施釉。腹径 16 厘米、底径 8.2 厘米、残高 20.2 厘米（图十二：3）。

罐　2 件。根据整体形态可分为两型。

A 型　1 件（M560：1）。敛口，口部有一周凹槽，溜肩，圆鼓腹，小圈足。器表施釉不及底，口部无釉。口径 8.7 厘米、腹径 15.1 厘米、圈足径 7.4 厘米、圈足高 0.5 厘米、高 16.8 厘米（图十二：6）。

B 型　1 件（M717：6）。侈口，圆唇，矮束颈，圆肩，圆鼓腹，下腹渐内收，矮圈足，器底可见轮旋痕迹。器内壁刷釉，有垂釉现象，器表施釉至下腹部。口沿无釉，口径 8.3 厘米、腹径 10.7 厘米、圈足径 5.7 厘米、圈足高 0.7 厘米、通高 7.9 厘米（图十二：4）。

双系罐 4 件。直口，圆唇，直颈微斜，溜肩，圈足。颈肩部附对称两系。器表施釉不及底。根据腹部形态可分为两型。

A 型 2 件。圆鼓腹。标本 M801：6，器底可见轮弦纹，系模制，后粘结。口径 9.9 厘米、腹径 13.1 厘米、圈足径 6.9 厘米、圈足高 0.8 厘米、通高 10.5 厘米（图十二：5）。

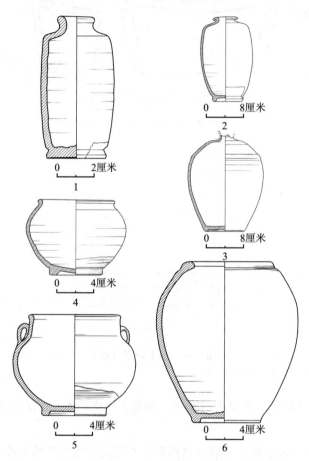

图十二 出土瓷器（一）

1. B 型瓶（M808：6）；2. A 型瓶（M1213：23）；3. C 型瓶（M801：2）；4. B 型罐（M717：6）；5. A 型
双系罐（M801：6）；6. A 型罐（M560：1）

B 型 2 件。长弧腹。标本 M1005：1，制作较粗糙。肩部以及腹部各有两周凹弦纹，器表施釉，唇部和弦纹无釉，有流釉现象。口径 7.7 厘米、腹径 15.8 厘米、底径 7.9 厘米、高 19.6 厘米（图十三：3）。

碗 2 件。根据口、腹部形态可分为两型。

A 型 1 件（M1005：2）。口微敞，弧腹，圈足。器表施釉不及底。口径 17.7 厘米、圈足径 6.7 厘米、圈足高 0.6 厘米、通高 6.2 厘米（图十三：8）。

B 型 1 件（M1213：6）。侈口，圆唇，斜直腹，小圈足，足内印有文字，残留较少，无法辨识。通体施黑釉，口部施黄釉。口径 14.1 厘米、圈足径 3.7 厘米、圈足高 0.7 厘米、通高 5 厘米（图十三：5）。

2. 青釉器

2 件，均为碗。根据口、腹部形态可分为两型。

A 型　1 件（M912：2）。敞口，圆唇，弧腹，矮圈足。器内底部模印花草纹。通体施釉，器表不及底，青中泛黄。口径 14.6 厘米、底径 6.4 厘米、足高 0.5 厘米、通高 3.8 厘米（图十三：7）。

B 型　1 件。侈口，斜壁微弧，小圈足。标本 M1213：8，碗内壁饰印花装饰，其间均匀分布三水禽纹。通体施釉。口径 11.5 厘米、圈足径 2.5 厘米、圈足高 0.6 厘米、通高 5.1 厘米（图十三：6）。

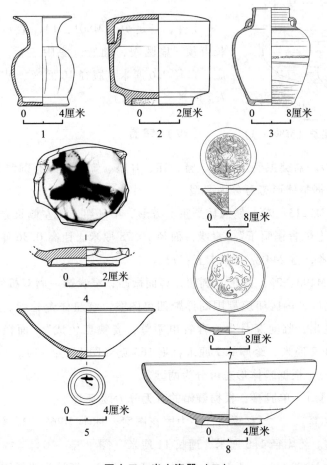

图十三　出土瓷器（二）

1. 瓶（M1213：7）；2. 盒（M52：2）；3. B 型双系罐（M1005：1）；4. 器底（M959：3）；5. B 型碗（M1213：6）；6. B 型青釉碗（M1213：8）；7. A 型青釉碗（M912：2）；8. A 型碗（M1005：2）

3. 白釉器

1 件。盒（M52：2），盖弧顶，直壁；子母口，直腹，矮圈足。通体施釉。器盖口径

5.1 厘米、器身口径 4 厘米、腹深 3 厘米，圈足径 3.2 厘米、圈足高 0.6 厘米，通高 4.4 厘米（图十三：2）。

4. 青白釉器

1 件。瓶（M1213：7），喇叭口，尖圆唇，束颈，圆肩，瓜棱腹，圈足。腹部均匀分布七道凹印纹。通体施釉。口径 6 厘米、腹径 6.4 厘米、圈足径 5.2 厘米、圈足高 0.9 厘米、通高 9 厘米（图十三：1）。

5. 青花器

1 件。器底（M959：3）。圈足。内底饰一孩童侧坐，头戴蓝冠，身着蓝色长袍。圈足径 3.6 厘米、圈足高 0.3 厘米、残高 1 厘米（图十三：4）。

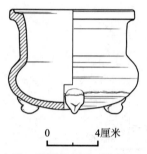

0   4厘米

图十四　釉陶三足炉（M801：1）

（三）釉陶器

1 件，三足炉（M801：1）。直口，方唇，窄平沿，长束颈、扁圆腹，圜底，底附三足。器表施绿釉不及底。口径 9.6 厘米、腹径 10 厘米、足高 1.8 厘米、通高 7.7 厘米（图十四）。

（四）铜器

共 14 件（套）。器类主要包括镜、簪、笄、耳坠、饰等。另有铜钱 360 枚。

镜　2 件。根据整体形态可分为两型。

A 型　1 件（M1213：9）。锈蚀较严重。方形，小环纽，纽左侧长方框内有两行铭文："湖州石念二叔，上炼青铜昭子"，素缘。面径 10.78 厘米、纽高 0.36 厘米、纽宽 0.55 厘米、缘厚 0.47 厘米，重 244 克（图十五：7）。

B 型　1 件（M193：2）。圆形，圆纽，镜面微凸，窄缘饰一周双折线联珠纹。以一周凸棱为界分内外两区，内区纽座周围高浮雕四兽图案，绕纽作奔驰状。外区一周铭文带，铭文为"照日菱花出，临池满月生，官看巾帽整，妾映点妆成"。面径 9.78 厘米、纽高 0.62 厘米、纽宽 1.2 厘米、缘厚 0.7 厘米，重 163 克（图十五：11）。

簪　6 件（套）。根据整体形态可分为两型。

A 型　5 件（套）。单股簪，根据簪帽的有无分为两亚型。

Aa 型　4 件（套）。一端有簪帽，多为团花图案。标本 M268：2，簪帽呈圆饼形，镂刻一花朵，共十瓣。簪帽径 1.6 厘米、通长 11 厘米（图十五：10）。

Ab 型　1 套（M193：5）。无簪帽。标本 M193：5-2，柄端为半椭圆形，下为长条形。残长 4.2 厘米（图十五：8）。

B 型　1 套（M912：14）。双股簪，用铜丝弯制而成。标本 M912：14-1，簪首宽 0.7 厘米、股残长 8 厘米（图十五：1）。

笄　3 件（套）。1 件残损严重。另 2 件（套）根据整体形态可分为两型。

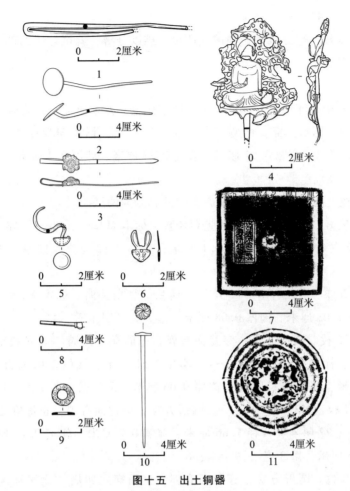

图十五　出土铜器

1. B 型簪（M912：14-1）；2. A 型笄（M285：2-2）；3. B 型笄（M560：2）；4. 饰件（M193：3）；5. 耳坠（M560：3-2）；6. 饰件（M285：4-2）；7. A 型镜（M1213：9）；8. Ab 型簪（M193：5-2）；9. 饰件（M285：4-1）；10. Aa 型簪（M268：2）；11. B 型镜（M193：2）

A 型　1 套（M285：2）。有锈蚀。笄首圆帽形，笄身圆柱体，逐渐变细。标本 M285：2-2，笄首宽 2.6 厘米、长 10.7 厘米（图十五：2）。

B 型　1 件（M560：2）。首端弯曲近似"U"形，上饰有七瓣花朵形帽，尾部削尖。笄首宽 1.8 厘米、长 11.6 厘米（图十五：3）。

耳坠　1 套（M560：3）。顶为圆帽，上鎏金。标本 M560：3-2，下部为钩子。帽径 0.8 厘米、长 1.8 厘米（图十五：5）。

饰件　2 套。标本 M285：4，有锈蚀。标本 M285：4-1，片状，圆环形，一面有纹饰，内环外一周联珠纹。直径 1.1 厘米、厚 0.1 厘米（图十五：9）。标本 M285：4-2，片状，一面有卷云纹饰。残长 1.5 厘米、宽 1 厘米、厚 0.1 厘米（图十五：6）。标本 M193：3，正面为一僧尼盘腿打坐于莲花台上，左手置于腿上，右手为佛门手印，四周为镂空花纹。背面有一曲棍形构件插于一穿中，可自由上下拖动。残长 5.9 厘米、宽 4.2 厘米、厚

1.2 厘米（图十五：4）。

铜钱 共 360 枚。部分钱币锈蚀破损严重，难以分辨。就可分辨的部分而言，有行用钱和打马格钱两类，以行用钱为主。

1. 行用钱

共 258 枚，其中开元通宝、祥符元宝、熙宁元宝、元丰通宝、元祐通宝的数量较多。

货泉钱 2 枚。圆形方穿，两侧篆书"货泉"二字。标本 M228：1-2-1，郭径 2.28 厘米、钱径 1.78 厘米、穿宽 0.57 厘米、郭宽 0.23 厘米、郭厚 0.7 厘米、肉厚 0.07 厘米，重 3 克（图十六：5）。

五铢钱 5 枚。圆形方穿。根据是否剪去外郭分为两型。

A 型 外郭完好，"五"字宽大，竖划较直。标本 M228：1-6-2，郭径 2.5 厘米、钱径 2.32 厘米、穿宽 0.97 厘米、郭宽 0.1 厘米、郭厚 0.12 厘米、肉厚 0.1 厘米，重 3 克（图十六：3）。

B 型 剪轮五铢。剪去外郭，"五"字瘦长，竖划甚曲。标本 M228：1-7-1，钱径 2.43 厘米、穿宽 1.03 厘米、肉厚 0.08 厘米，重 2 克（图十六：4）。

开元通宝 25 枚。圆形方穿，穿背面有郭，正面穿之四周"开元通宝"四字。少量背面有月形记号。标本 M1213：13-1-1，郭径 2.51 厘米、钱径 2.08 厘米、穿宽 0.67 厘米、郭宽 0.2 厘米、郭厚 0.11 厘米、肉厚 0.06 厘米，重 3 克（图十六：1）。

乾元重宝 1 枚（M228：1-5-1）。圆形方穿，穿背面有郭，正面穿之四周"乾元重宝"四字。郭径 2.27 厘米、钱径 1.86 厘米、穿宽 0.7 厘米、郭宽 0.17 厘米、郭厚 0.08 厘米、肉厚 0.06 厘米，重 3 克（图十六：6）。

太平通宝 8 枚。圆形方穿，穿背面有郭，正面穿之四周"太平通宝"四字。标本 M30：15-5-1，郭径 2.48 厘米、钱径 2.01 厘米、穿宽 0.59 厘米、郭宽 0.26 厘米、郭厚 0.09 厘米、肉厚 0.05 厘米，重 3 克（图十六：2）。

淳化元宝 3 枚。圆形方穿，穿背面有郭，正面穿之四周"淳化元宝"四字。根据钱文字体可分两型。

A 型 楷书，钱文规整，字体圆润。标本 M598：2-4-1，郭径 2.42 厘米、钱径 1.73 厘米、穿宽 0.54 厘米、郭宽 0.33 厘米、郭厚 0.09 厘米、肉厚 0.07 厘米，重 4 克（图十七：4）。

B 型 草书，笔画连贯。标本 M798：8-1-1，郭径 2.48 厘米、钱径 1.86 厘米、穿宽 0.58 厘米、郭宽 0.28 厘米、郭厚 0.08 厘米、肉厚 0.06 厘米，重 3 克（图十七：1）。

至道元宝 9 枚。圆形方穿，穿背面有郭，正面穿之四周"至道元宝"四字。根据钱文字体可分两型。

A 型 楷书，钱文规整。标本 M30：15-8-1，郭径 2.48 厘米、钱径 1.85 厘米、穿宽 0.6 厘米、郭宽 0.31 厘米、郭厚 0.12 厘米、肉厚 0.08 厘米，重 3 克（图十七：5）。

B 型 行书，钱文流畅。标本 M30：15-8-2，郭径 2.48 厘米、钱径 1.73 厘米、穿宽

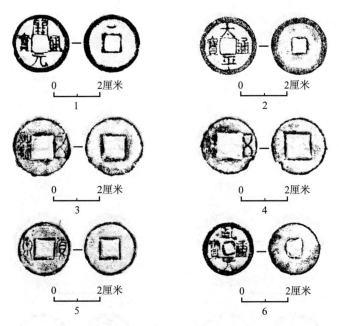

图十六 出土铜钱（一）

1. 开元通宝（M1213：13-1-1）；2. 太平通宝（M30：15-5-1）；3. A型五铢钱（M228：1-6-2）；4. B
型五铢钱（M228：1-7-1）；5. 货泉钱（M228：1-2-1）；6. 乾元重宝（M228：1-5-1）

0.61厘米、郭宽0.32厘米、郭厚0.08厘米、肉厚0.07厘米，重3克（图十七：6）。

咸平元宝 13枚。圆形方穿，穿背面有郭，正面穿之四周"咸平元宝"四字，楷书。
标本M30：15-9-1，郭径2.54厘米、钱径1.81厘米、穿宽0.58厘米、郭宽0.34厘米、
郭厚0.1厘米、肉厚0.08厘米，重3克（图十七：3）。

景德元宝 9枚。圆形方穿，穿背面有郭，正面穿之四周"景德元宝"四字，钱文规
整。根据有无穿孔分为两型。

A型 无穿孔。标本M30：15-6-1，郭径2.39厘米、钱径1.99厘米、穿宽0.63厘
米、郭宽0.18厘米、郭厚0.07厘米、肉厚0.05厘米，重3克（图十七：8）。

B型 钱币四角各有一穿孔。标本M717：10-7-1，郭径2.42厘米、钱径1.83厘米、
穿宽0.6厘米、郭宽0.4厘米、郭厚0.1厘米、肉厚0.07厘米，重3克（图十七：2）。

祥符元宝 24枚。圆形方穿，穿背面有郭，正面穿之四周"祥符元宝"四字，楷书，
钱文较规整。标本M30：15-2-1，郭径2.46厘米、钱径1.89厘米、穿宽0.61厘米、郭
宽0.23厘米、郭厚0.11厘米、肉厚0.09厘米，重3克（图十七：7）。

祥符通宝 1枚（M717：7-12-1）。圆形方穿，穿背面有郭，正面穿之四周"祥符通
宝"四字，楷书。郭径2.46厘米、钱径1.96厘米、穿宽0.64厘米、郭宽0.3厘米、郭
厚0.13厘米、肉厚0.07厘米，重3克（图十八：5）。

天禧通宝 7枚。圆形方穿，穿背面有郭，正面穿之四周"天禧通宝"四字，楷书，
钱文规整。标本M285：3-3-1，郭径2.41厘米、钱径1.9厘米、穿宽0.54厘米、郭宽

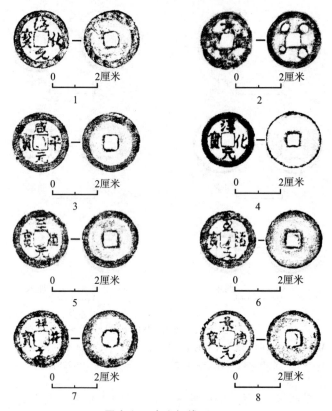

图十七 出土铜钱（二）

1. B 型淳化元宝（M798：8-1-1）；2. B 型景德元宝（M717：10-7-1）；3. 咸平元宝（M30：15-9-1）；
4. A 型淳化元宝（M598：2-4-1）；5. A 型至道元宝（M30：15-8-1）；6. B 型至道元宝（M30：15-8-2）；
7. 祥符元宝（M30：15-2-1）；8. A 型景德元宝（M30：15-6-1）

0.23 厘米、郭厚 0.08 厘米、肉厚 0.06 厘米，重 3 克（图十八：7）。

至和元宝 2 枚。圆形方穿，穿背面有郭，正面穿之四周"至和元宝"四字，楷书，钱文规整。标本 M823：7-18-1，郭径 2.37 厘米、钱径 1.79 厘米、穿宽 0.59 厘米、郭宽 0.24 厘米、郭厚 0.1 厘米、肉厚 0.09 厘米，重 3 克（图十八：4）。

至和通宝 1 枚（M823：7-19-1）。圆形方穿，穿背面有郭，正面穿之四周"至和通宝"四字，钱文模糊。郭径 2.47 厘米、钱径 1.87 厘米、穿宽 0.68 厘米、郭宽 0.31 厘米、郭厚 0.09 厘米、肉厚 0.09 厘米，重 3 克（图十八：3）。

天圣元宝 19 枚。圆形方穿，穿背面有郭，正面穿之四周"天圣元宝"四字。根据钱文字体分为两型。

A 型 楷书。标本 M912：13-1-1，郭径 2.44 厘米、钱径 2.06 厘米、穿宽 0.65 厘米、郭宽 0.21 厘米、郭厚 0.09 厘米、肉厚 0.07 厘米，重 3 克（图十八：2）。

B 型 篆书。标本 M30：15-16-2，郭径 2.47 厘米、钱径 2.02 厘米、穿宽 0.65 厘米、郭宽 0.23 厘米、郭厚 0.1 厘米、肉厚 0.05 厘米，重 4 克（图十八：8）。

景祐元宝 3 枚。圆形方穿，部分不正，穿背面有郭，正面穿之四周"景祐元宝"四字。根据钱文字体分为两型。

A 型　楷书。标本 M1213：13-2-1，郭径 2.52 厘米、钱径 2.12 厘米、穿宽 0.65 厘米、郭宽 0.24 厘米、郭厚 0.15 厘米、肉厚 0.12 厘米，重 4 克（图十八：1）。

B 型　篆书。标本 M717：10-9-1，郭径 2.54 厘米、钱径 2.03 厘米、穿宽 0.6 厘米、郭宽 0.27 厘米、郭厚 0.08 厘米、肉厚 0.06 厘米，重 2 克（图十八：6）。

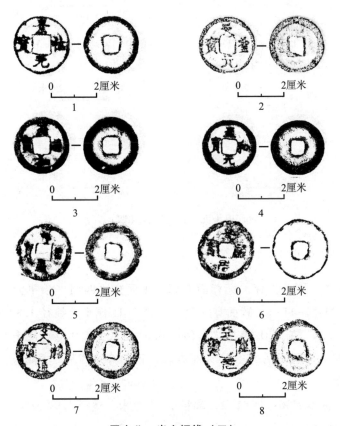

图十八　出土铜钱（三）

1. A 型景祐元宝（M1213：13-2-1）；2. A 型天圣元宝（M912：13-1-1）；3. 至和通宝（M823：7-19-1）；4. 至和元宝（M823：7-18-1）；5. 祥符通宝（M717：7-12-1）；6. B 型景祐元宝（M717：10-9-1）；7. 天禧通宝（M285：3-3-1）；8. B 型天圣元宝（M30：15-16-2）

皇宋通宝　16 枚。圆形方穿，穿背面有郭，正面穿之四周"皇宋通宝"四字。标本 M912：13-3-1，郭径 2.47 厘米、钱径 1.99 厘米、穿宽 0.74 厘米、郭宽 0.2 厘米、郭厚 0.09 厘米、肉厚 0.09 厘米，重 4 克（图十九：2）。

嘉祐通宝　4 枚。圆形方穿，四周书"嘉祐通宝"四字，楷书。标本 M52：1-4-1，郭径 2.46 厘米、钱径 1.88 厘米、穿宽 0.7 厘米、郭宽 0.25 厘米、郭厚 0.09 厘米、肉厚 0.07 厘米，重 3 克（图十九：6）。

嘉祐元宝　2 枚。圆形方穿，穿背面有郭，正面穿之四周"嘉祐元宝"四字，楷书。标本 M1213：13-11-1，郭径 2.34 厘米、钱径 1.93 厘米、穿宽 0.61 厘米、郭宽 0.2 厘米、郭厚 0.12 厘米、肉厚 0.09 厘米，重 3 克（图十九：1）。

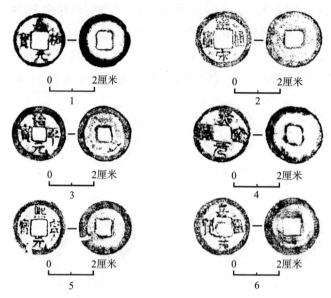

图十九　出土铜钱（四）

1. 嘉祐元宝（M1213：13-11-1）；2. 皇宋通宝（M912：13-3-1）；3. 治平元宝（M823：7-11-1）；
4. B 型熙宁元宝（M717：10-3-2）；5. A 型熙宁元宝（M30：15-1-2）；6. 嘉祐通宝（M52：1-4-1）

治平元宝　5 枚。圆形方穿，穿背面有郭，正面穿之四周"治平元宝"四字，楷书，皆旋读。标本 M823：7-11-1，背面穿一星。郭径 2.41 厘米、钱径 1.82 厘米、穿宽 0.53 厘米、郭宽 0.29 厘米、郭厚 0.09 厘米、肉厚 0.09 厘米，重 4 克（图十九：3）。

熙宁元宝　20 枚。圆形方穿，穿背面有郭，正面穿之四周"熙宁元宝"四字。根据钱文字体分为两型。

A 型　楷书。标本 M30：15-1-2，郭径 2.41 厘米、钱径 1.92 厘米、穿宽 0.67 厘米、郭宽 0.28 厘米、郭厚 0.13 厘米、肉厚 0.1 厘米，重 3 克（图十九：5）。

B 型　篆书。标本 M717：10-3-2，郭径 2.46 厘米、钱径 2.03 厘米、穿宽 0.64 厘米、郭宽 0.21 厘米、郭厚 0.14 厘米、肉厚 0.12 厘米，重 3 克（图十九：4）。

元丰通宝　29 枚。圆形方穿，穿背面有郭，正面穿之四周"元丰通宝"四字，皆旋读。根据钱文字体分为两型。

A 型　行行。标本 M1090：1-3-1，郭径 2.48 厘米、钱径 2.03 厘米、穿宽 0.69 厘米、郭宽 0.2 厘米、郭厚 0.1 厘米、肉厚 0.09 厘米，重 3 克（图二十：1）。

B 型　篆书。标本 M899：4-1-2，郭径 2.41 厘米、钱径 1.87 厘米、穿宽 0.57 厘米、郭宽 0.26 厘米、郭厚 0.13 厘米、肉厚 0.09 厘米，重 4 克（图二十：2）。

元祐通宝　21 枚。圆形方穿，穿背面有郭，正面穿之四周"元祐通宝"四字，皆旋读。根据钱文字体分为两型。

A 型：行书。M30：15-10-1，郭径 2.42 厘米、钱径 1.84 厘米、穿宽 0.65 厘米、郭

宽 0.26 厘米、郭厚 0.13 厘米、肉厚 0.09 厘米，重 3 克（图二十：8）。

B 型：篆书。标本 M717：7-3-2，郭径 2.42 厘米、钱径 1.94 厘米、穿宽 0.69 厘米、郭宽 0.24 厘米、郭厚 0.16 厘米、肉厚 0.09 厘米，重 3 克（图二十：3）。

绍圣元宝　7 枚。圆形方穿，穿背面有郭，正面穿之四周"绍圣元宝"四字，篆书。标本 M285：3-4-1，郭径 2.37 厘米、钱径 1.97 厘米、穿宽 0.61 厘米、郭宽 0.17 厘米、郭厚 0.11 厘米、肉厚 0.09 厘米，重 4 克（图二十：5）。

元符通宝　2 枚。圆形方穿，穿背面有郭，正面穿之四周"元符通宝"四字。根据钱文字体分为两型。

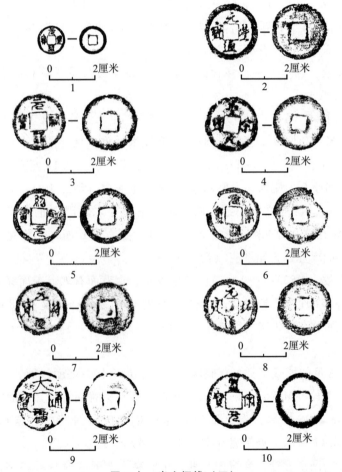

图二十　出土铜钱（五）

1. A 型元丰通宝（M1090：1-3-1）；2. B 型元丰通宝（M899：4-1-2）；3. B 型元祐通宝（M717：7-3-2）；4. A 型圣宋元宝（M717：7-9-1）；5. 绍圣元宝（M285：3-4-1）；6. B 型元符通宝（M285：3-10-1）；7. A 型元符通宝（M193：1-7-1）；8. A 型元祐通宝（M30：15-10-1）；9. 大观通宝（M30：14-1-1）；10. B 型圣宋元宝（M1213：13-15-1）

A 型　楷书。标本 M193：1-7-1，郭径 2.35 厘米、钱径 1.9 厘米、穿宽 0.69 厘米、郭宽 0.21 厘米、郭厚 0.1 厘米、肉厚 0.09 厘米，重 3 克（图二十：7）。

B 型 篆书。标本 M285：3-10-1，郭径 2.42 厘米、钱径 1.95 厘米、穿宽 0.6 厘米、郭宽 0.18 厘米、郭厚 0.1 厘米、肉厚 0.1 厘米，重 4 克（图二十：6）。

圣宋元宝 5 枚。圆形方穿，穿背面有郭，正面穿之四周"圣宋元宝"四字，皆旋读。根据钱文字体分为两型。

A 型 楷书。标本 M717：7-9-1，郭径 2.35 厘米、钱径 1.85 厘米、穿宽 0.63 厘米、郭宽 0.24 厘米、郭厚 0.13 厘米、肉厚 0.07 厘米，重 3 克（图二十：4）。

B 型 篆书。标本 M1213：13-15-1，郭径 2.41 厘米、钱径 1.98 厘米、穿宽 0.64 厘米、郭宽 0.28 厘米、郭厚 0.12 厘米、肉厚 0.09 厘米，重 3 克（图二十：10）。

大观通宝 7 枚。圆形方穿，穿背面有郭，正面穿之四周"大观通宝"四字，楷书，对读。标本 M30：14-1-1，郭径 2.52 厘米、钱径 2.22 厘米、穿宽 0.61 厘米、郭宽 0.13 厘米、郭厚 0.14 厘米、肉厚 0.09 厘米，重 3 克（图二十：9）。

政和通宝 2 枚。圆形方穿，穿背面有郭，正面穿之四周"政和通宝"四字，对读。根据钱文字体分为两型。

A 型 隶书。标本 M717：10-12-1，郭径 2.42 厘米、钱径 2.1 厘米、穿宽 0.66 厘米、郭宽 0.18 厘米、郭厚 0.1 厘米、肉厚 0.09 厘米，重 3 克（图二十一：5）。

B 型 篆书。标本 M823：7-17-1，郭径 2.5 厘米、钱径 2.14 厘米、穿宽 0.59 厘米、郭宽 0.13 厘米、郭厚 0.1 厘米、肉厚 0.09 厘米，重 4 克（图二十一：6）。

正隆元宝 5 枚。圆形方穿，穿背面有郭，正面穿之四周"正隆元宝"四字，标本 M899：4-1-1，郭径 2.44 厘米、钱径 2.19 厘米、穿宽 0.6 厘米、郭宽 0.1 厘米、郭厚 0.13 厘米、肉厚 0.05 厘米，重 4 克（图二十一：3）。

乾道元宝 1 枚（M823：7-21-1）。圆形方穿，穿背面有郭，正面穿之四周"乾道元宝"四字，郭径 2.51 厘米、钱径 2.17 厘米、穿宽 0.67 厘米、郭宽 0.18 厘米、郭厚 0.12 厘米、肉厚 0.09 厘米，重 3 克（图二十一：1）。

2. 打马格钱

共 14 枚。为常见的博戏工具，有骁骑将军钱、俞仓钱、盗丽钱等。

骁骑将军钱 1 枚（M596：11-3-1）。圆形方穿，穿背面有郭，正面穿之四周"骁骑将军"四字，郭径 2.96 厘米、钱径 2.34 厘米、穿宽 0.51 厘米、郭宽 0.29 厘米、郭厚 0.16 厘米、肉厚 0.11 厘米，重 7 克（图二十一：4）。

俞仓钱 7 枚。圆形方穿，穿背面有郭，正面穿之上下"俞仓"二字，背面饰一奔马图案。标本 M596：11-4-3，郭径 2.91 厘米、钱径 2.22 厘米、穿宽 0.54 厘米、郭宽 0.32 厘米、郭厚 0.2 厘米、肉厚 0.11 厘米，重 6 克（图二十一：2）。

盗丽钱 6 枚。圆形方穿，穿背面有郭，正面穿之两侧"盗丽"二字，背面饰一直立马图案。标本 M596：11-5-1，郭径 3.14 厘米、钱径 2.63 厘米、穿宽 0.52 厘米、郭宽 0.22 厘米、郭厚 0.2 厘米、肉厚 0.11 厘米，重 7 克（图二十一：7）。

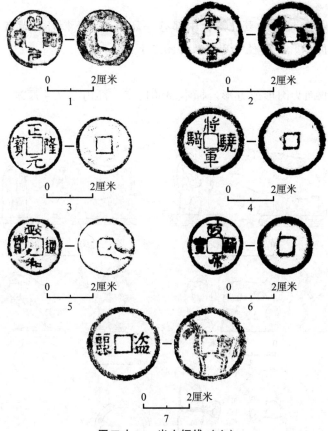

图二十一 出土铜钱（六）

1. 乾道元宝（M823：7-21-1）；2. 俞仑钱（M596：11-4-3）；3. 正隆元宝（M899：4-1-1）；4. 骁骑将军钱（M596：11-3-1）；5. A 型政和通宝（M717：10-12-1）；6. B 型政和通宝（M823：7-17-1）；7. 盗丽钱（M596：11-5-1）

（五）铁器

共 14 件。器类主要包括动物俑、铺首衔环等。

1. 动物俑

10 件。器型有牛、猪、羊、鸡等。

牛　5 件。双角竖起，四肢粗壮，尾部自然下垂，体态壮硕。四肢直立于长方形托板之上。标本 M30：3，通长 19.4 厘米、高 14 厘米（图二十二：1）。

猪　3 件。猪首低垂，尖嘴，短尾，四肢直立于长方形托板之上。标本 M30：5，通长 15.5 厘米、高 10.5 厘米（图二十二：2）。

羊　1 件（M899：3）。仅可辨认头身，头向下，腿较短，四肢直立于镂空的长方形托板之上。长 12.5 厘米、高 9.7 厘米（图二十二：3）。

鸡　1 件（M1213：12）。鸡冠高耸，双目前瞪，喙前弯钩，长尾下垂，站立于椭圆形踏板之上。通长 15.6 厘米、高 11.9 厘米（图二十二：4）。

2. 铺首衔环

1 件 （M801：4）。铺首为菱花形，中部有一环状纽，下衔环，背有榫。铺首径 13.5 厘米、环内径 7.2 厘米、环外径 9.8 厘米（图二十二：5）。

3. 环

3 件。环状，截面为圆形或方形。标本 M801：5，环内径 7.4 厘米、环外径 9.5 厘米（图二十二：6）。

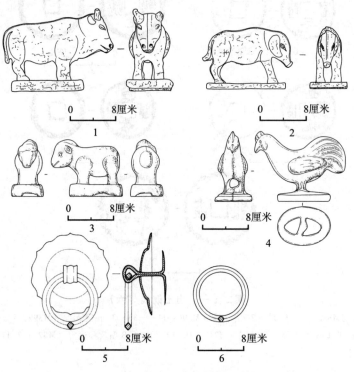

图二十二　出土铁器

1. 牛（M30：3）；2. 猪（M30：5）；3. 羊（M899：3）；4. 鸡（M1213：12）；5. 铺首衔环（M801：4）；6. 环（M801：5）

（六）石器

共 7 件（套）。有镇墓石、砚、墓志等。

镇墓石　5 套。不规则形。标本 M798：6-1，器表大部呈浅黄色。长 13.1 厘米、宽 12.9 厘米、厚 6.8 厘米（图二十三：1）；M798：6-2，深红色，器表光滑细腻，有一断面。长 6.6 厘米、宽 6.5 厘米、厚 4.4 厘米（图二十三：2）；M798：6-3，青灰色。长 4.2 厘米、宽 3.6 厘米、厚 3.6 厘米（图二十三：3）；M798：6-4，淡白色，较为粗糙。长 15.9 厘米、宽 6.5 厘米、厚 5.5 厘米（图二十三：4）。

砚　1 件（M1213：25）。平面近长方形，边沿上折，前端较高，后端较低，呈斜坡状。长 16.9 厘米、宽 10.9 厘米、厚 3.2 厘米（图二十三：5）。

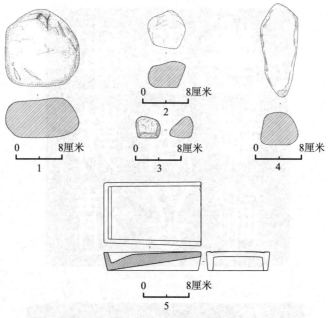

图二十三　出土石器

1. 镇墓石（M798：6-1）；2. 镇墓石（M798：6-2）；3. 镇墓石（M798：6-3）；4. 镇墓石（M798：6-4）；5. 砚（M1213：25）

墓志　1 合（M1213：15）。志盖呈正方形，上刻篆书"宋朝请郎周公墓志铭"三行九字。长 21.4 厘米、宽 22.2 厘米（图二十四：1）。志石近方形，长 24.6 厘米、宽 23.9 厘米（图二十四：2）。志文阴刻楷书，27 行，满行 27 字，共 602 字。录文如下（/表示断行）：

宋朝请郎前知怀安军周公墓志铭/
朝奉大夫新羌知遂宁军府事借紫金鱼袋邵伯温撰/
朝奉大夫河东云中府路转运判官王愍书/
奉议郎新羌充夔州路转运判官李定篆盖/
公讳诩，字直孺，姓周氏。其上世居眉阳，徙长安。曾祖讳实，尚书兵部侍/郎，赠开府仪同三司。祖讳宗古，司农少卿，赠金紫光禄大夫。父讳朋，赐/宣义郎，赠中大夫。中大公两娶李氏，再娶张氏。公出后，李氏皆封太令/人。公少时知自贵重读书，为文章日骎骎有气象，屡为乡里推上，名声/在人籍甚。
中大公命公娶王孙仲防之女，恩授三班奉职，非其好也，不/仕。久之，登崇宁二年进士第，换从事郎，迁承直郎，改奉议郎，又四迁至/朝请郎。尝签书环州节度判官厅，公事监兴元府油麻坝茶场，洋州司士曹，通判利州，擢知茂州，移巴州，知怀安军。宣和六年十月七日，以疾/卒，享年五十三。在环州时，方王师有功西夏，一时帷幄之谋。公每参焉，既通判利州有异政，部使者以闻，遂用公为郡公，益思尽以所学，与民为治。在怀安请于上，罢丝绵之赋数十万，增取士之额二人。凿/云

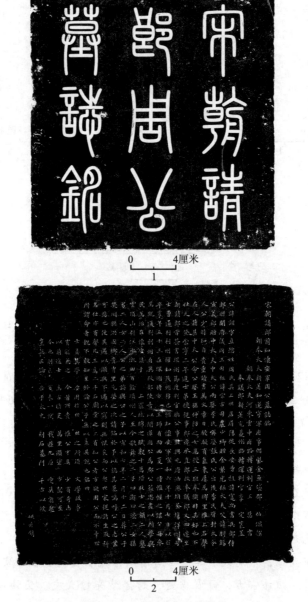

图二十四　M1213 出土墓志

1. 志盖（M1213：15-1）；2. 志石（M1213：15-2）

顶山引江水溉田百余顷，州人至今歌舞之。二子曰瀚曰潀，二女，孙/男二人，女二人。公之弟诲与公之子，以宣和七年二月十二日葬公于樊川县洪固乡贵胄里先茔之次。请铭于予，以志其墓。呜呼，公之志业/可悲也，使其遇以显与，不遇以穷则无恨矣。而公起世家，从诸生取科/名，仕亦有声，凡三为二千石，庙堂之上有知公者，方欲用公，而不幸世。/所谓命者，既不敢知，至于论公，予无以立其说也，铭曰：

士负其学，要用于世。世之所须，文学政事。/

有能兼之，今昔所贵。惟公才具，少有奇志。/

以前进士，为古循吏。万里显涂，方驾可至。/

今也则亡，百未一试。我游九原，爱莫能起。/

岂无正论，告于太史。刻石木门，千古以俟。/

姚彦锡/

（七）其他

玉器　2件。均为配饰。标本 M52：3，片状，边缘牙状，内部镂空若干近水滴形孔。残长 5.4 厘米、宽 3.1 厘米、厚 0.3 厘米（图二十五：1）。标本 M912：15，米黄色，圆形，中有穿孔，上有一桥状纽，背面平整。玉料滑润，有光泽。直径 1.9 厘米、孔径 0.4～0.7 厘米、厚 0.4 厘米（图二十五：4）。

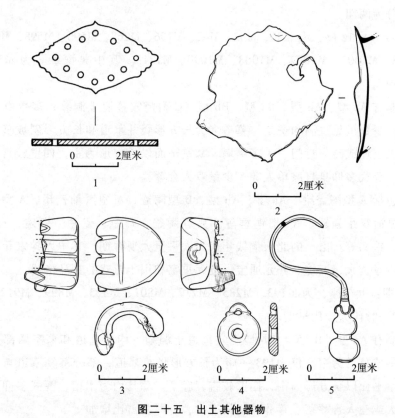

图二十五　出土其他器物

1. 玉器（M52：3）；2. 铅器（M912：12）；3. 骨器（M912：11）；4. 玉器（M912：15）；5. 金器（M188：1）

金器　1件（M188：1）。饰件，上端略呈"S"形细长条状，下端两个略呈扁球形状物相连。上下两端连接处饰有水波形花纹。长 6.3 厘米（图二十五：5）。

铅器　1件（M912：12）。整体呈扁平状，一侧有支脚。残长 5.9 厘米、残宽 5.8 厘米（图二十五：2）。

骨器　1 件（M912：11）。米黄色。手状，四指并拢下弯，腕处有一圆孔。残长 3.1
厘米、残宽 3 厘米（图二十五：3）。

三　分期与年代

缪家寨宋金墓的形制有竖穴土坑墓和竖穴墓道土洞墓两类。随葬品有陶器、瓷器、铜
器、铁器、石器等。31 座墓葬中仅 M1213 纪年明确，葬于北宋宣和七年（1125）。考虑到
墓葬中出土年代最晚的铜钱以北宋神宗末期至金海陵王时期为主，因此这批墓葬应处于北
宋晚期到金代早期。但墓葬时间跨度较短，墓葬地处的陕西地区又属于宋金交战的前沿地
带，墓葬风格变化不明显。其中 8 座墓葬仅出土少量无法辨识的铜钱，不能分期，其他 23
座墓葬大致分为两期。

1. 第一期：共 16 座，为 M30、M52、M62、M196、M268、M596、M598、M622、M685、
M798、M808、M1005、M1007、M1008、M1090、M1213。其中典型墓葬为 M30、M1213。
时代为北宋晚期。

墓葬形制有 Aa 型、Ab 型、Ba 型、Bb 型、C 型竖穴墓道土洞墓，多数由墓道和墓室
两部分组成，少数可见过洞和壁龛。墓道多为长方形竖井墓道和长方形斜坡墓道，墓道与
墓室之间偶见土坯或砖头封门，大多倒塌。墓室平面以长方形为主，四壁较直，底平。葬
具多为木棺，葬式多仰身直肢单人葬，少量双人合葬墓。

随葬品包括 A 型陶盖罐，Aa 型、Ab 型、B 型陶罐，A 型黑釉瓷罐，A 型、B 型黑釉
瓷瓶，B 型黑釉双系瓷罐、Aa 型铜簪等。另有陶釜、陶瓶、瓷盒、瓷碗、石砚、铜饰、
铁猪、铁牛、铁鸡等。出土的北宋铜钱年代为太平至大观时期，其中以神宗元丰时期最为
常见，另有少量货泉、五铢、开元通宝、乾元重宝和用于游戏的打马格钱。

2. 第二期：共 7 座，为 M193、M285、M717、M801、M823、M899、M912。其中典型
墓葬为 M717。时代为金代早期。

墓葬形制有 Aa 型、Ba 型、Bb 型竖穴墓道土洞墓。均由墓道和墓室两部分组成，墓
道以长方形斜坡墓道为主，仅 M193 一座为长方形竖井墓道，部分墓葬墓道与墓室之间用
砖封门。墓室平面以长方形为主，四壁较直，底平。葬具均为木棺，葬式多仰身直肢单人
葬，少量双人或三人合葬墓。墓葬的规格变大，合葬墓占比增加。

随葬品包括 A 型、B 型陶盖罐，Aa 型、Ac 型陶罐，B 型黑釉瓷罐，C 型黑釉瓷瓶，
Aa 型、Ab 型、B 型铜簪等。另出土双系陶罐、陶壶、三足炉、铺首衔环、铁牛、铁羊、
铜镜、铅器、玉器、镇墓石等。陶釜、陶瓶等消失不见，陶盖罐数量增加，并出现双系陶
罐等新器型。出土铜钱较多，以北宋钱币为主，有少量金代正隆元宝和南宋乾道元宝，另
有少量五铢和开元通宝。

结　语

西安南郊缪家寨宋金墓年代为北宋晚期至金代早期。除 M1213 外，其余墓葬的分布地点较为集中，表明这是一处长安城近郊的公共墓地。

从墓葬形制方面看，以竖穴墓道土洞墓最为常见。第一期的墓葬形制在宋代的关中地区较为常见，可能是延续了该地区唐代以来的墓葬形制，且整体上呈现了当时宋人眼中"直下为圹，上实以土"的古制，符合北宋晚期关中人士研学古礼的地域风气[①]。缪家寨宋金墓竖穴墓道土洞墓与西安南郊孟村宋金墓[②]、黄渠头金墓[③]等的形制、葬具、葬式十分相似。第二期的墓葬仍为竖穴墓道土洞墓，其规格变大，但具体形制较第一期显得单一，主要为墓道窄于墓室的竖井斜坡墓道土洞墓。

在随葬品方面，以陶瓷器为大宗。第一期的陶器可分为明器和实用器两类，与同时期宋墓多随葬明器的状态略有不同，可能是效仿商周时期随葬墓主生前所用器物的一种复古现象。瓷器以较为粗糙的黑釉瓷为主，有少量耀州窑青瓷和景德镇窑青白瓷。此外 M1213 出土的湖州镜在陕西地区只有零星出土[④]，较为少见。第二期开始，器类更加丰富，明器比例减少，陶釜消失不见，并出现了双系陶罐、双股铜簪等新器型。

值得关注的是，M1213 出土的"宋朝请郎周公墓志铭"。由志文可知，墓主周诩，卒于宣和六年（1124）十月七日，葬于宣和七年二月十二日，不见于史料。其祖上为眉阳人，后徙至长安。"眉阳"疑似为眉州眉山（今四川省眉山市）。曾祖为兵部侍郎周实，祖父为司农少卿周宗古，父亲为宣义郎周朋，妻子为王孙赵仲防的女儿，有两个儿子周瀰、周漈和两个女儿。其祖父见于《潏水集》卷八《周夫人墓志铭》"绍圣二年（1095）正月十有一日故。咸阳县主簿范府君之夫人周氏以疾终。……京兆万年人，曾祖续赠礼部尚书，祖实赠礼部侍郎赠太尉，考宗古司农少卿赠通议大夫……"[⑤]。两方墓志互相补充印证，可以补充周氏的家族世系。

附记：本次发掘领队为郭永淇，参加发掘和整理人员有陈钦龙、赵世涛、黄圣茜、岳文祺、张佳豪等，照片由陈钦龙、赵世涛拍摄，绘图为许鑫涛，拓片由武凤龙制作。

编辑：陈声波

---

① 胡译文：《尊古复礼——蓝田吕氏家族墓的墓园布局与丧葬实践》，《故宫博物院院刊》2022 年第 3 期。

② 陕西省考古研究院：《西安南郊孟村宋金墓发掘简报》，《考古与文物》2010 年第 5 期。

③ 西安市文物保护考古研究院、辽宁师范大学历史文化旅游学院：《西安南郊黄渠头村金墓发掘简报》，《文物春秋》2014 年第 5 期。

④ 孔祥星、刘一曼：《中国古代铜镜》，文物出版社，1984，第 192 页。

⑤ （宋）李复：《潏水集》卷八，清文渊阁四库全书本。

南京大报恩寺遗址十七号井发掘简报*

王 滨（南京市考古研究院）

张志伟 刘 珂 李婉璐（南京师范大学文物与博物馆学系）

[摘要] 2014年4月，南京市考古研究院于报恩寺遗址北区发现一口古井，编号为J17。该井出土陶、瓷、铜、铁等各类遗物90余件，多件器物底部带有与天禧寺直接相关的墨书铭文。根据用砖和出土器物，判断该井始建于北宋，于明初废弃，是研究北宋至明初天禧寺的重要实物资料。

[关键词] 大报恩寺遗址；水井；宋代；天禧寺

大报恩寺遗址位于南京市主城正南门（明代称聚宝门，现称中华门）外古长干里。遗址北抵秦淮河，南至雨花台（聚宝山），西临雨花路，东至晨光集团厂区，占地约25万平方米。遗址得名于明代皇家寺院大报恩寺，它是明成祖朱棣在原六朝长干寺、北宋至明初天禧寺的基础上重建而来，是明代规模最大、等级最高的皇家寺院之一。清末寺院毁于兵火，成为遗址。

大报恩寺总体分为南、北两区，北区沿中轴线依次设置金刚殿（山门）、香水河桥、天王殿、大殿、琉璃塔、观音殿、法堂等主要建筑，两侧设置御碑亭、经藏殿、轮藏殿、祖师殿、伽兰殿等建筑，并以画廊围绕；南区设置藏经殿、禅堂、库司、三藏殿、旃檀林等多组大型配套建筑。

2007~2014年，为配合大报恩寺遗址公园的建设，南京市考古研究院经国家文物局批准，对遗址北区进行了全面、系统的考古发掘，共完成发掘面积3.6万平方米，北区明代主要建筑和总体布局得到廓清。在此过程中，考古队先后发现了19座建造于不同时期的古井，包括六朝井2座、宋代井9座、明代井6座、清代井2座。2014年4月，J17发现于北区南部（编号2014NBJ17，简称J17），该井结构复杂、砌筑精良，出土遗物丰富，是研究大报恩寺历史的重要材料。为此，现将该井的发掘情况简报如下。

---

* 本文为国家社科基金重大项目"南京大报恩寺遗址考古发现与研究"（项目编号：18ZDA221）的阶段性成果。

一 开口层位与结构

J17 开口于大报恩寺遗址明代地层之下，东北角被祖师殿基址直接占压。东距 J16 约 30 米，西距 J14 约 87 米。

J17 平面呈圆形，原井口已遭破坏，井台、井栏等设施不存。现存口部直径（内径）1.76 米、底径 1.3 米、残深 15.2 米。J17 建造时首先开挖圆柱形土圹，于圹底铺垫一层厚约 10 厘米的木板，其上以青砖砌筑井身。井身整体上大下小，呈喇叭状——从现存井口下至 8.2 米处，井圈层层内收，井壁倾斜向下；从 8.2 米处至底部，不再内收，近于直壁。井身砌筑方式复杂——自现井口向下至 2.9 米处，按"五顺一丁"法砌筑，现存 8 组；自 2.9 米至 3.7 米处，改为错缝平砌，共 52 层；自 3.7 米至 8.2 米，恢复"五顺一丁"，共计 13 组；从 8.2 米处至井底，又为错缝平砌（图一~三）。

图一 J17 内部结构

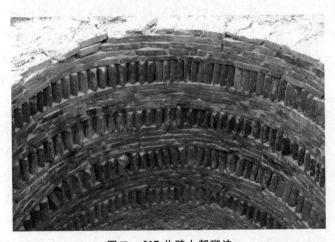

图二 J17 井壁上部砌法

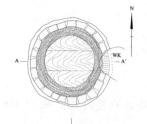

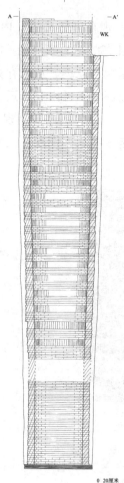

图三

井身用砖均为半截砖，残长 17~20 厘米，有厚薄两种：其中的薄砖宽 14.5~15.5 厘米、厚 3~3.5 厘米，占绝大多数；剩余为厚砖，宽 20~20.5 厘米、厚 7.5~8.5 厘米。

二　井内堆积与出土遗物

J17 发现时，井内已被填满。井内堆积可分为两层：①层，自井口至井下 7.5 米处，黄褐色土，土质驳杂而致密，含有较多的青灰色土块以及大量砖瓦残块，该层是 J17 废弃后人为填充层；②层，自井下 7.5 米至井底，厚约 7.7 米，灰黑色淤土，土质细腻松软，除砖瓦残块外，出土大量生活器具残件。该层是 J17 使用过程中自然淤积形成。

J17 出土陶、瓷、铜、铁等各种质地的遗物共 90 余件，除 6 件出土于①层外，其余皆出土于②层。

（一）陶器 8 件

四系罐　1 件。J17②：41，圆唇、直口微侈，短粗颈略束，溜肩，鼓腹，凹底。灰黑胎，内外均施酱褐色釉，器内满施，器外施至上腹部。器表可见轮制痕迹。口径 8 厘米、底径 8 厘米、高 19.2 厘米（图四：1）。

韩瓶　3 件，皆器型细长，直口或敛口、翻唇，平底内凹，肩部对称贴附四泥条竖系。灰褐色胎，轮制痕迹明显，器表施酱褐或酱黄釉，外壁施釉不及底，有流釉和积釉现象。其中 J17②：11、J17②：13 器型相同，鼓腹，最大径在上腹部。J17②：11，直口，口径 17.2 厘米、底径 9.2 厘米、高 30.4 厘米（图四：2）。J17②：13，敛口，口径 6.4 厘米、底径 9.6 厘米、高 29.2 厘米（图四：3）。J17②：44，敛口、弧腹，最大径在下腹部，口径 6.6 厘米、底径 7.6 厘米、高 23.8 厘米（图四：4）。

瓦当　2 件。皆泥质灰陶。当面饰兽面纹。J17②：42，曲眉上扬，圆目，十字鼻，张口，两獠牙外露。嘴下留须，面颊两侧卷云状须。直径 14 厘米、边轮宽 2 厘米、厚 1 厘米（图四：5）。J17②：2，残，鼻孔高抬，张口露齿，獠牙外露。额上饰"王"字，其上为放射线纹。直径 14.8 厘米、边轮 1.2 厘米、厚 2.4 厘米（图四：6）。

狮子脊兽　1 件。J17②：43，残，泥质灰陶。粗眉，圆目，眼球凸出，高鼻翕张，张口露齿。下颌留须。额上有竖开缝。残长 9.2 厘米、宽 11.4 厘米、残高 10.6 厘米（图四：7）。

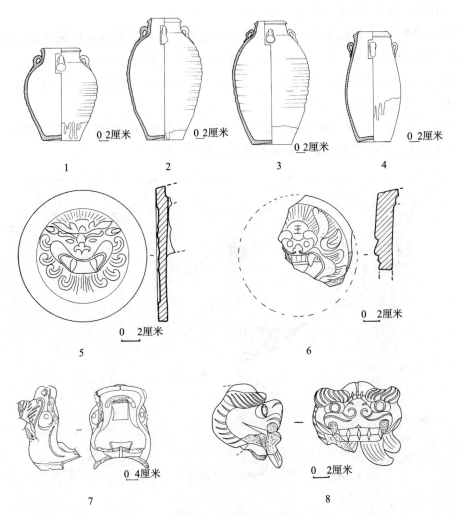

图四　J17出土的陶器

1. 四系罐（JI7②：41）2. 韩瓶（JI7②：11）3. 韩瓶（JI7②：13）4. 韩瓶（JI7②：44）5. 瓦当（JI7②：42）6. 瓦当（JI7②：2）7. 狮子脊兽（JI7②：43）8. 鸱吻（JI7②：3）

鸱吻　1件。J17②：3，残，泥质灰陶。耸眉，高鼻，鼻孔朝天。眼球凸出，眼睛中间有圆孔。头上有双角，大张口，舌头前伸。残长22厘米、高30厘米、宽22厘米（图四：8）。

（二）瓷器　56件

青瓷碗　4件。皆残。皆为圆唇，斜弧腹，高圈足。灰白胎。

其中J17②：7、J17②：29、J17②：36，3件器型相同、大小接近。撇口，器表残留轮制痕迹，内外施青黄釉，外壁施釉不及底。J17②：7和J17②：29外底均墨书"禧"字。J17②：7，口径16.3厘米、底径5.8厘米、高7厘米（图五：1）。J17②：29，口径16.8厘米、底径6厘米、高6.8厘米（图五：2）。J17②：36，外底无字。口径16.4厘米、底径 5.8 厘米、高 6.8 厘米（图五：3）。

J17②：22，侈口，除外底外，器内外满施青釉。器内腹刻划折枝花卉纹，内底刻划草叶纹。口径 19.6 厘米、底径 7.8 厘米、高 8.6 厘米（图五：4）。

白瓷碗　4 件。其中 3 件可复原，皆为敞口，斜弧腹，浅圈足。灰白胎，除外底外，内外施釉。1 件仅存碗底，无法复原。

J17①：3，方唇，敞口略外撇，有芒。内壁近口部模印一圈回纹，其下模印菊瓣纹。口径 15.6 厘米、底径 2.6 厘米、高 4.4 厘米（图五：5）。

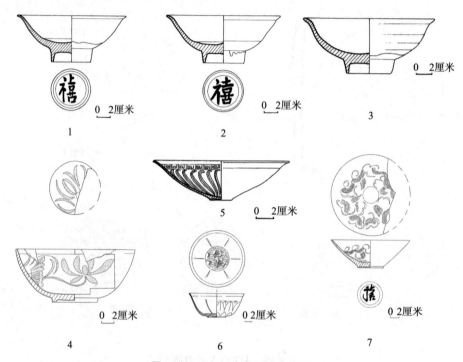

图五　J17 出土的青瓷与白瓷碗

1. 青瓷碗（J17②：7）2. 青瓷碗（J17②：29）3. 青瓷碗（J17②：36）4. 青瓷碗（J17②：22）5. 白瓷碗（J17②：3）6. 白瓷碗（J17②：4）7. 白瓷碗（J17②：5）

J17①：4，方唇，芒口镶银边，包边脱落。釉色略发青。内碗底模印双鱼纹，外壁模印多重莲瓣纹。口径 15.6 厘米、底径 5.2 厘米、高 6.6 厘米（图五：6）。

J17②：5，施乳白釉。内壁刻划篦地海涛纹。外底墨书“禧”字。口径 17.8 厘米、底径 5.8 厘米、高 6.2 厘米（图五：7）。

碗底残片　1 件，外底墨书“天禧寺主持置”。

青白瓷　37 件，其中可复原 26 件，不可复原 11 件。

碗　21 件，皆圆唇，斜弧腹，圈足。灰白胎，施青白釉。据口部的不同，可分 A、B、C 三型。

A 型，敞口，12 件。

J17①：1，釉色略发黄，外壁施釉未及底。内壁腹部模印一圈回纹，其下为一圈凤穿牡丹纹。内底饰八角连弧纹，中心模印莲花。内底残留有一圈叠烧痕迹。口径 18 厘米、底径 6.4 厘米、高 7 厘米（图六：1）。

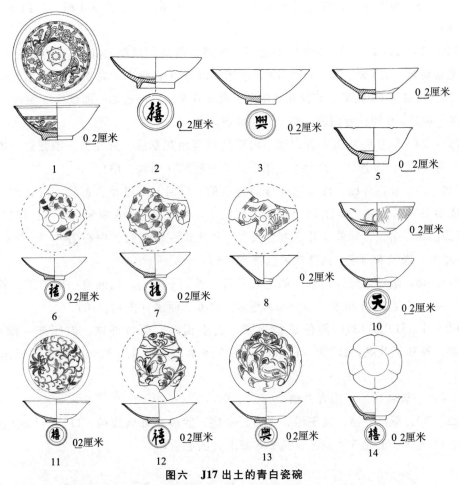

图六　J17 出土的青白瓷碗

1. 青白瓷碗（J17①：1）2. 青白瓷碗（J17②：17）3. 青白瓷碗（J17②：28）4. 青白瓷碗（J17②：33）5. 青白瓷碗（J17②：1）6. 青白瓷碗（J17②：23）7. 青白瓷碗（J17②：12）8. 青白瓷碗（J17②：18）9. 青白瓷碗（J17②：8）10. 青白瓷碗（J17②：45）11. 青白瓷碗（J17②：38）12. 青白瓷碗（J17②：26）13. 青白瓷碗（J17②：24）14. 青白瓷碗（J17②：27）

J17②：8，釉有脱落。碗内刻划花瓣纹，内底饰一圈弦纹，并有一圈叠烧痕迹。碗外较为随意装饰竖线和斜线。口径 17.2 厘米、底径 5.6 厘米、高 7.2 厘米（图六：9）。

J17②：12、J17②：23、J17②：37、J17②：46，4 件器型相同。内底刻划篦地海涛纹。外底墨书"禧"字。J17②：12，口径 17.2 厘米、底径 5.4 厘米、高 6 厘米（图六：7）。J17②：23，口径 17.3 厘米、底径 5.4 厘米、高 6 厘米（图六：6）。

J17②：17、19、20、25、30、33，6 件器型相同，J17②：17、19、20、25、30，5 件大小相似。内底有一圈涩圈，除涩圈外，器内施满釉。器外施釉不及底。除 J17②：33 之外，外底均墨书"禧"字。J17②：17，口径 15.4 厘米、底径 6.4 厘米、高 5.2 厘米（图六：2）。J17②：33，口径 16.4 厘米、底径 6.2 厘米、高 5.6 厘米（图六：4）。

B 型，撇口，3 件。

J17②：18，釉色发青。内壁刻划云气纹。口径 14 厘米、底径 3.4 厘米、高 5.6 厘米（图六：8）。

J17②：26、J17②：38，2 件器型相同。尖唇，内壁刻划缠枝花卉。外底墨书"禧"字，可见垫烧痕。J17②：26，口径 19.2 厘米、底径 5.8 厘米、高 5 厘米（图六：12）。J17②：38，口径 21.8 厘米、底径 6.8 厘米、高 6.6 厘米。外底饰一圈弦纹（图六：11）。

C 型，葵口，6 件，皆圆唇，圈足，斜弧腹。

J17②：24，除外底外施满青白釉。内壁刻划篦地花草纹，外底饰一圈弦纹，中心墨书"兴"字。口径 19 厘米、底径 6 厘米、高 5.6 厘米（图六：13）。

J17②：27，葵口外撇，除外底外施满青白釉。口沿与器壁呈六瓣状。内底饰一圈弦纹，外底墨书"禧"字。口径 11.6 厘米、底径 4.6 厘米、高 4.8 厘米（图六：14）。

J17②：28，敞口，除外底外满施青灰釉，外底饰一圈弦纹，中心墨书"兴"字。口径 20.4 厘米、底径 6 厘米、高 7 厘米（图六：3）。

J17②：45，敞口，施青灰釉，釉色略发黄，外釉不及底。内底有一圈涩圈，外底墨书"天"字。口径 16.6 厘米、底径 5.8 厘米、高 6.2 厘米（图六：10）。

J17②：1、J17②：31，两件器型相同，大小相近。葵口外撇，内底饰一圈弦纹。釉色发黄，外釉不及底。J17②：1，口径 11.6 厘米、底径 4.2 厘米、高 5.2 厘米（图六：5）。

碟 4 件，皆灰白胎，施青白釉。

J17②：39，葵口外撇，宽平沿，弧腹，平底，除外底外满施釉。口沿与器壁呈六瓣状。口径 11 厘米、底径 3.4 厘米、高 2.6 厘米（图七：1）。

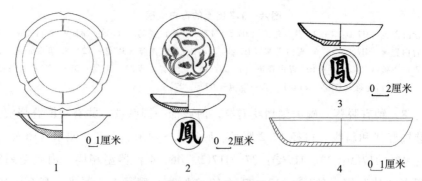

图七　J17 出土的青白瓷碟与盘
1. 青白瓷碟（J17②：39）2. 青白瓷碟（J17②：35）3. 青白瓷碟（J17②：34）4. 青白瓷碟（JI7②：40）

J17②：32、J17②：34、J17②：35 器型相同，大小相近，皆圆唇，敞口，弧腹，平底。外底均墨书一"凤"字。J17②：34，釉色泛青，釉面有较多气孔。口径10.4厘米、底径4.4厘米、高2.6厘米（图七：3）。J17②：35，外壁可见较明显轮制痕迹，内壁内底刻划篦地牡丹纹。口径10.6厘米、底径4.4厘米、高2.4厘米（图七：2）。

盘　1件，J17②：40，圆唇，敞口，弧腹，平底。芒口镶银边，已脱落。灰白胎，施青白釉。口径12.2厘米、底径9厘米、高2.4厘米（图七：4）。

另有不可复原青白瓷碗底11件，外底皆有墨书铭文。其中底铭为"天"2件，"禧"6件，"明"1件，"鲁后"1件，"铁"1件。

黑釉瓷　11件，皆为灰白胎，施黑褐色釉。其中可复原7件，不可复原4件。

盏　5件，皆圆唇，敞口，斜弧腹，圈足。灰褐胎。内外施黑釉。

J17②：4、J17②：16、J17①：5器型相同，大小相近。J17②：4有轮制痕迹，口径11.6厘米、底径3.6厘米、高5厘米（图八：1）。J17②：16和J17①：5内外釉面皆有鹧鸪斑。J17①：5，器表施釉至腹部，口径13.2厘米、底径2.6厘米、高5.6厘米（图八：2）。J17②：16，器表施釉近底部，口径10.8厘米、底径4厘米、高5.3厘米（图八：3）。

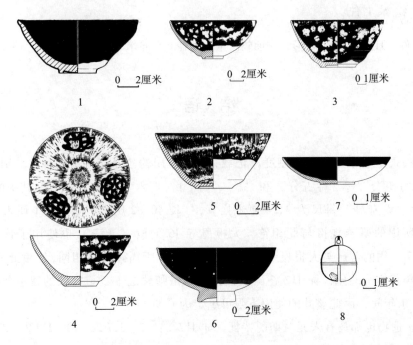

图八　J17出土的黑釉瓷器与铜铃

1. 黑釉瓷盏（JI7②：4）2. 黑釉瓷盏（JI7①：5）3. 黑釉瓷盏（JI7②：16）4. 黑釉瓷盏（JI7①：2）
5. 黑釉瓷盏（JI7②：15）6. 黑釉瓷碗（JI7②：6）7. 黑釉瓷碟（JI7①：6）8. 铜铃（JI7②：9）

J17①：2，内壁底纹窑变兔毫纹，上饰三处剪纸贴花，外釉面有鹧鸪斑。口径11.2厘米、底径3.6厘米、高5.6厘米（图八：4）。

J17②：15，下腹内折。内外釉面窑变兔毫纹，器表施釉至腹部。口径11.3厘米、底径 3.6 厘米、高 5.2 厘米（图八：5）。

碗 1 件。J17②：6，圆唇，侈口，斜弧腹，圈足。内壁有气泡，内底心有一圈刮釉，外壁施釉不及底。口径 18 厘米、底径 5.6 厘米、高 8 厘米（图八：6）。

碟 1 件。J17①：6，圆唇，敞口，斜弧腹，假圈足。外壁施釉至上腹部，内底有一圈刮釉。口径 8.8 厘米、底径 2.8 厘米、高 2.4 厘米（图八：7）。

另有不可复原黑釉瓷残片 4 件。底铭为"禧""库"各 1 件；另有 2 件墨书不明。

（三）铜器 27 件

铜铃 1 件。J17②：9，由上下两半合成，上半球顶端有纽，下半球有弧形缺口，铃舌已缺失。直径 3 厘米（图八：8）。

铜钱 26 枚，有开元通宝 1 枚，元丰通宝 2 枚，庆历重宝 1 枚，崇宁重宝 1 枚，皇宋通宝 3 枚，熙宁元宝 3 枚，圣宋元宝 1 枚，宣和通宝 3 枚，治平元宝 1 枚，祥符元宝 1 枚，天圣元宝 1 枚，至道元宝 1 枚，建炎通宝 3 枚，另有 4 枚铜钱漫漶，无法辨识。

（四）铁器 1 件

铁环 1 件。J17②：10，环形，锈蚀较严重，外径 6.9 厘米、内径 5.2 厘米、厚 1.7 厘米。

结 语

《营造法式》卷十五《砖作制度》记载，宋代常用的"条砖"有两种，分别"长一尺三寸、广六寸五分、厚二寸五分"和"长一尺二寸、广六寸、厚二寸"。[①] 其中的第一种，按北宋官颁"太府尺"每尺为 31.4 厘米换算，[②] 长 40.82 厘米、宽 20.41 厘米、厚 7.85 厘米。J17 所用的厚砖规格与此相符，大报恩寺 J6 下段（北宋）也使用了该种规格的砖。[③] 而 J17 所用的薄砖与大报恩寺遗址 J18（北宋）所用砖规格相同，[④] 由此我们判断，J17 的始建年代应为北宋。而 J17 叠压在大报恩寺祖师殿之下，祖师殿的建造年代文献明确记载为永乐年间，因此该井的使用下限可确定为明初。

J17 出土遗物也都具有宋元时期的特征。如 J17②：12、J17②：23、J17②：37、J17②：

---

① （宋）李诚：《营造法式》卷十五，商务印书馆，1954，第 97 页。
② 丘光明、邱隆、杨平：《中国科学技术史·度量衡卷》第十七章第二节《宋代的尺度》，科学出版社，2001，第 370 页。
③ 祁海宁：《南京大报恩寺遗址六号井的发掘及与"义井"关系的探讨》，《东南文化》2015 年第 4 期。
④ 杨平：《南京大报恩寺遗址 J18、J25 发掘简报》，载《东亚文明》第 4 辑，社会科学文献出版社，2023，第 325~327 页。

46 等青白瓷碗均与景德镇湖田窑址出土的 93A・T4④A：93 北宋青白瓷造型、纹饰相近。[①]
J17②：22 青瓷碗与南海一号沉船出土的 C10①：228、T0402②：33 南宋青瓷碗造型、纹饰相近。[②] J17①：4 与遂宁金鱼村南宋窖藏出土的 91SJJ：652 南宋青白瓷造型相近。[③] J17①：1 与景德镇落马桥窑址出土的元代卵白釉碗纹饰相近。[④]

天禧寺是大报恩寺的前身，建于北宋真宗大中祥符初年，因灾毁于永乐六年。永乐十年，寺院原址重建后改称大报恩寺。J17 的存续年代与天禧寺相始终，井内出土瓷器上的墨书铭文，如"天""禧""天禧寺住持置"等表明它们为天禧寺物品；而"库""铁"等铭文则有可能反映了寺内的不同组成部分。总之，J17 的发掘为天禧寺研究提供了重要的实物证据和线索。

附记：本次考古发掘领队为祁海宁，参与发掘的有龚巨平、周保华、韩常明。参加资料整理的有来自南京市考古研究院的周保华、王滨、苏舒、董补顺，以及来自南京师范大学的程安苏、李婉璐、张志伟、刘珂、张子怡、高姗等。

编辑：祁海宁

---

① 江西省文物考古研究所、景德镇民窑博物馆编著《景德镇湖田窑址 1988—1999 年考古发掘报告》，文物出版社，2007，第 83 页。
② 国家文物局水下文化遗产保护中心、广东省文物考古研究所等：《南海Ⅰ号沉船考古报告之二——2014~2015 年发掘》第五章《陶瓷器》，文物出版社，2018，第 190 页。
③ 成都文物考古研究所、遂宁市博物院编著《遂宁金鱼村南宋窖藏》，文物出版社，2012，第 198 页。
④ 景德镇市陶瓷考古研究所、北京大学考古文博学院、江西省文物考古研究所：《江西景德镇落马桥窑址宋元遗存发掘简报》，《文物》2017 年第 5 期。

南通崇川顺堤河明清时期水工遗址发掘简报

徐　良（南京师范大学文物与博物馆学系）

康传祎（安徽省文物考古研究所）

[摘要] 2022 年 10 月至 12 月，南京师范大学文博系对南通崇川顺堤河明清时期水工遗址进行了考古发掘。遗址中发现了河道 1 条、石构水闸遗迹 1 处、木船 1 艘，时代为明代中晚期至清代早期。该遗址是近年来南通地区有关水利工程遗迹的一处重要发现，为研究明清时期木船结构、水闸形态和南通航运史提供了重要的实物资料。

[关键词] 南通；顺堤河；明清时期；水工遗址

顺堤河水工遗址位于江苏省南通市崇川区任港街道任港闸管理所东侧，任港河南侧（图一）。遗址为崇川区顺堤河地块施工过程中发现，中心地理坐标为东经 120°49′36.7310″、北纬 32°00′24.6162″。考古发掘前，遗址所在区域已被施工掘至 6 米，形成了一巨大的长方形深坑。为了解遗址上部地层情况，我们对深坑四壁进行了刮面处理，发现地表至地下 6 米为近现代建筑垃圾堆积及清代晚期泥沙淤积层，遗址主体未被破坏。2022 年 10 月至 12 月，在南通市文物局的组织下，南京师范大学文博系联合镇江博物馆对顺堤河水工遗址进行了抢救性考古发掘。此次发掘共布 11 个探方、2 条探沟，发掘总面积为 946 平方米（含扩方面积），发现河道 1 条、石构水闸遗迹 1 处，出土木船 1 艘及大量建筑构件、瓷器、木器、铁器、铜器及骨器等遗物（图二）。现将此次发掘主要收获简述如下。

一　地层堆积

发掘表明，遗址处于今地表以下 6 米左右，上部主要为近现代建筑垃圾及清代晚期泥沙淤积层，可分 9 层，绝大部分已被施工破坏；下部为明清时期文化堆积层，可分 3 层。现以遗址所在深坑西壁剖面（图三）及 T0302 东壁剖面（图四）为例，将地层堆积情况介绍如下。

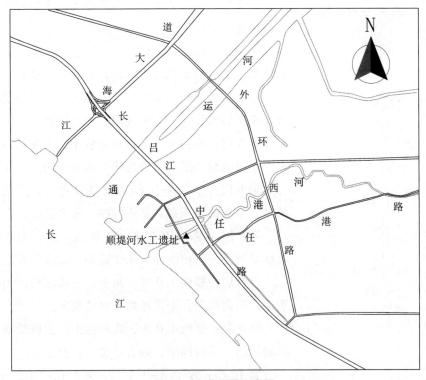

图一　遗址位置示意图

图二　遗址发掘完成后航拍

（一）遗址所在深坑西壁剖面

第1层：厚约2米，灰黄色土，土质松散，含大量近现代建筑砖瓦、水泥块等。此层下发现一条近现代河道遗迹。

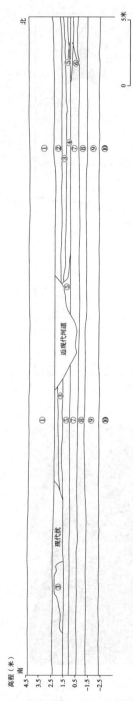

图三 遗址所在深坑西壁剖面图

第 2 层：厚约 0.5 米，淡黄色土，土质较疏松，含少许碎砖瓦。

第 3 层：厚约 0.35 米，浅黄色土，土质疏松，为比较清晰、平缓的淤积层，其内纯净，未含遗物。

第 4 层：厚约 0.3 米，黄褐色土，土质较疏松，为清晰、平缓的淤积层，其内纯净，未含遗物。

第 5 层：厚约 0.3 米，灰褐色土，土质较疏松，为清晰、平缓的淤积层，其内纯净，未含遗物。

第 6 层：厚 0.6~0.85 米，浅黄色土，土质疏松，为清晰、平缓的淤积层，其内纯净，未含遗物，含沙量大。

第 7 层：厚 0~0.6 米，灰黄色土，土质疏松，为水波状淤积层，其内纯净，未含遗物，含沙量大。

第 8 层：厚约 1.0 米，灰土，土质疏松，为水波状淤积层，其内纯净，未含遗物，含沙量大。

第 9 层：厚约 1.0 米，浅灰色土，土质疏松，为水波状淤积层，其内纯净，未含遗物，含沙量大。

第 10 层：厚 0.3~1.7 米，灰黄色沙土，土质疏松、结构粗、无黏性，淤积层次比较明显，淤积纹理清晰、平缓，含少许碎砖瓦。

此层下即为本次考古发掘的层面。

（二）T0302 东壁剖面

通过与遗址所在深坑四壁剖面对比发现，T0302 的第 1、2、3 层为整个遗址所在区域的第 10、11、12 层。

第 10 层：厚 0.5~0.65 米。灰黄色沙土，土质松散，结构粗、无黏性，比较纯净，淤积层次明显、平缓，纹理清晰。出土明代青花瓷残片。此层在探方内除西部及西北部被现代扰坑打破外，其余均有分布。

第 11 层：厚 0~0.5 米，青灰色土夹沙土，土质细软，有黏性，淤积层次比较明显，纹理清晰，整体呈水波状，其内纯净未含遗物。此层分布在探方内的东北部。

第 12 层：厚 0~0.4 米，灰黄色粗沙土，土质疏松，内含大量碎砖瓦、石块、螺蛳壳、贝壳等。出土明代青花瓷残片、釉陶残片等。此层下发现河道遗迹（HD1）、石构水闸遗迹（SG1）。

此层下为生土。

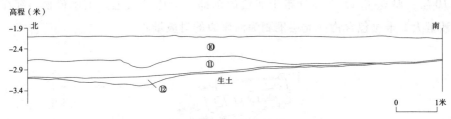

图四　T0302 东壁剖面

二　遗迹

发现遗迹 2 处，包括河道 1 条、石构水闸遗迹 1 处。

（一）河道

1 条（HD1）。位于发掘区的中部，主体位于 T0102、T0103、T0104、T0201、T0202、T0203、T0204、T0301、T0302、T0304 十个探方内。该河道大致呈正南北走向，揭露部分平面呈不规则形，中部较窄，南北两端呈喇叭状向外延伸，开口在⑫层下，打破生土层，西侧河岸南端已被冲垮无存，仅保留河道淤积土的残存边线，北端仅残存河岸底部，向西北方向撇度较大。东岸保存比较完好，在 T0302、T0303 内向西凸出。河道底部坑洼不平，在 T0302、T0303 内较高，南北两端呈斜坡状向下倾斜。探方内揭露河道长 40.6 米，宽 2.45~20 米（图五）。河道内堆积可分 10 层，现以北壁剖面为例介绍如下（图六）。

第 1 层：厚 0~0.88 米，分布于河道内东岸边，有淤积现象。土色呈灰色，土质细软、纯净，有黏性，未见包含物。

第 2 层：厚 0~0.95 米，分布于河道内中部，有淤积现象。土色呈灰褐色，土质细软、纯净，未见包含物。

第 3 层：厚 0~0.58 米，分布于河道内东、西两侧，有淤积现象。土色呈灰黄色，土质疏松，结构粗，含沙量大，并含碎砖瓦、碎石块、螺蛳壳，出土明代陶瓷遗物。

第 4 层：厚 0~0.25 米，分布于河道内偏西部，有淤积现象。土色呈灰褐色，土质疏松，结构粗，含沙量大，并含螺蛳壳。

第 5 层：厚 0~0.6 米，分布于河道内偏中部，有淤积现象。土色呈灰色，土质细软、纯净，有黏性，包含有少量石块。

第 6 层：厚 0~0.95 米，分布于河道内偏西部，有淤积现象。土色呈灰色，土质疏松，含大量碎砖瓦、螺蛳壳等，出土明代陶瓷遗物。

第 9 层：厚 0~0.25 米，分布于河道内东部。土色呈灰黄色，土质疏松，结构粗，含大量碎砖瓦、螺蛳壳，出土明代陶瓷遗物、铁器等。此层下发现大型石构水闸遗迹。

第 10 层：厚 0~0.15 米，分布于河道内东部。土色呈灰色，土质疏松、纯净，结构粗，含沙量大，未见包含物。此层推测为河岸边的滑坡堆积。

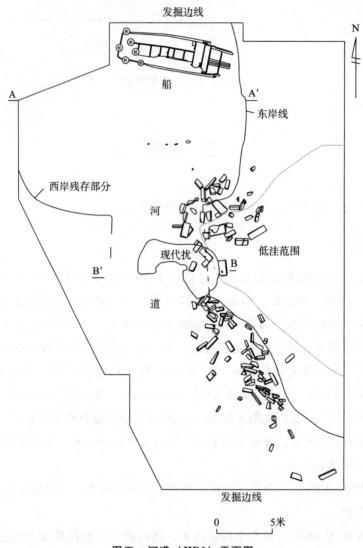

图五　河道（HD1）平面图

（二）石构水闸遗迹

1 处（SG1）。由大量石构件组成，散落分布于 T0201、T0202、T0203、T0204、T0301、T0302、T0303 七个探方内，开口在河道（HD1）⑨层下，叠压于河道（HD1）东岸（生土层）之上，部分石构件被冲移至河道东岸缺口处。该遗迹平面呈不规则的 "〔" 形，大致为南北走向，揭露部分长约 30 米，时断时续，最宽处 8.5 米，最窄处 2.6 米。石构件以长方形条石、宽扁形石板为主，大多有人为加工痕迹，少量为未加工的原石。其中宽扁形石板表面凿有亚腰形铁锔扣铆槽，局部槽内有残存的铁锈，极个别长方形条石侧

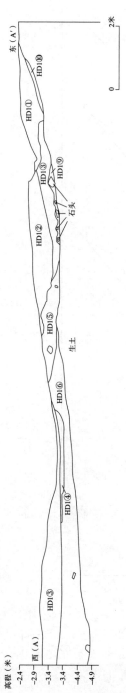

图六 河道（HD1）北部剖面图

面有凹槽，槽内原应嵌有铁锔扣。从分布情况看，这些石构件大多属于水闸东侧墙的雁翅（迎水雁翅和分水雁翅）、正身部分，西侧墙仅存个别石构件。石构件间隙中的堆积为灰黄色土，土质疏松，包含大量碎砖瓦，出土有明代陶瓷遗物及生铁浇注的亚腰形铁锔扣（图七、图八、图九）。根据石构件的分布情况，结合其他地区发现的同时期水闸形态①，推测石构水闸遗迹原平面布局为"〕〔"形。

三 出土遗物

顺堤河水工遗址出土遗物共包括木船、木器、陶器、瓷器、铁器、铜器、骨器等，其中以清代早期木船最为重要。

（一）木船

1 条（C1）。位于河道（HD1）北部，T0204 方内，方向约 278°，船头、船尾均为方形，开口在⑫层下，叠压河道（HD1）①层上。平面呈长条形，中部略外弧，平底，全长 9.9 米、最宽处 3.1 米、舱深 1.1 米。木船保存情况较好，由底板、舷板、身板、甲板、搘浪板、舱壁板、主龙骨、舷伸甲板、舱口围板、桅杆基座等部分组成（图十、图十一）。船头部分（西端）已被前期施工的六根水泥柱破坏，船尾（东端）残损较严重，舷板、身板、甲板及船尾搘浪板已不存，仅剩龙骨及龙骨边一小部分底板。

底板由 11 列木板纵向拼接而成，厚 4 厘米，用穿心钉以平面同口的端接工艺拼合。其与船头搘浪板相接，并以一定的外向弧线连接舷板。

舷板又称转角板，是船底边两侧向上转角处，上连身板，下接底板。两侧舷板各由 2 列木板纵向拼接而成，厚 4 厘米，用宽背钩钉成列钉合。

身板上连甲板，下接舷板，内侧与舱壁紧固连接。两

---

① 江苏淮安板闸遗址发现的明代板闸，保存较好，其平面形态即为"〕〔"形。参见淮安市博物馆《江苏淮安板闸遗址发掘简报》，《文物》2019 年第 2 期。

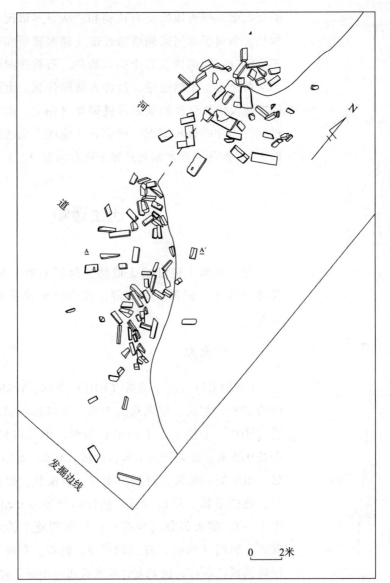

图七 石构水闸遗迹平面图

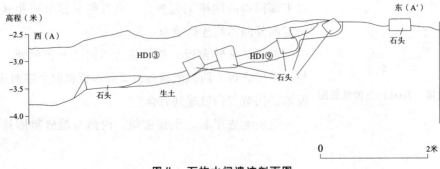

图八 石构水闸遗迹剖面图

图九　石构水闸遗迹

侧身板各 5 块，厚 4 厘米，以宽背钩钉成列钉合拼接而成。

甲板大部分保存完好，厚 4~6 厘米。以舱口为界分左右两侧，左侧（南）甲板由 17 块木板拼合而成，上（西 3 舱处）安装有一外径为 7 厘米的铁环，其上缠绕残长 90 厘米的棕绳；右侧（北）甲板由 15 块木板拼合而成，其中左侧甲板中有 3 块木板有修补迹象，均用穿心钉以平面同口的端接工艺拼合。

搪浪板仅存船头部分，由 6 块木板横向拼接而成，以宽背钩钉成列钉合，船尾搪浪板已不存。

舱壁板共有 10 道，将整个船体分隔为 11 个船舱，厚 5 厘米。由多块横向木板用穿心钉及宽背钩钉拼合，与船底板用宽背钩钉钉合连接，与船身板用穿心钉相接。其西 5 舱内底部③层下出土 5 枚 "顺治通宝" 铜钱和 1 件木质滑轮滑盘，西 4 舱底部出土滑轮构件。

主龙骨位于船底中部，分两段衔接。其中贯穿东 5 舱至西 3 舱的为方形龙骨，宽 10 厘米、厚 8 厘米。贯穿西 4 舱、西 5 舱的为圆形龙骨，龙骨上圆下方，宽 13 厘米，有 6 根铁环弯曲缠绕其上。

舷伸甲板，又称走马龙蛇，木船两侧均有保存，各由两块木板拼接而成，厚 12 厘米。

舱口围板，位于舱口两侧，已残，左侧舱口围板残长 196 厘米、宽 4.5 厘米，上有 3 个笐槽；右侧舱口围板残长 380 厘米、宽 6 厘米，上有 7 个笐槽。笐槽长 12 厘米、宽 4.5~6 厘米。

桅杆基座位于东 2 舱内，长 95 厘米、宽 25 厘米，上有两个方形凹槽，左侧凹槽长 12 厘米、宽 5 厘米，右侧凹槽长 12 厘米、宽 10 厘米。基座两侧各用一根木柱连接船身板，左侧木柱长 84 厘米、宽 8 厘米，右侧木柱长 85 厘米、宽 7 厘米。

船内堆积可分为四层：第 1 层为灰黄色冲积沙土层，与探方内第 10 层相同；第 2 层为灰黄色土，土质疏松，含大量碎砖瓦、螺蛳壳，出土明代青花瓷残片、釉陶残片、铁钉等；第 3 层为灰色沙土，土质疏松，含少许贝壳，出土少量明代青花瓷片、铁钉等；第 4

层为灰褐色黏土，土质疏松、纯净，未见出土遗物。

该船体缝隙处使用桐油、石灰混合成的艌料捻缝，以防止船体进水。从形制与结构看，其为平底沙船，结合船舱内出土的"顺治通宝"铜钱和木质滑轮构件判断，该船的年代为清代早期，是一艘货运船。

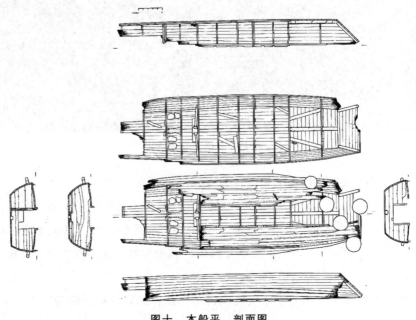

图十　木船平、剖面图

图十一　木船

（二）木器

出土木器较少，主要有滑轮构件、木轮、木把手、木构件等，共 7 件。

滑轮构件　1 件（C1③：9）。出土于木船西 5 舱，已残，长 20 厘米、宽 6.9 厘米（图十二：1）。

木轮　1 件（C1③：8）。出土于木船西 4 舱，应为滑轮构件中之滑轮。

把手　1件（HD1⑨：1）。整体呈扁弧形，长23.2厘米、宽3~4.4厘米、厚1.4厘米（图十二：2）。

构件　4件。标本SG1①：3，整体呈牛角形，长24厘米、宽7.6厘米、厚2.6厘米（图十二：3）。标本SG1①：15，整体呈不规则形，长19厘米、宽10厘米、厚6.8厘米（图十二：4）。

（三）陶器

出土陶器较少，有磨盘及瓦当和滴水等建筑构件，共6件。

磨盘　1件（SG1①：17）。灰陶质，圆形，器表凹凸不平，器表一侧有一近方形的穿孔贯穿器体，另一侧亦有一方孔与侧面方孔相通，呈"L"形。底中部设一短圆孔，周边向外凸出，凸出部分刻有斜线纹。面径7.7厘米、底径8.3厘米、厚2.4~2.8厘米（图十二：5）。

瓦当　1件（T0204⑫：4）。灰陶质，圆形，矮边轮，当面饰模制兽面纹图案。边轮内有两道弦纹，其内再有一圈联珠纹。直径11厘米、厚0.5~2厘米（图十二：6）。

滴水　4件。标本TG2⑫：1，为兽面纹滴水，灰陶质，器面呈不规则三角形，中部设高浮雕兽面，周边设线状云纹。长16.4厘米、宽8.4厘米、厚1~1.6厘米（图十二：7）。标本T0304⑫：1，灰陶质，器面呈弧状长方形，中部饰十字线与线形组合纹。残长14厘米、宽5.2厘米、厚0.6~1.6厘米（图十二：8）。标本C1②：38，灰陶质，器面呈不规则三角形，中部饰莲花纹。残宽18厘米、残长10厘米、厚2.2厘米（图十二：9）。标本C1②：39，为兽面纹滴水，灰陶质。残存约二分之一，器面呈不规则三角形，中部设高浮雕兽面，周边设线状云纹。残长10.4厘米、宽8厘米、厚2厘米（图十二：10）。

（四）瓷器

出土瓷器较多，共59件。以青花瓷为主，少量为青瓷、白瓷。青花瓷器型有碗、杯、盘等，纹饰有花鸟纹、花卉纹、花草纹、龙纹、凤鸟纹、鱼纹、虾纹等，部分内外底有"大明成化年制""成化年造""大明宣德年制""大明崇祯年制""大明年造""寿""佛""福"等青花题款，另见"朱""徐房"等墨书题款。青瓷有碗、盘，白瓷仅见盘。

青瓷碗　2件。标本T0102⑫：1，残存约四分之三，敞口，斜弧腹，矮圈足。内外施青釉，外底无釉、有刮痕，白胎细腻。釉面开冰裂纹。口径12厘米、底径4.8厘米、高6.6厘米（图十三：1）。标本T0103⑩：3，残存约四分之一，敞口，弧腹，矮圈足微内收。内外施青釉，内、外底无釉，外底有刮痕，胎质较粗，呈青色。口径15.6厘米、底径5.5厘米、高6.6厘米（图十三：2）。

青瓷盘　1件（SG1①：2）。撇口，弧腹，矮圈足内收。内外施青釉，外不及底、开片。口径16.4厘米、底径7厘米、高4厘米（图十三：3）。

白瓷盘　2件。标本T0104⑩：1，撇口，弧腹，矮圈足内凹。内外施满白釉，口沿有

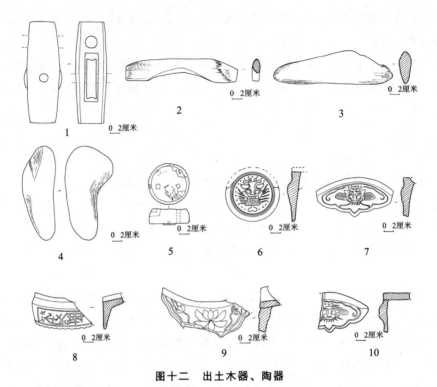

图十二　出土木器、陶器

1. 滑轮构件（C1③：9）2. 把手（HD1⑨：1）3、4. 构件（SG1①：3、SG1①：15）5. 磨盘（SG1①：17）6. 瓦当（T0204⑫：4）7~10. 滴水（TG2⑫：1、T0304⑫：1、C1②：38、C1②：39）

滴釉现象。口径 10.8 厘米、底径 6 厘米、高 2.4 厘米（图十三：4）。标本 T0202⑩：3，残存约二分之一，撇口，弧腹，矮圈足。内外施满白釉。口径 14 厘米、底径 7.6 厘米、高 2.8 厘米（图十三：5）。

青白瓷盘　1 件（T0102⑫：5）。残存约三分之一，撇口，折腹，矮圈足微内收。内外施青白釉，内底有一涩圈，外底无釉。釉色略泛青，开冰裂纹。口径 15 厘米、底径 4.2 厘米、高 2.9 厘米（图十三：6）。

影青瓷盘　1 件（SG1①：1）。撇口，折腹，矮圈足微内收。内外施白釉，外底无釉、有刮痕。口径 10.8 厘米、底径 4 厘米、高 2.4 厘米（图十三：7）。

酱釉盏　2 件。标本 HD1⑥：11，残存约二分之一。敞口，圆唇，弧斜腹。内外施黑釉，外壁施釉不到底。胎土黄褐色，夹砂，胎质坚硬。口径 9.2 厘米、底径 4.4 厘米、高 3.6 厘米（图十三：8）。标本 HD1⑥：17，残存约四分之一。敞口，圆唇，弧斜腹微内凹。内外施酱釉，外底无釉。胎土褐色，夹砂，胎质坚硬。口径 9.2 厘米、底径 4.4 厘米、高 3.6 厘米（图十三：9）。

黑釉盏　1 件（HD1④：9）。为底部残件，小圈足，足底近实心。内外施黑釉，外釉不到底。胎土灰色，夹砂，胎质坚硬。足内墨书"王"字。底径 4 厘米、残高 3.6 厘米。

青花碗　43 件。标本 T0201⑫：1，敞口，斜弧腹，矮圈足内凹。内底饰花草纹，外

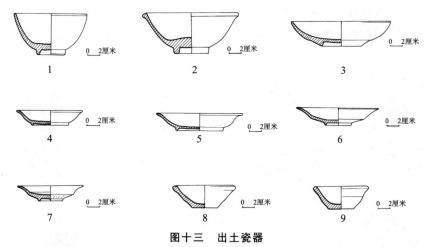

图十三　出土瓷器

1、2. 青瓷碗（T0102⑫：1、T0103⑩：3）3. 青瓷盘（SG1①：2）4、5. 白瓷盘（T0104⑩：1、T0202⑩：3）6. 青白瓷盘（T0102⑫：5）7. 影青瓷盘（SG1①：1）8、9. 酱釉盏（HD1⑥：11、HD1⑥：17）

围饰两圈弦纹；外腹饰花草纹，口沿两侧及外腹近底部饰弦纹。口径 13 厘米、底径 5.6 厘米、高 5.2 厘米（图十四：1）。标本 T0202⑫：3，侈口，斜弧腹，矮圈足微外撇。内外施满青白釉，内底、外腹饰云纹、龙纹，内、外口沿及外底饰两圈弦纹，外腹底部饰水草纹。口径 15.2 厘米、底径 5.2 厘米、高 6.8 厘米（图十四：2）。标本 HD1⑥：6，残存约四分之一，敞口，斜弧腹，矮圈足内凹。内外施青白釉，外底无釉。内底饰盘龙纹，外腹饰花草纹、口沿下及近底部饰弦纹。口径 12.6 厘米、底径 5.4 厘米、高 5.3 厘米（图十四：3）。标本 HD1⑥：12，残存约四分之一，敞口，斜弧腹，矮圈足内凹。内外施青白釉，外底无釉、有刮痕。内底饰盘龙纹，外腹饰花草纹，口沿下及近底部饰弦纹。口径 12.8 厘米、底径 5.6 厘米、高 5.8 厘米（图十四：4）。标本 T0104⑫：1，敞口，口沿外撇，弧腹，矮圈足微内收。内外施青白釉，外底无釉。内底饰山水纹，外围饰两圈弦纹，外腹饰青花孩童嬉戏、山水纹和花草纹及云纹，口沿两侧及外足各饰两圈弦纹。口径 14 厘米、底径 6 厘米、高 5.6 厘米（图十四：5）。标本 T0201⑫：2，敞口，斜弧腹，矮圈足微外撇。外足内有"大明成化年制"款。口径 8.4 厘米、底径 4.6 厘米、高 4.4 厘米（图十四：6）。

青花盘　3 件。标本 T0102⑫：2，口腹部略残，撇口，斜弧腹，矮圈足微内收。内外施青白釉，外底无釉。内底饰盆景花卉纹，内外口沿饰二圈弦纹。外腹饰花草纹。口径 15.6 厘米、底径 6.8 厘米、高 4.3 厘米（图十四：7）。标本 SG1①：18，残存约三分之二，撇口，弧腹，矮圈足微内收。内外施青白釉，外底无釉，釉色略泛青，开冰裂纹。内底饰花卉纹，内外口沿饰一道弦纹。口径 12 厘米、底径 6.2 厘米、高 3.4 厘米（图十四：8）。

青花杯　3 件。标本 C1①：1，残存约二分之一，敞口，口沿外撇，斜弧腹，矮圈足微内收。外腹饰鹤形纹；外腹底部及外足内饰弦纹。口径 8 厘米、底径 3.2 厘米、高 4.2 厘米（图十四：9）。标本 T0302⑩：1，残存约二分之一，敞口，口沿外撇，弧腹，矮圈足微内收。内外施满青白釉。外腹饰花草纹，口沿下饰两圈弦纹。口径 8.8 厘米、底径 3.6 厘米、高 4.6 厘米（图十四：10）。

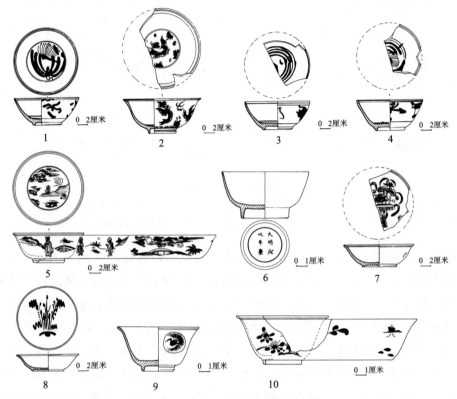

图十四　出土瓷器

1~6. 青花碗（T0201⑫：1、T0202⑫：3、HD1⑥：6、HD1⑥：12、T0104⑫：1、T0201⑫：2）7、8. 青花盘（T0102⑫：2、SG1①：18）9、10. 青花杯（C1①：1、T0302⑩：1）

（五）铁器

出土铁器数量最多，共 79 件。主要有扒钉、直钉、叉、钩、针、耳挖勺、箭头、铲、镐扣、刀、箍、叉形器、剪形器等。

扒钉　17 件。整体呈"〔"形，中部宽扁，两端折弯，顶端呈尖状，大多已残。标本 C1②：11，保存基本完好，长 11 厘米、宽 1.3 厘米、厚 0.4 厘米（图十五：1）。标本 C1②：43，锈蚀严重，长 11.6 厘米、宽 1.5 厘米、厚 0.5 厘米（图十五：2）。

直钉　46 件。标本 SG1①：20，长条形，主体为方形，一端为蘑菇状钉头，另一端为尖头。长 17.8 厘米、断面 1.6 厘米（图十五：3）。标本 C1②：44，扁条状，一端粗，另一端为尖头，长 10.7 厘米、宽 1.0 厘米、厚 0.6 厘米（图十五：4）。

叉　3 件。均为两齿"U"形叉。标本 HD1⑨：5，锈蚀严重，圆形叉齿，一端尖细，一端弯曲为弧形，与叉把相接，叉把扁平状。残长 18.6 厘米（图十五：5）。标本 SG1①：12，叉身端头呈扁平状，上有圆形穿孔；前端较尖；叉头与叉身间焊接。长 24.4 厘米

（图十五：6）。

钩　2件。标本C1②：5，已残，仅余钩头，锈蚀严重，宽4.3厘米（图十五，7）。标本HD1⑨：4，略呈"U"形，一端向上逐渐变细变尖，形成钩状，另一端略直，在顶端弯折成椭圆形圆环，以系绳索。宽5.0厘米、断面0.8厘米（图十五：8）。

针　2件。标本SG1①：8，长条形，针体方形，一端制成椭圆形穿孔，一端为尖状。长11.5厘米、断面0.3~0.5厘米（图十五：9）。标本SG1①：5，为方柱状，两端尖细，一端制成弯钩。长21.8厘米、最大边长0.05厘米（图十五：10）。

耳挖勺　1件（T0202⑫：1）。长条菱形，一端较尖，一端向下弯曲，连接有椭圆形勺头。长14厘米、断面0.3~0.4厘米（图十五：11）。

箭头　1件（SG1①：6），扁菱形箭头，圆柱形箭尾。通长10厘米，箭头长4厘米、宽1.3厘米、厚0~0.04厘米，箭尾直径0.6厘米（图十五：12）。

铲　1件（T0203⑫：3）。锈蚀严重，圆把手，弧形铲头。长7.3厘米、宽6.4厘米（图十五：13）。

铜扣　1件（SG1①：7），为生铁浇注，整体呈扁平亚腰形。长19厘米、宽4.2~9.2厘米、厚1.2厘米（图十五：14）。

刀　1件（SG1①：10）。片状，柄处较尖，原包裹铁柄的木柄或缠绳已不存，刀柄向刀刃处逐渐变宽。长9厘米、宽0~1.7厘米、厚0.2厘米（图十五：15）。

箍　2件。标本HD1⑨：3，圆形环状，直径4.2~4.5厘米、宽1.0厘米、厚0.2厘米（图十五：16）。

叉形器　1件（HD1⑨：2）。残存部分呈"L"形，通体扁圆形，与船镐交接部制成圆球状。残长9厘米、断面直径1厘米（图十五：17）。

剪形器　1件（SG1①：19）。已残，整体略呈"U"字形，两端制成三角形，疑似为剪刀。残长8.7厘米、宽7厘米、厚0.25厘米（图十五：18）。

（六）铜器

出土铜器主要有发簪、耳挖勺、器盖和钱币等，共13件。

发簪　1件（C1②：37）。已断成两段，残长7.7厘米、断面0.2~0.4厘米（图十六：1）。

耳挖勺　2件。标本SG1①：9，整体呈长条菱形，一端较尖，另一端向下弯曲，连接有椭圆形勺头。长9.5厘米、断面0.2~0.3厘米（图十六：2）。标本SG1①：16，已变形呈弯曲状，一端较尖，另一端向下弯曲，连接有椭圆形勺头。长9.5厘米、断面0.2~0.3厘米（图十六：3）。

器盖　1件（T0203⑫：4）。圆形盖，盖面微鼓，弧折沿，锈蚀严重。盖面直径4.6厘米、底口直径5.4厘米（图十七：1）。

钱币　9枚。均为圆形方孔铜钱。其中3枚为"开元通宝"，标本T0203⑫：1，"开元

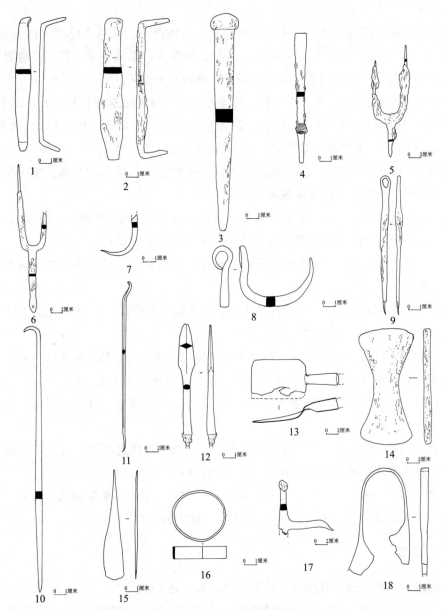

图十五 出土铁器

1、2. 扒钉（C1②：11、C1②：43）3、4. 直钉（SG1①：20、C1②：44）5、6. 叉（HD1⑨：5、SG1
①：12）7、8. 钩（C1②：5、HD1⑨：4）9、10. 针（SG1①：8、SG1①：5）11. 耳挖勺（T0202⑫：1）
12. 箭头（SG1①：6）13. 铲（T0203⑫：3）14. 镉扣（SG1①：7）15. 刀（SG1①：10）16. 箍（HD1⑨：
3）17. 叉形器（HD1⑨：2）18. 剪形器（SG1①：19）

通宝"四字较为清晰，背素面。直径 2.4 厘米、孔径 0.6 厘米（图十七：2）。标本 T0203
⑫：2，钱文"万历通宝"，背素面。直径 2.5 厘米、孔径 0.5 厘米（图十七：3）。标本
C1③：7，一共 5 枚，均为"顺治通宝"，背素面，制作较差，其中 3 枚直径 1.8 厘米、孔
径 0.45 厘米，另 2 枚直径 1.7 厘米、孔径 0.4 厘米（图十七：4）。

（七）骨器

发簪 1件（SG1①：11），圆针状，一端尖细，一端呈六角菱形。长11.4厘米、最大直径0.04厘米（图十六：4）。

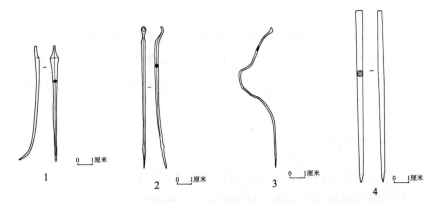

图十六　出土铜器、骨器

1. 铜发簪（C1②：37）2、3. 铜耳挖勺（SG1①：9、SG1①：16）4. 骨发簪（SG1①：11）

图十七　出土铜器盖、钱币

1. 器盖（T0203⑫：4）2. 开元通宝（T0203⑫：1）3. 万历通宝（T0203⑫：2）4. 顺治通宝（C1③：7）

结　语

本次考古发掘区域的地层堆积共12层，从地层叠压关系及包含遗物情况看，第1、2层为近现代的建筑垃圾堆积和建筑垫土层；第3~11层为清代中晚期的淤积堆积层；第12层为清代早期废弃堆积层。遗址中发现古代河道1条、石构水闸遗迹1处、木船1艘以及不少明清时期的各类遗物，是近年来南通地区有关水利工程遗迹的一处重要发现。以下就河道、水闸石构件遗迹及木船进行分析。

（一）关于古河道

遗址中发现的古河道（HD1）北侧近临今任港河，结合1932年南通任港河地区的地图判断，其应是由任家港入江的任港河入江口段。任家港之名至少在明万历五年（1577）已有，据成书于是年的《（万历）通州志》卷二记载，明代通州（今南通）城西狼山乡有

"任家港"通江。① 其地名应来源于宋仁宗宝元年间（1038~1040），通州通判任建中在通州城西五里筑造的阻挡江潮的任公堤。《（万历）通州志》卷五记载："任公堤，在州城西五里。宋宝元中江涛为患，通判任建中筑，长二十里，高丈余，居人德之，故名。"②《（康熙）通州志》③《（光绪）通州直隶志》④ 等均有相近记载。宋至明代，任公堤附近常有渔民来此打鱼，以致船只集聚，逐渐形成港口，任家港及任港河即因此得名。

根据遗址层位关系以及河道中出土明代中晚期的陶瓷器等遗物判断，该段河道的主要使用年代为明代中晚期，推测与嘉靖十年（1531）巡盐御史陈蕙整治该段河道并建造叶家闸之事有关（详见后述）。结合河道中出土木船内遗存的"顺治通宝"铜钱分析，该河道大约废弃于清初。

（二）关于石构水闸

前文已析，本次考古发现的古河道为明代南通城西任港河的入江口段，地处任家港。也就是说，石构水闸遗迹位于任家港。据史料记载，明世宗嘉靖十年，巡盐御史陈蕙曾在任家港口叶家坝上建造叶家闸。《（乾隆）直隶通州志》卷三《山川志》中对此事有详细记载："叶家闸在州西南任家港口叶家坝上，明嘉靖中巡盐御史陈蕙建，后坝沦于江，闸并废。"⑤《（光绪）通州直隶志》卷二《山川志》有相近记载："世宗嘉靖十年，巡盐御史陈蕙于州东南建陆洪闸、州西南任家港口建叶家闸，今并废。"⑥ 本次考古发现的石构水闸遗迹正位于城西任家港，结合水闸石构件大面积散落倒塌现象，该水闸应即是明嘉靖十年巡盐御史陈蕙建造的叶家闸，清初该闸随着叶家坝倒塌入江而废。

（三）关于木船

遗址中出土的木船保存状况较好，从形制与结构方面看，应为平底沙船。船舱内发现有木质滑轮构件，显示其应属专门用于运货的内河货船。结合船舱内出土的"顺治通宝"铜钱判断，该船年代为清代早期。经检测分析，该船底板和甲板所用是杉木，船舱木料为杨柳科的阔叶材。⑦

顺堤河水工遗址是南通地区明代水利工程遗产的一次重要考古发现，它的发掘为研究明代南通水利交通、河道治理、水闸及船只建造等问题提供了重要的实物资料，具有较高

---

① （明）林云程修，沈明臣等纂《（万历）通州志》卷二《疆域志·河渠》，天一阁藏明万历五年刻本。
② 《（万历）通州志》卷五《杂志·古迹》，天一阁藏明万历五年刻本。
③ （清）王宜亨修，王傲通、陆兆升等纂《（康熙）通州志》卷一《区域·古迹》，1962年5月南通市图书馆翻印，第14页。
④ （清）梁悦馨等修，季念诒等纂《（光绪）通州直隶志》卷二《山川志》，成文出版社，1970，第91页。
⑤ （清）王继祖修，夏之蓉等纂《（乾隆）直隶通州志》卷三《山川志》，清乾隆二十年刻本。
⑥ 《（光绪）通州直隶志》卷二《山川志》，成文出版社，1970，第47页。
⑦ QinghuiGao, JiangYou, XiaomeiLiao, and ZhigaoWang, "Entification and Analysis of Ancient Ship Wood Excavated at Nantong Hydraulic Site", *Materials*, 2023, p. 16.

的学术价值。尤其是出土的木船船体保存状况良好，形制结构明晰，是近年来南通乃至江苏地区同类遗存的重要发现，是研究明代木船结构和南通航运史的重要资料。

　　附记：本次考古发掘领队为王书敏，执行领队为王志高，现场负责为徐良，先后参加发掘的有朱广金、徐良、康传祎、熊伟庆；资料整理：王志高、徐良、朱广金、朱佳、董补顺、康传祎、熊伟庆、高庆辉、黄厚毅、赵五正。

编辑：王志高

征稿启事

《东亚文明》是由南京师范大学社会发展学院文博系主办的学术集刊，由社会科学文献出版社出版，旨在加强国内学者与东亚学界同仁的交流，促进东亚考古与文博事业不断发展。

《东亚文明》立足国内，面向东亚，所涉领域包括考古学、文物学、博物馆学、历史学、文化遗产保护展示等方向，常设栏目有"先秦考古""历史时期文物考古""区域历史文化""文明互鉴""博物馆与文化遗产保护""田野考古报告""科技考古""考古学史"等，已于2021年为知网数据库收录。现面向国内外专家学者征集优秀稿件，期望不吝赐稿。

为保证集刊编辑工作的顺利进行，现将有关事宜说明如下：

一、论文主题明确，具有原创性，论据充分、有力。来稿以12000字左右为宜，原则上不超过18000字，考古发掘报告篇幅可适当增加。

二、论文所用插图须清晰，图片像素要求在300dpi以上；图、表应有编号、说明文字；线图、拓片应统一排列，并附有线段比例尺。考古简报用图请作者组图，未进行组图的来稿，本刊不予采用。

三、论文注释详尽、准确。著作类包括作者、著作名称、出版社、出版时间、页码；历史文献类可在作者前加时代；译著类可在作者前加国别。期刊类论文包括作者、论文名称、期刊名、出版年与期数；集刊或文集类论文，包括作者、论文名称、集刊或文集主编、集刊或文集名称及卷数、出版社、出版时间、页码。来稿一律采用脚注。具体格式请参照本刊揭载的论文。

四、译文须得到原作者或相关责任者的正式书面授权。

五、来稿请附200字左右的内容摘要、3~5个关键词。

六、来稿请另附作者姓名、单位全称、职称、通讯地址、邮政编码、联系电话、电子信箱等详细信息，以便联系。属于课题基金项目的论文，请在论文最后注明基金项目类别、课题项目名称及编号。

七、来稿可通过E-mail提交电子文本，请勿一稿多投。稿件收到后，编委会即请相关专家审阅。本刊将优先采用符合本刊格式规范的稿件。来稿一律不退，请作者自留底稿。

八、遵循学术争鸣原则，尊重作者学术观点，文责自负；但编委会有权对文字内容进行适当修改或提出修改意见，如不同意，投稿时请予声明。

九、本刊第六辑征稿时间为 2025 年 1 月 1 日~2025 年 5 月 30 日。

十、集刊一经出版，将向作者寄赠样书两册，并酌付薄酬。

如有不尽事宜，请随时与本刊编辑部联系，热烈欢迎各位方家的建议与批评！

联系人：南京师范大学社会发展学院文博系　刘可维

地　　址：南京市鼓楼区宁海路 122 号南京师范大学随园校区社会发展学院

邮　　编：210097

E-mail：njudongyawenming@163.com

《东亚文明》编委会

2024 年 12 月

图书在版编目（CIP）数据

东亚文明 . 第 5 辑 / 南京师范大学文物与博物馆学系

主编 . --北京：社会科学文献出版社，2024.12.

ISBN 978-7-5228-4656-9

Ⅰ . K883.1

中国国家版本馆 CIP 数据核字第 2024NH4300 号

东亚文明 第 5 辑

主　　编／南京师范大学文物与博物馆学系

出 版 人／冀祥德
组稿编辑／任文武
责任编辑／李　淼
责任印制／王京美

出　　版／社会科学文献出版社·生态文明分社（010）59367143
　　　　　地址：北京市北三环中路甲 29 号院华龙大厦　邮编：100029
　　　　　网址：www.ssap.com.cn
发　　行／社会科学文献出版社（010）59367028
印　　装／三河市东方印刷有限公司

规　　格／开　本：787mm×1092mm　1/16
　　　　　印　张：23.5　字　数：513 千字
版　　次／2024 年 12 月第 1 版　2024 年 12 月第 1 次印刷
书　　号／ISBN 978-7-5228-4656-9
定　　价／98.00 元

读者服务电话：4008918866